세상이 변해도
배움의 즐거움은
변함없도록

시대는 빠르게 변해도
배움의 즐거움은
변함없어야 하기에

어제의 비상은
남다른 교재부터
결이 다른 콘텐츠
전에 없던 교육 플랫폼까지

변함없는 혁신으로
교육 문화 환경의 새로운 전형을
실현해왔습니다.

비상은 오늘, 다시 한번
새로운 교육 문화 환경을 실현하기 위한
또 하나의 혁신을 시작합니다.

오늘의 내가 어제의 나를 초월하고
오늘의 교육이 어제의 교육을 초월하여
배움의 즐거움을 지속하는 혁신,

바로, 메타인지 기반 완전 학습을.

상상을 실현하는 교육 문화 기업 비상

메타인지 기반 완전 학습

초월을 뜻하는 meta와 생각을 뜻하는 인지가 결합한 메타인지는
자신이 알고 모르는 것을 스스로 구분하고 학습계획을 세우도록 하는
궁극의 학습 능력입니다. 비상의 메타인지 기반 완전 학습 시스템은
잠들어 있는 메타인지를 깨워 공부를 100% 내 것으로 만들도록 합니다.

한끝

고등
공통국어 1

이 책의
구성과 활용법

+ STEP 1 +

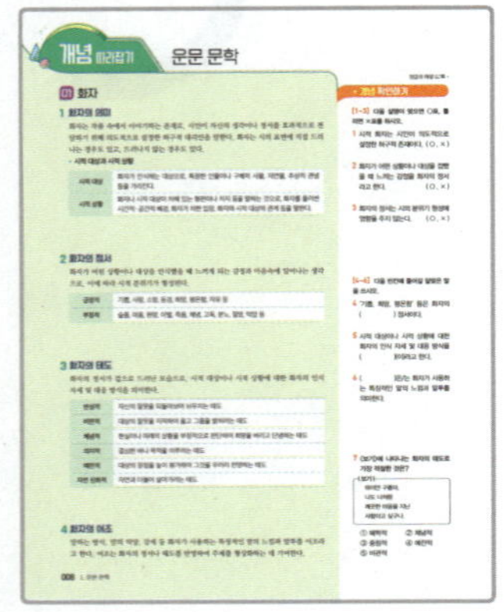

+ STEP 2 +

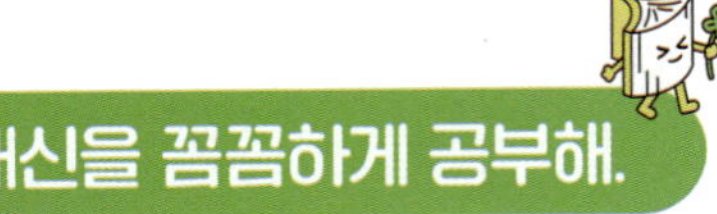

개념 따라잡기 를 읽으며 본격적인 본문 학습 전 영역별로 꼭 알아야 하는 개념을 꼼꼼하게 학습해요.

개념 확인하기 는 O / X 문제, 선 긋기 문제, 단답형 문제, 고르기 문제 등 간단한 형식으로 구성했으니 문제를 풀며 개념을 학습한 내용을 확인해요.

학습 포인트 에서 작품/제재를 학습할 때 살펴봐야 할 중요 포인트를 먼저 확인하고 지문을 읽어요.

본문 지문 은 9종 교과서에 많이 수록된 작품/제재를 엄선 하여 실었어요. 내용을 해석할 때 도움이 될 만한 구성 단계 별 소주제, 어휘 풀이를 제시했으니 함께 읽으며 내용을 파악 해요.

핵심 정리하기 에 작품 개관과 각 작품/제재에서 필수로 알 아야 할 핵심 내용을 도식화하여 정리했으니 꼼꼼히 읽으며 중요 내용을 구조화하여 이해해요.

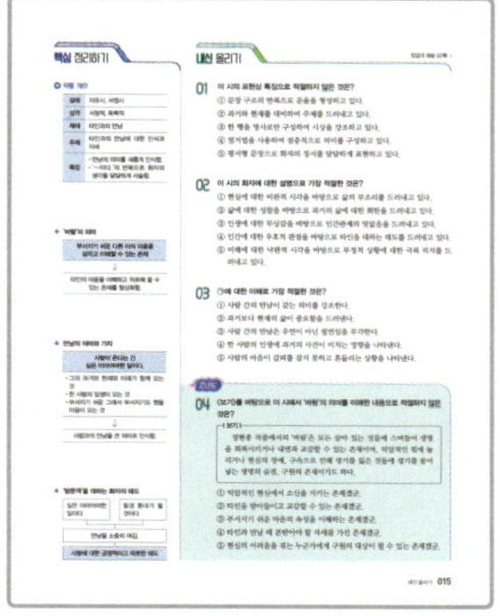

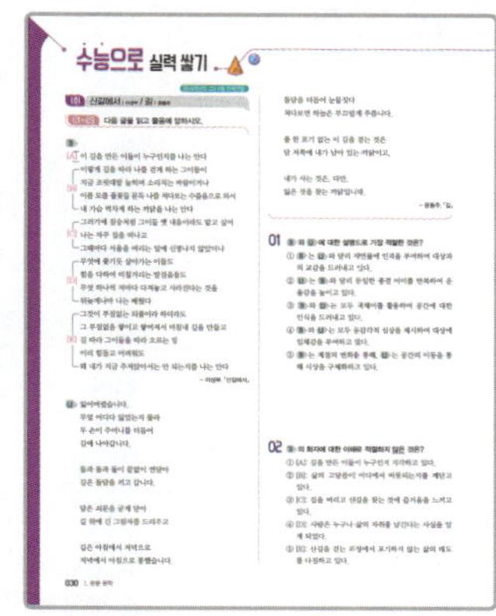

내신 올리기 에는 내신에 출제될 만한 문제를 출제했어요.
각 작품/제재 속에 고난도 문제도 함께 출제했으니 모든
문제를 풀어 보면서 내신을 대비해요.

수능으로 실력 쌓기 는 수능에 대한 감을 익힐 수 있게 수능
입문자의 수준에 맞는 수능, 평가원 모의평가, 고1·고2·고3
전국연합학력평가 지문/자료를 구성해 문제를 수록했어요.
내신뿐만 아니라 수능 문제도 풀며 실력을 쌓아요.

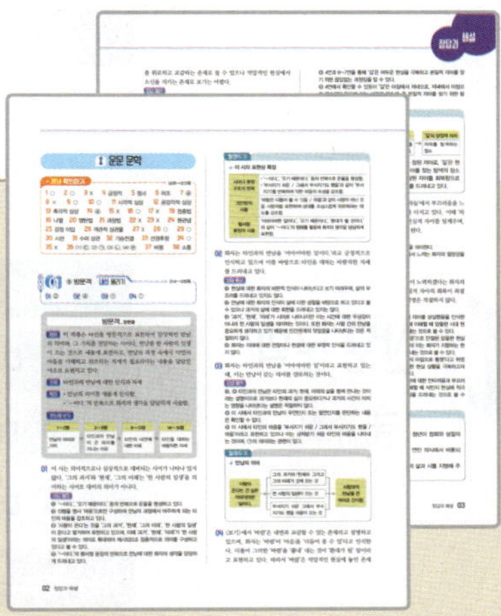

정답과 해설 에 작품/제재의 상세한 해제와 작품/
제재 구조도를 제시하고 문제의 해설과 함께 오답
풀이까지 제공하였어요. 틀린 문제나 잘 이해가 되
지 않는 문제는 정답과 해설을 보고 정확하게 이해
해서 내 것으로 만들어요.

이 책의 차례

운문 문학

✦ 무엇을 배울까?

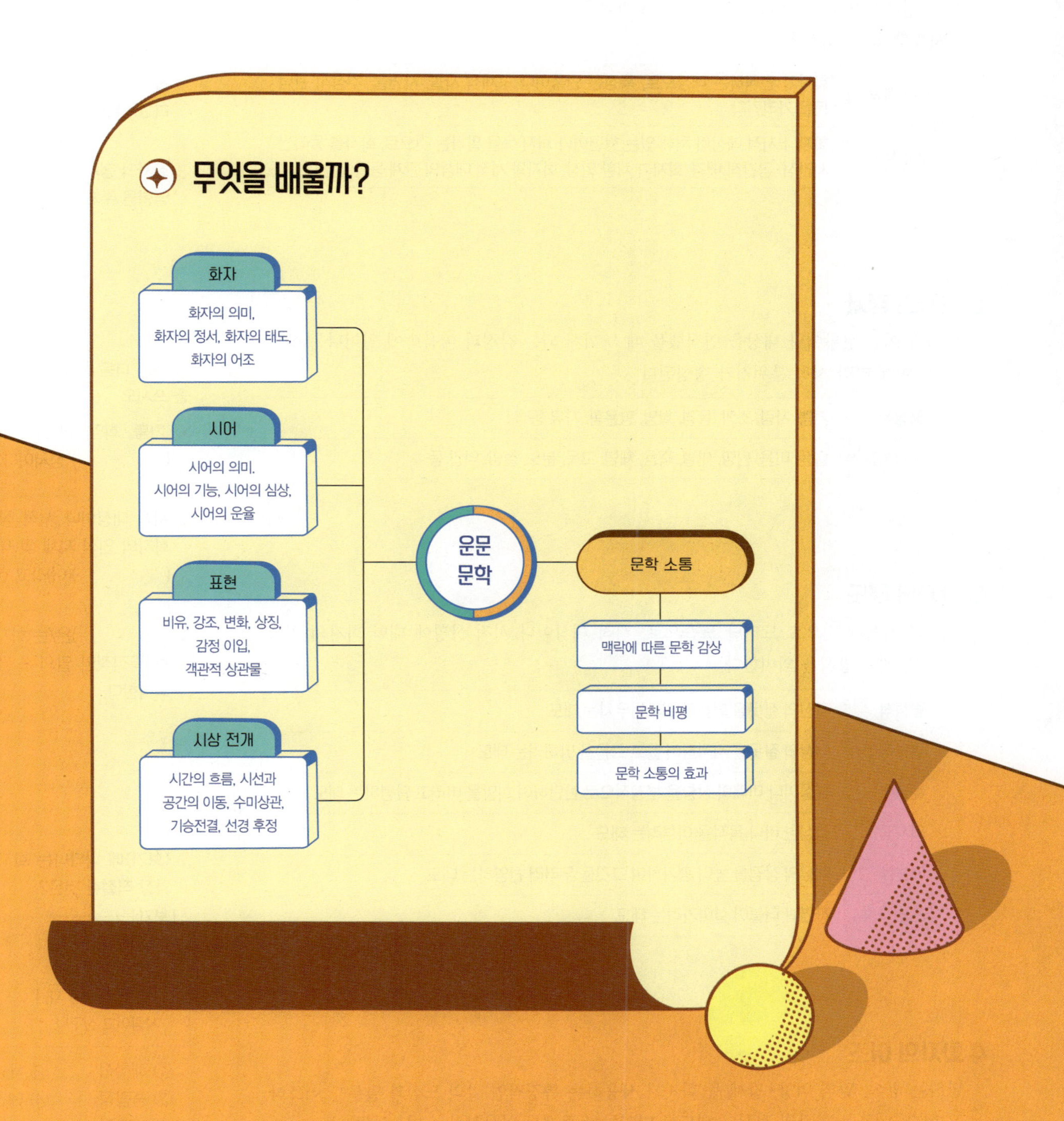

화자
화자의 의미, 화자의 정서, 화자의 태도, 화자의 어조

시어
시어의 의미, 시어의 기능, 시어의 심상, 시어의 운율

표현
비유, 강조, 변화, 상징, 감정 이입, 객관적 상관물

시상 전개
시간의 흐름, 시선과 공간의 이동, 수미상관, 기승전결, 선경 후정

운문 문학

문학 소통
맥락에 따른 문학 감상
문학 비평
문학 소통의 효과

개념 따라잡기 — 운문 문학

[01] 화자

1 화자의 의미

화자는 작품 속에서 이야기하는 존재로, 시인이 자신의 생각이나 정서를 효과적으로 전달하기 위해 의도적으로 설정한 허구적 대리인을 말한다. 화자는 시의 표면에 직접 드러나는 경우도 있고, 드러나지 않는 경우도 있다.

• 시적 대상과 시적 상황

시적 대상	화자가 인식하는 대상으로, 특정한 인물이나 구체적 사물, 자연물, 추상적 관념 등을 가리킨다.
시적 상황	화자나 시적 대상이 처해 있는 형편이나 처지 등을 말하는 것으로, 화자를 둘러싼 시간적·공간적 배경, 화자가 처한 입장, 화자와 시적 대상의 관계 등을 말한다.

2 화자의 정서

화자가 어떤 상황이나 대상을 인식했을 때 느끼게 되는 감정과 마음속에 일어나는 생각으로, 이에 따라 시적 분위기가 형성된다.

긍정적	기쁨, 사랑, 소망, 동경, 희망, 평온함, 자유 등
부정적	슬픔, 미움, 원망, 이별, 죽음, 체념, 고독, 분노, 절망, 억압 등

3 화자의 태도

화자의 정서가 겉으로 드러난 모습으로, 시적 대상이나 시적 상황에 대한 화자의 인식 자세 및 대응 방식을 의미한다.

반성적	자신의 잘못을 되돌아보며 뉘우치는 태도
비판적	대상의 잘못을 지적하여 옳고 그름을 밝히려는 태도
체념적	현실이나 미래의 상황을 부정적으로 판단하여 희망을 버리고 단념하는 태도
의지적	결심한 바나 목적을 이루려는 태도
예찬적	대상의 장점을 높이 평가하여 그것을 우러러 찬양하는 태도
자연 친화적	자연과 더불어 살아가려는 태도

4 화자의 어조

말하는 방식, 말의 억양, 강세 등 화자가 사용하는 특징적인 말의 느낌과 말투를 어조라고 한다. 어조는 화자의 정서나 태도를 반영하여 주제를 형상화하는 데 기여한다.

✦ 개념 확인하기

[1~3] 다음 설명이 맞으면 ○표, 틀리면 ×표를 하시오.

1 시적 화자는 시인이 의도적으로 설정한 허구적 존재이다. (○, ×)

2 화자가 어떤 상황이나 대상을 접했을 때 느끼는 감정을 화자의 정서라고 한다. (○, ×)

3 화자의 정서는 시의 분위기 형성에 영향을 주지 않는다. (○, ×)

[4~6] 다음 빈칸에 들어갈 알맞은 말을 쓰시오.

4 '기쁨, 희망, 평온함' 등은 화자의 ( ) 정서이다.

5 시적 대상이나 시적 상황에 대한 화자의 인식 자세 및 대응 방식을 ( )(이)라고 한다.

6 ( )은/는 화자가 사용하는 특징적인 말의 느낌과 말투를 의미한다.

7 〈보기〉에 나타나는 화자의 태도로 가장 적절한 것은?

┌ 보기 ┐
하이얀 구름아.
나도 너처럼
깨끗한 마음을 지닌
사람이고 싶구나.
└─────┘

① 해학적　② 체념적
③ 중립적　④ 예찬적
⑤ 비관적

02 시어

1 시어의 의미와 기능

의미	시에서 쓰이는 말로 단어가 본래 가진 의미 외에 함축적이고 상징적인 의미를 지님.
기능	• 화자의 정서를 간접적으로 표현함. • 화자가 처한 상황을 드러냄. • 시의 주제를 나타내는 데 기여함.

2 시어의 심상(이미지)

시어에 의해 마음속에 그려지는 구체적 사물의 영상이나 그것으로부터 떠오르는 감각적인 인상을 말한다.

시각적 심상	형태 묘사나 색채어 등을 사용하여 눈으로 보는 듯한 느낌을 주는 심상 예 하늘이 파랗다.
청각적 심상	귀로 듣는 듯한 느낌을 주는 심상 예 절의 종소리가 울렸다.
후각적 심상	코로 냄새를 맡는 듯한 느낌을 주는 심상 예 방에 꽃향기가 가득하다.
미각적 심상	혀로 맛을 보는 듯한 느낌을 주는 심상 예 달콤한 꿀이 입안으로 들어왔다.
촉각적 심상	피부에 닿는 듯한 느낌을 주는 심상 예 어머니의 따뜻한 품 속
공감각적 심상	하나의 감각을 다른 종류의 감각으로 전이하여 표현하는 심상 예 별빛처럼 쏟아지는 황금빛 멜로디(청각의 시각화)

3 시어의 운율

시에서 느껴지는 말의 가락으로, 어떤 요소가 규칙적으로 반복될 때 형성된다.

음운의 반복	특정 음운을 반복하여 운율을 형성함. 예 너랑 나랑 노루 마을로 멀리 놀러 가자. (울림소리(ㄴ, ㄹ, ㅁ, ㅇ)의 반복)
음보나 음절의 반복	호흡의 단위나 글자 수를 규칙적으로 반복하여 운율을 형성함. 예 꿩 먹고 알 먹고 도랑 치고 가재 잡고
문장 구조의 반복	구절이나 행을 이루는 특정 문장 구조를 반복하여 운율을 형성함. 예 양말은 서랍에, 겉옷은 옷장에, 빨래는 빨래통에 넣자.
음성 상징어의 사용	소리를 나타내는 의성어, 모습을 나타내는 의태어를 사용하여 운율을 형성함. 예 보글보글 끓던 물이 이제는 부글부글 끓어오른다.

✦ 개념 확인하기

[8~10] 다음 설명이 맞으면 ○표, 틀리면 ×표를 하시오.

8 시어는 단어가 본래 가진 의미인 사전적 의미에 국한된다. (○ , ×)

9 심상은 시어에 의해 마음속에 떠오르는 감각적인 인상을 말한다. (○ , ×)

10 '얼음처럼 차가운 종소리'라는 표현에는 둘 이상의 감각이 결합되어 있다. (○ , ×)

[11~13] 다음 표현에 사용된 감각적 심상을 쓰시오.

11 꽃이 붉다. (   )

12 너의 달콤한 목소리 (   )

13 냄비가 뜨겁게 달궈졌다. (   )

14 다음 중 운율을 형성하는 요소가 아닌 것은?

① 음운의 반복
② 음보의 반복
③ 음절의 반복
④ 문장 구조의 사용
⑤ 음성 상징어의 사용

03 표현

1 비유

표현하려는 사물이나 관념을 그와 유사한 다른 사물이나 관념에 빗대어 표현하는 방법이다.

직유법	원관념과 보조 관념을 '듯이', '처럼', '같이'와 같은 말로 직접적으로 연결하여 표현하는 방법 예 얼굴색이 꼭 사과처럼 빨갛다.
은유법	원관념과 보조 관념을 'A는 B이다.'의 방식으로 연결하여 표현하는 방법 예 내 친구는 숲이다. 항상 나를 품어 주기 때문이다.
의인법	인간이 아닌 사물이나 관념을 인간처럼 표현하는 방법 예 나무들은 우리를 용서해 주었다.
활유법	생명이 없는 무생물을 살아 있는 생물처럼 표현하는 방법 예 기억의 저편에서 추억이 날아왔다.
대유법	사물의 일부분이나 특징을 통해 그 사물 자체나 전체를 표현하는 방법 예 인간은 빵만으로 살 수 없다.(빵 → 음식)

　직유법과 은유법의 설명을 보면, '원관념'과 '보조 관념'이라는 말이 나오지? 여기에서 '원관념'은 화자가 표현하려는 사물이나 관념을 의미하고, 그것과 유사한 성격을 지닌 다른 사물이나 관념을 '보조 관념'이라고 해.
　예시 문장의 '얼굴색이 꼭 사과처럼 빨갛다.'에서는 '얼굴색'이 원관념이고, '빨갛다'라는 점에서 유사한 성격을 지닌 '사과'가 보조 관념이야.

2 강조

특정 부분을 강조하여 생각이나 감정을 인상적으로 표현하는 방법이다.

과장법	어떤 대상을 실제보다 훨씬 더하거나 덜하게 나타내는 방법 예 집채만 한 멧돼지를 보았다.
반복법	같거나 유사한 말을 반복하여 의미를 강조하는 방법 예 눈이 내린다, 눈이 내린다. 세상이 하얀 눈으로 덮인다.
대조법	뜻이나 정도 등이 반대되는 사물이나 내용을 대립시키는 방법 예 사랑은 기쁨이지만 이별은 슬픔이다.
영탄법	감탄사나 감탄형을 사용하여 벅찬 감정을 더 강하고 간절하게 표현하는 방법 예 아아, 아름다워라. 내 청춘이여!
열거법	서로 비슷하거나 같은 계열의 단어나 구절을 연이어 나열하는 방법 예 나는 복숭아도 포도도 사과도 자두도 체리도 망고도 참외도 좋아해.
점층법	대상에 대한 표현 강도를 점차 높여 나타내는 방법 예 웃음이 좋다. 너의 웃음이 좋다. 사랑스러운 너의 웃음이 좋다.
연쇄법	앞 구절의 마지막 말이 뒤 구절의 앞말로 반복되어 제시되는 방법 예 원숭이 엉덩이는 빨개. 빨가면 사과. 사과는 맛있어.

[15~17] 다음 설명이 맞으면 ○표, 틀리면 ×표를 하시오.

15 인간이 아닌 사물이나 관념을 인간처럼 표현하는 방법을 활유법이라고 한다.　　　　　(○ , ×)

16 사물의 일부분이나 특징을 통해 그 사물 자체나 전체를 표현하는 방법을 대유법이라고 한다.　　　　(○ , ×)

17 원관념과 보조 관념을 '듯이', '처럼', '같이'와 같은 말로 연결하여 표현하는 방법을 은유법이라고 한다.　　　(○ , ×)

[18~20] 다음 빈칸에 들어갈 알맞은 말을 쓰시오.

18 (　　　　　)은/는 대상에 대한 표현 강도를 점차 높여 나타내는 방법이다.

19 열거법은 서로 비슷하거나 같은 계열의 단어나 구절을 연이어 (　　　　)하는 방법이다.

20 감탄사나 감탄형을 사용하여 감정을 강조하고 간절하게 표현하는 방법을 (　　　　)(이)라고 한다.

21 다음 문장에 사용된 표현 방법을 쓰시오.

> 삼촌은 키가 전봇대만큼 크다.

(　　　　　　　)

3 변화

문장에 변화를 주어 단조로움을 없애고 의미를 강조하는 방법이다.

반어법	표현 효과를 높이기 위해 겉으로 표현한 내용과 실제 말하고자 하는 속 내용을 서로 반대로 표현하는 방법 예 (비속어를 많이 사용하는 친구에게) 너 말을 참 아름답게 하는구나.
역설법	표면적으로는 논리적 모순이 있으나 그 안에 중요하거나 진심을 담은 뜻을 표현하는 방법 예 유기견 봉사 활동을 하는 동안 참 슬프면서 행복했다.
설의법	쉽게 판단할 수 있는 사실을 의문의 형식으로 표현하여 강조하는 방법 예 오늘보다 행복한 날이 있겠어?
대구법	유사한 구절이 대응되어 운율을 형성하고 의미를 강조하는 방법 예 네가 웃으면 나도 웃을 거야. 네가 울면 나도 울 거야.
도치법	일반적인 문장의 어순을 따르지 않고 배열을 바꾸어 표현하는 방법 예 보인다, 그리운 너의 얼굴이.

4 상징

인간의 감정, 사상 등 추상적인 내용을 구체적인 사물로 대신 표현하는 방법이다. 비유와 달리 원관념이 드러나지 않으며, 원관념과 보조 관념 사이에 유사성이 없다.

관습적 상징	같은 공동체의 사람들끼리 오랫동안 사용함으로써 보편적인 의미가 된 상징 예 비둘기(평화), 대나무(절개) 등
원형적 상징	신화나 전설 등과 관련된 것으로 인류의 오랜 역사 속에서 형성되어 여러 사람들에게 유사한 정서나 의미를 불러일으키는 상징 예 빛(근원, 신성), 물(풍요, 생명) 등

5 감정 이입과 객관적 상관물

감정 이입	화자의 감정을 대상에 이입하여 마치 대상이 그렇게 느끼고 생각하는 것처럼 표현하는 방법. 화자의 감정과 대상의 감정이 동일함. 예 사슴의 무리도 슬피 운다. / 떨어져 나가 앉은 산 위에서 / 나는 그대의 이름을 부르노라.　　　- 김소월, 「초혼」
객관적 상관물	화자가 자신의 감정을 효과적으로 나타내기 위해 사용한 구체적인 대상. 그 대상과 화자의 감정이 일치할 수도 있고 일치하지 않을 수도 있음. 예 펄펄 나는 저 꾀꼬리는 / 암수가 서로 노니는데 / 외로울 사 이내 몸은 / 뉘와 함께 돌아갈꼬　　　- 유리왕, 「황조가」

감정 이입은 화자의 감정을 대상에 붙어 넣는 표현 방법이어서 화자와 감정 이입이 된 대상의 감정이 동일해. 이에 비해 객관적 상관물은 화자의 감정을 드러내기 위해 동원한 사물이나 정황이기 때문에 화자와 대상의 감정이 일치할 수도 있고 일치하지 않을 수도 있어.

[22~23] 다음 설명이 맞으면 ○표, 틀리면 ×표를 하시오.

22 일반적인 문장의 어순을 따르지 않고 배열을 바꾸어 표현하는 방법을 대구법이라고 한다. (○ , ×)

23 겉으로 표현한 내용과 실제 말하고자 하는 속 내용을 반대로 표현하는 방법을 역설법이라고 한다.
　　　　　　　　　(○ , ×)

[24~25] 다음 빈칸에 들어갈 알맞은 말을 쓰시오.

24 상징은 비유와 달리 (　　　　) 이/가 드러나지 않으며, 인간의 감정, 사상 등 추상적인 내용을 구체적인 사물로 대신 표현하는 방법이다.

25 (　　　　)은/는 화자의 감정을 대상에 이입하여 마치 대상이 그렇게 느끼고 생각하는 것처럼 표현하는 방법이다.

26 다음 설명에 해당하는 용어를 쓰시오.

> 화자가 자신의 감정을 효과적으로 나타내기 위해 사용한 구체적인 대상으로, 그 대상과 화자의 감정이 일치할 수도 있고 일치하지 않을 수도 있다.

（　　　　　）

정답과 해설 02쪽 •

04 시상 전개 방식

'시상(詩想)'은 시에 담긴 시인의 생각이나 관념을 말한다. 따라서 '시상 전개'란 이러한 시인의 생각을 일정한 질서와 규칙에 따라 배열하는 것을 의미한다.

1 시간의 흐름

시간의 변화, 계절의 순환, 시대의 흐름 등의 순서에 따라 시상을 전개함으로써 전체적으로 통일성과 조화미를 얻는 방식을 말한다.

순행적 구성	시간의 순서대로 시상이 전개되는 구성을 말함. 예 과거 → 현재 → 미래, 봄 → 여름 → 가을 → 겨울, 아침 → 낮 → 저녁 등
역순행적 구성	자연적인 시간의 흐름과는 달리 전개되는 구성을 말함. 예 현재 → 과거, 현재 → 과거 → 현재 등

2 시선과 공간의 이동

시선의 이동	화자의 시선이 원경에서 근경으로, 왼쪽에서 오른쪽으로, 위에서 아래로 이동하면서 시상이 전개되는 것을 말함. 예 우리 집 지붕은 파란색이다. 우리 마을은 파란색의 집합이다.
공간의 이동	화자가 장소를 이동하면서 시상이 전개되는 것을 말함. 예 교실에 가니 친구를 만났고, 공원에 가니 자연을 만났다.

3 수미 상관 = 수미 상응

시의 처음과 끝에 동일하거나 유사한 시구를 배치하는 방식을 말한다. 시에 구조적(형태적) 안정감과 균형감을 주고, 시상이 완결되는 느낌을 느낄 수 있게 한다.

> 예
> 1연 나 보기가 역겨워 / 가실 때에는 / 말없이 고이 보내 드리우리다.
> 4연 나 보기가 역겨워 / 가실 때에는 / 죽어도 아니 눈물 흘리우리다.
> ─ 김소월, 「진달래꽃」

4 기승전결

한시의 전통적인 시상 전개 방식으로, '기(시상의 제기) → 승(시상의 심화) → 전(시상의 전환) → 결(시상의 집약)'로 이루어진다.

5 선경 후정

사물이나 풍경을 그리듯 묘사한 것을 먼저 제시하고, 이에 대한 화자의 정서를 표현하는 것으로, 시상이 외부에서 내면으로 전환되는 방식으로 볼 수 있다.

> 예
> 선경 펄펄 나는 저 꾀꼬리는 / 암수가 서로 노니는데
> 후정 외로울 사 이내 몸은 / 뉘와 함께 돌아갈꼬
> ─ 유리왕, 「황조가」

[27~29] 다음 설명이 맞으면 ○표, 틀리면 ×표를 하시오.

27 시상은 시를 읽는 독자의 생각이나 관념을 말한다. 　(○ , ×)

28 자연적인 시간의 흐름대로 시상이 전개되는 구성을 순행적 구성이라고 한다. 　(○ , ×)

29 화자가 장소를 이동함에 따라 시상이 전개되는 것을 공간의 이동에 따른 시상 전개라고 한다.
　(○ , ×)

[30~33] 다음 빈칸에 들어갈 알맞은 말을 쓰시오.

30 화자가 시선을 원경에서 근경으로 이동하며 시상이 전개되는 것은 (　　　　)의 이동에 따른 시상 전개이다.

31 (　　　　)은/는 시의 처음과 끝에 동일하거나 유사한 시구를 배치하는 방식을 말한다.

32 (　　　　)은/는 한시의 전통적인 시상 전개 방식으로, 전개 양상이 4단계로 구성된다.

33 (　　　　)은/는 사물이나 풍경을 그리듯 묘사한 것을 먼저 제시하고, 이에 대한 화자의 정서를 표현하는 방식을 말한다.

05 운문 문학을 통한 문학 소통

1 맥락에 따른 문학 감상

문학 소통은 문학 작품을 생산하고 수용하는 활동을 작가-작품-독자 간의 소통 활동으로 간주하는 것이다. 소통으로서의 문학은 일상적인 언어 활동과 달리 작품을 둘러싼 다양한 맥락이 다층적으로 작용한다는 특성이 있다.

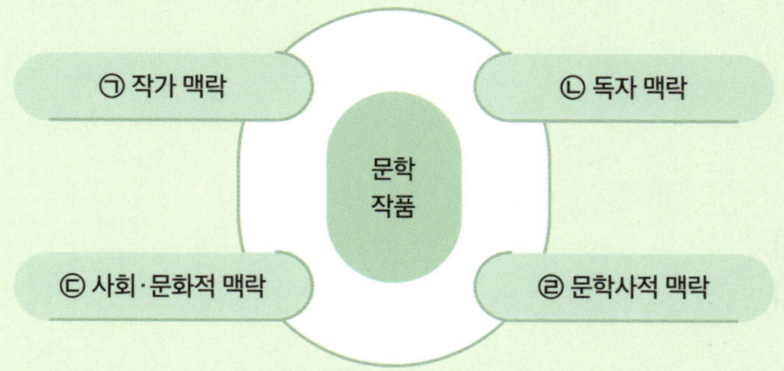

㉠ 작가 맥락	작가의 창작 동기나 심리 상태, 생애, 경험이나 가치관 등
㉡ 독자 맥락	작품 감상에 영향을 미치는 독자의 상황 등
㉢ 사회·문화적 맥락	창작 당시의 사회적 가치나 제도, 역사적 사건이나 문화적 배경 등
㉣ 문학사적 맥락	창작 당시의 문학적 경향이나 다른 작품과의 관계 등

2 문학 비평

독자는 작품의 가치와 의미에 대해 자신만의 평가를 내리기도 한다. 작품에 대한 자신의 생각, 감정, 경험 등을 다른 사람들과 공유하는 행위는 문학 소통을 더욱 풍부하게 만든다. 누구나 비판적이고 창의적인 감상을 바탕으로 작품과 대화할 수 있으며, 주체적으로 문학 소통에 참여할 수 있다.

문학 비평	→	
문학 작품의 의미를 해석하고 작품을 평가하는 활동을 의미함.		비평 활동을 통해 문학 작품을 깊이 있게 해석할 수 있음.

• 시를 비평할 때 고려할 수 있는 요소

내용 요소	표현 요소	사회·문화적 가치	그 외
시어와 시구의 함축적 의미, 주제 등	운율, 표현 방법, 어조 등	시에 반영된 사회적 배경, 역사적 사건 등	시인의 작품 경향, 다른 작품과의 비교 등

3 문학 소통의 효과

• 문학 소통에 참여함으로써 자신의 삶을 돌아볼 수 있을 뿐만 아니라 타인과 사회를 깊이 있게 이해할 수 있다.
• 문학 작품에 대한 자신의 생각이나 느낌을 공유하거나, 비평 혹은 창작 활동을 하면서 문학 작품을 주체적이고 능동적으로 감상할 수 있다.

[34~35] 다음 설명이 맞으면 ○표, 틀리면 ×표를 하시오.

34 문학 소통은 작품을 매개로 작가 또는 다른 독자와 소통하는 행위를 의미한다. (○ , ×)

35 문학의 맥락은 한 작품에 하나만 작용한다. (○ , ×)

36 작품 감상의 맥락에 대한 알맞은 설명을 줄로 이으시오.

(1) 작가 •　　　• ㉠ 작품 감상에 영향을 미치는 독자의 상황

(2) 독자 •　　　• ㉡ 창작 당시의 문학적 경향이나 다른 작품과의 관계

(3) 문학사 •　　　• ㉢ 작가의 창작 동기나 심리 상태, 생애, 경험이나 가치관

(4) 사회·문화 •　　　• ㉣ 창작 당시의 사회적 가치나 제도, 역사적 사건이나 문화적 배경

[37~38] 다음 빈칸에 들어갈 알맞은 말을 쓰시오.

37 문학 작품의 의미를 해석하고 작품을 평가하는 활동을 (　　　)(이)라고 한다.

38 문학 (　　　)을/를 통해 독자들은 주체적이고 능동적으로 문학 작품을 감상할 수 있다.

1 방문객 | 정현종

학습 포인트

• '방문객'을 대하는 화자의 태도
• '바람'의 의미

1연

사람이 온다는 건
실은 ㉠어마어마한 일이다.
그는
그의 과거와
현재와
그리고
그의 미래와 함께 오기 때문이다.
한 사람의 일생이 오기 때문이다.
부서지기 쉬운
그래서 부서지기도 했을
마음이 오는 것이다 ─ 그 갈피를
아마 바람은 더듬어 볼 수 있을
마음,
내 마음이 그런 바람을 흉내 낸다면
필경 환대가 될 것이다.
끝장에 가서는

핵심 정리하기

◆ 작품 개관

갈래	자유시, 서정시
성격	서정적, 독백적
제재	타인과의 만남
주제	타인과의 만남에 대한 인식과 자세
특징	• 만남의 의미를 새롭게 인식함. • '~이다.'의 반복으로 화자의 생각을 담담하게 서술함.

◆ '바람'의 의미

> 부서지기 쉬운 다른 이의 마음을 살피고 이해할 수 있는 존재

↓

타인의 마음을 이해하고 위로해 줄 수 있는 존재를 형상화함.

◆ 만남의 의미와 가치

> 사람이 온다는 건
> 실은 어마어마한 일이다.

• 그의 과거와 현재와 미래가 함께 오는 것
• 한 사람의 일생이 오는 것
• 부서지기 쉬운 그래서 부서지기도 했을 마음이 오는 것

↓

사람과의 만남을 큰 의미로 인식함.

◆ '방문객'을 대하는 화자의 태도

실은 어마어마한 일이다	필경 환대가 될 것이다

↓

만남을 소중히 여김.

> 사람에 대한 긍정적이고 따뜻한 태도

내신 올리기

01 이 시의 표현상 특징으로 적절하지 <u>않은</u> 것은?

① 문장 구조의 반복으로 운율을 형성하고 있다.

② 과거와 현재를 대비하여 주제를 드러내고 있다.

③ 한 행을 명사로만 구성하여 시상을 강조하고 있다.

④ 열거법을 사용하여 점층적으로 의미를 구성하고 있다.

⑤ 평서형 문장으로 화자의 정서를 담담하게 표현하고 있다.

02 이 시의 화자에 대한 설명으로 가장 적절한 것은?

① 현실에 대한 비판적 시각을 바탕으로 삶의 부조리를 드러내고 있다.

② 삶에 대한 성찰을 바탕으로 과거의 삶에 대한 회한을 드러내고 있다.

③ 인생에 대한 무상감을 바탕으로 인간관계의 덧없음을 드러내고 있다.

④ 인간에 대한 우호적 관점을 바탕으로 타인을 대하는 태도를 드러내고 있다.

⑤ 미래에 대한 낙관적 시각을 바탕으로 부정적 상황에 대한 극복 의지를 드러내고 있다.

03 ㉠에 대한 이해로 가장 적절한 것은?

① 사람 간의 만남이 갖는 의미를 강조한다.

② 과거보다 현재의 삶이 중요함을 드러낸다.

③ 사람 간의 만남은 우연이 아닌 필연임을 부각한다.

④ 한 사람의 인생에 과거의 사건이 미치는 영향을 나타낸다.

⑤ 사람의 마음이 갈피를 잡지 못하고 흔들리는 상황을 나타낸다.

04 〈보기〉를 바탕으로 이 시에서 '바람'의 의미를 이해한 내용으로 적절하지 <u>않은</u> 것은?

| 보기 |

정현종 작품에서의 '바람'은 모든 살아 있는 것들에 스며들어 생명을 회복시키거나 내면과 교감할 수 있는 존재이며, 억압적인 힘에 눌리거나 현실의 장애, 구속으로 인해 생기를 잃은 것들에 생기를 불어넣는 생명의 숨결, 구원의 존재이기도 하다.

① 억압적인 현실에서 소신을 지키는 존재겠군.

② 타인을 받아들이고 교감할 수 있는 존재겠군.

③ 부서지기 쉬운 마음의 속성을 이해하는 존재겠군.

④ 타인과 만날 때 본받아야 할 자세를 가진 존재겠군.

⑤ 현실의 어려움을 겪는 누군가에게 구원의 대상이 될 수 있는 존재겠군.

② 길 | 윤동주

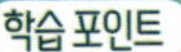

학습 포인트

- '길'을 걷는 여정의 상징적 의미
- 화자의 성찰적 자세

1연 [A]
잃어버렸습니다.
무얼 어디다 잃었는지 몰라
두 손이 주머니를 더듬어
길에 나아갑니다.

2연
돌과 돌과 돌이 끝없이 연달아
길은 돌담을 끼고 갑니다.

[B]

3연
담은 쇠문을 굳게 닫아
길 위에 긴 그림자를 드리우고

4연 [C]
길은 아침에서 저녁으로
저녁에서 아침으로 통했습니다.

5연 [D]
돌담을 더듬어 눈물짓다
쳐다보면 하늘은 부끄럽게 푸릅니다.

6연
풀 한 포기 없는 이 길을 걷는 것은
담 저쪽에 내가 남아 있는 까닭이고

7연 [E]
내가 사는 것은, 다만,
잃은 것을 찾는 까닭입니다.

핵심 정리하기

◆ 작품 개관

갈래	자유시, 서정시
성격	고백적, 성찰적, 의지적
제재	길
주제	본질적 자아 회복을 향한 의지
특징	• 경어체와 고백적 어조를 통해 주제를 드러냄. • 상징적 소재를 사용해 화자의 내면세계를 형상화함.

✦ '길'을 걷는 과정의 상징적 의미 

잃어버렸습니다.
본질적 자아를 잃어버림.

↓

길에 나아갑니다.
담 저쪽의 본질적 자아를 만나기 위해 길을 걸음.

본질적 자아를 잃어버린 상실감을 느끼고 본질적 자아를 찾기 위해 '길'로 나서는 화자의 모습이 드러나 있다. 이때 '길'은 본질적 자아를 잃어버린 상황을 인식한 후 자아를 탐색하는 공간으로 '길'을 걷는 과정은 자아의 본질을 찾는 삶의 여정을 나타낸다.

✦ 화자의 성찰적 자세 

하늘은 부끄럽게 푸릅니다.
• 본질적 자아를 회복하지 못한 데서 오는 부끄러움 • 자아 성찰의 자세

↓

내가 사는 것은, 다만, 잃은 것을 찾는 까닭입니다.
본질적 자아를 회복하고 부정적 현실을 극복하려는 의지

내신 올리기

01 '길'에 대한 설명으로 적절하지 <u>않은</u> 것은?

① 자아를 성찰하고 탐색하는 장소이다.

② 돌담을 따라 끝없이 이어져 있는 공간이다.

③ 잃어버린 대상과의 추억을 떠올리게 하는 매개체이다.

④ 부정적 현실을 극복하기 위해 끊임없이 노력하는 과정을 의미한다.

⑤ 아침에서 저녁으로, 저녁에서 아침으로 지속되는 시간의 연속성을 띠고 있다.

02 이 시에서 〈보기〉의 설명에 해당하는 시어로 가장 적절한 것은?

┤ 보기 ├

　화자가 처한 현실 상황을 일깨워 주는 존재로, 화자에게 부끄러움을 느끼게 한다. 하지만 이 부끄러움은 화자에게 자기 성찰에 대한 새로운 의지를 북돋우는 계기를 마련해 준다.

① 돌담　　② 쇠문　　③ 그림자　　④ 아침　　⑤ 하늘

★ 고난도

03 〈보기〉를 바탕으로 [A]~[E]를 감상할 때, 적절하지 <u>않은</u> 것은?

┤ 보기 ├

　윤동주는 암울한 식민지 현실에 적극적으로 대응하지 못하는 자신의 삶을 부끄러워하였다. 이러한 부끄러움은 식민지하의 지식인으로서 양심을 지키려고 애쓰는 '본질적 자아'와 무기력하게 살아가는 '현실적 자아' 사이의 갈등에서 비롯된 것이다. 따라서 그는 끊임없이 자아를 성찰하며 본질적 자아를 찾기 위한 노력을 시로 드러내었다.

① [A]에는 암울한 시대 현실에서 무기력하게 산 것에 대한 화자의 자각이 드러나는군.

② [B]에는 화자가 지향하는 본질적 자아와 단절된 암울한 현실이 드러나는군.

③ [C]에는 본질적 자아를 회복함으로써 현실 상황을 극복하려 하는 화자의 노력이 드러나는군.

④ [D]에는 지식인으로서 식민지 현실에 적극적으로 대응하지 못한 것에 대한 화자의 성찰이 드러나는군.

⑤ [E]에는 암울한 식민지 현실로 인해 본질적 자아의 회복이 좌절된 화자의 절망적 인식이 드러나는군.

① 산속에서 | 나희덕

학습 포인트
- 대조적 의미의 시어
- 화자가 지향하는 바람직한 삶의 자세

1연
길을 잃어 보지 않은 사람은 모르리라
터덜거리며 걸어간 길 끝에
멀리서 밝혀져 오는 불빛의 따뜻함을

2연
막무가내의 어둠 속에서
누군가 맞잡을 손이 있다는 것이
인간에 대한 얼마나 새로운 발견인지

3연
산속에서 밤을 맞아 본 사람은 알리라
그 산에 갇힌 작은 지붕들이
거대한 산줄기보다
얼마나 큰 힘으로 어깨를 감싸 주는지

4연
먼 곳의 불빛은
나그네를 쉬게 하는 것이 아니라
계속 걸어갈 수 있게 해 준다는 것을

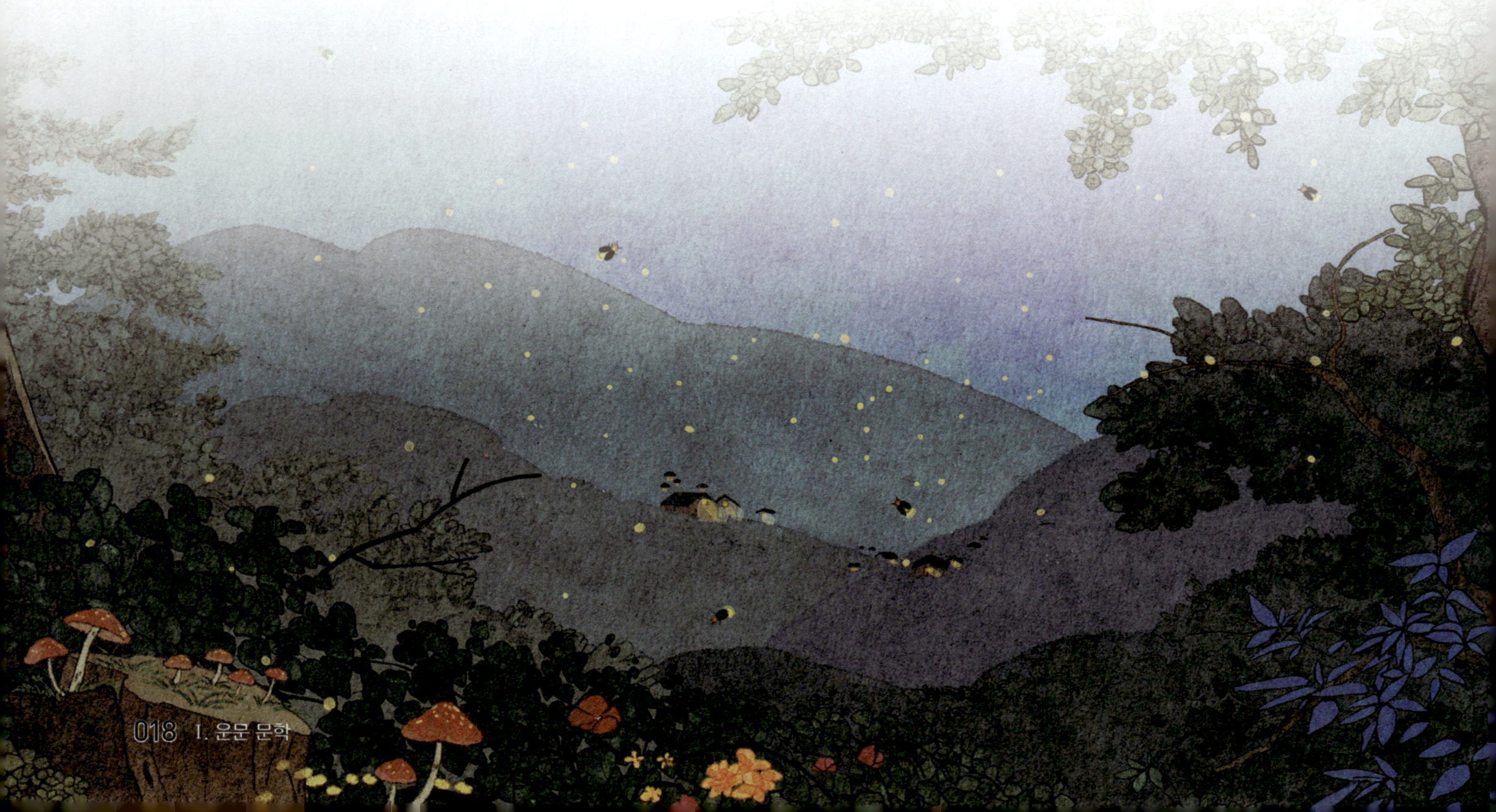

핵심 정리하기

◆ 작품 개관

갈래	자유시, 서정시
성격	사색적, 성찰적, 고백적
제재	산속, 불빛
주제	어려움을 겪는 이들에게 희망이 될 수 있는 따뜻한 힘
특징	• 도치법을 사용해 의미를 강조함. • 대조적 의미를 지닌 시어로 주제를 효과적으로 구현함.

◆ 시어의 의미

불빛	희망, 위안, 의지가 되는 존재
어둠	고난, 슬픔, 시련
나그네	어려운 처지에 놓인 존재

◆ 대조적 의미의 시어

긍정적 의미	부정적 의미
불빛, 누군가 맞잡을 손, 작은 지붕들	어둠, 밤
희망, 위안, 위로 등	고난, 슬픔, 시련 등

◆ 화자가 지향하는 바람직한 삶의 자세

(나그네를) 쉽게 하는 것
일시적으로 나그네를 편안하게 하는 것을 의미함.

↓

(나그네를) 계속 걸어갈 수 있게 해 준다는 것
'나그네'가 계속해서 움직일 수 있는 희망과 힘을 심어 주는 것을 의미함.

화자는 삶의 길에서 실의에 빠진 누군가에게, 포기하지 않고 계속 길을 걸어갈 수 있도록 희망과 힘을 주는 존재가 되는 것을 바람직한 삶의 자세로 여기고 있다.

내신 올리기

01 이 시의 화자에 대한 설명으로 가장 적절한 것은?

① 인간사의 고뇌를 자연에서 위로받고자 한다.

② 자연과의 교감을 통해 조화로운 삶을 지향한다.

③ 어려운 처지에 놓인 존재에게 희망을 주려 한다.

④ 내면의 갈등 속에서 진실한 삶의 가치를 추구한다.

⑤ 삶에 대한 달관과 죽음에 대한 긍정적 인식을 드러낸다.

02 이 시에서 유사한 의미를 지닌 시어끼리 짝지은 것은?

① 불빛, 밤
② 불빛, 어둠
③ 불빛, 작은 지붕들
④ 누군가 맞잡을 손, 밤
⑤ 누군가 맞잡을 손, 어둠

고난도

03 〈보기〉의 '문학의 윤리적 기능'의 관점에서 이 시를 감상한 내용으로 가장 적절한 것은?

> **보기**
>
> 문학의 기능은 미적·인식적·윤리적 기능으로 구분할 수 있다. 문학 작품을 감상하는 과정에서 어떤 것이 바람직한 삶인지, 나아가 자신은 어떤 삶을 살아야 할 것인지 등을 진지하게 생각해 보기도 하는데, 이와 같은 문학의 기능을 '문학의 윤리적 기능'이라고 한다.

① 이 시에서 사용한 감각적 심상을 통해 시의 내용을 생생하게 받아들일 수 있었어.

② 반복되는 종결 어미와 유사한 문장 구조의 배치에서 시의 리듬을 느낄 수 있었어.

③ 시의 언어에 내포된 의미를 헤아려 보면서 시어가 주는 아름다움을 발견할 수 있었어.

④ 산속에서 길을 잃은 시인의 경험을 들여다보면서 그동안 몰랐던 새로운 사실을 알 수 있었어.

⑤ 이 시의 '나그네' 같은 사람에게 어떤 존재가 되고 싶은지 생각해 보면서 바람직한 삶의 태도를 고민해 보았어.

2 수라 | 백석

학습 포인트

• 시상의 점층적 전개
• 제목 '수라'의 의미

1연

거미 새끼 하나 방바닥에 나린 것을 나는 아모 생각 없이 문밖으로 쓸어 버린다

차디찬 밤이다

2연

어니젠가 새끼 거미 쓸려 나간 곳에 큰 거미가 왔다
어느 사이엔가

나는 가슴이 짜릿한다

나는 또 큰 거미를 쓸어 문밖으로 버리며

찬 밖이라도 새끼 있는 데로 가라고 하며 서러워한다

3연

이렇게 해서 아린 가슴이 싹기도 전이다
긴장이나 화가 풀려 마음이 가라앉기도

어데서 좁쌀알만 한 알에서 가제 깨인 듯한 발이 채 서지도 못한 무척 적은 새끼 거미가
갓

이번엔 큰 거미 없어진 곳으로 와서 아물거린다
좀스럽게 움직인다.

나는 가슴이 메이는 듯하다

내 손에 오르기라도 하라고 나는 손을 내어미나 분명히 울고불고 할 이 작은 것은 나를

무서우이 달어나 버리며 나를 서럽게 한다

나는 이 작은 것을 고이 보드러운 종이에 받어 또 문밖으로 버리며

이것의 엄마와 누나나 형이 가까이 이것의 걱정을 하며 있다가 쉬이 만나기나 했으면
어렵거나 힘들지 아니하게. 멀지 아니한 가까운 장래에

좋으련만 하고 슬퍼한다

◆ 작품 개관

갈래	자유시, 서정시
성격	서사적, 상징적
제재	거미 가족의 헤어짐
주제	가족의 붕괴에 대한 안타까움과 슬픔
특징	• 시적 대상을 의인화하여 표현함. • 시적 대상에 대한 화자의 정서가 점층적으로 심화됨.

✦ 화자의 행동과 정서

'거미 새끼'를 문밖으로 쓸어 버림.
무심함.

'큰 거미'를 새끼 있는 데로 가라고 문밖으로 버림.
가슴이 짜릿함. 서러움.

↓

'무척 적은 새끼 거미'를 '보드러운 종이에 받어' 문밖으로 버림.
가슴이 메임. 서러움. 슬픔.

✦ 시어의 상징적 의미

차디찬 밤	'밤'이라는 시간적 배경과 '차디찬'이라는 감각적 이미지를 통해 암울한 현실의 상황과 거미 가족이 처한 비극성을 드러냄.
문밖	거미 가족이 버려진, 춥고 위험한 공간이지만 가족이 다시 만날 수 있는 곳으로, 가족 공동체의 회복 가능성이 있는 곳임.

✦ 시대적 배경을 바탕으로 한 '수라'의 의미

수라
혼란 상태에 빠진 곳이나 그러한 상태 자체를 비유하는 말

↓

흩어진 거미 가족의 상태와 일제 강점기에 가족이 해체되는 아픔을 겪은 우리 민족의 상태가 모두 '수라'와 같음을 나타냄.

---

01 이 시의 표현상 특징으로 적절한 것은?

① 미래의 상황을 확신함으로써 화자의 소망을 부각하고 있다.

② 처음과 끝에 비슷한 문장을 반복하여 주제를 강조하고 있다.

③ 시상이 전개되면서 화자의 정서가 점층적으로 심화되고 있다.

④ 시적 대상을 의인화하여 시적 대상의 부정적인 특성을 드러내고 있다.

⑤ 시적 대상과 화자의 처지를 대조하여 가족에 대한 그리움을 표현하고 있다.

02 이 시의 시상 전개에 따른 화자의 심리 변화로 적절한 것은?

① 무정함. → 기막힘. → 슬픔.   ② 두려움. → 서러움. → 부끄러움.

③ 쓸쓸함. → 슬픔. → 조마조마함.   ④ 무심함. → 가슴이 아림. → 슬픔.

⑤ 조마조마함. → 슬픔. → 서러움.

03 〈보기〉에서 설명하는 시어를 이 시에서 찾아 쓰시오.

> ┤ 보기 ├
>
> 이곳은 거미 가족이 혹독한 시련을 겪을 수 있는 공간이면서, 흩어진 거미 가족이 다시 만날 수 있는 공간이다.

04 이 시는 1930년대에 창작된 작품이다. 〈보기〉와 시대적 배경을 고려할 때, 제목 '수라'의 의미로 가장 적절한 것은?

> ┤ 보기 ├
>
> '수라(修羅)'는 '아수라(阿修羅)'의 약칭으로서 고대의 인도 신화에 나오는 악신(惡神)이다. 고대 인도의 서사시 「마하바라타」에는 아수라들이 비슈누 신의 공격을 받아 아수라들의 시체가 산처럼 겹겹이 쌓여 있는 모습을 그리고 있는데, '아수라장'이라는 말은 여기서 유래된 말이다. 눈뜨고 볼 수 없을 만큼 끔찍하게 혼란에 빠져 있는 현장을 우리는 흔히 '아수라장'이라고 부른다.

① 적자생존의 논리가 지배하던 당시의 사회 현실

② 민족의 암담한 현실 앞에서 갈등하는 지식인의 고뇌

③ 정신적 가치보다 물질적 가치를 중시하던 당시의 세태

④ 일제 강점기에 가족 공동체가 해체된 우리 민족의 비극적인 현실

⑤ 외세와의 전쟁으로 타국을 떠돌 수밖에 없었던 우리 민족의 암담한 상황

① 나무의 꿈 | 손택수

천재(김종철)

- 시상 전개 방식과 이 시의 주제
- 시어의 상징적 의미

어디까지 배운 걸까? 1일 ─ 3일 ─ 4일

1연

[A]
자라면 뭐가 되고 싶니
의자가 되고 싶니
누군가의 책상이 되고 싶니
밟으면 삐걱 소리가 나는 계단도 있겠지
그 계단을 따라 올라가는 ㉠다락방
별빛이 들고 나는 창문들도 있구나
누군가 그 창문을 통해 바다를
생각할지도 몰라
수평선을 넘어가는 목선을 그리워할지도 몰라
바다를 보는 게 꿈이라면
㉡배가 되고 싶겠구나

나무로 만든 배

[B]
어쩌면 그 무엇도 되지 못하고
㉢아궁이 속 장작으로 눈을 감을지도 모르지
잊지 마렴 한 줌 재가 되었지만
㉣넌 그때도 하늘을 날고 있는 거야
누군가의 몸을 데워주고 난 뒤
춤을 추듯 피어오르는 거야

[C]
하지만, 지금은
다만 네 잎사귀를 스치고 가는
저 ㉤바람 소리를 들어보렴
너는 지금 바람을 만나고 있구나
바람의 춤을 따라 흔들리고 있구나
지금이 바로 너로구나

핵심 정리하기

◆ 작품 개관

갈래	자유시, 서정시
성격	낙관적, 성찰적, 교훈적
제재	나무
주제	존재의 가치에 대한 역설적 인식과 현재에 주목하는 자세의 중요성
특징	• 의인화된 자연물에게 말하는 형식을 취함. • 시어를 연쇄적으로 활용해 시상을 발전해 나감.

✦ 연쇄법에 의한 시상 전개

이 시에서는 '계단 → 창문(들) → 바다'로 시어를 연쇄·반복하여 시상을 발전해 나가면서 나무가 품을 수 있는 다양한 꿈을 제시하고 있다.

✦ 시어의 상징적 의미

의자, 책상, 계단, 창문들, 배	'너(나무)'가 품을 수 있는 다양한 꿈들
바다	'너(나무)'가 지향할 것이라고 화자가 가정한 대상
장작	꿈을 이루지 못한 상황에서도 가치 있는 존재가 될 수 있다는 화자의 역설적 인식을 보여 주는 소재
바람 소리	'너(나무)'에게 지금의 상황과 모습에 주목하게 하는 계기가 되는 소재

✦ 시구에 담긴 함축적 의미

넌 그때도 하늘을 날고 있는 거야

아궁이 속 장작으로 쓰여 한 줌 재가 되었어도 나무는 가치 있는 존재임.

지금이 바로 너로구나

바람을 만나 흔들리는 나무의 현재 모습 자체가 가치 있음.

화자는 '너(나무)'에게 꿈을 이루지 못해도 괜찮다는 의미를 전달하고, 현재의 삶을 살아 내는 것이 가치 있음을 강조하고 있다.

내신 올리기

01 이 시의 표현상 특징으로 적절하지 <u>않은</u> 것은?

① 수미상관의 구성으로 형태적 안정감을 주고 있다.

② 시어를 연쇄적으로 활용해 시상을 발전시키고 있다.

③ 동일한 종결 어미의 반복으로 운율을 형성하고 있다.

④ 대상의 존재 가치에 대한 인식을 역설적으로 드러내고 있다.

⑤ 의인화된 자연물을 청자로 설정해 화자의 생각을 드러내고 있다.

02 이 시를 감상한 내용으로 가장 적절한 것은?

① 타인을 위한 희생이 당연하지 않다는 것을 알 수 있었어.

② 꿈이라는 것은 한낱 허상에 불과하다는 것을 알 수 있었어.

③ 꿈을 이루지 못하더라도 존재의 가치가 있다는 것을 알 수 있었어.

④ 여러 목표를 두기보다 하나에 집중해야 꿈을 이룰 수 있다는 것을 알 수 있었어.

⑤ 현재의 상황과 모습에 주목하기보다 미래를 지향하는 자세가 중요하다는 것을 알 수 있었어.

03 ㉠~㉤에 대한 이해로 적절하지 <u>않은</u> 것은?

① ㉠: 꿈을 꾸기 어려운 현실을 의미한다.

② ㉡: '너'가 품을 수 있는 꿈을 의미한다.

③ ㉢: '너'가 되고 싶은 대상이 되지 못한 상황을 의미한다.

④ ㉣: 꿈을 이루지 못했지만 가치 있는 '너'의 모습을 의미한다.

⑤ ㉤: '너'가 현재의 모습에 집중할 수 있도록 하는 소재를 의미한다.

★ 고난도

04 [A]~[C]에 대한 설명으로 가장 적절한 것은?

① [A]에서는 '너'에게 부탁하고 싶은 것들을 제시하고 있다.

② [A]에서는 '너'에게 결핍된 요소를 제시하여 [B] 상황의 원인을 밝히고 있다.

③ [B]에서는 미래 시제의 어미를 사용하여 '너'가 겪게 될 일을 나타내고 있다.

④ [C]에서는 [B]에서의 가정을 바탕으로 '너'가 주의해야 할 일을 드러내고 있다.

⑤ [C]에서는 '너'에게 청하는 형식을 사용하여 '너'가 가지길 바라는 자세를 강조하고 있다.

2 숲 | 정희성

학습 포인트

어디까지 배운 걸까? 1일 · 3일 · 4일

• 화자의 현실 인식과 태도
• 대조적 의미의 시어

1연

[A]
ⓐ숲에 가 보니 나무들은
제가끔 서 있더군

[B]
제가끔 서 있어도 나무들은
숲이었어

[C]
ⓑ광화문 지하도를 지나며
숱한 사람들이 만나지만
왜 그들은 숲이 아닌가

[D]
이 메마른 땅을 외롭게 지나치며
낯선 그대와 만날 때

[E]
그대와 나는 왜
숲이 아닌가

핵심 정리하기

◆ 작품 개관

갈래	자유시, 서정시
성격	비판적, 사색적, 성찰적
제재	숲
주제	공동체적 삶을 향한 소망
특징	• 의문형 종결 어미의 반복으로 의미를 강조함. • 자연과 인간을 대비하여 현대인들의 소외된 모습을 나타냄.

✦ 화자의 문제 인식과 태도

• 숱한 사람들이 만나지만 / 왜 그들은 숲이 아닌가
• 그대와 나는 왜 / 숲이 아닌가

↓

숲과 같은 공동체를 이루지 못하는 현대인들에 대해 문제를 제기하며 안타까워함.

✦ 대조적 의미의 시어

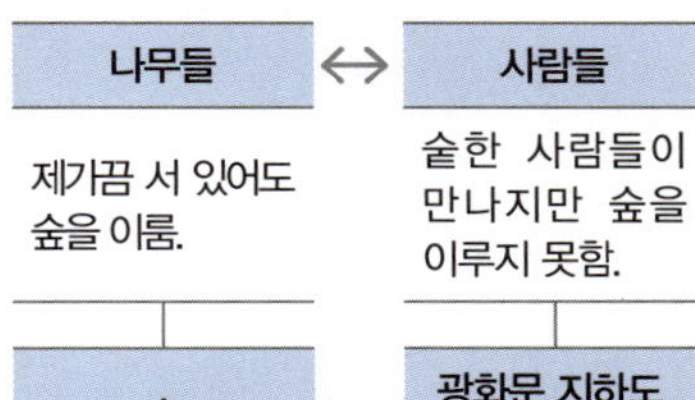

나무들	↔	사람들
제가끔 서 있어도 숲을 이룸.		숱한 사람들이 만나지만 숲을 이루지 못함.

숲	광화문 지하도, 메마른 땅
서로 다른 개체들이 어우러져 조화를 이룬 공동체	현대인이 살아가는 공간, 메마르고 각박한 현대 사회

✦ 이 시의 표현상 특징

• 사색적 어조로 성찰을 드러내고 있다.
• 공간의 이동에 따라 시상을 전개하고 있다.
• 시구의 반복, 변주로 운율을 형성하고 있다.
• 시어를 대비하여 문제의식을 드러내고 있다.
• 의문형 종결 어미의 반복으로 의미를 강조하고 있다.

내신 올리기

01 이 시의 표현상 특징으로 적절하지 <u>않은</u> 것은?

① 공간의 이동에 따라 시상을 전개하고 있다.
② 시어의 대비를 통해 문제의식을 나타내고 있다.
③ 사색적 어조를 통해 화자의 성찰을 드러내고 있다.
④ 의문형 종결 어미를 반복하여 의미를 강조하고 있다.
⑤ 계절을 드러내는 시어를 사용해 분위기를 조성하고 있다.

02 [A]~[E]에 대한 이해로 적절하지 <u>않은</u> 것은?

① [A]: 화자는 숲에 '제가끔' 서 있는 '나무들'을 보며 존재가 지닌 근원적 고독을 깨닫고 있군.
② [B]: 화자는 '나무'가 독자적인 존재이지만, 하나의 공동체인 '숲'을 이루고 있다고 생각하는군.
③ [C]: 화자는 '숱한 사람들'이 '나무'와 달리 하나의 공동체를 이루지 못하고 있다고 생각하는군.
④ [D]: 화자는 '낯선 그대'를 만나는 현대 사회를 부정적으로 인식하여 '메마른 땅'이라고 표현하고 있군.
⑤ [E]: 화자는 공동체적 삶을 살지 못하는 '그대'에 대한 비판을 '나'에게도 적용하여 스스로를 반성하고 있군.

★ 고난도

03 ⓐ와 ⓑ에 대한 설명으로 가장 적절한 것은?

① ⓐ는 화자의 소박한 일상이, ⓑ는 화자의 적막한 처지가 드러나는 공간이다.
② ⓐ는 화자가 혐오하는 대상이, ⓑ는 화자가 동경하는 대상이 머무는 공간이다.
③ ⓐ는 현실에 대한 화자의 회의감이, ⓑ는 앞날에 대한 화자의 소망이 드러나는 공간이다.
④ ⓐ는 화자가 지향하는 삶의 모습이, ⓑ는 화자가 지양하는 삶의 모습이 드러나는 공간이다.
⑤ ⓐ는 삶에 대한 화자의 절망적 태도가, ⓑ는 삶에 대한 화자의 반성적 태도가 드러나는 공간이다.

① 깊은 흙 | 정현종

• 인공적인 문명에 대한 비판
• 대조적 의미의 시어

1연 흙길이었을 때 언덕길은
깊고 깊었다.
포장을 하고 난 뒤 그 길에서는
깊음이 사라졌다.

2연 숲의 정령들도 사라졌다.

3연 깊은 흙
얄팍한 아스팔트.

4연 짐승스런 편리
사람다운 불편.

5연 깊은 자연
얕은 문명.

◆ 작품 개관

갈래	자유시, 서정시
성격	비판적, 사색적
제재	흙, 아스팔트 길
주제	자연 본래의 모습을 파괴하는 인공적인 문명에 대한 비판
특징	• 명사형으로 시행을 종결하여 시적 의미를 강조함. • 대조되는 시어 및 시구를 병치하여 화자의 인식 차이를 드러냄.

✦ 언덕길의 변화

과거	현재
• 흙길 • 깊고 깊음. • 숲의 정령들이 존재함.	• 아스팔트 포장 길 • 깊음이 사라짐. • 숲의 정령들이 사라짐.

인공적인 문명을 추구하다가 자연 본래의 모습이 파괴된 현실을 비판함.

✦ 자연과 문명의 대비

본래의 자연	인공적인 문명
• 깊은 흙 • 사람다운 불편 • 깊은 자연	• 얄팍한 아스팔트 • 짐승스런 편리 • 얕은 문명

화자는 '본래의 자연'과 '인공적인 문명'을 대비하여 인공적인 문명에 대한 문제의식을 강하게 드러내고, 우리가 추구해야 할 바람직한 삶의 방향을 제시하고 있다.

✦ 문학과 공동체의 문제

환경 오염, 도시 문명	—	생명력 파괴, 생태 위기

↓

생태 시
• 생태 위기의 현실 비판 • 공동체가 지향해야 할 방향 제시

정답과 해설 07쪽 •

01 이 시의 표현상 특징으로 적절하지 <u>않은</u> 것은?

① 명사형으로 시행을 종결하여 여운을 남기고 있다.

② 동일한 시어를 반복하여 시어의 의미를 강조하고 있다.

③ 유사한 통사 구조의 반복을 통해 리듬감을 형성하고 있다.

④ 자연물에 감정을 이입하여 화자의 태도 변화를 표출하고 있다.

⑤ 대조적 의미의 시구를 사용하여 대상에 대한 화자의 인식 차이를 드러내고 있다.

02 이 시의 각 연에 대한 설명으로 적절하지 <u>않은</u> 것은?

① 1연: 아스팔트가 언덕길을 사라지게 했음을 드러내고 있다.

② 2연: 아스팔트가 자연에 부정적 영향을 주었음을 드러내고 있다.

③ 3연: 흙과 아스팔트를 대조하여 대상에 대한 상반된 인식을 드러내고 있다.

④ 4연: 수식을 통해 편리와 불편에 담긴 이면적 의미를 드러내고 있다.

⑤ 5연: 흙과 아스팔트를 자연과 문명으로 확장하여 자연과 대비되는 문명의 문제를 드러내고 있다.

★ 고난도

03 〈보기〉를 바탕으로 이 시를 이해한 내용으로 적절하지 <u>않은</u> 것은?

┤ 보기 ├

1990년대 이후의 시기는 환경 오염과 생태 위기의 상황에 대하여 문학적 응답이 요구되던 때였다. 정현종은 그의 작품에서 현대 도시를 생명력이 메마른 공간으로, 흙을 모든 생명이 다 모이는 곳으로 그림으로써 이러한 요구에 응답하였다.

① 작가가 목도한 문명의 변화를 바탕으로 현대 도시에 남아 있는 생명력을 찾아내고 있군.

② 작가는 불편하더라도 자연 본래의 모습을 보존하면서 인간다움을 지켜야 한다고 말하는 것이군.

③ '아스팔트'는 인공적인 문명의 공간으로, '숲'은 생명력이 있는 자연의 공간으로 해석할 수 있겠군.

④ '짐승스런 편리', '사람다운 불편'의 대비는 우리가 지향해야 할 삶의 방향을 제시한 것으로도 볼 수 있겠군.

⑤ 이 시는 인간 중심주의를 비판하고 인간과 자연의 조화를 지향하는 작품들을 의미하는 생태 시에 해당하겠군.

2 뿌리에게 | 나희덕

학습 포인트
• '흙'과 '뿌리'의 관계를 통한 주제 의식
• 시간의 흐름에 따른 순환 구조

1연 깊은 곳에서 네가 나의 뿌리였을 때
나는 막 갈구어진 ㉠연한 흙이어서
너를 잘 기억할 수 있다
네 숨결 처음 대이던 그 자리에 더운 김이 오르고
밝은 피 뽑아 네게 흘려보내며 즐거움에 떨던
아, 나의 사랑을

2연 먼우물 앞에서도 목마르던 나의 뿌리여
먹을 수 있는 우물물
나를 뚫고 오르렴,
눈부셔 잘 부스러지는 살이니
내 밝은 피에 즐겁게 발 적시며 뻗어 가려무나

3연 척추를 휘어 접고 더 넓게 뻗으면
그때마다 나는 ㉡착한 그릇이 되어 너를 감싸고,
불꽃 같은 바람이 가슴을 두드려 세워도
네 ㉢뻗어 가는 끝을 하냥 축복하는 나는
어리석고도 은밀한 기쁨을 가졌어라

4연 네가 타고 내려올수록
단단해지는 나의 살을 보아라
이제 거무스레 늙었으니
슬픔만 한 두름 꿰어 있는 ㉣껍데기의
마지막 잔을 마셔 다오

5연 깊은 곳에서 네가 나의 뿌리였을 때
내 가슴에 끓어오르던 벌레들,
그러나 지금은 하나의 ㉤빈 그릇,
너의 푸른 줄기 솟아 햇살에 반짝이면
나는 어느 산비탈 연한 흙으로 일구어지고 있을 테니

핵심 정리하기

✚ 작품 개관

갈래	자유시, 서정시
성격	회상적, 비유적
제재	흙과 뿌리
주제	생명의 탄생과 성장을 위한 희생적인 사랑
특징	• 대상의 성장 과정에 따라 시상을 전개함. • 시간의 흐름에 따른 순환 구조를 보임. • 자연물의 속성을 통해 대상의 특징을 드러냄.

✦ '뿌리'와 '흙'의 관계

뿌리 (청자)	흙의 사랑을 받아 성장하는 존재
흙 (화자)	자신을 희생하면서 뿌리에게 사랑을 주는 존재

✦ 시간의 흐름에 따른 순환 구조

흙의 변화
연한 흙 → 착한 그릇 → 껍데기 → 빈 그릇 → 연한 흙

시간의 흐름에 따라 흙의 순환 과정을 보여 줌으로써 또 다른 생명을 성장하게 할 가능성을 보여 주고 있다.

✦ 이 시의 표현상 특징

• 자연물의 속성을 통해 대상의 특징을 드러내고 있다.
• 역설법, 의인법 등을 사용하여 대상에 대한 희생적 태도를 드러내고 있다.
• 대상의 성장 과정에 따라 시상을 전개하며, 시간의 흐름에 따른 순환 구조를 보이고 있다.
• 화자가 청자에게 말을 건네는 방식을 사용하여 대상에 대한 친근감을 드러내고 있다.

내신 올리기

01 이 시의 표현상 특징으로 적절하지 <u>않은</u> 것은?

① 감각적 심상을 사용하여 대상의 모습을 드러내고 있다.
② 영탄적 어조를 사용하여 대상에 대한 태도를 드러내고 있다.
③ 역설적 표현을 사용하여 대상에 대한 희생적 사랑을 드러내고 있다.
④ 시간의 흐름에 따라 시상을 전개하여 대상의 성장 과정을 드러내고 있다.
⑤ 하강적 이미지를 통해 생명의 유한함이라는 자연의 섭리를 드러내고 있다.

02 '뿌리'에 대한 '흙'의 생각으로 적절하지 <u>않은</u> 것은?

① 어떤 상황에서도 '뿌리'의 성장을 축복할 것이다.
② '뿌리'를 만났을 때 벅찬 감동과 뜨거운 사랑을 느꼈다.
③ '뿌리'가 성장하는 데 필요하다면 나를 희생하여도 좋다.
④ '뿌리'가 성장할 때마다 더 크게 자랄 수 있도록 지원할 것이다.
⑤ '뿌리'가 타고 내려올수록 나의 살은 더욱 잘 부스러져 연해질 것이다.

03 ㉠~㉤ 중, 의미하는 대상이 나머지와 <u>다른</u> 것은?

① ㉠　　② ㉡　　③ ㉢　　④ ㉣　　⑤ ㉤

⭐ 고난도

04 〈보기〉에서 선생님의 질문에 대한 답변으로 적절하지 <u>않은</u> 것은?

> ┤ 보기 ├
>
> 선생님: 나희덕의 「뿌리에게」는 시간의 흐름에 따른 순환 구조가 활용되고 있습니다. 1연의 '흙'이 시간의 흐름에 따라 다양한 모습으로 비유되다가 5연에서 다시 '흙'으로 돌아오는 것을 통해 확인할 수 있죠. 작가가 시간의 흐름에 따른 순환 구조를 활용한 이유는 무엇일까요? 작품의 주제를 고려해서 말해 봅시다.

① 대상에 대한 헌신적인 사랑이 계속 이어짐을 표현하기 위해서입니다.
② 우리 사회에서 회복해야 할 희생적 사랑의 가치를 표현하기 위해서입니다.
③ 우리 모두 누군가의 뿌리이고 또 누군가의 흙이라는 것을 말하고 싶어서입니다.
④ 인간 역시 자연의 일부로서 이 순환 속에 존재한다는 깨달음을 전하고 싶어서입니다.
⑤ 희생, 인내와 같이 겉으로 드러나지 않지만 중요한 것들이 순환을 통해 세상에 영향을 미친다는 점을 이야기하기 위해서입니다.

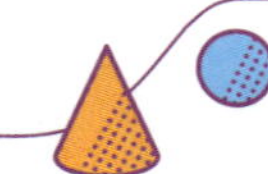

2019학년도 고2 6월 전국연합

1회 산길에서 | 이성부 / 길 | 윤동주

01~03 다음 글을 읽고 물음에 답하시오.

가

[A] 이 길을 만든 이들이 누구인지를 나는 안다
　이렇게 길을 따라 나를 걷게 하는 그이들이
　지금 조릿대밭 눕히며 소리치는 바람이거나
[B] 이름 모를 풀꽃들 문득 나를 쳐다보는 수줍음으로 와서
　내 가슴 벅차게 하는 까닭을 나는 안다
　그러기에 짐승처럼 그이들 옛 내음이라도 맡고 싶어
[C] 나는 자꾸 집을 떠나고
　그때마다 서울을 버리는 일에 신명나지 않았더냐
　무엇에 쫓기듯 살아가는 이들도
　힘을 다하여 비칠거리는 발걸음들도
[D] 무엇 하나씩 저마다 다져놓고 사라진다는 것을
　뒤늦게나마 나는 배웠다
　그것이 부질없는 되풀이라 하더라도
　그 부질없음 쌓이고 쌓여져서 마침내 길을 만들고
[E] 길 따라 그이들을 따라 오르는 일
　이리 힘들고 어려워도
　왜 내가 지금 주저앉아서는 안 되는지를 나는 안다

－ 이성부, 「산길에서」

나 잃어버렸습니다.
　무얼 어디다 잃었는지 몰라
　두 손이 주머니를 더듬어
　길에 나아갑니다.

　돌과 돌과 돌이 끝없이 연달아
　길은 돌담을 끼고 갑니다.

　담은 쇠문을 굳게 닫아
　길 위에 긴 그림자를 드리우고

　길은 아침에서 저녁으로
　저녁에서 아침으로 통했습니다.

돌담을 더듬어 눈물짓다
쳐다보면 하늘은 부끄럽게 푸릅니다.

풀 한 포기 없는 이 길을 걷는 것은
담 저쪽에 내가 남아 있는 까닭이고,

내가 사는 것은, 다만,
잃은 것을 찾는 까닭입니다.

－ 윤동주, 「길」

01 **가** 와 **나** 에 대한 설명으로 가장 적절한 것은?

① **가** 는 **나** 와 달리 자연물에 인격을 부여하여 대상과의 교감을 드러내고 있다.
② **나** 는 **가** 와 달리 동일한 종결 어미를 반복하여 운율감을 높이고 있다.
③ **가** 와 **나** 는 모두 색채어를 활용하여 공간에 대한 인식을 드러내고 있다.
④ **가** 와 **나** 는 모두 공감각적 심상을 제시하여 대상에 입체감을 부여하고 있다.
⑤ **가** 는 계절의 변화를 통해, **나** 는 공간의 이동을 통해 시상을 구체화하고 있다.

02 **가** 의 화자에 대한 이해로 적절하지 **않은** 것은?

① [A]: 길을 만든 이들이 누구인지 지각하고 있다.
② [B]: 삶의 고달픔이 어디에서 비롯되는지를 깨닫고 있다.
③ [C]: 집을 버리고 산길을 찾는 것에 즐거움을 느끼고 있다.
④ [D]: 사람은 누구나 삶의 자취를 남긴다는 사실을 알게 되었다.
⑤ [E]: 산길을 걷는 과정에서 포기하지 않는 삶의 태도를 다짐하고 있다.

03 〈보기〉를 참고하여 나를 감상한 내용으로 적절하지 않은 것은?

| 보기 |

이 시는 '길'이라는 상징적 소재를 통해 '잃어버린 나'를 되찾으려는 화자의 모습을 잘 보여 주는 작품이다. 이 시의 화자는 부정적 상황 속에서 자기 탐색과 성찰을 통해, '잃어버린 나'를 회복하려고 끊임없이 노력하는 모습을 보인다.

① 굳게 닫힌 '쇠문'을 통해 화자가 처한 부정적 상황을 드러낸다고 할 수 있군.

② 길이 '저녁에서 아침으로 통했'다는 것은 자기 탐색의 과정이 끊임없이 이어짐을 의미하겠군.

③ '눈물짓'는 행위는 절망적 상황을 극복하려는 화자의 노력을 나타낸 것이겠군.

④ '부끄럽게'를 통해 화자가 하늘을 보며 자기 성찰을 하고 있음을 짐작할 수 있군.

⑤ 화자가 길을 걷는 이유는 '담 저쪽'의 '나'를 회복하기 위해서이겠군.

2회 **뿌리에게** | 나희덕

04~06 다음 글을 읽고 물음에 답하시오.

깊은 곳에서 네가 나의 뿌리였을 때
나는 ⓐ막 갈구어진 연한 흙이어서
너를 잘 기억할 수 있다
㉠네 숨결 처음 대이던 그 자리에 더운 김이 오르고
㉡밝은 피 뽑아 네게 흘려보내며 즐거움에 떨던
아, 나의 사랑을

먼우물 앞에서도 목마르던 나의 뿌리여
나를 뚫고 오르렴,
눈부셔 잘 부스러지는 살이니
내 밝은 피에 즐겁게 발 적시며 뻗어 가려무나

척추를 휘어 잡고 더 넓게 뻗으면
그때마다 나는 착한 그릇이 되어 ㉢너를 감싸고,
불꽃 같은 바람이 가슴을 두드려 세워도
㉣네 뻗어 가는 끝을 하냥 축복하는 나는
어리석고도 은밀한 기쁨을 가졌어라

네가 타고 내려올수록
ⓑ단단해지는 나의 살을 보아라
이제 거무스레 늙었으니
슬픔만 한 두릅 꿰어 있는 ㉤껍데기의
마지막 잔을 마셔다오

깊은 곳에서 네가 나의 뿌리였을 때
내 가슴에 끓어오르던 벌레들,
그러나 지금은 하나의 빈 그릇,
너의 푸른 줄기 솟아 햇살에 반짝이면
나는 어느 산비탈 ⓒ연한 흙으로 일구어지고 있을 테니

– 나희덕, 「뿌리에게」

04 윗글에 대한 설명으로 가장 적절한 것은?

① 말을 건네는 방식을 통해 대상에 대한 친밀함을 드러내고 있다.

② 자연물을 활용해 대상의 부재에서 오는 안타까움을 드러내고 있다.

③ 반어적인 표현을 통해 특정한 시적 공간의 의미를 강조하고 있다.

④ 동일한 종결 어미를 반복해 화자의 일관된 태도를 강조하고 있다.

⑤ 시선의 이동에 따라 다양한 대상을 순차적으로 묘사하고 있다.

[05~06] 〈보기〉를 읽고 물음에 답하시오.

| 보기 |

'모성(母性)'은 희생적 사랑이다. 이 사랑에는 포용력과 따뜻함이 있다. 나희덕의 「뿌리에게」는 베풂을 행하는 '흙'과 그 베풂을 받아 성장해 가는 '뿌리'의 모습을 형상화하여 이와 같은 모성을 드러내고 있다. 그와 동시에 '흙'이 변화하는 과정을 보여 줌으로써 '모성'의 의미를 확장하고 있다.

05 ㉠~㉤에 대한 감상으로 적절하지 <u>않은</u> 것은?

① ㉠: '더운 김'에서 '흙'이 지닌 따뜻함이 느껴지는 것 같아.

② ㉡: '밝은 피'를 '뿌리'에게 주는 모습에서 '흙'의 희생적 사랑을 느낄 수 있어.

③ ㉢: '뿌리'를 감싸 안아 주는 '흙'에서 포용력을 찾을 수 있어.

④ ㉣: '뿌리'를 통해 포용력의 회복을 기약하는 '흙'의 다짐을 확인할 수 있어.

⑤ ㉤: '껍데기'가 된 '흙'에서 마지막까지 희생을 감내하는 모성을 느낄 수 있어.

06 '@ → ⓑ → ⓒ'의 변화 과정을 통해 이끌어낼 수 있는 '모성'의 의미로 가장 적절한 것은?

① 모성은 영원히 지속된다.

② 모성은 차가우면서도 따뜻하다.

③ 모성은 희생을 통해서 드러난다.

④ 모성은 언제나 강인하다.

⑤ 모성은 내적으로 성장한다.

3회 **소년** | 윤동주 / **나무의 꿈** | 손택수

07~09 다음 글을 읽고 물음에 답하시오.

가 여기저기서 단풍잎 같은 슬픈 가을이 뚝뚝 떨어진다. 단풍잎 떨어져 나온 자리마다 봄을 마련해 놓고 나뭇가지 위에 하늘이 펼쳐 있다. 가만히 ㉠하늘을 들여다보려면 **눈썹에 파란 물감이 든다.** 두 손으로 따뜻한 볼을 쓸어보면 손바닥에도 파란 물감이 묻어난다. 다시 손바닥을 들여다본다. 손금에는 **맑은 강물**이 흐르고, 맑은 강물이 흐르고, 강물 속에는 사랑처럼 슬픈 얼굴―아름다운 **순이(順伊)**의 얼굴이 어린다. **소년(少年)**은 황홀히 눈을 감아 본다. 그래도 맑은 강물은 흘러 사랑처럼 슬픈 얼굴―아름다운 순이(順伊)의 얼굴은 어린다.

― 윤동주, 「소년(少年)」

나 자라면 뭐가 되고 싶니

의자가 되고 싶니

누군가의 **책상**이 되고 싶니

밟으면 삐걱 소리가 나는 계단도 있겠지

그 계단을 따라 올라가는 다락방

별빛이 들고 나는 창문들도 있구나

누군가 그 창문을 통해 바다를

생각할지도 몰라

수평선을 넘어가는 목선을 그리워할지도 몰라

㉡바다를 보는 게 꿈이라면

배가 되고 싶겠구나

어쩌면 그 무엇도 되지 못하고

아궁이 속 **장작**으로 눈을 감을지도 모르지

잊지 마렴 **한 줌 재**가 되었지만

넌 그때도 하늘을 날고 있는 거야

누군가의 **몸을 데워**주고 난 뒤

춤을 추듯 피어오르는 거야

하지만, 지금은

다만 네 잎사귀를 스치고 가는
저 **바람 소리**를 들어보렴
너는 지금 바람을 만나고 있구나
바람의 춤을 따라 흔들리고 있구나
지금이 바로 너로구나

– 손택수, 「나무의 꿈」

07 **가**, **나** 의 표현상 특징으로 가장 적절한 것은?

① **가** 는 **나** 와 달리 반어적 표현을 통해 시적 긴장을 고조시키고 있다.

② **나** 는 **가** 와 달리 동일한 종결 어미의 반복으로 운율감을 형성하고 있다.

③ **가** 와 **나** 모두 대상을 의인화하여 화자의 연민을 드러내고 있다.

④ **가** 와 **나** 모두 시어의 연쇄적 활용을 통해 시상을 발전시켜 나가고 있다.

⑤ **가** 와 **나** 모두 시선의 이동을 통해 장소가 지닌 의미를 다양하게 제시하고 있다.

08 ㉠, ㉡에 대한 이해로 가장 적절한 것은?

① ㉠은 '소년(少年)'의 정서를 환기하는 기능을 하고 있다.

② ㉠은 '소년(少年)'이 거부하고자 하는 세계를 상징하고 있다.

③ ㉠은 '소년(少年)'이 자신의 한계를 인식하는 계기가 되고 있다.

④ ㉡은 '너'가 처한 긍정적 상황을 드러내는 역할을 한다.

⑤ ㉡은 '너'의 성찰이 이루어진 이후의 모습을 표상하고 있다.

09 〈보기〉를 참고하여 **가** 와 **나** 를 감상한 내용으로 적절하지 **않은** 것은?

┤ 보기 ├

　가, **나** 는 시간의 흐름 속에서 성장하는 존재의 순수한 정서와 인식에 대해 표현하고 있다. **가** 는 소년이 자연물에 동화되는 과정을 감각적으로 드러내면서 과거의 사랑을 그리워하는 소년의 정서를 보여 준다. **나** 는 대상이 품을 수 있는 다양한 꿈을 제시하고, 꿈을 이루지 못한 상황에서도 대상이 존재 가치가 있다는 것을 역설적으로 보여 주고 있다. 또 미래보다 현재 상황과 모습에 주목하는 자세를 강조하며 마무리한다.

① **가** 의 '파란 물감이 든' '눈썹'은 '소년(少年)'이 자연물에 동화되는 것을 감각적으로 표현하는군.

② **가** 의 '맑은 강물'에 어린 얼굴에는 '순이(順伊)'에 대한 '소년(少年)'의 그리움이 투영되어 있군.

③ **나** 의 '의자', '책상', '한 줌 재' 등은 대상이 품을 수 있는 다양한 꿈을 보여 주는군.

④ **나** 의 '장작'은 꿈을 이루지 못한 상황에서도 '몸을 데워' 줄 수 있다는 존재 가치에 대한 역설적 인식을 보여 주는군.

⑤ **나** 의 '바람 소리'는 대상에게 '지금'의 상황과 모습을 주목하게 하는 계기가 될 수 있겠군.

산문 문학 소설

◈ 무엇을 배울까?

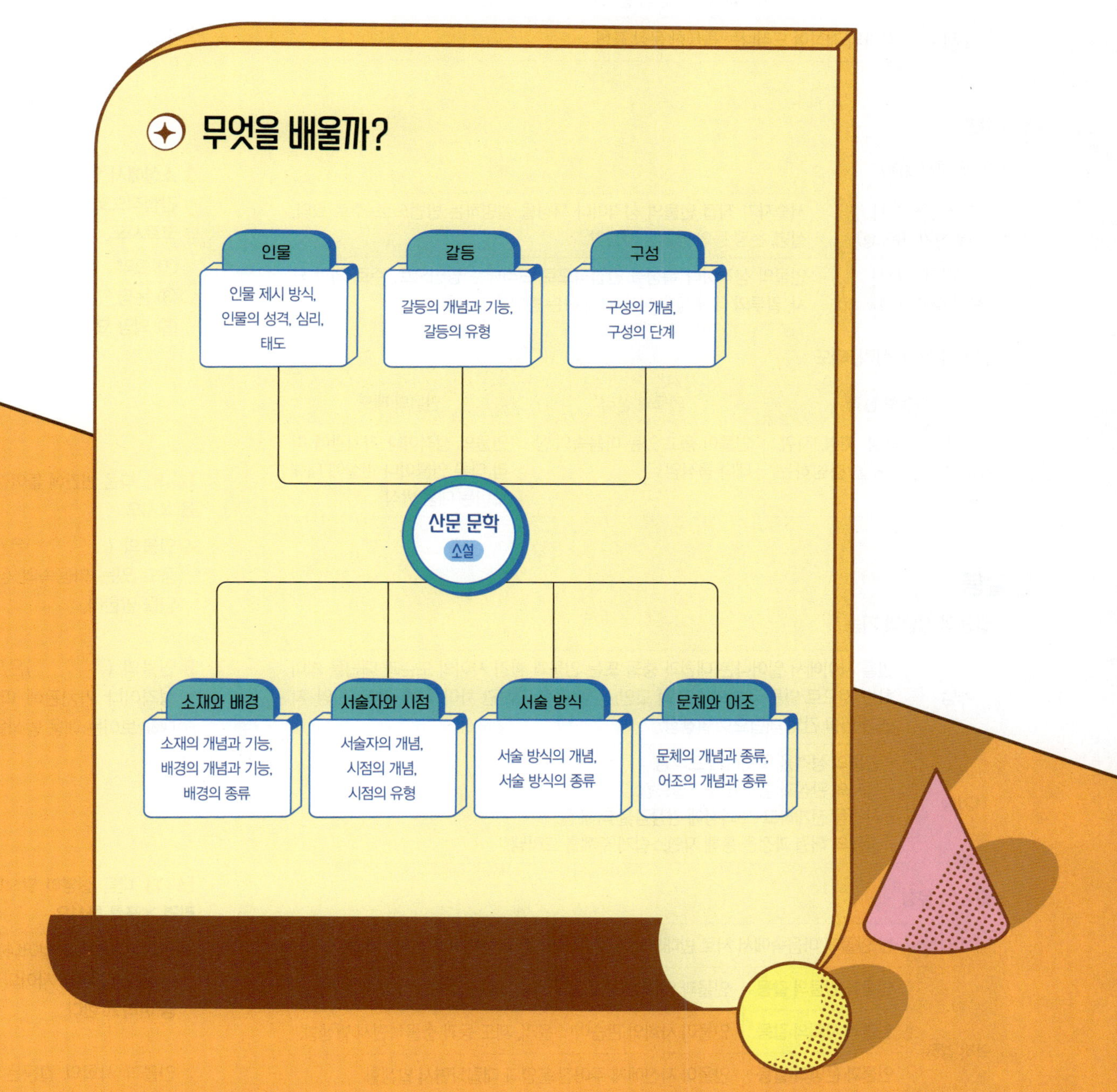

인물
인물 제시 방식, 인물의 성격, 심리, 태도
갈등
갈등의 개념과 기능, 갈등의 유형
구성
구성의 개념, 구성의 단계
산문 문학
소설
소재와 배경
소재의 개념과 기능, 배경의 개념과 기능, 배경의 종류
서술자와 시점
서술자의 개념, 시점의 개념, 시점의 유형
서술 방식
서술 방식의 개념, 서술 방식의 종류
문체와 어조
문체의 개념과 종류, 어조의 개념과 종류

개념 따라잡기 산문 문학_소설

01 소설

1 소설의 3요소

주제	작가가 작품을 통해 전달하고자 하는 중심 생각
구성	• 인과 관계나 일정한 흐름에 따라 배열된 이야기의 짜임새 • 구성의 3요소: 인물(작품 속에 등장하여 사건을 이끄는 주체), 사건(인물들이 겪거나 벌이는 일), 배경(행위와 사건이 일어나는 시간과 공간)
문체	작가의 개성이 드러나는 독특한 문장 표현

2 인물

• 인물 제시 방법

직접적 제시 (말하기, Telling)	서술자가 직접 인물의 성격이나 특성을 설명하는 방법으로, 주로 요약, 설명, 논평 등의 방법을 사용함.
간접적 제시 (보여 주기, Showing)	인물의 성격이나 특성을 간접적으로 드러내는 방법으로, 주로 외양 묘사, 말투와 대화 등을 통해 알게 하는 방법을 사용함.

• 인물의 성격, 심리, 태도

인물의 성격	인물의 심리	인물의 태도
인물이 가진 품성, 배경, 지위, 가치관, 인상 등을 총칭하는 용어	인물이 품고 있는 마음속의 상태나 움직임	인물의 성격이나 가치관에 따라 다른 인물이나 현실에 대해 보이는 대응 방식

3 갈등

• 갈등의 개념과 기능

개념	인물 사이에서 일어나는 대립과 충돌 또는 인물과 환경 사이의 모순과 대립을 의미하는 것으로 인물 내부의 심리적 고민, 인물 간의 가치관 차이, 사회·제도·운명·자연과 인물 간의 대립으로 발생함.
기능	• 인물의 성격을 뚜렷하게 드러냄. • 독자의 관심과 흥미를 불러일으킴. • 사건을 전개하고 그 과정에 긴장감을 더해 줌. • 갈등의 해결 과정을 통해 자연스럽게 주제를 드러냄.

• 갈등의 유형

내적 갈등		한 인물의 마음속에서 서로 반대되는 두 가지 심리가 대립하여 발생하는 갈등
외적 갈등	인물과 인물의 갈등	인물과 인물 사이에 성격이나 가치관이 대립하여 발생함.
	인물과 사회의 갈등	인물이 사회의 관습이나 윤리, 제도 등과 충돌하면서 발생함.
	인물과 운명의 갈등	인물이 자신에게 주어진 운명과 대립하면서 발생함.
	인물과 자연의 갈등	인물이 자연재해를 겪거나 거대한 자연에 도전하면서 발생함.

✦ 개념 확인하기

[1~2] 다음 빈칸에 들어갈 알맞은 말을 쓰시오.

1 소설의 3요소 중 (　　　　)은/는 작가가 작품을 통해 전달하고자 하는 중심 생각이다.

2 소설 구성의 3요소는 인물, 사건, (　　　　)이다.

3 소설에서 인물의 성격이나 특성을 간접적으로 드러내는 방법을 모두 고르시오.

① 요약　　　② 대화
③ 논평　　　④ 설명
⑤ 외양 묘사

[4~5] 다음 빈칸에 들어갈 알맞은 말을 쓰시오.

4 인물의 (　　　　)은/는 인물이 품고 있는 마음속의 상태나 움직임을 말한다.

5 인물의 (　　　　)은/는 인물의 성격이나 가치관에 따라 현실에 대해 보이는 대응 방식을 말한다.

[6~7] 다음 설명이 맞으면 ○표, 틀리면 ×표를 하시오.

6 인물 사이에서 일어나는 대립 또는 인물과 환경 사이의 대립을 '갈등'이라고 한다. 　　　(○ , ×)

7 인물과 사회의 갈등은 인물이 사회의 관습이나 윤리, 제도 등과 충돌하면서 발생한다. 　　(○ , ×)

4 구성

• 구성의 개념

사건의 인과 관계나 일정한 흐름에 따라 배열된 이야기의 짜임새로, 단순히 시간의 흐름에 따르는 것이 아니라 작가의 의도에 따라 사건을 배치한 것이다.

• 구성의 단계

발단	전개	위기	절정	결말
인물과 배경을 소개하고 사건의 실마리가 제시됨.	사건이 본격적으로 진행되며 갈등이 시작됨.	갈등이 점차 고조되면서 긴장감이 조성됨.	갈등이 최고조에 이르고 갈등 해결의 실마리가 제시됨.	갈등이 해소되면서 사건이 마무리됨.

5 소재

개념		작품에서 이야기를 전개할 때 바탕이 되는 재료로, 사물뿐만 아니라 사람들의 생활, 행동, 감정 등이 모두 포함됨.
기능	갈등의 유발과 해소	• 인물 간에 갈등을 일으키거나 해소하는 데 기여함. • 같은 소재에 대한 인물들의 태도나 가치관이 다르거나 하나의 소재를 여러 인물이 추구할 때 갈등이 발생하기도 함. • 특정 소재로 인해 갈등이 해소되기도 함.
	인물의 심리 및 상황 제시	인물의 심리를 드러내기도 하고 인물이 처한 상황이나 당시의 고유한 시대상을 드러내기도 함.
	주제의 형상화	작가가 작품을 통해 궁극적으로 말하고자 하는 바를 소재를 통해 상징적으로 드러내기도 함.
	사건의 암시 및 연결	• 앞으로 일어날 사건을 암시하는 복선의 역할을 함. • 사건과 사건을 자연스럽게 연결해 줌. • 입체적 구성의 소설에서 과거 회상의 매개체가 됨. • 액자식 구성의 소설에서 외화와 내화를 연결해 줌.

6 배경

• 배경의 개념과 기능

개념	인물이 행동하고 사건이 일어나는 시대적·사회적 환경이나 장소
기능	• 작품 전체의 분위기를 조성하고 작품의 주제를 부각함. • 사건과 인물의 행동에 사실감을 부여하고, 독자에게 현장감을 느끼게 함. • 인물의 성격을 구체화하고, 인물의 심리나 태도를 암시함.

• 배경의 종류

시간적 배경	공간적 배경	시대적 배경	심리적 배경
사건이나 행위가 일어나는 시간이나 시기	사건이나 행위가 일어나는 장소	사회 현실이나 시대적·역사적 상황	인물의 내면 심리와 그 변화

---

8 〈보기〉의 설명에 해당하는 소설의 구성 단계를 쓰시오.

> **⊣보기⊢**
> 이 단계에서는 갈등이 최고조에 이르고 갈등 해결의 실마리가 제시된다.

(   )

[9~12] 다음 설명이 맞으면 ○표, 틀리면 ×표를 하시오.

9 소재는 작품에서 이야기를 전개할 때 바탕이 되는 재료이다.

(○ , ×)

10 소재는 인물의 처지나 심리를 상징적으로 드러내는 사물만을 의미한다.

(○ , ×)

11 배경은 독자에게 현장감을 느끼게 한다.

(○ , ×)

12 배경은 사건이 일어나는 환경이나 장소이다.

(○ , ×)

13 소설의 배경에 대한 설명으로 적절하지 <u>않은</u> 것은?

① 작품의 주제를 부각한다.
② 작품에 사실성을 부여한다.
③ 작품의 분위기를 조성한다.
④ 시대적·사회적 환경 등이 해당한다.
⑤ 인물의 심리를 직접적으로 제시한다.

정답과 해설 11쪽 •

7 서술자와 시점

• 서술자와 시점의 개념

서술자	작품에서 이야기를 이끌어 가는 허구적 존재로, 작품 안에 등장하거나 작품 밖에 존재하면서 특정 관점에 따라 사건이나 인물에 대해 이야기하는 역할을 함.
시점	작품 속의 사건을 전달하는 서술자의 위치와 관점을 말함.

소설에서 독자에게 이야기를 들려주는 사람은 작가가 아니라 서술자야. 똑같은 상황도 말하는 이가 누구냐에 따라 전혀 다른 상황이 되듯, 소설도 서술자가 누구이고 등장인물이나 사건에 대해 어떤 태도를 취하느냐에 따라 이야기가 달라져. 따라서 서사 갈래를 감상할 때에는 작가가 서술자를 설정한 의도 및 효과 등을 잘 파악해야 해.

시점은 한 작품 내에서 반드시 하나로만 유지되는 것은 아니야. 장면에 따라 서술자를 달리 하는 등 두 가지 이상의 시점을 복합적으로 사용하여 서술하기도 해.

• 시점의 유형
• 1인칭 주인공 시점

개념	주인공인 '나'가 서술자가 되어 직접 이야기를 전개함.
효과	주인공의 내면세계를 효과적으로 표현할 수 있음.
한계점	인물의 극적 행동을 표현하는 데 한계가 있음.

• 1인칭 관찰자 시점

개념	주변 인물인 '나'가 서술자가 되어 주인공을 관찰하여 이야기를 전달함.
효과	주인공의 내면세계를 제한적으로 드러내어 작품에 긴장감을 조성함.
한계점	서술자의 눈에 보이는 세계만 다룰 수 있음.

• 전지적 작가 시점

개념	작품 밖의 서술자가 전지전능한 입장에서 인물의 내면세계나 외부적 사건까지 모두 알고 전달함.
효과	작가의 의도를 분명하게 전달할 수 있음.
한계점	독자의 상상력을 제한함.

• 작가 관찰자 시점

개념	작품 밖의 서술자가 인물과 사건을 관찰하여 객관적으로 전달함.
효과	독자의 상상력을 자극하여 극적 효과를 얻을 수 있음.
한계점	인물의 내면세계를 직접적으로 보여 주는 데 한계가 있음.

✦ 개념 확인하기

14 〈보기〉에서 소설의 서술자에 대한 적절한 설명을 골라 묶은 것은?

┤보기├
ㄱ. 허구적인 존재이다.
ㄴ. 작품 안에서만 존재한다.
ㄷ. 작품의 주인공과 항상 일치한다.
ㄹ. 특정 관점에 따라 사건이나 인물에 대해 이야기한다.

① ㄱ, ㄴ   ② ㄱ, ㄷ
③ ㄱ, ㄹ   ④ ㄴ, ㄷ
⑤ ㄴ, ㄹ

[15~16] 다음 빈칸에 들어갈 알맞은 말을 고르시오.

15 주인공인 '나'가 서술자가 되어 직접 이야기를 전개하는 것은 (1인칭 주인공 / 1인칭 관찰자) 시점이다.

16 독자의 상상력을 자극하여 극적 효과를 얻을 수 있지만 인물의 내면세계를 보여 주는 데 한계가 있는 것은 (전지적 작가 / 작가 관찰자) 시점이다.

[17~18] 다음 빈칸에 들어갈 알맞은 말을 쓰시오.

17 (   ) 시점에서는 주변 인물인 '나'가 서술자로, 주인공을 관찰하여 전달한다.

18 (   ) 시점에서는 작품 밖의 서술자가 전지전능한 입장에서 인물의 내면세계나 외부적 사건까지 모두 알고 서술한다.

8 서술 방식

개념		작가가 이야기를 전개해 나가는 방식으로, 이야기의 내용과 주제를 표현하는 과정에서 작가의 개성이 드러남.
종류	서술	서술자가 인물, 사건, 배경 등을 직접 설명하는 방법
	묘사	서술자가 인물, 사건, 배경 등을 그림을 그리듯이 구체적으로 기술하는 방법
	대화	인물들이 주고받는 말을 통해 사건을 전개하고, 인물의 성격과 심리를 드러내는 방법

9 문체와 어조

• 문체의 개념과 종류

개념		• 작가가 작품의 내용을 전달하기 위해 사용하는 언어의 구사 방식을 말함. • 작가의 개성을 드러내면서 소설의 주제를 효과적으로 형상화하는 데 기여함.
종류	문장이 짧은 문체	길이가 짧은 문장을 연속적으로 배치하여 속도감과 긴장감을 줌.
	문장이 긴 문체	길이가 긴 문장을 연속적으로 배치하여 설명적인 느낌을 줌.
	토속적 문체	토속적 어휘나 사투리를 사용하여 향토성과 사실성을 높임.
	예스러운 문체	고어와 한자어를 많이 사용하는 문체로 전통적인 느낌을 줌.
	문어적 문체	글을 쓸 때 사용하는 표현으로 격식 있는 느낌을 줌.
	구어적 문체	일상적인 대화의 말투로 상황을 자연스럽고 생생하게 전달함.
	감각적 문체	인물이나 배경 등을 구체적이고 생동감 있게 전달함.
	관념적 문체	인물의 심리나 사건의 상황을 분석적으로 드러냄.

문체는 작가가 작품의 내용을 전달하는 데 사용하는 언어 구사 방식을 말해. 작가마다 사용하는 어휘, 표현 방법 등이 다르기 때문에 문체를 통해 작가의 개성을 느낄 수 있어. 나아가 문체를 통해 작가가 세상을 바라보는 태도를 느낄 수 있단다. 

• 어조의 개념과 종류

개념		서술자의 말투로, 인물이나 상황에 대한 서술자의 태도를 말함.
종류	해학적 어조	익살을 통해 낙관적인 웃음을 유발하는 어조
	풍자적 어조	부정적인 대상을 다른 것에 빗대어 공격하는 어조
	비판적 어조	인물이나 사회 상황 등 현실의 잘잘못을 따지는 어조
	냉소적 어조	쌀쌀맞은 태도로 업신여겨 비웃는 어조
	반어적 어조	본래 의미와 정반대로 대상을 표현하는 어조

19 용어에 대한 알맞은 설명을 〈보기〉에서 찾아 그 기호를 쓰시오.

| 보기 |
ⓐ 서술자가 인물, 사건, 배경 등을 직접 설명하는 방법
ⓑ 서술자가 인물, 사건, 배경 등을 그림을 그리듯이 구체적으로 기술하는 방법
ⓒ 인물들이 주고받는 말을 통해 사건을 전개하고, 인물의 성격과 심리를 드러내는 방법

(1) 묘사 ·················· (　　　)
(2) 대화 ·················· (　　　)
(3) 서술 ·················· (　　　)

[20~24] 다음 설명이 맞으면 ○표, 틀리면 ×표를 하시오.

20 문체는 작품의 주제를 효과적으로 드러내는 데 기여한다.

(○ , ×)

21 어조는 서술자의 말투로, 인물이나 상황에 대한 서술자의 태도를 말한다.

(○ , ×)

22 토속적 어휘나 사투리를 많이 사용하면 향토성과 사실성을 높일 수 있다.

(○ , ×)

23 구어체를 사용하면 격식을 갖춘 느낌을 줄 수 있다.

(○ , ×)

24 해학적 어조는 부정적인 대상을 다른 것에 빗대어 공격하는 어조이다.

(○ , ×)

엣박자 D ① | 김중혁

학습 포인트
어디까지 배운 걸까? 5월 —○—○—○ 9월

• 서술자를 '나'로 설정한 이유
• 20년 후 공연장에서 친구들이 립싱크를 한 이유

> **앞부분의 줄거리** 공연 기획자로 일하는 '나'는 공연 영상 편집 과정에서 '엣박자 D'의 모습을 발견한다. '나'는 고등학교 시절, 평소에는 자습을 하고 1년에 한 번 있는 학교 축제에서 노래 부르는 활동만 하는 합창단을 특별 활동으로 선택한다. '나'와 같은 합창단원이었던 '엣박자 D'는 다른 합창단원들과 달리 합창단 활동에 열성적이었으며 합창단 단장까지 맡는다.

발단 1 특별한 일이 없었기 때문에 우리는 음악실에 앉아 각자의 공부를 했다. 실망한 엣박자 D가 밖으로 나가서 노래 연습을 했는지는 잘 기억나지 않는다. 아무도 엣박자 D를 신경 쓰지 않았다. 음악 선생은 첫날이니까 자습을 한다고 했지만, 다음 주에도 그다음 주에도, 그리고 그다음 주에도 자습은 계속 이어졌다. 우리는 커다란 음악실에 앉아 영어 단어를 외우고, 수학 공식을 외우고, 세계의 지리를 외웠다. 합창단에 들어가면 아무런 활동도 하지 않고 열심히 공부를 할 수 있다는 사실을 엣박자 D 빼고는 모두 알고 있었다. 나는 음악실 의자의 보조 책상에 엎드려 밀린 잠을 보충했다. 합창단이 연습을 시작한 것은 그로부터 4개월 후, 그러니까 축제 한 달 전이었다.

축제 때 부를 노래를 정하는 데는 1분도 걸리지 않았다. 누군가 그즈음 가장 인기 있던 발라드 곡을 추천했(다기보다 그냥 제목을 댔)고, 모두들 찬성했다. 어떤 노래였는지는 기억나지 않지만 합창을 하기엔 적절하지 않은 노래였다. 단순한 멜로디였고, 뭐 이런 노래를 부르는 데 여러 명이 뛰어들어야 하나 싶을 정도로 부르기 쉬운 노래였다. 우리는 노래를 정한 후 다시 자습에 몰두했다. 연습이 시작된 건 그다음 주였다. 지금도 첫 연습을 하던 그 순간이 생생하게 기억난다.

"자, 자, 쉬운 노래니까 딱 한 번만 맞춰 보고 자습하자."

음악 선생이 피아노 반주를 시작한 후, 우리는 엣박자 D의 진면목을 처음 알게 됐다. 그는 놀라울 정도의 박치이자 음치였다. 음악이 시작되고, 아이들은 모두 열심히 노래를 불렀다. 그러나 시간이 지나면서 아이들의 표정이 일그러지기 시작했다. 노래와 목소리 사이에서 뭔가 불길한 기운이 꿈틀거리고 있었다. 그 불길한 기운은 순식간에 아이들의 목소리를 집어삼켰다. 다섯 소절쯤 지나자 노래는 엉망진창이 되었다.

박치에 대한 감각이나 지각이 매우 무디어 박자를 제대로 맞추지 못하는 사람
소리에 대한 음악적 감각이나 지각이 매우 무디어 음을 바르게 인식하거나 발성하지 못하는 사람

2 "단장, 이거 네 목소리 아냐? 모두 멈추고 단장 혼자 불러 봐."

엣박자 D의 노래는 들어 줄 만했다. 부드러운 느낌도 잘 살아 있었고, 박자도 이상하지 않았다. 음악 선생은 고개를 갸웃거렸다. 뭔가 이상하긴 한데 어느 부분이 어느 정도로 이상한지, 고치려면 어떻게 해야 하는 것인지, 답을 말해 줄 수가 없었던 것이다.

다시 합창을 시도해 봤지만 결과는 마찬가지였다. 엣박자 D의 목소리만 들리면 아이들은 갈피를 잡지 못했고, 음은 뒤죽박죽이 됐으며 박자는 제멋대로 변했다. 그의 목소리는 전파력이 강한 바이러스였다. 음악 선생은 엣박자 D에게 자진 사퇴를 권했지만 그는 받아들이지 않았다. 축제 때 합창단에서 노래를 부를 것이라는 광고를 여러 곳에 해 두었다는 것이 이유였다.

"좋아, 대신 넌 절대 소리 내지 마. 그냥 입만 벙긋벙긋하는 거야. 알았지?"

발단 음악 선생이 음치이자 박치인 '엣박자 D'에게 합창단 공연 때 립싱크를 하라고 지시한 일을 회상하는 '나'

핵심 정리하기

◆ 작품 개관

갈래	단편 소설
성격	상징적, 고백적
배경	• 시간: 고등학교 시절의 과거와 20년이 지난 현재 • 공간: 학교와 공연장
시점	1인칭 관찰자 시점
제재	'엇박자 D'가 기획한 공연
주제	다름과 차이에 대한 존중과 이해의 필요성
특징	• 합창에 담긴 상징적 의미를 바탕으로 이야기가 전개됨. • 1인칭 관찰자로 등장하는 서술자가 독자의 성찰을 유도함.

◆ 서술 방식의 효과

1인칭 관찰자 시점으로, '나'가 사건을 서술함.

↓

• 사건을 객관적인 시각에서 서술함.
• '나'의 과거 회상을 통해 독자가 '엇박자 D'의 학창 시절을 이해하도록 함.
• '나'의 시선을 통해 '엇박자 D'에 공감할 수 있도록 함.

◆ 등장인물의 특징

'엇박자 D'	• 합창단 활동에 열성적으로 참여함. • 합창에서 남과 다른 음과 박자로 노래를 부름.
음악 선생	• 획일성을 강요함. • 개인의 고유한 특성을 억압함.
'나'	전체 속에서 자신을 드러내기 꺼림함.

내신 올리기

01 이 글의 서술상 특징으로 가장 적절한 것은?

① 외양 묘사를 통해 중심인물의 성격을 드러내고 있다.

② 이야기 내부의 서술자가 자신의 과거 경험을 서술하고 있다.

③ 장면에 따라 서술자를 달리하여 사건을 입체적으로 서술하고 있다.

④ 상반된 가치관을 지닌 두 인물 간의 갈등을 구체적으로 서술하고 있다.

⑤ 공간의 이동에 따른 중심 인물의 성격 변화를 주변 인물의 시선을 통해 서술하고 있다.

02 이 글의 내용으로 적절하지 않은 것은?

① 합창단은 특별한 일이 없으면 연습을 하지 않고 자습을 했다.

② 합창단이 축제에 부를 곡은 연습이 많이 필요한 노래가 아니었다.

③ 합창단원들은 노래를 부를 때 '엇박자 D'의 목소리에 큰 영향을 받았다.

④ 합창단원들은 축제에서 노래를 잘 부르기 위해서 모두 연습에 열심히 참여했다.

⑤ '엇박자 D'가 혼자 노래를 부를 때는 박자도 이상하지 않고 노래의 느낌도 잘 살아 있었다.

03 이 글의 등장인물에 대한 설명으로 적절하지 않은 것은?

① '엇박자 D'는 음악 선생의 자진 사퇴 요구를 거절했다.

② 음악 선생은 '엇박자 D'에게 축제 때 소리를 내지 말 것을 지시했다.

③ 음악 선생은 '엇박자 D'의 노래를 듣고 문제점을 정확하게 파악했다.

④ '나'는 '엇박자 D'로 인해 합창단이 부르는 노래가 엉망진창이 되었다고 생각했다.

⑤ '나'는 합창단이 축제 때 부르기로 한 노래가 합창을 하기에 적절하지 않다고 여겼다.

04 '나'가 합창단에 들어간 이유를 추론한 내용으로 가장 적절한 것은?

① 학교 축제 무대에 오르려고

② '엇박자 D'가 음악 선생에게 추천을 해서

③ 자습을 하고 공부 때문에 밀린 잠도 보충하려고

④ 친한 친구인 '엇박자 D'와 특별 활동을 같이 하려고

⑤ 자신의 꿈인 공연 기획자가 하는 일을 경험해 보려고

엇박자 D ② | 김중혁

중략 부분의 줄거리 무성 영화 전문가가 된 '엇박자 D'는 자신이 기획하게 된 인기 밴드 더블더빙 공연의 보조 기획자로 일할 것을 '나'에게 제안한다. 제안을 받아들인 '나'는 엇박자 D와 함께 더블더빙의 공연을 준비한다. '엇박자 D'와 '나'는 고등학교 때 친구들을 공연에 초대하여 공연을 성공적으로 진행한다.

절정 1 공연이 끝났지만 관객들은 돌아갈 생각을 하지 않았다. 모두 앙코르를 외치고 있었다. 물론 앙코르 곡을 준비해 두었다. 더블더빙이 다시 나타났고, 모든 조명이 꺼졌다. 관객들의 소리도 어둠 속으로 가라앉았다. 여러 가지 소리들이 하나의 기다랗고 평평한 일직선으로 변했다. 어디선가 음악 소리가 들렸다. 음악 소리는 너무 작아서 거의 들리지 않았다. 시나리오대로라면 그들의 최고 히트곡을 연주할 차례였다. 뭔가 잘못된 게 틀림없었다.

"음향, 뭐가 잘못된 거야? 사운드 체크해 봐."

무선 헤드셋으로 엇박자 D의 목소리가 들렸다.

"아니야, 잘못된 건 없어. 너 몰래 만들어 둔 시나리오야. 20년 전 친구들에게 바치는 선물이야."

아주 작게 들리던 음악 소리가 조금씩 커졌다. 스피커에서 흘러나온 음악은 관객들 사이로 서서히 스며들었다. 누군가의 노래였다. 아무런 반주도 없이 누군가 노래를 부르고 있었다. 어디선가 들어 본 노래였다. 그제야 노래의 제목이 생각났다. 「오늘 나는 고백을 하고」라는 노래였다. 20년 전 축제 때 우리가 함께 불렀던 바로 그 노래였다. 노래를 부르는 사람이 누군지는 알 수 없었다. 나나 친구들의 목소리는 아니었다. 엇박자 D의 목소리도 아니었다. 한 사람의 목소리가 두 사람의 목소리로 바뀌었다. 두 사람의 목소리가 세 사람의 목소리로 바뀌었고, 네 사람, 다섯 사람의 목소리로 바뀌었다. 합창을 하고 있었다. 하지만 합창이라고 하기에는 서로의 음이 맞질 않았다. 박자도 일치하지 않았다.

"22명의 음치들이 부르는 20년 전 바로 그 노래야. 내가 제일 좋아하는 음치들의 목소리로만 믹싱한 거니까 즐겁게 감상해 줘."

_{다수의 소리를 혼합하는 과정}

무선 헤드셋에서 다시 엇박자 D의 목소리가 들렸다. 조명은 하나도 켜지질 않았다. 완전한 어둠 속에서 노래가 흘러나오고 있었다. 어둠 속이어서 그런 것일까. 노래는 아름다웠다. 서로의 음이 달랐지만 잘못 부르고 있다는 느낌은 들지 않았다. 마치 화음 같았다. 어둠 속이어서 그럴지도 모른다. 음치들의 노래는 어두운 방에서 전원 스위치를 찾는 왼손처럼 더듬더듬 어디론가 내려앉았다. 아무도 웃지 않았다. 몇몇 관객은 후렴을 따라 부르기까지 했다. 1절이 끝나자 피아노 소리가 들렸다. 그리고 조명이 켜졌다. 더블더빙이 「오늘 나는 고백을 하고」의 간주를 연주했고, 관객들의 박수가 터져 나왔다. 몇몇은 휘파람을 불었고, 누군가 브라보를 외쳤다.

_{한 악곡의 도중에 어떤 기분을 나타내기 위하여 연주하는 부분}

음치들의 노래 2절이 시작되자 더블더빙은 다시 연주를 멈췄다. 악기를 연주하면 그들의 노랫소리가 이상하게 들릴 것이 분명했다. 22명의 노래가 절묘하게 어우러지는 이유는, 아마도 엇박자 D의 리믹스 덕분일 것이다. 22명의 노랫소리를 절묘하게 배치했다. 목소리가 겹치지만 절대 서로의 소리를 해치지 않았다. 노래를 망치지 않았다.

> **절정** '엇박자 D'가 기획한 음치들의 노래와 그 노래가 관객들에게 준 감동

결말 1 앞자리에 앉은 친구들의 얼굴에는 아득하게 흐려진 어떤 것을 추억하는 듯한 표정이 서려 있었다. 그들은 모두 입을 벙긋거리며 노래를 따라 부르고 있었다. 나도 모르게 나 역시 노래를 따라 부르고 있었다. 오래된 노래였지만 가사가 모두 기억났다. ㉠20년 전과 달리 이번에는 우리들이 립싱크를 하고 있었다. 음치들의 노랫소리에 맞

춰 우리는 입을 벙긋거렸다. 노래를 따라 부르긴 했지만 입 밖으로 소리를 내지는 않았다. 그저 입만 벙긋거렸다. 다른 친구들도 모두 그러는 것 같았다. 우리는 그것이 엇박자 D에 대한 예의라고 생각하고 있었다.

음치들의 노랫소리에 맞춰 립싱크를 하는 '나'와 친구들

핵심 정리하기

✦ 친구들이 립싱크를 한 이유

고등학교 시절 합창단 공연
음악 선생의 강압에 '엇박자 D'만 립싱크를 해야 했음.

↕

20년 후 더블더빙의 앙코르 공연
'엇박자 D'가 준비한 공연을 지켜보며 친구들이 립싱크를 함.

'엇박자 D'가 리믹스한 22명의 음치들이 부르는 합창을 들으면서 친구들은 감동한다. 친구들은 음치에 대한 새로운 관점을 제시하며 스스로의 힘으로 상처를 극복한 '엇박자 D'에게 예의를 표하는 의미로 노랫소리에 맞추어 립싱크를 한다.

✦ '앙코르 공연'의 의미

앙코르 공연
• 22명의 음치들이 '엇박자 D'가 고등학교 시절 축제 때 불렀던 곡을 합창함. • 통일된 음을 내는 일반적인 합창의 아름다움과 달리 각각의 고유한 음과 박자가 서로 조화롭게 어우러져서 또 다른 아름다움을 자아냄.

↓

의미
• 차이와 다름이 아름답게 조화를 이룰 수 있음을 뜻함. • 차이와 다름에 대한 존중과 이해의 필요성을 강조함.

내신 올리기

정답과 해설 12쪽 •

01 이 글을 이해한 내용으로 적절하지 <u>않은</u> 것은?

① 처음에 '나'는 앙코르 무대가 예상대로 진행되지 않아 당황했다.
② 관객들은 '엇박자 D'가 준비한 노래를 듣고 부정적인 반응을 보였다.
③ '나'와 친구들은 '엇박자 D'가 준비한 노래를 듣고 20년 전을 회상했다.
④ 더블더빙은 노랫소리가 잘 들리도록 노래의 2절에서 연주를 멈추었다.
⑤ '엇박자 D'는 20년 전 축제 때 부른 곡을 음치들의 노래로 준비해 두었다.

02 ㉠에 대한 설명으로 적절하지 <u>않은</u> 것은?

① '엇박자 D'에 대한 예의를 표현하는 장면이다.
② 노래를 부르는 방식의 변화가 필요함을 드러내는 장면이다.
③ 합창과 관련한 추억을 떠올리며 함께 립싱크를 하는 장면이다.
④ 과거에 획일성을 강요당했던 '엇박자 D'에 대한 미안함이 담긴 장면이다.
⑤ 엇박자에 대한 '엇박자 D'의 생각에 공감하고 있음을 나타내는 장면이다.

03 〈보기〉를 참고하여 이 글을 감상한 내용으로 적절하지 <u>않은</u> 것은?

보기
합창단의 음악 선생은 '엇박자 D'에게 학교 축제 무대에서 립싱크를 하라고 지시하지만 그는 노래를 부른다. 합창단의 노래가 엉망이 되자, 화가 난 음악 선생은 공연을 멈추고 '엇박자 D'에게 잊을 수 없는 상처를 준다.

① '나'가 노래를 따라 부른 것은 음치들의 노래가 좋았기 때문이겠군.
② '엇박자 D'가 음치들의 노래를 들려주는 것은 공연을 통해 과거의 상처를 극복했음을 나타내는 것이겠군.
③ '엇박자 D'가 생각하는 합창이란 서로 다른 개인이 모여 각자의 개성을 드러내면서도 조화를 이루는 것이겠군.
④ 음치들의 노래에 관객들이 감동을 받는 장면은 차이와 다름이 아름답게 조화를 이룰 수 있다는 것을 보여 주는군.
⑤ '나'가 노래 가사를 모두 기억해 낸 것은 '엇박자 D'로 인해 자신의 노래 실력을 뽐낼 수 없었던 아픈 기억을 떠올렸기 때문이겠군.

관내 분실 ❶ | 김초엽

발단 1 　한때 도서관이라고 불렸던 장소 중 일부는 박물관이 되었고 그럴 가치가 없는 곳들은 대부분 전산화되었다. ㉠지금의 도서관은 다른 개념이다. 이곳에 있는 건 책도 논문도, 그 비슷한 자료들도 아니다. 이제 도서관엔 끝없이 늘어섰던 책장 대신 층층이 쌓인 마인드 접속기가 자리하고 있다.

　사람들은 추모를 위해 도서관을 찾아온다. 추모의 공간은 점점 죽음과 거리가 멀어 보이는 장소로 변해 왔다. 도시 외곽의 거대한 면적을 차지했던 추모 공원에서, 캐비닛에 유골함을 수납한 봉안당으로, 그리고 다시 도서관으로. 도서관을 드나드는 이들 중에 헌화하기 위해 꽃을 가져오는 사람은 없다. 대신 도서관에서는 마인드에게 건넬 수 있는 데이터를 판다. 꽃이나 음식, 생전에 고인이 좋아했던 물건들을 모방하는 데이터 조각들이다.

죽은 사람을 그리며 생각함.

시신을 화장한 후 유골을 모셔 두는 곳

2 　사후 마인드 업로딩이 보편화된 것은 수십 년 전의 일이다. 처음에 사람들은 영혼이 데이터로 이식되는 것이라고 생각했다. 육체는 죽어도 정신은 영원히 살아남게 될 것이라는 기대도 있었다. 하지만 곧, 이식된 데이터는 고유의 자아와 의식을 가지지 않는다는 반론이 쏟아져 나왔다. 자아의 존재 여부를 확인하는 실험이 마인드들을 대상으로 수없이 행해졌다. 오랜 논란 끝에 학계에서는 마인드들이 단지 생전의 망자들을 그럴싸하게 재현해 낼 뿐이라고 의견을 모았다. 외부 자극에 반응하는 것으로 보이지만 실제로는 단지 과거의 기억에 근거하여, 죽은 사람의 반응을 가상하여 보여 줄 뿐이라는 의미다.

여기서는 마음 혹은 정신 작용을 디지털 데이터로 바꾸어 컴퓨터나 인터넷에 전송하는 기술을 말함.

　그래도 마인드를 살아 있는 사람처럼 대하는 이들은 많았다.

　"아빠는 지금 이곳에 없지만, 도서관에 가면 언제든지 아빠를 볼 수 있어요." 그렇게 활짝 웃으며 말하는 어린아이가 다큐멘터리에 나왔다. 짧은 광고 영상에서는 한 여자가 사별한 남편과 마인드 접속기를 통해 감동적인 재회를 하는 장면을 보여 주었다.

　학계에서 마인드를 어떻게 정의하든, 마인드 도서관은 삶과 죽음에 대한 사람들의 생각을 바꾸어 놓았다. 여전히 누구나 죽음을 두려워하지만 남겨진 사람들의 상실감은 달라졌다. 타인의 죽음이 우리에게 남기는 질문, 이를테면 '그 사람이 지금 살아 있었다면 뭐라고 말해 주었을까?', '살아 있다면 이 이야기를 듣고 분명 기뻐해 줄 텐데⋯⋯.' 같은 질문의 답을 도서관에서 찾을 수 있게 되었으니까.

3 　ⓐ3년 전에 죽은 엄마는 이 도서관에 기록되었다. 엄마의 사망 소식 이후에 지민이 우편으로 받은 수십 장의 마인드 설명서에 따르면 그랬다. 하지만 지민은 한 번도 도서관을 찾지 않았다. ⓑ죽은 엄마를 만나고 싶다는 생각도, 만나서 무슨 말을 해야겠다는 생각도 해 본 적이 없었다. 만약 ⓒ엄마가 이렇게 허탈하게 사라져 버릴 줄 알았더라면 늦기 전에 이곳을 찾았을 텐데.

　집에 오는 길에 ⓓ도서관 내 분실, 마인드 업로딩 분실, 태그 실종, 온갖 키워드를 넣어 가며 검색해 보았지만 도통 비슷한 사례를 찾을 수가 없었다. 데이터가 지워진 거냐고 물으니 그것도 아니라고 하고, ⓔ도서관 어딘가에 저장이 되어 있을 텐데 검색이 안 된다는 말뿐이었다. 하지만 그건 애초에 엄마의 이름이나 인적 사항 중에 무엇 하나라도 제대로 기록되어 있었다면 도저히 일어날 수가 없는 일 아닌가.

사서는 당장 파악할 수 있는 내용이 별로 없다며 내일 다시 연락을 주겠다고 했다. 지민은 도서관 측의 착오였다면 좋겠다는 생각을 했다.

핵심 정리하기

● 작품 개관

갈래	단편 소설, 과학 소설
성격	과학적, 현실 비판적
배경	• 시간: 미래 • 공간: 한국
시점	전지적 작가 시점
제재	마인드 분실
주제	세상과 단절된 채 살아갔던 엄마의 삶에 대한 공감과 이해
특징	• 특정 인물의 시각에서 사건이 전개됨. • '마인드 업로딩'과 같은 미래의 과학 기술을 소재로 함.

✦ 서술상의 특징

서술자
(전지적) 지민 → 엄마

작품 밖의 서술자가 사건을 전체적으로 바라보면서도, 지민이라는 특정 인물의 관점에서 인물의 내면을 드러내고 사건을 해석하고 있다.

✦ '도서관'의 의미와 역할

의미	• 죽은 사람의 마인드를 데이터화하여 저장하는 곳 • 유족들이 마인드 접속기를 통해 고인을 만나고 추모할 수 있는 장소
역할	엄마의 마인드가 분실되는 사건이 발생하고 '지민'이 엄마의 마인드를 찾는 과정에서 엄마를 이해하고 엄마와 화해할 수 있는 배경이 됨.

내신 올리기

정답과 해설 12쪽 •

01 이 글의 시점에 대한 설명으로 가장 적절한 것은?

① 작품 속의 주변 인물이 주인공의 이야기를 전달하고 있다.

② 작품 속의 주인공이 자신이 겪은 이야기를 직접 서술하고 있다.

③ 작품 밖의 서술자가 인물의 외양과 행동만을 객관적으로 묘사하고 있다.

④ 작품 밖의 서술자가 작품 속에 개입하여 인물에 대해 주관적으로 평가하고 있다.

⑤ 작품 밖의 서술자가 특정 인물에 초점을 맞추어 그의 행동과 심리를 서술하고 있다.

02 ㉠에 대한 설명으로 적절하지 않은 것은?

① 죽은 이를 추모하는 장소이다.

② 죽음에 대한 사람들의 인식을 바꾸어 놓은 장소이다.

③ 설치된 마인드 접속기로 죽은 이의 마인드에 접속할 수 있는 장소이다.

④ 죽은 이가 지닌 고유의 자아와 의식을 지닌 마인드가 재현되는 장소이다.

⑤ 마인드에게 건넬 꽃이나 음식을 모방한 데이터 조각이 판매되는 장소이다.

03 ⓐ~ⓔ에 대한 설명으로 적절하지 않은 것은?

① ⓐ: 엄마의 사망 원인이 도서관과 관련 있음을 나타낸다.

② ⓑ: 지민과 엄마의 관계가 좋지 않았음을 짐작하게 한다.

③ ⓒ: 엄마의 마인드가 사라지기 전에 찾아오지 않은 것에 대한 지민의 후회가 드러난다.

④ ⓓ: 엄마의 마인드를 찾으려는 지민의 노력을 보여 준다.

⑤ ⓔ: 엄마의 마인드가 도서관 내에서 분실이 된 상태임을 의미한다.

관내 분실 ② | 김초엽

> **중략 부분의 줄거리** 지민은 우울증을 앓던 엄마와 빚었던 갈등을 떠올리고, 도서관 직원에게서 엄마를 고유하게 특정할 수 있는 실체가 있다면 분실된 엄마의 마인드를 찾을 수 있다는 말을 전해 듣는다. 지민은 엄마의 흔적을 찾는 과정에서 과거에 엄마가 출판사를 다녔지만 자신을 출산하며 일을 그만두었음을 알게 되고, 자신의 처지에 비춰 엄마의 삶을 헤아려 보게 된다.

절정 ① 그녀를 용서하거나 그녀에게 용서를 구할 생각은 없다. 그러기에는 너무 늦었다. 한때 그녀가 누구였건, 지민과 관계 맺었던 은하는 지민에게 한 번도 제대로 된 사랑을 준 적 없는 형편없는 엄마였다. 살아 있는 동안 너무 많은 상처를 주고받았다. / 하지만 해야 할 말이 있었다.

② 다급히 도서관에 도착했을 때, 짐을 한가득 들고 있는 지민을 직원들이 놀란 얼굴로 보았다. 지민의 얼굴을 알아본 직원이 다가와 짐을 거들었다. 지민은 곧장 관리자를 찾았다. 관리자는 사서와 함께 안내 창구로 와서 물건들을 살펴보기 시작했다. 지민이 내민 것은 현욱의 집에서 가져온 책들이었다. 네 권의 종이책은 무거웠다. 이제는 거의 쓰이지 않는 종이책이 도서관에 등장하자 지나가던 사람들이 흘끔거렸다. 책의 표지에서 은하가 가졌을 감각과 취향이 보였다.

시냅스 스캐닝으로 특정한 마인드를 찾아내면 보안 카드에 있는 인덱스와 연결되고 화면에 이름이 뜰 것이라고 사서는 설명했다. 한 권의 책을 시냅스 스캐닝하는 데 5분이 조금 넘는 시간이 걸린다고 했다.

③ "아, 나왔어요." / 사서가 손을 내밀어 화면에 뜬 이름을 가리켰다.

수많은 문자 사이에서 지민은 엄마의 이름을 알아보았다. / 김은하. / 지민은 고개를 끄덕였다. 목이 탔다.

마인드 접속기는 카드를 인식하고 접속을 시작하게 되어 있었다. 사서가 긴장된 눈빛으로 옆에서 기계를 건네주었다. 지민이 카드를 가져다 대자 파란색 조명이 켜지면서 접근 허가 안내가 떴다. 접속기는 단출한 구성이었다. 대뇌 피질에 신호를 보내는 가상 현실 구현 헤드셋을 착용하고, 기계의 안내에 따라 의자에 앉아 눈을 감는다.

> **절정** 엄마의 과거를 알고 엄마를 이해하게 된 후 책을 통해 엄마의 마인드를 찾은 지민

결말 ① 지민과 엄마는 작은 서재에 있었다. 한 번도 실제로 본 적은 없는 가상의 공간이다. 책과 노트, 벽을 채운 그림들, 은하가 지민의 엄마이기 전에 사랑했던 것들, 자신의 삶을 구성했던 것들로 채워진 공간, 지민은 책상 한쪽에 놓여 있는 자신과 유민의 사진을 보았다.

공간 속에서 은하는 어느 때보다도 선명해 보였다. 그녀가 살아 있던 때에 지민은 이따금 엄마가 공기 중에서 사라져 버릴 것 같다고 생각했었다. 문득 떠올린 것은, 엄마와 함께 살던 집에는 엄마만의 방이 없었다는 사실이었다.

은하는 고개를 돌려 공간 속으로 들어온 지민을 보았다. 그녀의 표정은 해석할 수 없었다. 너무 사람 같다고 하던 사람들의 말은 틀린 게 아니었다. 지민은 속으로 되뇌었다. 엄마는 죽었다. 여기에 있는 건 엄마가 아니다. 나는 엄마를 용서할 수도, 용서를 빌 수도 없다. 모든 것은 끝난 뒤에 덧붙여지는 사족이다.

하지만 이대로 떠날 수도 없다. 무슨 말을 해야 할까? 미안하다거나, 그녀를 용서한다는 말을 하고 싶은 것은 아니었다.

② 어떤 사람들은 마인드가 정말로 살아 있는 정신이라고 말한다. 어떤 이들은, 이건 단지 재현된 프로그램일 뿐이라고 말한다. 어느 쪽이 진실일까? 그건 영원히 알 수 없을지도 모른다. / 그러면, 어느 쪽을 믿고 싶은 걸까?

"무슨 말을 하더라도, 그게 진짜로 엄마의 지난 삶을 위로할 수 있는 건 아니겠지만."

지민은 한 발짝 다가섰다. 시선을 비스듬히 피하던 은하가 마침내 지민을 정면으로 바라보았다. 지민은 알 수 있었다. / "이제…….” / 단 한마디를 전하고 싶어서 그녀를 만나러 왔다. / "엄마를 이해해요.”

정적이 흘렀다. 은하의 눈가에 물기가 고였다. 그녀는 손을 내밀어 지민의 손끝을 잡았다.

결말 마인드에 접속한 후 엄마를 이해한다고 말하며 엄마와 화해한 지민

핵심 정리하기

✦ **등장인물의 특징**

지민	• 엄마가 살아 있는 동안 엄마와 사이가 좋지 못했음. • 엄마의 마인드 분실 사건을 겪으며 엄마를 이해하게 됨.
은하	• 생전에 책을 만드는 일을 함. • 우울증을 앓으며, 지민과 갈등을 빚음. • 사후에 마인드가 업로딩됨.

✦ **'지민'과 엄마(은하)의 화해 과정**

지민은 과거에 엄마로부터 상처를 많이 받았음.

지민이 분실된 엄마의 마인드를 찾기 위해 엄마의 유품을 살펴보면서 자신이 몰랐던 엄마의 생전 삶을 알게 됨.

지민은 마인드에 접속하여 엄마를 이해한다는 말을 전하고, 엄마는 손을 내밀어 지민의 손끝을 잡음.

✦ **과학 소설의 특징**
• 과학적 논리를 기반으로 미래에 일어날 수 있는 일을 상상한 내용을 담고 있다.
• 과학 기술이 인간의 삶에 미치는 영향을 드러낸다.
• 과학 기술과 인간의 바람직한 관계에 대한 성찰을 담고 있다.

내신 올리기

정답과 해설 13쪽 •

01 이 글에 나타난 갈등의 양상으로 가장 적절한 것은?

① 반복되는 사건을 통해 인물 간의 갈등이 심화하고 있다.

② 장면의 빈번한 전환을 통해 새로운 갈등이 암시되고 있다.

③ 동시에 발생한 사건의 병치를 통해 긴장감을 조성하고 있다.

④ 주인공이 갈등의 상대를 이해하게 되면서 갈등이 해소되고 있다.

⑤ 주변 인물의 회상을 통해 주인공이 겪는 갈등의 내용을 전달하고 있다.

02 '은하'에 대해 이해한 내용으로 적절하지 <u>않은</u> 것은?

① 책을 만드는 일을 했었다.

② 자녀인 지민과 유민을 사랑했다.

③ 지민을 출산한 후 일을 그만두었다.

④ 가족들이 자신에게 용서를 구하기를 바랐다.

⑤ 생전에 가족들과 살던 집에 자신만의 방이 없었다.

고난도

03 〈보기〉를 바탕으로 이 글을 감상한 내용으로 적절하지 <u>않은</u> 것은?

⌐ 보기 ⌐

　과학 소설은 과학적 논리를 기반으로 미래에 일어날 수 있는 일을 상상한 내용을 담은 문학 장르이다. 과학 소설은 과학 기술이 인간과 사회에 미치는 영향을 이야기로 보여 주며 과학 기술과 인간의 바람직한 관계에 대한 성찰을 담는다.

① 도서관을 과학 기술이 실현되는 공간으로 재창조하고 있군.

② '마인드 업로딩'은 과학적 논리에 기반하여 작가가 상상해 낸 기술이군.

③ 고인의 의식을 저장하는 과학 기술이 합당한지에 대한 성찰과 반성을 담고 있군.

④ 지민이 '마인드 접속기'를 통해 엄마와 화해하는 것은 과학 기술이 인간의 삶에 미치는 영향을 보여 주는군.

⑤ 이 글에서 과학 기술은 세상과 단절된 채 살아갔던 엄마의 삶에 대한 이해와 공감이라는 주제를 형상화하는 데 기여하고 있군.

돌다리 ① | 이태준

학습 포인트
• 아버지와 아들의 가치관 차이
• '땅', '돌다리'의 상징적 의미

어디까지 배운 걸까? 5일 — 7일 — 9일

> **앞부분의 줄거리** 어린 시절 누이 창옥이 병으로 죽자 의사가 될 것을 다짐한 창섭은 서울에서 저명한 맹장 수술 전문의가 된다. 창섭은 병원을 확장할 자금을 마련하려면 집안에서 대대로 농사를 지어 온 땅을 파는 방법밖에 없다고 생각하여 고향을 찾아온다.

위기 1 집에 들어가니, 어머니는 다리 고치는 사람들 점심을 짓노라고, 역시 여러 명의 동네 여편네들과 허둥거리고 계시었다. / "웬일인데 어째 혼자만 오느냐?" / 어머니는 손자 아이들부터 보이지 않음을 물으신다.

"오늘루 가야겠어서 아무두 안 데리구 왔습니다." / "오늘루 갈 걸 뭘허 오누?"

"인전 어머니서껀 서울로 모셔 갈 채빌 하러 왔다우."

"서울루! 제발 아이들허구 한데서 살아 봤음 원이 없겠다." / 하고 어머니는 땅보다, 조상님들 산소나 사당보다 손자 아이들에게 더 마음이 끌리시는 눈치였다. 그러나 아버지만은 그처럼 단순히 들떠질 마음이 아니었다.

2 아버지는 아들의 뒤를 쫓아 이내 개울에서 들어왔다. 아들은, 의사인 아들은, 마치 ㉠환자에게 치료 방법을 이르듯이, 냉정히 차근차근히 이야기를 시작하였다. 외아들인 자기가 부모님을 진작 모시지 못한 것이 잘못인 것, 한집에 모이려면 자기가 병원을 버리기보다는 부모님이 농토를 버리시고 서울로 오시는 것이 순리인 것, 병원은 나날이 환자가 늘어 가나 입원실이 부족되어 오는 환자의 삼분지 일밖에 수용 못 하는 것, 지금 시국에 큰 건물을 새로 짓기란 거의 불가능의 일인 것, 마침 교통 편한 자리에 삼층 양옥이 하나 난 것, 인쇄소였던 집인데 전체가 콩크리트여서 방화 방공으로 가치가 충분한 것, 삼층은 살림집과 직공들의 합숙실로 꾸미었던 것이라 입원실로 변장하기에 용이한 것, 각층에 수도·가스가 다 들어온 것, 그러면서도 가격은 염한 것, 염하기는 하나 삼만 이천 원이라, 지금의 병원을 팔면 일만 오천 원쯤은 받겠지만 그것은 새 집을 고치는 데와, 수술실의 기계를 완비하는 데 다 들어갈 것이니 집값 삼만 이천 원은 따로 있어야 할 것, 시골에 땅을 둔대야 일 년에 고작 삼천 원의 실리가 떨어질지 말지 하지만 땅을 팔아다 병원만 확장해 놓으면, 적어도 일 년에 만 원 하나씩은 이익을 뽑을 자신이 있는 것, 돈만 있으면 땅은 이담에라도, 서울 가까이라도 얼마든지 좋은 것으로 살 수 있는 것……. 아버지는 아들의 의견을 끝까지 잠잠히 들었다. 그리고

㉡"점심이나 먹어라. 나두 좀 생각해 봐야 대답허겠다." / 하고는 다시 개울로 나갔고, 떨어졌던 다릿돌을 올려놓고야 들어와 그도 점심상을 받았다.

> **위기** 병원 확장을 위해 땅을 팔자고 아버지를 설득하는 창섭

절정 1 점심을 자시면서였다.

"원, 요즘 사람들은 힘두 줄었나 봐! 그 다리 첨 놀 제 내가 어려서 봤는데 불과 여남은이서 거들던 돌인데 장정 수십 명이 한나잘을 씨름을 허다니!" / ㉢"나무다리가 있는데 건 왜 고치시나요?"

(열이 조금 넘는 수)

"너두 그런 소릴 허는구나. 나무가 돌만 허다든? 넌 그 다리서 고기 잡던 생각두 안 나니? 서울루 공부 갈 때 그 다리 건너서 떠나던 생각 안 나니? 시쳇 사람들은 모두 인정이란 게 사람헌테만 쓰는 건 줄 알드라! 내 할아버니 산소에 상돌을 그 다리로 건네다 모셨구, 내가 천잘 끼구 그 다리루 글 읽으러 댕겼다. 네 어미두 그 다리루 가말 타구 내 집에 왔어. ㉣나 죽건 그 다리루 건네다 묻어라……. ㉤난 서울 갈 생각 없다."

(요즘 사람들)

핵심 정리하기

✚ 작품 개관

갈래	단편 소설
성격	사실적, 교훈적, 비판적
배경	• 시간적: 일제 강점기 말 • 공간적: 농촌 마을
시점	전지적 작가 시점
제재	돌다리, 땅
주제	땅에 대한 가치관의 차이와 물질 만능주의에 대한 비판
특징	• 아버지와 아들이 지닌 가치관의 대립이 두드러짐. • 상징적 소재를 통해 등장인물의 가치관을 드러냄.

✦ '창섭'의 가치관

> 병원을 확장하기 위해 아버지에게 땅을 팔자고 제안함.

↓

• 땅의 금전적 가치를 중시함.
• 땅을 경제적 이익의 수단으로 여김.
• 시대적 상황의 변모에 따른 근대적 가치관을 지님.

✦ '돌다리'와 '나무다리'의 특징과 상징적 의미

돌다리	나무다리
• 옛날에 만들어져 긴 역사를 지님. • 만들기 어렵지만 쉽게 변하지 않고 안정적임.	• 비교적 최근에 만들어짐. • 쉽게 만들 수 있어 편리하지만 불안정함.

↓

'돌다리'는 전통적 가치관과 정신적 가치를 상징하는 반면, '나무다리'는 근대적 가치관과 물질적 가치를 상징함.

내신 올리기

01 이 글에 나타난 '창섭'의 생각으로 적절하지 <u>않은</u> 것은?

① 땅보다 자신의 병원이 더 소중하다.
② 지금이 병원을 확장할 좋은 기회이다.
③ 병원을 확장하면 큰 이익을 낼 수 있다.
④ 부모님을 진작 모시지 못한 것이 죄송하다.
⑤ 땅을 파는 것을 어머니가 반대할 것 같아 걱정스럽다.

02 '창섭'이 아버지를 설득하기 위해 말한 내용으로 적절하지 <u>않은</u> 것은?

① 돈을 벌어 다음에 서울 가까이 좋은 땅을 사면 된다.
② 사려고 하는 건물은 교통이 좋은 곳에 있고 값이 비싸지 않다.
③ 생활하기 편리한 서울에 살면서 시골의 농토를 관리할 수 있다.
④ 땅으로 버는 돈보다 확장한 병원을 운영해 버는 돈이 더 많을 것이다.
⑤ 자신이 자식 된 도리를 다하려면 부모님께서 서울로 올라오시는 것이 낫다.

03 아버지가 생각하는 '돌다리'의 의미로 가장 적절한 것은?

① 소중한 가족의 역사와 추억이 깃든 사물이다.
② 요즘 사람들의 가치관에 꼭 들어맞는 사물이다.
③ 민족 수난의 역사를 보여 주는 마을의 상징이다.
④ 쉽고 빠르게 바꿀 수 있는 현대 문물의 상징이다.
⑤ 변화하는 시대적 흐름 속에 사라져야 하는 문물이다.

04 ㉠~㉤에 대한 설명으로 적절하지 <u>않은</u> 것은?

① ㉠: 부모님을 생각하는 창섭의 효심을 비유적 표현으로 드러낸다.
② ㉡: 아버지가 신중한 성격을 지녔음을 드러낸다.
③ ㉢: 편리성, 효율성을 중요시 여기는 창섭의 가치관을 드러낸다.
④ ㉣: 아버지가 돌다리에 대해 깊은 애정을 갖고 있음을 드러낸다.
⑤ ㉤: 아버지는 땅을 팔자는 창섭의 제안을 받아들일 수 없음을 드러낸다.

돌다리 ❷ | 이태준

2 "천금이 쏟아진대두 난 땅은 못 팔겠다. 내 아버님께서 손수 이룩허시는 걸 내 눈으루 본 밭이구, 내 할아버님께서 손수 피땀을 흘려 모신 돈으루 장만허신 논들이야. 돈 있다구 어디 가 느르지논 같은 게 있구, 독시장밭 같은 걸 사? 느르지논둑에 선 느티나문 할아버님께서 심으신 거구, 저 사랑 마당엣 은행나무는 아버님께서 심으신 거다. 그 나무 밑에를 설 때마다 난 그 어룬들 동상(銅像)이나 다름없이 경건한 마음이 솟아 우러러보군 헌다. 땅이란 걸 어떻게 일시 이해를 따져 사구팔구 허느냐? 땅 없어 봐라, 집이 어딨으며 나라가 어딨는 줄 아니? 땅이란 천지 만물의 근거야. 돈 있다구 땅이 뭔지두 모르구 욕심만 내 문서 쪽으로 사 모기만 하는 사람들, 돈놀이처럼 변리만 생각허구 제 조상들과 그 땅과 어떤 인연이란 건 도시 생각지 않구 헌신짝 버리듯 하는 사람들, 다 내 눈엔 괴이한 사람들루밖엔 뵈지 않드라."

3 "땅을 밟구 다니니까 땅을 우섭게들 여기지? 땅처럼 응과(應果)가 분명헌 게 무어냐? 하눌은 차라리 못 믿을 때두 많다. 그러나 힘들이는 사람에겐 힘들이는 만큼 땅은 반드시 후헌 보답을 주시는 거다. 세상에 흔해 **빠진 지주들**, 땅은 작인들헌테나 맡겨 버리구, 떡 도회지에 가 앉어 소출(所出)은 팔어다 모다 도회지에 낭비해 버리구,
다른 사람의 땅을 빌려 농사를 짓고 그 대가를 지불하는 사람   논밭에서 나는 곡식. 또는 곡식의 양
땅 가꾸는 덴 단돈 일 원을 벌벌 떨구, 땅으루 살며 땅에 야박한 놈은 자식으로 치면 후레자식 셈이야. 땅이 말을 할 줄 알아 봐라? 배가 고프단 땅이 얼마나 많을 테냐? 해마다 걷어만 가구, 땅은 자갈밭이 되니 아나? 거름 한번을 제대로 넣나? 정 급허게 돼 작인이 우는소리나 해야 요즘 너이 신의들 주사침 놓듯, 애꿎인 금비만 갖다
돈을 주고 사서 쓰는 거름
털어 넣지. 그렇게 땅을 홀댈 허군 인제 죽어서 땅이 무서서 어디루들 갈 텐구!"

4 창섭은 입이 얼어 버리었다. 손만 비비었다. 자기의 생각은 너무나 자기 본위였던 것을 대뜸 깨달았다. 땅에는
판단이나 행동에서 중심이 되는 기준
이해를 초월한 일종 종교적 신념을 가진 아버지에게 아들의 이단적(異端的)인 계획이 용납될 리 만무였다. 아버지는 상을 물리고도 말을 계속하였다.

"너루선 어떤 수단을 쓰든지 병원부터 확장허려는 게 과히 엉뚱헌 욕심은 아닐 줄두 안다. 그러나 욕심을 부려 못쓰는 거다. 의술은 예로부터 인술(仁術)이라지 않니? 매살 순탄허게 진실허게 해라."

5 "팔지 않으면 그만 아닙니까?"

"나 죽은 뒤에 누가 거두니? 너두 이제두 말했지만 너두 문서 쪽만 쥐구 서울 앉어 지주 노릇만 허게? 그따위 지주허구 작인 틈에서 땅들만 얼말 곯는지 아니? 안 된다. 팔 테다. 나 죽을 임시엔 다 팔 테다. 돈에 팔 줄 아니?
정해진 시간에 이름. 또는 그 무렵
사람헌테 팔 테다. 건너 용문이는 우리 느르지논 같은 건 한 해만 부쳐 보구 죽어두 농군으로 태났던 걸 한허지
원망스럽게 생각하지
않겠다구 했다. 독시장밭을 내논다구 해 봐라, 문보나 덕길이 같은 사람은 길바닥에 나앉드라두 집을 팔아 살려구 덤빌 게다. 그런 사람들이 땅 임자 안 되구 누가 돼야 옳으냐?

6 "자식의 젊은 욕망을 들어 못 주는 게 애비 된 맘으루두 섭섭허다. 그러나 이 늙은이헌테두 그만 신념쯤 지켜 오는 게 있다는 걸 무시하지 말어 다구."

아버지는 다시 일어나 담배를 피우며 다리 고치는 데로 나갔다. 옆에 앉았던 어머니는 두 눈에 눈물을 쭈르르 흘리었다.

"너이 아버지가 여간 고집이시냐?"

"아뇨. 아버지가 어떤 어룬이신 건 오늘 제가 더 잘 알았습니다. 우리 아버진 훌륭헌 인물이십니다."

그러나 창섭도 코허리가 찌르르하였다. 자기의 계획하고 온 일이 실패한 것쯤은 차라리 당연하게 생각되었고, 아버지와 자기와의 세계가 격리(隔離)되는 일종의 결별(訣別)의 심사를 체험하는 때문이었다.

절정 땅의 가치를 역설하며 창섭의 제안을 거절하는 아버지와, 아버지의 확고한 신념을 깨달은 창섭

핵심 정리하기

✦ 이 글의 서술상의 특징
- 서술자가 작품 밖에 존재하면서 등장인물의 심리까지 모두 서술한다.
- 작가의 서술(직접적 제시)과 등장인물 간의 대화(간접적 제시)를 적절히 사용하여 등장인물의 성격과 가치관을 드러낸다.

✦ '아버지'의 가치관

무너진 돌다리를 고치고, 땅을 팔자는 아들의 제안을 거절함.

↓

- 전통적 가치관을 지님.
- 땅의 본래적 가치를 중시함.
- 땅을 이익 창출의 수단으로 여기지 않음.

✦ '창섭'과 '아버지'의 갈등 양상

갈등 원인	땅의 가치에 대한 창섭과 아버지의 생각 차이
갈등 해소	• 아버지가 창섭에게 진실하게 살 것을 권유함. • 창섭이 아버지의 말을 듣고 아버지의 신념을 이해함.

✦ 작품에 드러난 작가 의식
작가는 이 작품을 통해 근대화의 물결 속에서 농촌 공동체가 해체되고 전통적 가치가 경시되면서 실용적인 가치만을 중시하는 세태를 비판한다. 작가는 아버지와 창섭을 통해 우리 고유의 문화와 전통이 존중될 때 건강한 문화가 만들어질 수 있음을 이야기하고 있다.

내신 올리기

정답과 해설 14쪽 ●

01 이 글에 대한 설명으로 적절하지 <u>않은</u> 것은?
① 농촌 마을을 배경으로 하고 있다.
② 방언을 구사하여 향토적 분위기를 조성하고 있다.
③ 작품 밖의 서술자가 사건을 비롯해 인물의 심리까지 서술하고 있다.
④ 물질 만능주의가 만연한 세태를 비판하려는 작가의 의도가 드러나 있다.
⑤ 환경과 상황의 변화에 따라 성격이 바뀌는 인물들이 주로 등장하고 있다.

02 이 글의 등장인물들이 할 수 있는 말로 적절하지 <u>않은</u> 것은?
① 어머니: 남편의 결정이 서운하지만, 고집을 꺾을 수가 없네요.
② 창섭: 병원을 확장하지 못하게 되었지만, 아버지의 생각을 이해합니다.
③ 창섭: 땅에 대해서는 아버지와 결별의 심사를 체험하는 것 같습니다.
④ 아버지: 내가 죽으면 아들이 서울에서 땅을 관리해 주었으면 좋겠습니다.
⑤ 아버지: 아들의 마음은 이해하지만, 내 신념을 포기할 수 없었습니다.

고난도

03 〈보기〉를 참고하여 이 글을 감상한 내용으로 적절하지 <u>않은</u> 것은?

| 보기 |

토포필리아(topophilia)는 지리학자 '이 푸 투안'이 제안한 개념으로 환경에 대한 정서적 유대를 의미한다. 그는 모든 민족에게 환경은 단순한 자원을 넘어 깊은 정과 사랑의 대상이며 토포필리아는 시대의 흐름에 따라 변화하는 양상을 보인다고 말한다.

① 아버지는 추억이 서린 고향 땅에 대한 토포필리아를 강하게 느끼고 있군.
② 아버지에게 느르지논과 독시장밭은 단순한 자원이 아닌 정과 사랑의 대상이군.
③ 창섭은 고향 땅에 대해 정이나 사랑을 크게 느끼지 않기 때문에 땅을 팔자고 제안한 것이군.
④ 창섭과 아버지의 태도 차이는 시대의 흐름에 따라 토포필리아가 약화되는 양상을 보여 주는 것이군.
⑤ 고향 마을의 용문이, 문보, 덕길이는 땅에 대해 창섭과 유사한 생각을 가진 사람들이라고 할 수 있군.

미스터 방 ① | 채만식

• 작가가 비판하고자 하는 내용
• 열린 결말의 특징

앞부분의 줄거리 미스터 방이 거들먹거리며 백 주사와 술잔을 기울이고, 백 주사는 미스터 방의 보잘것없는 과거를 떠올린다.

발단 1   미스터 방의 증조가 타관에서 떠들어온 명색 없는 사람이었다. 그 조부가 고을의 아전을 다녔다. 그 아비가 짚신 장수였다. 칠십에, 고로롱고로롱 아직도 살아 있지만, 시방도 짚신 곱게 삼기로 고을에서 첫째가는 방 첨지가 바로 그였다. 그리고 이 방삼복이는…….

먹고 자고 꿍꿍 일하고, 자식새끼 만들고 할 줄밖에는 모르는 상일꾼이었다. 그러나마 삼십을 바라보도록 남의 집 머슴살이로, 이 집 저 집 살고 다니던 코삐뚤이 삼복이었다. 물론 낫 놓고 기역 자도 못 그리는 판무식이었다.

2   상일꾼일 바엔 남의 세토(稅土) 마지기라도 얻어 제 농사를 짓는 것이 아니라, 삼십을 바라보도록 남의 집 머슴
해마다 일정한 양의 벼를 주인에게 세로 바치고 부치는 논밭
살이만 하고 다니던 코삐뚤이 삼복이가 하루아침 무슨 생각이 났던지, 돈벌이를 간답시고, ㉠조석이 간데없는 부모에게다 처자식 떠맡기고는 훌쩍 일본으로 떠나 버렸다. 그것이 열두 해 전.

떠난 지 칠팔 년을 별반 신통한 벌이도 못하는지, 돈 한 푼 보내는 싹도 없더니, 하루는 느닷없이 중국 상해에 와 있노라 기별이 전해져 왔다. 그러고는 감감 소식이 없다가 삼 년 만에 퍼뜩 고향엘 돌아왔다. 십여 년을, 저의 말마따나 동양 삼국 물 골고루 먹고 다녔으면서, 별로이 때가 벗은 것도 없어 보이고, 행색은 해어진 양복 누더기에 볼 꿰어진 구두짝을 꿰고 들어서는 모양이, 군데군데 김질은 하였으나 빨아 다린 무명 고의적삼을 입고 고향을 떠날 적보다 차라리 초라한 것 같았다.

늙은 어미 아비와 젊은 가속이 뼈품으로 버는 것을 얻어먹으며 굶으며 하면서 한 일 년 번둥거리고 놀더니, 적이 회심이 들었는지, 이번에는 처자식 데리고 서울로 올라왔다.

서울로 올라와서는 현저동 비탈의 다 찌부러진 행랑방을 얻어 살면서, 처음 일 년은 용산 있는 연합군 포로수용소엘 다니며 입에 풀칠을 하였고—이 동안 그는 상해에서 귀로 익힌 토막 영어가 조금 더 진보되었고.

다시 일 년이나는, 그것 역시 상해에서 익힌 것을 밑천 삼아, 구두 직공으로 구둣방엘 다니며 그럭저럭 살았고. 그러다 일본이 싸움에 지느라고 구두를 너무 해트려 가죽이 동이 나서 ㉡구둣방이 너나없이 문을 닫는 바람에, 할 수 없이 이번엔 궤짝 한 개 걸머지고 신기료장수로 나서고 말았다.
헌신을 꿰매어 고치는 일을 직업으로 하는 사람

3   '흥, 개구리가 올챙이 적을 못 생각한다더니. 발칙한 놈. 고얀 놈.'

백 주사는 생각하자니 속으로 이렇게 분개스럽지 않을 수가 없었다.

그러나 일변으로는, 그러던 ㉢코삐뚤이 삼복이가 그야말로 선영이 명당엘 들었단 말인지, 무슨 조화를 지녔단
조상의 무덤
말인지, 불과 몇 달지간에 이렇게 훌륭히 되고, 부자가 되고, 미씨다 방인지 구리다 방인지가 되고 하여 가지고는 갖은 호강 다 하며 천하에 무서울 것이 없고, 기광이 나서 막 이러니, 한편 생각하면 신기하기도 하고 부럽기도 하고 또한 안타깝기도 하였다. / '사람의 운수란, 참 모를 일이야.'
극성스레 마구 날뛰는 행동이나 기세

백 주사는 속으로 절절히 이렇게 ㉣탄복도 아니치 못하였다.

코삐뚤이 삼복의 이 눈부신 발신은, 그러나 백 주사가 희한히 여기는 것처럼 무슨 명당 바람이 났다거나 조화를
천하거나 가난한 처지를 벗어나 앞길이 환하게 트임.
지녔다거나 그런 신기한 곡절이 있는 바가 아니요, 지극히 간단하고도 수월한 것이었다. 다못 몸에 지닌 재주 가

> **발단** 방삼복이 외국을 돌아다니다 신기료장수가 되기까지의 과정과 방삼복을 못마땅해하는 백 주사

핵심 정리하기

◆ 작품 개관

갈래	단편 소설, 세태 소설
성격	풍자적, 사실적, 비판적
배경	• 시간적: 광복 직후 • 공간적: 서울
시점	전지적 작가 시점
제재	이기적이고 물질적인 가치를 추구하는 인물의 삶
주제	광복 직후의 혼란한 시기를 살아가는 기회주의적 인물에 대한 풍자
특징	• 풍자와 비판의 대상이 되는 인물의 행적을 사실적으로 드러냄. • 판소리 사설 문체를 사용함.

✦ '방삼복'이 '미스터 방'이 된 과정

해방 전	• 책임감 없이 십여 년을 해외에서 떠돎. • 귀국하여 신기료장수 일을 함.

↓

해방 후	S 소위에게 접근하여 그의 통역을 맡게 되면서 '미스터 방'이라는 호칭을 얻음.

✦ 인물을 통한 풍자 ① – '방삼복'

- 기회를 잘 타 권세를 누리고 부를 쌓음.
- 됨됨이에 걸맞지 않게 격식 있는 호칭인 '미스터 방'으로 불림.

↓

외세에 기대어 이익을 쫓으려는 기회주의적 인물과, 이러한 인물이 출세하는 세태를 비판하고 풍자함.

내신 올리기

정답과 해설 15쪽 •

01 이 글에 대한 설명으로 가장 적절한 것은?

① 호칭을 통해 인물의 지위 변화를 드러내고 있다.

② 작가는 등장인물을 중립적인 시각으로 묘사하고 있다.

③ 비현실적인 상황을 설정하여 극적 요소를 강화하고 있다.

④ 인물 간의 대화를 중심으로 과거의 사건을 전달하고 있다.

⑤ 사건의 병치를 통해 인물 간의 갈등이 심화된 이유를 제시하고 있다.

02 '방삼복'에 대한 설명으로 적절하지 <u>않은</u> 것은?

① 그의 아버지는 짚신을 만드는 솜씨가 뛰어난 사람이었다.

② 서울에서 갑작스럽게 부자가 되었고 호강을 누리며 살고 있다.

③ 구두 직공으로 일했으나 시대적 상황으로 일을 그만두게 되었다.

④ 돈을 벌기 위해 가족들을 두고 고국을 떠났으나 돈을 잘 벌지 못했다.

⑤ 어렸을 때부터 학교를 다니며 공부를 잘했기에 영어를 쉽게 익힐 수 있었다.

03 ㉠~㉤에 대한 설명으로 적절하지 <u>않은</u> 것은?

① ㉠: 책임감이 없는 방삼복의 모습을 드러내고 있다.

② ㉡: 일제 강점기 상황에서 일본에 착취당하는 당대 현실을 보여 주고 있다.

③ ㉢: 해학적인 묘사를 통해 방삼복에 대한 서술자의 부정적 입장을 나타내고 있다.

④ ㉣: 전과 다른 방삼복의 태도에 대한 백 주사의 서운함을 나타내고 있다.

⑤ ㉤: 방삼복이 부자가 된 이유가 영어를 익혔기 때문임을 밝히고 있다.

04 이 글을 통해 작가가 전하고자 한 것을 〈보기〉에서 찾아 바르게 묶은 것은?

> **┤ 보기 ├**
> ㄱ. 광복 직후의 혼란스러운 사회상을 풍자함.
> ㄴ. 명분과 체면을 중시하는 인물들을 고발함.
> ㄷ. 기회주의자나 아부하는 인물들이 출세하는 세태를 비판함.
> ㄹ. 어려운 환경을 극복하고 자수성가할 수 있는 사회 체제를 촉구함.

① ㄱ, ㄴ 　② ㄱ, ㄷ 　③ ㄴ, ㄷ 　④ ㄴ, ㄹ 　⑤ ㄷ, ㄹ

미스터 방 ❷ | 채만식

> **중략 부분의 줄거리** 방삼복은 미군 장교 S 소위의 통역사가 되고, 미스터 방으로 불리며 권력을 얻고 부를 축적한다. 한편, 친일 행위로 많은 재산을 모았다가 군중의 습격으로 재산을 모두 잃고 도망친 백 주사는 길에서 우연히 방삼복을 만난다.

위기 1   그러고는 내 집으루 갑시다 하고 잡아끄는 대로 끌리어 온 것이었다.

의표하며, 집하며, 식모에 침모에 계집 하인까지 부리면서 사는 것하며, 신수가 훤히 트여 가지고, 말도 제법 의
_{몸을 가지는 태도}
젓하여진 것 같은 것이며, 진소위 개천에서 용이 났다고 할 것인지.

옛날의 영화가 꿈이 되고, 일조에 몰락하여 가뜩이나 초상집 개처럼 초라한 자기가 또 한 번 어깨가 움츠러듦을
_{갑작스러울 정도의 짧은 시간}
느끼지 아니치 못하였다. 그런 데다 이 녀석이, 언제 적 저라고 무엄스럽게 굴어 심히 불쾌하였고, 그래서 엔간히
_{버릇이 없게}
자리를 털고 일어설 생각이 몇 번이나 나지 아니한 것도 아니었다. 그러나 참았다.

2   보아하니 큰 세도를 부리는 것이 분명하였다. 잘만 하면 그 힘을 빌려 분풀이와 빼앗긴 재물을 도로 찾을 여망
_{정치상의 권세}   _{아직 남은 희망}
이 있을 듯싶었다. 분풀이를 하고, 더구나 재물을 도로 찾고 하는 것이라면야, 코삐뚤이 삼복이는 말고, 그보다 더
한 놈한테라도 머리 숙이는 것쯤 상관할 바 아니었다.

"그러니 여보게 미씨다 방……."

있는 말 없는 말 보태 가며, 일장 경과 설명을 한 후에 백 주사는 끝을 맺기를,

"어쨌든지 그놈들을 말이네. 그놈들을 한 놈 냉기지 말구섬 죄다 붙잡아다가 말이네. 괴수놈들일랑 목을 썰어
죽이구, 다른 놈들일랑 뼉다구가 부러지두룩 두들겨 주구, 꿇어앉히구 항복받구, 그리구 빼앗긴 것 일일이 도루
다 찾구, 집허구 세간 쳐부신 것 말끔 다 물리구……. 그렇게만 해 준다면, 내, 내, 재산 절반 노나주문세, 절반.
응, 여보게 미씨다 방."

3   "염려 마슈." / 미스터 방은 선뜻 쾌한 대답이었다.

"진정인가?" / "머, 지끔 당장이래두, 내 입 한 번만 떨어진다 치면, 기관총 들멘 엠피가 백 명이구 천 명이구 들
끓어 내려가서, 들이 쑥밭을 만들어 놉니다, 쑥밭을."

"고마우이!" / 백 주사는 복수하여지는 광경을 선히 연상하면서, 미스터 방의 손목을 덥석 잡는다.

"백골난망이겠네." / "놈들을 깡그리 죽여 놀 테니, 보슈." / "자네라면야 어련하겠나."
_{남에게 큰 은덕을 입었을 때 고마움의 뜻으로 이르는 말}
"흰말이 아니라 참 이승만 박사두 내 말 한마디면, 고만 다 제바리유."
_{터무니없이 자랑으로 떠벌리거나 허풍을 떠는 말}

> **위기**   미스터 방에게 자신의 복수를 부탁하는 백 주사

절정·결말 1   미스터 방은 그러고는 냉수 그릇을 집어 한 모금 물고 꿀쩍꿀쩍 양치를 한다. 웬 버릇인지, 하여간 그는 미스터
방이 된 뒤로, 술을 먹으면서 양치하는 버릇이 생겼다.

양치한 물을 처치하려고 휘휘 둘러보다, 일어서서 노대로 성큼성큼 나간다. 노대는 현관 정통 위였다.

미스터 방이 그 걸쭉한 양칫물을 노대 아래로 아낌없이 좍 뱉는 바로 그 순간이었다. 그 순간이 공교롭게도, 마
침 그를 찾으러 온 S 소위가 현관으로 일단 들어서려다 말고(미스터 방이 노대로 나오는 기척이 들렸기 때문에) 뒤
로 서너 걸음 도로 물러나 / "헬로." / 부르면서 웃는 얼굴을 쳐드는 순간과 그만 일치가 되었다.

"에구머니!" / 놀라 질겁을 하였으나 이미 뱉어진 양칫물은 퀴퀴한 냄새와 더불어 백절폭포로 내리쏟아져, 웃으
면서 쳐드는 S 소위의 얼굴 정통에 가 좌르르. / "유 데빌!"

이 기급할 자식이라고 S 소위는 주먹질을 하면서 고함을 질렀고, 그 주먹이 쳐든 채 그대로 있다가, 일변 허둥지둥 버선발로 뛰쳐나와 손바닥을 싹싹 비비는 미스터 방의 턱을

"상놈의 자식!" / 하면서 철컥 어퍼컷으로 한 대 갈겼더라고.

> **절정·결말** 백 주사에게 자신의 권력을 과시했지만, 실수로 S 소위에게 양칫물을 뱉어 주먹질을 당하는 미스터 방

핵심 정리하기

✦ **인물을 통한 풍자 ② – '백 주사'**

> 친일 행위를 해서 번 돈을 빼앗기자 재산을 되찾기 위해 방삼복에게 아첨하고 비굴하게 행동함.

↓

> 외세에 기대어 자신의 이익만을 쫓는, 역사의식이 없는 인물을 비판하고 풍자함.

✦ **결말 부분의 의미**

> 미스터 방이 뱉은 물을 맞은 S 소위가 미스터 방에게 어퍼컷을 날림.

↓

> • 한순간의 실수로 미스터 방이 그동안 누렸던 부와 권세를 잃을 수도 있음을 암시함.
> • 우연한 기회로 얻은 부와 권세가 허망하게 사라질 수 있다는 것을 보여 줌.
> • 해학적 묘사를 통해 독자들에게 쾌감을 일으켜 풍자의 효과를 높임.

✦ **작품을 통해 알 수 있는 당시의 사회·문화적 상황**

• 광복 이후 일본을 대신하여 미군이 남한을 통치하였다.
• 영어를 할 수 있는 통역관들이 출세하였다.
• 미군에 기생하여 권력과 부를 누리는 사람들이 등장하였다.

내신 올리기

정답과 해설 15쪽 •

01 '백 주사'에 대한 설명으로 적절하지 <u>않은</u> 것은?

① 자신의 이익만을 쫓는 이해타산적인 인물이다.

② 자신의 부탁을 수락해 준 대가로 방삼복에게 재산을 맡겼다.

③ 자신의 재산을 빼앗은 사람들에 대한 분노를 드러내고 있다.

④ 방삼복의 권세를 이용하여 빼앗긴 자신의 재산을 되찾으려 한다.

⑤ 자신을 대하는 태도가 과거와 달라진 방삼복을 마음에 들어 하지 않는다.

02 이 글의 '결말'에 대한 설명으로 적절하지 <u>않은</u> 것은?

① 미스터 방의 상황이 우연으로 인해 반전된다.

② 미스터 방과 백 주사의 갈등이 모두 해소된다.

③ 미스터 방이 부와 권세를 잃게 될 것임을 암시한다.

④ 완결되지 않은 결말을 통해 독자의 상상력을 자극한다.

⑤ 미스터 방의 상황을 해학적으로 묘사하여 웃음을 자아낸다.

03 〈보기〉를 바탕으로 이 글을 감상한 내용으로 적절하지 <u>않은</u> 것은?

> **┤ 보기 ├**
>
> 광복 이후 미군정이 새 지배 권력이 되면서 일제 강점기의 친일파와 같이 미군을 등에 업은 계층이 나타났다. 이들은 과거를 잊고 수없는 부정과 횡포를 저질렀다. 「미스터 방」은 이들과 이들에게 기생하여 자신의 이득을 취하려는 기회주의자들을 비판한 작품이다.

① 방삼복은 새 지배 권력이 된 미군을 등에 업은 계층을 대표하는군.

② 쑥밭을 만든다는 방삼복의 말은 이득을 위해 저지르는 횡포로 볼 수 있겠군.

③ 방삼복과 백 주사는 모두 새 지배 권력에게 기생하려는 계층으로 볼 수 있겠군.

④ 백 주사가 방삼복의 도움을 받으려는 것은 기회주의적인 모습으로 볼 수 있겠군.

⑤ 백 주사가 방삼복을 '미씨다 방'으로 부르는 행동에서 자신의 과거를 잊은 백 주사의 모습을 살펴볼 수 있군.

눈길 ① | 이청준

학습 포인트

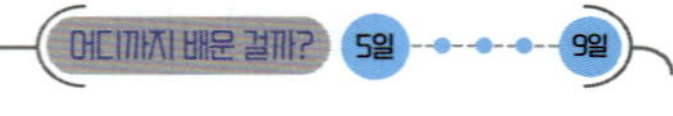

• 어머니에 대한 '나'의 태도
• '눈길'의 상징적 의미

앞부분의 줄거리 '나'는 어머니, 아내와 함께 점심을 먹다 불쑥 다음 날 떠나겠다고 말한다. 떠나겠다는 '나'에게 어머니와 아내는 섭섭함과 원망을 표현한다.

발단 **1**

"그래, 일이 그리 바쁘다면 가 봐야 하기는 하겠구나. 바쁜 일을 받아 놓고 온 사람을 붙잡는다고 들을 일이겠냐."

한동안 입을 다물고 앉아 있던 노인이 마침내 체념을 한 듯 다시 입을 열어 왔다.

"항상 그렇게 바쁜 사람인 줄은 안다마는, 에미라고 이렇게 먼 길을 찾아와도 편한 잠자리 하나 못 마련해 주는 내 맘이 아쉬워 그랬던 것 같구나."

ⓒ말을 끝내고 무연스런 표정으로 장죽 끝에 풍년초를 꾹꾹 눌러 담기 시작한다.
(크게 낙심하여 허탈해하거나 멍한)

너무도 간단한 체념이었다. 담배통에 풍년초를 눌러 담고 있는 그 노인의 얼굴에는 아내에게서와 같은 어떤 원망기 같은 것도 찾아볼 수가 없었다. 당신 곁을 조급히 떠나고 싶어 하는 그 매정스런 아들에 대한 아쉬움 같은 것도 엿볼 수가 없었다. 성냥불도 붙이려 하지 않고 언제까지나 그 풍년초 담배만 꾹꾹 눌러 채우고 앉아 있는 노인의 눈길은 차라리 무표정에 가까운 것이었다.

나는 그 너무도 간단한 노인의 체념에 오히려 불쑥 짜증이 치솟았다.

나는 마침내 자리를 일어섰다. 그리고는 그 노인의 무표정에 밀려나기라도 하듯 방문을 나왔다.

장지문 밖 마당가에 작은 치자나무 한 그루가 한낮의 땡볕을 견디고 서 있었다.

발단 어머니에게 내일 아침에 올라가겠다고 말하는 '나'

전개 **1**

지열이 후끈거리는 뒤꼍 콩밭 한가운데에 오리나무 무성한 묘지가 하나 있었다. 그 오리나무 그늘에 숨어 앉아 콩밭 아래로 내려다보니 집이라고 생긴 게 꼭 습지에 돋아 오른 여름 버섯 형상을 닮아 있었다.
(햇볕을 받아 땅 표면에서 나는 열)

나는 금세 어디서 묵은 빚 문서라도 불쑥 불거져 나올 것 같은 조마조마한 기분이었다.

애초의 허물은 그 빌어먹게 비좁고 음습한 단칸 오두막 때문이었다. 묵은 빚이 불거져 나올 것 같은 불편스런 기분이 들게 해 오는 것도 그랬고, 처음 예정을 뒤바꿔 하루 만에 다시 길을 되돌아갈 작정을 내리게 한 것 역시 그러했다. 하지만 ⓒ내게 빚은 없었다. 노인에 대해선 처음부터 빚이 있을 수 없는 떳떳한 처지였다.

2

고등학교 1학년 때 형의 주벽으로 가계가 파산을 겪은 뒤부터, 그리고 마침내 그 형이 세 조카아이와 아이들의 홀어머니까지 포함한 장남의 모든 책임을 내게 떠맡기고 세상을 떠난 뒤부터 일은 줄곧 그렇게 되어 온 셈이었다.
(술을 마시면 나타나는 버릇)

고등학교와 대학교와 군영 3년을 치러 내는 동안 노인은 내게 아무것도 낳아 기르는 사람의 몫을 못 했고, 나는 또 나대로 그 고등학교와 대학과 군영의 의무를 치르고 나와서도 자식 놈의 도리는 엄두를 못 냈다. 노인이 내게 베푼 바가 없어서가 아니라 그럴 처지가 못 되었기 때문이다. 나는 나대로 형이 내게 떠맡기고 간 장남의 책임을 감당하기를 사양치 않을 수가 없었기 때문이다.

노인과 나는 결국 그런 식으로 서로 주고받을 것이 없는 처지였다. 노인은 누구보다 그것을 잘 알고 있었다. 그렇기 때문에 내게 대해선 소망도 원망도 있을 수가 없었다.

전개 서로 주고받을 것이 없는 처지인 모자의 사연

핵심 정리하기

◆ 작품 개관

갈래	단편 소설, 귀향 소설
성격	회고적, 상징적, 서정적
배경	• 시간적: 1970년대 여름 • 공간적: 어느 산골 마을
시점	1인칭 주인공 시점
제재	눈길
주제	어머니의 사랑에 대한 깨달음과 눈길에서의 추억을 통한 인간적 화해
특징	• 과거 회상과 현재 상황의 대화가 교차되며 사건이 진행됨. • 상징적 의미를 지닌 소재를 활용해 주제를 드러냄.

✦ '어머니'에 대한 '나'의 심리적 거리감

'나'	어머니 곁을 떠나고자 귀경을 서두름.
어머니	아들이 떠나는 것이 섭섭하고 아쉽지만 적극적으로 만류하지 못하고 체념함.

이 작품에서 '나'는 어머니를 '노인'이라고 지칭하며 어머니에 대한 심리적 불편함과 거리감을 드러내고 있다.

✦ '빚'에 대한 '나'의 이중적 심리

처음부터 빚이 있을 수 없는 떳떳한 처지

'나'는 어머니의 경제적 도움 없이 자수성가했기 때문에 어머니에게 아무런 빚이 없다고 생각하며 스스로 위안을 삼음.

⇕ 대비

묵은 빚 문서가 불쑥 불거져 나올 것 같은 조마조마한 기분

정신적·물질적으로 어머니를 봉양하지 않아 어머니에게 마음의 빚이 있음을 자신도 모르게 인정함.

내신 올리기

01 이 글에 대한 설명으로 적절하지 <u>않은</u> 것은?

① '나'의 과거 회상을 통해 가족사를 드러내고 있다.

② 인물의 심리적 거리감을 중심으로 사건이 전개되고 있다.

③ 주인공이 고향을 찾아가 체험한 사건을 다룬 귀향 소설이다.

④ 주인공인 '나'가 서술자가 되어 자신의 내면세계를 드러내고 있다.

⑤ 빈번한 장면 전환을 통해 사건에 긴박한 분위기를 형성하고 있다.

02 ㉠을 통해 '어머니'의 심리를 추론한 내용으로 가장 적절한 것은?

① 처음 보는 아들의 행동에 당황한 어머니의 심리가 나타난다.

② 아들의 마음을 가볍게 해 주기 위한 어머니의 사랑이 드러난다.

③ 아들을 빨리 보내고자 하는 어머니의 불편함이 직접적으로 나타난다.

④ 서울로 올라가려고 하는 아들에 대한 서운함이 간접적으로 나타난다.

⑤ 아들에 대한 아쉬움을 담배로 풀기 위한 어머니의 조급함이 드러난다.

03 ㉡에 대한 설명으로 적절하지 <u>않은</u> 것은?

① 어머니에게 보은할 의무가 없음을 의미한다.

② 자신을 합리화하려는 '나'의 심리가 담겨 있다.

③ 부끄러움 없이 살아온 '나'의 삶에 대한 객관적 평가이다.

④ 어머니가 부모의 몫을 하지 못했다는 '나'의 생각이 담겨 있다.

⑤ 모자간의 관계를 이해타산적으로 따지는 '나'의 태도가 드러난다.

04 이 글에서 어머니에 대한 '나'의 심리적 거리감을 드러내는 지칭어를 찾아 쓰시오.

눈길 ② | 이청준

절정·결말 **1** 그날 밤─아니 그날 새벽─아내에겐 한 번도 들려준 일이 없는 그날 새벽의 서글픈 동행을, 나 자신도 한사코 기억의 피안으로 사라져 주기를 바라 오던 그 새벽의 ㉠눈길의 기억을 노인은 이제 받아 낼 길 없는 묵은 빚 문서를 들추듯 허무한 목소리로 되씹고 있었다.

현실적으로 존재하지 아니하는 관념적으로 생각해 낸 현실 밖의 세계

"날은 아직 어둡고 산길은 험하고, 미끄러지고 넘어지면서도 차부까지는 그래도 어떻게 시간을 대어 갈 수가 있었구나…….."

2 노인이 그 후 어떻게 길을 되돌아갔는지는 나로서도 아직 들은 바가 없었다. 노인을 길가에 혼자 남겨 두고 차로 올라선 그 순간부터 나는 차마 그 노인을 생각하기가 싫었고, 노인도 오늘까지 그날의 뒷얘기는 들려준 일이 없었다. 그런데 노인은 웬일로 오늘사 그날의 기억을 끝까지 돌이키고 있었다.

"어떻게 어떻게 장터거리로 들어서서 차부가 저만큼 보일 만한 데까지 가니 그때 마침 차가 미리 불을 켜고 차부를 나오더구나. 급한 김에 내가 손을 휘저어 그 차를 세웠더니, 그래 그 운전사란 사람들은 어찌 그리 길이 급하고 매정하기만 한 사람들이더냐. 차를 미처 세우지도 덜하고 덜크렁덜크렁 눈 깜짝할 사이에 저 아그를 훌쩍 실어 담고 가 버리는구나." / "그래서 어머님은 그때 어떻게 하셨어요?"

자동차의 시발점이나 종착점에 마련한 차의 집합소

잠잠히 입을 다문 채 듣고만 있던 아내가 모처럼 한 마디 끼어들었다.

나는 갑자기 다시 노인의 이야기가 두려워졌다. 자리를 차고 일어나 다음 이야기를 가로막고 싶었다. 하지만 나는 이미 그럴 수가 없었다. 사지가 말을 들어 주지 않았다. 온몸이 마치 물먹은 솜처럼 무겁게 가라앉고 있었다. 몸을 어떻게 움직여 볼 수가 없었다. 형언하기 어려운 어떤 달콤한 슬픔, 달콤한 피곤기 같은 것이 나를 아늑히 감싸 오고 있었다.

3 "눈길을 혼자 돌아가다 보니 그 길엔 아직도 우리 둘 말고는 아무도 지나간 사람이 없지 않았겠냐. 눈발이 그친 그 신작로 눈 위에 저하고 나하고 둘이 걸어 온 발자국만 나란히 이어져 있구나."

"그래서 어머님은 그 발자국 때문에 아들 생각이 더 간절하셨겠네요."

[A] "간절하다뿐이었겠냐. 신작로를 지나고 산길을 들어서도 굽이굽이 돌아온 그 몹쓸 발자국들에 아직도 도란도란 저 아그 목소리나 따뜻한 온기가 남아 있는 듯만 싶었제. 산비둘기만 푸르르 날아올라도 저 아그 넋이 새가 되어 다시 되돌아오는 듯 놀라지고, 나무들이 눈을 쓰고 서 있는 것만 보아도 뒤에서 금세 저 아그 모습이 뛰어나올 것만 싶었지야. 하다 보니 나는 굽이굽이 그 외지기만 한 그 산길을 저 아그 발자국만 따라 밟고 왔더니라. 내 자석아, 내 자석아, 너하고 둘이 온 길을 이제는 이 몹쓸 늙은 것 혼자서 너를 보내고 돌아가고 있구나!"

"어머님 그때 우시지 않았어요?"

"울기만 했겠냐. 오목오목 디뎌 논 저 아그 발자국마다 한도 없는 눈물을 뿌리며 돌아왔제. 내 자석아, 내 자석아, 부디 몸이나 성히 지내거라. 부디부디 너라도 좋은 운 타서 복 받고 살거라……. 눈앞이 가리도록 눈물을 떨구면서 눈물로 저 아그 앞길만 빌고 왔제…….."

✦ '아내'와 '노인'의 대화

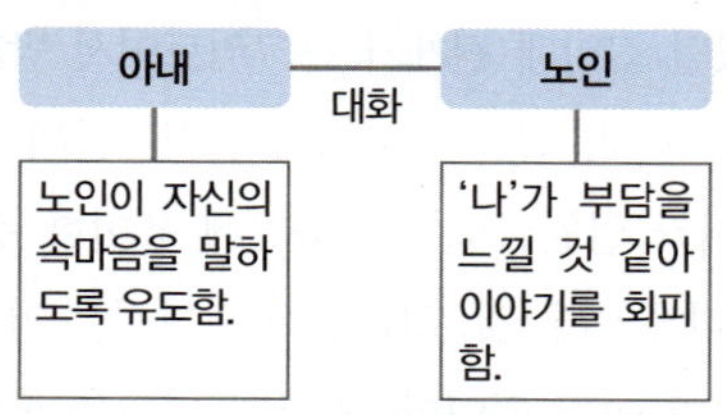

'나'는 아내와 노인의 대화를 엿들으며 어머니의 사랑을 깨닫는다.

✦ '절정·결말 – ❸'에 나타난 비유적 표현의 효과

발자국	아들의 목소리와 온기가 남아 있는 듯함.
산비둘기(새)	아들의 넋이 다시 되돌아오는 듯함.
나무들	아들의 모습이 뛰어나올 것만 싶음.

↓

• 아들을 떠나보낸 후 어머니의 안타깝고 허전한 심리를 구체적이고 실감나게 드러냄.
• 독자로 하여금 어머니가 처한 상황과 심리에 대해서 다양한 상상을 하게 함.

✦ '눈길'의 의미

'나'	• 떠올리고 싶지 않은 쓰라린 기억 • 집안의 몰락으로 인해 앞으로 자수성가해야 하는 고난의 삶
노인	• 혼자서 겪어야 하는 시련 • 아들에 대한 사랑과 추억 • 집안의 몰락으로 인해 겪어온 인고의 삶

01 이 글의 내용으로 적절하지 <u>않은</u> 것은?

① '나'와 노인은 차부에서 순식간에 헤어졌다.

② 노인은 '나'의 발자국을 보면서 '나'를 떠올렸다.

③ 노인은 '나'가 몸 건강히 잘 살기를 간절히 소망했다.

④ '나'는 노인이 홀로 돌아온 과정을 듣고 싶지 않아 했다.

⑤ '나'는 차에 올라선 순간부터 길가에 혼자 남겨 둔 노인을 걱정했다.

02 [A]에 사용된 표현 방법과 효과에 대한 설명으로 가장 적절한 것은?

① 생략과 비약을 통해 감정 표현을 절제하고 있다.

② 역설적인 표현을 사용하여 인물의 의도를 부각하고 있다.

③ 의도적으로 애매하게 표현하여 다양한 해석을 유도하고 있다.

④ 다양한 비유를 통해 인물의 심리를 구체적이고 실감 나게 드러내고 있다.

⑤ 일정한 운율에 맞추어 배경을 묘사함으로써 이국적인 분위기를 자아내고 있다.

고난도

03 ㉠에 대한 이해로 가장 적절한 것은?

① '나'에게는 노인과 동행한 길이고, 노인에게는 '나'를 버린 길이다.

② '나'에게는 미래를 꿈꾸는 길이고, 노인에게는 과거를 추억하는 길이다.

③ '나'에게는 노인을 그리워했던 길이고, 노인에게는 '나'를 외면해 왔던 길이다.

④ '나'에게는 새로운 삶을 상징하는 길이고, 노인에게는 고난의 삶을 상징하는 길이다.

⑤ '나'에게는 생각하고 싶지 않은 기억의 길이고, 노인에게는 '나'에 대한 사랑의 길이다.

2012학년도 수능

1회 돌다리 | 이태준

01~04 다음 글을 읽고 물음에 답하시오.

남을 주면 땅을 버린다고 여간 근실한 자국이 아니면 소작을 주지 않았고, 소를 두 필이나 매고 일꾼을 세 명씩이나 두고 적지 않은 전답을 전부 자농(自農)으로 버티어 왔다. 실속이 타작만 못하다는 둥, 일꾼 셋이 저희 농사 해 가지고 나간다는 둥 이해만을 따져 비평하는 소리가 많았으나 창섭의 아버지는 땅을 위해서는 자기의 이해만으로 타산하려 하지 않았다. 이와 같은 임자를 가진 땅들이라 곡식은 거둔 뒤 그루만 남은 논과 밭이되, 그 바닥들의 고름, 그 언저리들의 바름, 흙의 부드러움이 마치 시루떡 모판이나 대하는 것처럼 누구의 눈에나 탐스럽게 흐뭇해 보였다.

이런 땅을 팔기에는, 아무리 수입은 몇 배 더 나은 병원을 늘쿠기 위해서나 아버지께 미안하지 않을 수 없었다. 그러나 잡히기나 해 가지고는 삼만 원 돈을 만들 수가 없었고, 서울서 큰 양관(洋館)을 손에 넣기란 돈만 있다고도 아무 때나 될 일이 아니었다.

〈중략〉

"웬일인데 어째 혼자만 오느냐?"

어머니는 손자 아이들부터 보이지 않음을 물으신다.

"오늘루 가야겠어서 아무두 안 데리구 왔습니다."

"오늘루 갈 걸 뭘 허 오누?"

"인전 어머니서껀 서울로 모셔 갈 채빌 허러 왔다우."

"서울루! 제발 아이들허구 한데서 살아 봤음 원이 없겠다."

하고 어머니는 땅보다, 조상님들 산소나 사당보다 손자 아이들에게 더 마음이 끌리시는 눈치였다. 그러나 아버지만은 그처럼 단순히 들떠질 마음이 아니었다.

아버지는 아들의 뒤를 쫓아 이내 개울에서 들어왔다.

[A] 아들은, 의사인 아들은, 마치 환자에게 치료 방법을 이르듯이, 냉정히 차근차근히 이야기를 시작하였다. 외아들인 자기가 부모님을 진작 모시지 못한 것이 잘못인 것, 한집에 모이려면 자기가 병원을 버리기보다는 부모님이 농토를 버리시고 서울로 오시는 것이 순리인 것, 병원은 나날이 환자가 늘어 가나 입원실이 부족되어 오는 환자의 삼분지 일밖에 수용 못 하는 것, 지금 시국에 큰 건물을 새로 짓기란 거의 불가능의 일인 것, 마침 교통 편한 자리에 삼층 양옥이 하나 난 것, 인쇄소였던 집인데 전체가 콘크리트여서 방화 방공으로 가치가 충분한 것, 삼층은 살림집과 직공들의 합숙실로 꾸미었던 것이라 입원실로 변장하기에 용이한 것, 각층에 수도·가스가 다 들어온 것, 그러면서도 가격은 염한 것, 염하기는 하나 삼만 이천 원이라, 지금의 병원을 팔면 일만 오천 원쯤은 받겠지만 그것은 새 집을 고치는 데와, 수술실의 기계를 완비하는 데 다 들어갈 것이니 집값 삼만 이천 원은 따로 있어야 할 것, 시골에 땅을 둔대야 일 년에 고작 삼천 원의 실리가 떨어질지 말지 하지만 땅을 팔아다 병원만 확장해 놓으면, 적어도 일 년에 만 원 하나씩은 이익을 뽑을 자신이 있는 것, 돈만 있으면 땅은 이담에라도, 서울 가까이라도 얼마든지 좋은 것으로 살 수 있는 것……

아버지는 아들의 의견을 끝까지 잠잠히 들었다. 그리고,

"점심이나 먹어라. 나두 좀 생각해 봐야 대답허겠다."

하고는 다시 개울로 나갔고, 떨어졌던 다릿돌을 올려놓고야 들어와 그도 점심상을 받았다.

점심을 자시면서였다.

"원, 요즘 사람들은 힘두 줄었나 봐! 그 다리 첨 놀 제 내가 어려서 봤는데 불과 여남은이서 거들던 돌인데 장정 수십 명이 한나잘을 씨름을 허다니!"

"나무다리가 있는데 건 왜 고치시나요?"

"너두 그런 소릴 허는구나. 나무가 돌만 허다든? 넌 그 다리서 고기 잡던 생각두 안 나니? 서울루 공부 갈 때 그 다리 건너서 떠나던 생각 안 나니? 시쳇사람들은 모두 인정이란 게 사람헌테만 쓰는 건 줄 알드라! 내 할아버님 산소에 상돌을 그 다리로 건네다 모셨구, 내가 천잘 끼구 그 다리루 글 읽으러 댕겼다. 네 어미두 그 다리루 가말 타구 내 집에 왔어. 나 죽건 그 다리루 건네다 묻어라……. 난 서울 갈 생각 없다."

"네?" / "천금이 쏟아진대두 난 땅은 못 팔겠다. 내 아버님께서 손수 이룩허시는 걸 내 눈으루 본 밭이구, 내 할아버님께서 손수 피땀을 흘려 모신 돈으루 장만허신 논들이야. 돈 있다고 어디가 느르지논 같은 게 있구, 독시장밭 같은 걸 사? 느르지논둑에 선 느티나문 할아버님께서 심으신 거구, 저 사랑 마당의 은행나무는 아버님께서 심으신 거다. 그 나무 밑에를 설 때마다 난 그 어룬들 동상(銅像)이나 다름없이

경건한 마음이 솟아 우러러보군 헌다. 땅이란 걸 어떻게 일시 이해를 따져 사구팔구 허느냐? 땅 없어 봐라, 집이 어딨으며 나라가 어딨는 줄 아니? 땅이란 천지만물의 근거야. 돈 있다구 땅이 뭔지두 모르구 욕심만 내 문서 쪽으로 사 모기만 하는 사람들, 돈놀이처럼 변리만 생각허구 제 조상들과 그 땅과 어떤 인연이란 건 도시 생각지 않구 헌신짝 버리듯 하는 사람들, 다 내 눈엔 괴이한 사람들루밖엔 뵈지 않드라.”

“…….”

– 이태준, 「돌다리」

01 윗글의 사건을 일어난 순서대로 정리할 때, 다음 중 가장 뒤에 올 것은?

① ‘창섭’이 ‘아버지’에게 계획을 말하다.
② ‘아버지’가 다시 개울로 나가다.
③ ‘장정’들이 다릿돌을 올려놓다.
④ ‘어머니’가 ‘창섭’을 맞이하다.
⑤ ‘아버지’가 점심상을 받다.

02 〈보기〉를 참고하여 윗글을 감상한 내용으로 가장 적절한 것은?

| 보기 |

소설 속의 모든 인물은 자아이면서 동시에 세계의 일부이다. 자아를 작품 속에서 행동하는 주체라고 하면, 그 주체를 둘러싸고 있는 모든 것은 세계가 된다. 이러한 자아와 세계의 대립과 갈등으로 전개되는 것이 서사의 본질이다.

① ‘창섭’은 자아로서의 논리를 통해 세계와의 갈등을 해소하는 인물이다.
② ‘아버지’는 자아로서의 완고한 성격을 세계에 대해서도 유지하고 있는 인물이다.
③ 자아로서의 ‘창섭’은 세계의 부정적 속성들을 들추어 고발하고 있다.
④ 자아로서의 ‘아버지’는 ‘창섭’과 ‘어머니’의 대립과 갈등을 중재하고 있다.
⑤ 자아로서의 ‘어머니’는 자신 속에 존재하는 또 다른 자아와 갈등하고 있다.

03 [A]에 대한 이해로 가장 적절한 것은?

① 부모님을 서울로 모시려는 계획을 통해, 이해관계에 얽매이지 않는 ‘창섭’의 진심이 드러난다.
② 땅을 팔아야 하는 이유를 나열함으로써, ‘창섭’의 계획이 일목요연하게 전해지는 효과가 생긴다.
③ 시국 탓에 건물 신축이 불가능하다는 사실을 통해, ‘창섭’이 현실을 대하는 태도의 원인이 드러난다.
④ 건물의 일부에 직원 합숙실을 두려는 계획을 통해, 배려심 많은 ‘창섭’의 성격에 개연성이 더해진다.
⑤ 자신의 의사를 전하는 ‘창섭’의 말투를 실감 나게 표현하여, ‘아버지’를 대하는 ‘창섭’의 태도를 제시한다.

04 〈보기〉를 참고하여 윗글을 해석한 내용으로 적절하지 않은 것은?

| 보기 |

‘장소애(場所愛)’는 인간의 안정된 삶을 보호하는 터전인 장소에 애착하는 심성이다. 근대 이전에는 ‘땅’과 ‘집’이 대표적인 장소애의 대상이었으나, 근대 이후 도시 사회에서는 이들이 도구적 대상이나 교환의 대상으로 변질되었다.

① ‘창섭’에게 집은 도구적 가치를 지닌 것으로, 장소애의 대상이 아니다.
② ‘아버지’에게 돌다리는 삶의 추억과 애환이 투영된 장소애의 대상이다.
③ 마당의 은행나무는 ‘아버지’에게 장소애의 대상인 집의 성격을 강화하고 있다.
④ 땅에 애착하는 ‘아버지’의 생각과 행동은 땅에 대한 장소애의 의미를 부각하고 있다.
⑤ 땅을 장소애의 대상으로 여기는 의식이 두루 퍼져 있는 당시 상황이 전제되어 있다.

2023학년도 6월 모의평가

2회 미스터 방 | 채만식

05~08 다음 글을 읽고 물음에 답하시오.

[앞부분의 줄거리] 해방 직후, 미군 소위의 통역을 맡아 부정 축재를 일삼던 방삼복은 고향에서 온 백 주사를 집으로 초대한다.

"서 주사가 이거 두구 갑디다."

들고 올라온 각봉투 한 장을 남편에게 건네어 준다.

"어디?"

그러면서 받아 봉을 뜯는다. 소절수 한 장이 나온다. 액면 만 원짜리다.

미스터 방은 성을 벌컥 내면서

"겨우 둔 만 원야?"

하고 소절수를 다다미 바닥에다 홱 내던진다.

"내가 알우?"

"우랄질 자식 어디 보자. 그래 전, 걸 십만 원에 불하 맡아 다, 백만 원 하난 냉겨 먹을 테문서, 그래 겨우 둔 만 원야? 엠병헐 자식, ㉠내가 엠피헌테 말 한마디문, 전 어느 지경 갈지 모를 줄 모르구서."

"정종으루 가져와요?"

"내 말 한마디에, 죽을 눔이 살아나구, 살 눔이 죽구 허는 줄은 모르구서. 흥, 이 자식 경 좀 쳐 봐라……. 증종 따근허 게 데와. 날두 산산허구 허니."

새로이 안주가 오고, 따끈한 정종으로 술이 몇 잔 더 오락가 락하고 나서였다.

백 주사는 마침내, **진작부터 벼르던 이야기**를 꺼내었다.

백 주사의 아들 ㉡**백선봉**은, 순사 임명장을 받아 쥐면서부터 시작하여 8·15 그 전날까지 칠 년 동안, 세 곳 주재소와 두 곳 경 찰서를 전근하여 다니면서, 이백 석 추수의 토지와, 만 원짜리 저 금통장과, 만 원어치가 넘는 옷이며 비단과, 역시 만 원어치가 넘 는 여편네의 패물과를 장만하였다.

[A] **남들**은 주린 창자를 졸라맬 때 그의 광에는 옥 같은 정 백미가 몇 가마니씩 쌓였고, 반년 일 년을 남들은 구경도 못 하는 고기와 생선이 끼니마다 상에 오르지 않는 날이 없었다.

[B] ××경찰서의 경제계 주임으로 있던 마지막 이 년 동안 은 더욱더 호화판이었었다. 8·15 그날 밤, **군중**이 그의 집 을 습격하였을 때에 쏟아져 나온 물건이 쌀 말고도

광목 여섯 필

고무신 스물세 켤레

지카다비 여덟 켤레

빨랫비누 세 궤짝

양말 오십 타

정종 열세 병

설탕 한 부대

[C] 이렇게 **있었더란다**. 만 원어치 여편네의 패물과, 만 원 어치의 옷감이며 비단과, 만 원짜리 저금통장은 고만두고 말이었다.

물건 하나 없이 죄다 **빼앗기고**, 집과 세간은 조각도 못 쓰게 산산 다 부수고, 백선봉은 팔이 부러지고, 첩은 머리가 절반이 나 뽑히고, 겨우겨우 목숨만 살아, 본집으로 도망해 왔다.

[D] 일변 고을에서는, 백 주사가, 자식이 그런 짓을 해서 산 토지를 가지고, **동네 사람**한테 거만히 굴고, 작인들한테 팔 할 가까운 도지를 받고, 고리대금을 하고 하였대서, 백 선봉이 도망해 와 눕는 그날 밤, 그의 본집인 백 주사네 집 을 습격하였다.

[E] 집과 세간 죄다 부수고, 백선봉이 보낸 통제 배급 물자 숱한 것 죄다 **빼앗기고**, **가족**들은 죽을 매를 맞고, 백선봉 은 처가로, 백 주사는 서울로 각기 피신하여 목숨만 우선 보전하였다.

백 주사는 비싼 여관 밥을 사 먹으면서, 울적히 거리를 오락 가락, 어떻게 하면 이 분풀이를 할까, ⓐ어떻게 하면 **빼앗긴** 돈과 물건을 도로 다 찾을까 하고 궁리를 하는 것이나, 아무런 묘책도 없었다.

그러자 오늘은 우연히 이 미스터 방을 만났다. 종로를 지향 없이 거니는데, 지나가던 자동차가 스르르 멈추면서, 서양 사 람과 같이 탔던 신사 양반 하나가 내려서더니, 어쩌다 눈이 마 주치자

"아, 백 주사 아니신가요?"

하고 반기는 것이었었다.

자세히 보니, 무어 길바닥에서 신기료장수를 한다던 코삐뚤

이 삼복이가 분명하였다.

"자네가, 저, 저, 방, 방……."

"네, 삼복입니다."

"아, 건데, 자네가……."

"허, 살 때가 됐답니다."

그러고는 ⓑ내 집으루 갑시다, 하고 잡아끄는 대로 끌리어 온 것이었었다.

의표하며, 집하며, 식모에 침모에 계집 하인까지 부리면서 사는 것이며, 신수가 훤히 트여 가지고, 말도 제법 의젓하여진 것 같은 것이며, ⓒ진소위 개천에서 용이 났다고 할 것인지.

옛날의 영화가 꿈이 되고, 일조에 몰락하여 가뜩이나 초상집 개처럼 초라한 자기가, ⓓ또 한 번 어깨가 옴츠러듦을 느끼지 아니치 못하였다. 그런 데다 이 녀석이, 언제 적 저라고 무엄스럽게 굴어, 심히 불쾌하였고, 그래서 ⓔ엔간히 자리를 털고 일어설 생각이 몇 번이나 나지 아니한 것도 아니었었다. 그러나 참았다.

보아하니 큰 세도를 부리는 것이 분명하였다. 잘만 하면 그 힘을 빌려, 분풀이와, 빼앗긴 재물을 도로 찾을 여망이 있을 듯싶었다.

– 채만식, 「미스터 방」

05 윗글의 대화를 중심으로 '방삼복'을 이해한 것으로 가장 적절한 것은?

① 자신이 꾸미고 있는 일에 관심 없는 상대에게 자기 업무를 떠넘기는 뻔뻔함을 보이고 있다.

② 질문에 대꾸하지 않음으로써 상대가 같은 질문을 반복하도록 거드름을 피우고 있다.

③ 눈앞에 없는 사람을 비난하고 위협함으로써 함께 있는 상대에게 자신의 위세를 드러내고 있다.

④ 차에서 내려 상대에게 먼저 알은체하며 동승자에게 자신의 인맥을 과시하고 있다.

⑤ 상대가 이름을 제대로 말하기 전에 말을 가로채 상대에 대한 열등감을 감추고 있다.

06 ㉠과 ㉡에 대한 설명으로 가장 적절한 것은?

① ㉠과 ㉡에는 모두 외세에 기대어 사익을 추구하는 인물의 부정적 모습이 드러난다.

② ㉠과 ㉡에는 모두 외세와 이를 돕는 인물 간의 권력 관계가 일시적으로 역전된 모습이 드러난다.

③ ㉠과 ㉡에는 모두 사회적 지위를 이용하여 타인의 권익을 침해하는 인물이 몰락하는 모습이 드러난다.

④ ㉠에는 권력을 향한 인물의 조바심이, ㉡에는 권력에 의한 인물의 좌절감이 드러난다.

⑤ ㉠에는 자신의 권위에 대한 인물의 확신이, ㉡에는 추락한 권위를 회복할 수 있다는 인물의 자신감이 드러난다.

07 ⓐ~ⓔ에 대한 이해로 적절하지 않은 것은?

① ⓐ: 스스로는 문제 해결이 불가능한 상태임을 강조하여 인물의 답답한 처지를 보여 준다.

② ⓑ: 방삼복의 제안에 엉겁결에 따라가는 모습을 통해 인물이 얼떨떨한 상태임을 보여 준다.

③ ⓒ: 신수가 좋고 재력이 대단해 보이는 방삼복의 모습에 고향 사람에 대한 자부심을 갖게 되었음을 보여 준다.

④ ⓓ: 자신의 처지를 방삼복과 비교하면서 주눅이 들었음을 보여 준다.

⑤ ⓔ: 방삼복에게 도움을 받을 수 있다는 기대감과 그에 대한 반감이 뒤섞여 있음을 보여 준다.

08 〈보기〉를 참고하여 [A]~[E]를 감상한 내용으로 적절하지 않은 것은?

> **보기**
>
> '진작부터 벼르던 이야기'는 백 주사가 자신과 가족의 억울함을 하소연하는 부분이다. 그런데 서술자는 그 '이야기'를 서술자의 시선뿐 아니라 여러 인물들의 시선으로 초점화하여 서술함으로써 독자와 작중 인물 간의 거리를 조절한다. 또한 세부 항목을 하나씩 나열하여 장면의 분위기를 고조하고 정서를 확장하는 서술 방법으로 독자에게 현장감을 전해 준다. 이때 독자는 백 주사와 그의 가족에게 고통받았던 사람들의 입장에 서서 그들을 비판적으로 보게 된다.

① [A]: 백선봉의 풍요로운 생활을 '남들'의 굶주린 생활과 비교하여 서술함으로써 독자가 그를 비판적으로 보게 하고 있군.

② [B]: 부정하게 모은 많은 물건들을 하나씩 나열하여 습격 당시 현장의 들뜬 분위기를 환기함으로써 '군중'의 놀람과 분노를 독자에게 전하려 하고 있군.

③ [C]: '있었더란다'를 통해 누군가에게 들은 것처럼 전하면서도, 전하는 내용을 '군중'의 시선으로 초점화하여 독자가 '군중'의 입장에 서도록 유도하고 있군.

④ [D]: '동네 사람'의 시선으로 초점화하여 백 주사의 만행을 서술함으로써 백 주사가 습격의 빌미를 제공한 것처럼 독자가 느끼게 하고 있군.

⑤ [E]: 백 주사 '가족'의 몰락을 보여 주는 사건들을 백 주사의 시선으로 일관되게 초점화하여 그들에게 고통받았던 사람들의 편에 선 독자가 통쾌함을 느끼게 하고 있군.

2017학년도 9월 고1 전국연합

3회 **눈길** | 이청준

09~11 다음 글을 읽고 물음에 답하시오.

　고등학교 1학년 때 형의 주벽으로 가계가 파산을 겪은 뒤부터, 그리고 마침내 그 형이 세 조카아이와 그 아이들의 홀어머니까지를 포함한 모든 장남의 책임을 내게 떠맡기고 세상을 떠난 뒤부터 일은 줄곧 그렇게만 되어 온 셈이었다.

　고등학교와 대학교와 군영 3년을 치러 내는 동안 노인은 내게 아무것도 낳아 기르는 사람의 몫을 못 했고, 나는 또 나대로 그 고등학교와 대학과 군영의 의무를 치르고 나와서도 자식 놈의 도리는 엄두를 못 냈다. 노인이 내게 베푼 바가 없어서가 아니라 그럴 처지가 못 되었기 때문이다. 나는 나대로 형이 내게 떠맡기고 간 장남의 책임을 감당하기를 사양치 않을 수가 없었기 때문이었다.

　노인과 나는 결국 그런 식으로 서로 주고받을 것이 없는 처지였다. 노인은 누구보다 그것을 잘 알고 있었다. 그렇기 때문에 내게 대해선 소망도 원망도 있을 수 없었다.

[중략 부분의 줄거리] K시에서 공부하며 고등학교 1학년을 보내고 있던 '나'는 형이 재산을 탕진해 집을 팔았다는 소식을 듣고 고향에 온다. 당시 노인은 '나'에게 상처를 주지 않으려고 새 집주인의 양해를 얻어 내가 그 집에서 하룻밤을 잘 수 있게 하였다. 다음날 새벽 노인은 눈길을 헤치며 차 타는 곳까지 '나'를 바래다준 후 홀로 눈길을 되돌아왔다.

　"길을 혼자 돌아가시던 그때 일을 말씀이세요?"

　"눈길을 혼자 돌아가다 보니 그 길엔 아직도 우리 둘 말고는 아무도 지나간 사람이 없지 않았겠냐. 눈발이 그친 신작로 눈 위에 저하고 나하고 ㉠둘이 걸어온 발자국만 나란히 이어져 있구나."

　"그래서 어머님은 그 발자국 때문에 아들 생각이 더 간절하셨겠네요." / "간절하다뿐이었겠냐. 신작로를 지나고 산길을 들어서도 굽이굽이 돌아온 ㉡그 몹쓸 발자국들에 아직도 도란도란 저 아그의 목소리나 따뜻한 온기가 남아 있는 듯만 싶었제. 산비둘기만 푸르륵 날아올라도 저 아그 넋이 새가 되어 다시 되돌아오는 듯 놀라지고, 나무들이 눈을 쓰고 서 있는 것만 보아도 뒤에서 금세 저 아그 모습이 뛰어나올 것만 싶었지야. 하다 보니 나는 굽이굽이 외지기만 한 그 산길을 저 아그 발자국만 따라 밟고 왔더니라. 내 자석아, 내 자석아, 너하고 둘이 온 길을 이제는 이 몹쓸 늙은 것 혼자서 너를 보내고 돌아가고 있구나!"

　"어머님 그때 우시지 않았어요?" / "울기만 했겠냐. 오목오목 디뎌 논 그 아그 발자국마다 한도 없는 눈물을 뿌리며 돌아왔제. 내 자석아, 내 자석아, 부디 몸이나 성히 지내거라. 부디부디 너라도 좋은 운 타서 복 받고 살거라……. 눈앞이 가리도록 눈물을 떨구면서 눈물로 저 아그 앞길만 빌고 왔제……."

　노인의 이야기는 이제 거의 끝이 나 가고 있는 것 같았다. 아내는 이제 할 말을 잊은 듯 입을 조용히 다물고 있었다.

　"그런디 그 서두를 것도 없는 길이라 그렁저렁 시름없이 걸어온 발걸음이 그래도 어느 참에 동네 뒷산을 당도해 있었구나. 하지만 나는 그 길로는 차마 동네를 바로 들어설 수가 없어 잿등 위에 눈을 쓸고 아직도 한참이나 시간을 기다리고 앉아 있었더니라……."

　"어머님도 이젠 돌아가실 거처가 없으셨던 거지요."

　한동안 조용히 입을 다물고 있던 아내가 이제 더 이상 참을 수가 없어진 듯 갑자기 노인을 추궁하고 나섰다. 그녀의 목소리는 이제 울먹임 때문에 떨리고 있었다.

나 역시도 이젠 더 이상 노인을 참을 수가 없었다. 이제나마 노인을 가로막고 싶었다. 아내의 추궁에 대한 그 노인의 대꾸가 너무도 두려웠다. 노인의 대답을 들을 수가 없었다. 하지만 그 역시도 불가능한 일이었다.

나는 아직도 눈을 뜰 수가 없었다. 불빛 아래 눈을 뜨고 일어날 수가 없었다. 사지가 마비된 듯 가라앉아 있는 때문만이 아니었다. 졸음기가 아직 아쉬워서도 아니었다. 눈꺼풀 밑으로 뜨겁게 차오르는 것을 아내와 노인 앞에 보일 수가 없었다. 그것이 너무도 부끄러웠기 때문이었다. 아내는 이번에도 그러는 나를 알고 있었던 것 같았다.

"여보, 이젠 좀 일어나 보세요. 일어나서 당신도 말을 좀 해 보세요."

그녀가 느닷없이 나를 세차게 흔들어 깨웠다. 그녀의 음성은 이제 거의 울부짖음에 가까웠다. 그래도 나는 일어날 수가 없었다. 뜨거운 것을 숨기기 위해 눈꺼풀을 꾹꾹 눌러 참으면서 내처 잠이 든 척 버틸 수밖에 없었다. / 음성이 아직 흐트러지지 않고 있는 건 오히려 그 노인뿐이었다.

"가만 두거라. 아침 길 나서기도 피곤할 것인디 곤하게 자고 있는 사람 뭣하러 그러냐."

노인은 일단 아내의 행동을 말려 두고 나서 아직도 그 옛 얘기를 하는 듯한 아득하고 차분한 음성으로 당신의 남은 이야기를 끝맺어 가고 있었다.

"그런디 이것만은 네가 잘못 안 것 같구나. 그때 내가 뒷산 잿등에서 동네를 바로 들어가지 못하고 있었던 일 말이다. 그건 내가 갈 데가 없어 그랬던 건 아니란다. 산 사람 목숨인데 설마 그때라고 누구네 문간방 한 칸이라도 산 몸뚱이 깃들일 데 마련이 안됐겠냐. 갈 데가 없어서가 아니라 아침 햇살이 활짝 퍼져 들어 있는디, 눈에 덮인 그 우리 집 지붕까지도 햇살 때문에 볼 수가 없더구나. 더구나 동네에선 아침 짓는 연기가 한참인디 그렇게 @시린 눈을 해 갖고는 그 햇살이 부끄러워 차마 어떻게 동네 골목을 들어설 수가 있더냐. 그놈의 말간 햇살이 부끄러워서 그럴 엄두가 안 생겨나더구나. 시린 눈이라도 좀 가라앉히고자 그래 그러고 앉아 있었더니라……."

– 이청준, 「눈길」

09 윗글의 서술상 특징으로 가장 적절한 것은?

① 관련성이 없는 사건을 삽화처럼 나열하였다.

② 인물의 대화를 통해 과거의 이야기를 제시하였다.

③ 같은 시간에 서로 다른 장소에서 일어난 사건을 서술하였다.

④ 외부 상황과 관련 없이 떠오르는 인물의 의식을 기술하였다.

⑤ 공간에 따라 서술자를 달리하여 상황을 입체적으로 드러내었다.

10 ㉠과 ㉡을 비교한 내용으로 적절하지 않은 것은?

① ㉠과 ㉡은 동일한 공간에 존재한다.

② ㉠과 ㉡에는 동일 인물의 발자국이 있다.

③ ㉠과 ㉡의 발자국은 같은 곳을 향하고 있다.

④ ㉡은 ㉠과 달리 노인의 감정이 표면적으로 드러난다.

⑤ ㉡은 ㉠과 달리 노인에게 아들에 대한 거리감을 갖게 한다.

11 〈보기〉의 선생님의 질문에 대한 학생의 대답으로 가장 적절한 것은?

┤ 보기 ├

선생님: 이 소설에서 '노인'으로 표현되는 어머니는 햇살이 비치는 아침에 다른 사람이 주인이 돼 버린 집을 바라봅니다. 그 집에서 아들을 하룻밤 재웠죠. 햇살은 자연적이고 근원적인 빛으로서 만물을 속속들이 비추는 기능을 합니다. 어머니는 이러한 햇살에 자신의 모습을 비추어 봅니다. 이 점에 주목하여 @에 드러난 '노인'의 심리를 말해 볼까요?

학생: 노인은 (   )

① 아들을 떠나보내고 돌아갈 곳이 없어서 서러웠을 것입니다.

② 자식과 주고받을 것이 없는 관계가 된 것이 슬펐을 것입니다.

③ 자신이 베푼 사랑을 알아주지 않은 아들이 서운했을 것입니다.

④ 아들이 가장의 역할을 감당해야 하는 상황에 처하게 한 것이 미안했을 것입니다.

⑤ 아들에게 부모의 도리를 다하지 못한 자신의 무력한 삶이 한스러웠을 것입니다.

Ⅲ
산문 문학 극, 수필

무엇을 배울까?

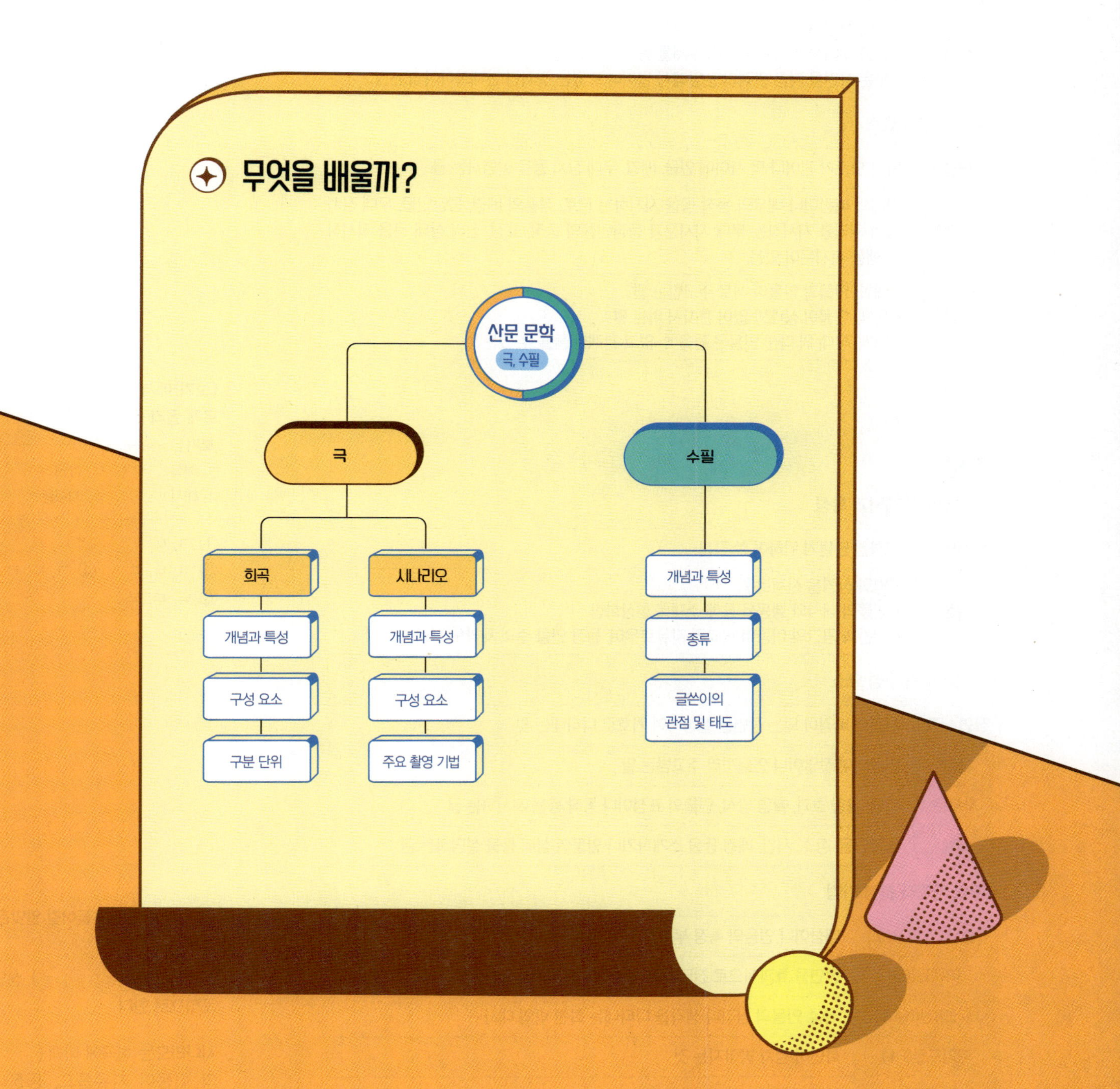

산문 문학
극, 수필
극
수필
희곡
시나리오
개념과 특성
종류
글쓴이의
관점 및 태도
개념과 특성
구성 요소
구분 단위
개념과 특성
구성 요소
주요 촬영 기법

정답과 해설 20쪽 •

01 극

1 희곡

• 희곡의 개념과 특성

개념	공연을 목적으로 하는 연극의 대본
특성	• 무대 상연을 전제로 함. • 인물의 대사와 행동을 통해 주제를 형상화함. • 모든 사건을 지금 관객의 눈앞에서 일어나고 있는 것처럼 현재화하여 표현함.

• 희곡의 구성 요소

해설	막이 오르기 전이나 막 사이에 인물, 배경, 무대 장치 등을 설명하는 글
지시문	무대의 배경이나 배우의 동작 등을 지시하는 글로, 작품의 배경, 등장인물, 무대 장치 등의 처리를 지시하는 무대 지시문과 등장인물의 동작, 표정, 심리 상태 등을 지시하는 행동 지시문이 있음.
대사	• 대화: 인물과 인물이 서로 주고받는 말 • 독백: 인물이 상대방 없이 혼자서 하는 말 • 방백: 무대 위 다른 인물은 들을 수 없고 관객만 들을 수 있는 말

2 시나리오

• 시나리오의 개념과 특성

개념	영화를 만들기 위하여 쓴 각본
특성	• 영화 상영을 전제로 함. • 인물의 대사와 행동을 통해 주제를 형상화함. • 시간과 공간의 이동이 비교적 자유로우며, 등장 인물 수의 제약도 적음.

• 시나리오의 구성 요소

장면 번호	사건의 배경이 되는 장면을 설정하여 기호로 나타내는 것
대사	인물의 혼잣말이나 인물끼리 주고받는 말
지시문	조명, 음향 효과, 촬영 방식, 인물의 표정이나 동작 등을 지시하는 글
해설	등장인물, 장소, 시간, 배경 등을 소개하거나 인물의 심리 등을 설명하는 글

• 주요 카메라 촬영 기법

클로즈업(C.U.)	대상이나 인물의 특정 부분을 확대하여 찍는 것
이펙트(E.)	장면을 효과적으로 전달하기 위해 넣는 음향
내레이션(NAR.)	해설. 인물의 심리나 생각을 나타내는 화면 밖의 대사
페이드인(F.I.)	화면이 점차 밝아지는 것
페이드아웃(F.O.)	화면이 점차 어두워지는 것

✦ 개념 확인하기

[1~2] 다음 설명이 맞으면 ○표, 틀리면 ×표를 하시오.

1 희곡은 연극 상연을 목적으로 한다.　　　　(○, ×)

2 희곡은 서술과 묘사로 주제를 형상화한다.　　　　(○, ×)

3 〈보기〉에서 희곡의 구성 요소를 바르게 골라 묶은 것은?

┤보기├
ㄱ. 해설　　　ㄴ. 장면
ㄷ. 대사　　　ㄹ. 지시문

① ㄱ, ㄴ　　　② ㄴ, ㄹ
③ ㄱ, ㄴ, ㄷ　　　④ ㄱ, ㄷ, ㄹ
⑤ ㄴ, ㄷ, ㄹ

[4~5] 다음 빈칸에 들어갈 알맞은 말을 쓰시오.

4 시나리오는 (　　　　) 상영을 목적으로 한다.

5 시나리오는 희곡에 비해 (　　　) 의 이동이 자유롭고, 등장하는 (　　　) 수의 제약도 적다.

02 수필

1 수필의 개념과 특성

개념		글쓴이의 경험이나 사상 등을 형식적인 구애 없이 산문 형식으로 쓴 글이다. 비교적 분량이 많지 않으며 개인적 생각과 인생의 체험이 곁들여진다.
특성	자기 고백적인 문학	수필은 글쓴이의 생각이나 정서가 솔직하게 표현되므로 다른 갈래보다 글쓴이의 인생관이나 가치관이 잘 드러남.
	무형식의 형식	특별하게 정해진 형식이 없으며 어떠한 형식으로든 주제를 형상화할 수 있음.
	제재의 다양성	수필은 글쓴이가 체험하거나 생각한 모든 것이 제재가 될 수 있으며 이러한 제재에는 글쓴이의 개성적 안목과 비판적 관점 등이 반영됨.
	개성의 문학	수필은 글쓴이의 체험이나 사상을 표현하는 주관적 문학이므로 글쓴이의 개성이 강하게 드러남.
	비전문적인 글	수필은 개방적인 글이므로 전문적인 작가가 아니더라도 누구나 쓸 수 있음.

2 수필의 종류

• **내용의 성격에 따른 수필의 종류**

경수필	중수필
• 일상에서 흔히 접할 수 있는 경험이나 감정을 제재로 삼음. • 가볍고 감성적인 내용을 다루기 때문에 정서적이고 주관적인 성격이 강함.	• 사회적·역사적 통찰이나 비평과 같은 진지한 내용을 제재로 삼음. • 무겁고 이성적인 내용을 다루기 때문에 논리적이고 객관적인 성격이 강함.

• **진술 방식에 따른 수필의 종류**

서정적 수필	• 일상생활이나 자연에서 느끼는 감상을 진솔하게 표현한 수필임. • 인간과 자연의 교감에 기초한 사색적 성격을 지님.
서사적 수필	• 서사적 흐름이 있는 일상적인 이야기를 서술한 수필임. • 작가의 주관이 직접 드러나지 않으며 객관적으로 서술함.
극적 수필	• 작가 자신이나 다른 사람이 경험한 내용에 극적 요소를 결합하여 서술한 수필임. • 인물의 대화나 행동 위주로 서술하며, 극적 효과를 얻기 위해 현재 시제를 사용함.

3 글쓴이의 관점 및 태도

글쓴이의 관점	글쓴이의 태도
글쓴이가 대상에 대해 지니고 있는 시각이나 입장	글쓴이가 대상에 대해 반응하는 모습

↓

글쓴이의 인생관을 짐작할 수 있게 함.

[6~8] 다음 설명이 맞으면 ○표, 틀리면 ✕표를 하시오.

6 수필은 글쓴이의 상상력을 바탕으로 쓴 허구적인 글이다. （○, ✕）

7 수필은 글쓴이가 체험하거나 생각한 모든 것이 제재가 될 수 있다. （○, ✕）

8 수필은 전문 지식이 필요한 글이므로 아무나 쓸 수 없다. （○, ✕）

[9~12] 다음 문장에 들어갈 알맞은 말을 고르시오.

9 내용에 따라 수필을 분류할 때 논리적이고 객관적인 성격이 강한 수필을 (경수필 / 중수필)이라고 한다.

10 (서정적 / 서사적) 수필은 사건의 흐름이 있는 일상적인 이야기를 서술한 글이다.

11 극적 수필은 인물의 대화나 행동 위주로 서술하며 주로 (과거 / 현재) 시제를 사용한다.

12 글쓴이의 (관점 / 태도)은/는 글쓴이가 대상에 대해 지니고 있는 시각이나 입장을 의미한다.

결혼 ① | 이강백

학습 포인트

어디까지 배운 걸까? 10일 — 12일

• 작품의 실험극적 요소
• '덤' 이야기의 의미와 역할

> **앞부분의 줄거리** 남자가 등장하여 한 사기꾼의 이야기가 쓰인 이야기책을 관객 앞에서 낭독한다. 이야기책 속의 사기꾼은 외로움에 지쳐 결혼하고 싶지만 빈털터리이다. 그는 부자로 보이도록 저택, 모자와 넥타이, 호사스러운 의복, 건장한 하인을 빌린다. 그러나 빌린 물건은 제각기 정해진 시간 동안에만 사용할 수 있다는 조건이 붙는다. 남자는 이야기 속의 사기꾼이 되어 맞선을 보기로 한다. 남자는 맞선에서 만난 여자에게 사랑을 고백하고, 하인은 중간 중간 등장하여 남자에게서 물건을 빼앗아 간다.

전개 1 **1** 여자: 왜들 그러시죠? / 남자: (씩씩거리면서 웃고 있다.) 이번엔 넥타이가 내 목에서 떠나갔습니다.

여자: (이해하지 못하겠다는 듯이) 네에?

남자: 뭐, 놀랄 게 못 됩니다. 그저 시간이 지난 것뿐이니까요. 안심하십쇼. 만약 내 목이 떠나가고 넥타이만 남았다면……. (겸연쩍은 듯 바라보고 있는 여자의 관심을 돌리려고) 그건 그렇고요, 당신 어머니 퍽 재미난 분이시군요. 나는 깊은 관심을 갖게 됐어요. 당신의 어머니에 대해서. 그 맹세를 시키셨다는 어머니, 어떤 분인지 더 듣고 싶습니다. 어떠신가요? 어머니 성품이 너그러우시다든가……. 왜 그렇게 쳐다만 보십니까?

〔쑥스럽거나 미안하여 어색한〕

여자: 넥타이를……. / 남자: 그것엔 관심 없습니다.

여자: 왜 **빼앗기셨죠**? (옆에 와 **부동자세**로 서 있는 하인을 흘겨보며) 그것도 난폭하게.

〔움직이지 아니하고 똑바로 서 있는 자세〕

남자: 그렇지요. 난폭하게 주인을 덮치는 그런 하인에겐 난 전혀 관심 없어요. 오히려 당신 어머니의 성품이 너그러우신지…….

여자: 하지만요, 저는…… (입을 다물어 버린다.)

남자: 알았어요. 문제는 빼앗긴 물건인가 본데, 그야 되돌려받기 어렵지는 않습니다. (하인에게 큰 소리로) 여봐, 가져와! (묵묵부답인 하인. 까치발을 딛고 일어나서 그의 귀에 속삭인다.) 여봐! 그 가져간 것 오 분만 더 빌려주게.

하인: (대답이 없다.) / 남자: 딱 오 분만 더. 사정해도 안 되겠나, 응? / 하인: (반응이 없다.)

남자: 좋아, 좋다고. / 여자: 뭐래요, 하인이?

남자: 네, 나더러 잘해 보라고 그럽니다.

2 남자, 관객석을 투덕투덕 걸어 다니다가 넥타이를 맨 남성 관객 앞에 앉는다.

남자: 물론 그래요. (속상하다는 듯이) 저 인정사정도 없는 하인이 나더러 잘해 보라고 그런 말 한마디 하진 않았어요. 하지만 말입니다, 나도 그래요, 기죽을 필요야 없는 겁니다. 그렇잖아요? 도대체 지가 뭐라고 겨우 심부름이나 하는 주제에……. 속 좀 상합니다만, 그야 뭐 그건 당신에게도 마찬가지니까 말해 보나 마나겠고……. 저어, 당신 넥타이 참 좋습니다. 정말 좋아요. 아름다운 색깔, 기막히게 멋진 무늬, 딱 오 분만 빌립시다. 정확하게 오 분만. 더 이상은 어기지 않겠습니다. 빌려주시렵니까? (남성 관객으로부터 넥타이를 빌려 착용하며) 고맙습니다. 빌린 동안에는 소중히 다룰 겁니다. 사실 이건 내 것이 아니라 당신 것인데……. 혹시 모르긴 하지요, 당신도 누구에게서 빌려 온 건지는. 아무튼 잘 사용하고 돌려드리겠어요. 자아, 그럼 당신은 시간을 재고, 난 이만.

남자, 급한 걸음으로 여자에게 돌아간다.

전개 1 빌린 시간이 다 되어 하인에게 넥타이를 빼앗기자 관객에게 넥타이를 빌리는 남자

핵심 정리하기

◆ 작품 개관

갈래	단막극, 실험극
성격	희극적, 비판적
배경	• 시간: 현대 • 공간: 어느 저택
제재	남녀의 결혼
주제	소유의 본질과 진정한 사랑의 의미
특징	• 특별한 무대 장치가 없으며 무대와 관객석의 구분이 명확하지 않음. • 관객을 극 안으로 끌어들여 등장인물과 관객의 소통이 이루어짐.

✦ '하인'의 역할

- 넥타이 등 남자가 빌린 물건들을 시간이 되면 회수해 가는 기계적 역할을 담당함.
- 보조적 인물로, 물건을 더 오랫동안 빌리려는 남자와 갈등을 빚음.

- 여자에게 남자의 본모습을 알게 해 줌.
- 소유물에 대한 시간이 정해져 있음을 드러냄.

✦ 실험극적 요소 – 관객의 참여

연극의 주인공인 남자가 관객에게 말을 걸어, 관객의 넥타이를 빌림.

- 무대와 관객석의 경계를 허묾.
- 관객의 참여와 몰입을 유도함.
- 관객에게 작품의 주제 의식을 실감 나게 체험할 수 있게 함.

내신 올리기

01 이 글에서 '하인'의 역할로 적절한 것은?

① 상황을 왜곡하여 남자를 혼란에 빠뜨리고 있다.

② 남자와 여자의 싸움을 부추겨 갈등을 심화하고 있다.

③ 남자와 여자의 화해를 유도하여 주제 의식을 드러내고 있다.

④ 남자와 여자가 헤어지도록 둘의 만남을 의도적으로 방해하고 있다.

⑤ 남자와 갈등 관계를 형성하여 작품에 희극적 성격을 부여하고 있다.

02 이 글에서 확인할 수 있는 실험극적 요소를 〈보기〉에서 바르게 골라 묶은 것은?

| 보기 |

ㄱ. 연극의 인물이 관객에게 말을 걺.

ㄴ. 관객이 갈등을 유발하는 역할을 함.

ㄷ. 관객의 물건을 빌려 소품으로 사용함.

ㄹ. 해설자를 별도로 두어 관객의 참여를 높임.

① ㄱ, ㄴ　　　② ㄱ, ㄷ　　　③ ㄱ, ㄴ, ㄷ

④ ㄱ, ㄴ, ㄹ　　　⑤ ㄱ, ㄷ, ㄹ

⭐ 고난도

03 〈보기〉는 이 글을 쓴 작가의 창작 노트의 일부이다. 밑줄 친 부분의 이유로 가장 적절한 것은?

| 보기 |

　이 작품은 응접실 또는 아담한 소극장 같은 곳, 그런 실내에서 공연하기 알맞도록 썼다. 음악으로 비교한다면 실내악 같은 것이다. 무대를 따로 만들 필요도 있지 않고 별다른 조명이나 효과의 도움을 받지 않아도 된다. 그러나 절대적으로 필요한 것은 그 장소에 모인 사람들이다. 이 연극의 등장인물인 남자는 그들로부터 잠시 모자라든가 구두, 넥타이 등을 빌려야 한다.

① 소도구의 상징적 의미를 더욱 강조하기 위하여

② 인물의 대사를 관객에게 정확히 전달하기 위하여

③ 관객과의 소통 장면을 효과적으로 연출하기 위하여

④ 조명의 효과를 활용하여 관객의 시선을 모으기 위하여

⑤ 무대 배경이 관객들에게 사실적으로 보이도록 하기 위하여

전개 2 ❶ 여자: 네. 태어난다는 건 언제나 갑자기죠. 그래서요, 저는 태어날 때 제 기분이 어떠했는지 그걸 모르겠어요. 아무튼 그냥 그렇게 이 세상에 나온 거죠. 그리고, 어렸을 때 제 별명이 뭔지 아시겠어요? 덤이에요, 덤. / **남자:** 덤?

여자: 네. 왜 조금 더 주는 것 있잖아요. 그거래요, 제가. 아버진 사랑을 주고, 그리고 또 덤으로 저를 어머니에게 주었죠. 그러니까 덤 아니겠어요? 덤, 이 말 속엔 뭔가 그리운 게 있어요. 덤, 덤, 덤…… 아버진 덤이 태어나자 달아나셨대요. 말하자면 **뺑소닐** 치신 거죠. 나중에 알고 보니 사기꾼이었고 어머니에게 보여 줬던 그 많은 재산은 모두 다 잠시 빌렸던 거래요.

> **전개 2** 자신의 별명이 '덤'이 된 이유를 말하는 여자

> **중략 부분의 줄거리** 여자의 별명이 '덤'인 이유를 듣고 진정한 사랑을 느낀 남자는 여자에게 청혼을 하며 자신이 가진 것이 모두 빌린 것임을 밝힌다. 여자는 충격을 받고 사기꾼과 결혼하지 않겠다고 한 어머니와의 약속에 따라 남자와 이별하려 한다.

절정 ❶ 남자: 잠깐만요, 덤……. / **여자:** (멈칫 선다. 그러나 얼굴은 남자를 외면한다.)

남자: 가시는 겁니까, 나를 두고서? / **여자:** (침묵)

남자: 덤으로 내 말을 조금 더 들어 봐요. / **여자:** (악의적인 느낌이 없이) 당신은 사기꾼이에요.

남자: 그래요, 난 사기꾼입니다. 이 세상 것을 잠시 빌렸었죠. 그리고 시간이 되니까 하나둘씩 되돌려주어야 했습니다. 이제 난 본색이 드러나고 이렇게 빈털터리입니다. 그러나 덤, 여기 있는 사람들에게 물어봐요. 누구 하나 자신 있게 이건 내 것이다, 말할 수 있는가를. 아무도 없을 겁니다. 없다니까요. 모두들 덤으로 빌렸지요. 눈동자, 코, 입술, 그 어느 것 하나 자기 것이 아니고 잠시 빌려 가진 거예요. (누구든 관객석의 사람을 붙들고 그가 가지고 있는 물건을 가리키며) 이게 당신 겁니까? 정해진 시간이 얼마지요? 잘 아꼈다가 그 시간이 되면 꼭 돌려주십시오. 덤, 이젠 알겠어요?

여자, 얼굴을 외면한 채 걸어 나간다.

하인, 서서히 그 무서운 구둣발을 이끌고 남자에게 다가온다. 남자는 뒷걸음질을 친다. 그는 마지막으로 절규하듯이 여자에게 말한다.

남자: 덤, 난 가진 것 하나 없습니다. 모두 빌렸던 겁니다. 그런데 덤, 당신은 어떻습니까? 당신이 가진 건 뭡니까? 무엇이 정말 당신 겁니까? (넥타이를 빌렸던 남성 관객에게) 내 말을 들어 보시오. 그럼 당신은 나를 이해할 거요. 내가 당신에게서 넥타이를 빌렸을 때, 그때 내가 당신 물건을 어떻게 다뤘소? 마구 험하게 했소? 어딜 망가뜨렸소? 아니요, 그렇진 않았습니다. 오히려 빌렸던 것이니까 소중하게 아꼈다간 되돌려 드렸지요. 덤, 당신은 내 말을 들었어요? 여기 증인이 있습니다. 이 증인 앞에서 약속하지만, 내가 이 세상에서 덤 당신을 빌리는 동안에, 아끼고, 사랑하고, 그랬다가 언젠가 그 시간이 되면 공손하게 되돌려줄 테요. 덤! 내 인생에서 당신은 나의 소중한 덤입니다. 덤! 덤! 덤!

> **절정** 소유의 본질과 헌신적 사랑의 중요성을 말하며 진심으로 여자를 설득하는 남자

하강·대단원 ❶ 남자, 하인의 구둣발에 걸어챈다.

여자, 더 이상 참을 수 없다는 듯 다급하게 되돌아와서 남자를 부축해 일으키고 포옹한다.

여자: 그만해요! / 남자: 이제야 날 사랑합니까?

여자: 그래요! 당신 아니고 또 누굴 사랑하겠어요! / 남자: 어서 결혼하러 갑시다. 구둣발에 차이기 전에!

여자: 이래서요, 어머니도 말짱한 사기꾼과 결혼했었다던데…….

남자: 자아, 빨리 갑시다! / 여자: 네, 어서 가요!

– 막 –

하강·대단원 남자의 청혼을 받아들이고, 남자와 함께 결혼하러 가는 여자

핵심 정리하기

✦ '덤' 이야기의 역할

여자의 이야기	아버지가 어머니에게 '덤'으로 여자(자식)를 낳게 하여 여자의 별명이 '덤'이 됨.

↓

남자의 깨달음	'덤'의 의미에 대해 새롭게 깨달아 여자를 이해하고 진심으로 사랑하게 됨.

✦ '여자'가 청혼을 받아들인 이유

공감대 형성
세상의 모든 것은 남에게 빌린 것임.

↓

- 세상에서 자신이 갖고 있는 모든 것은 다 빌린 것이기 때문에 오히려 더 소중히 아꼈다가 돌려주는 것이라는 남자의 말에 공감함.
- 자신을 '덤'(소중한 존재)으로 여기며 아끼고 사랑하겠다는 남자의 말에 설득되어 그의 청혼을 받아들임.

✦ 작품의 주제 의식

소유의 본질
우리가 가진 것은 모두 빌린 것이므로 더 소중하게 대해야 함.

↓

진실한 사랑
사랑하는 사람을 빌리는 동안 아끼고 헌신적으로 사랑해야 함.

모든 것은 영원히 소유할 수 없으며 언젠가는 돌려주어야 하므로 소유에 대한 집착을 버리고 소중히 여겨야 한다는 주제 의식을 드러내고 있다.

내신 올리기

정답과 해설 21쪽 •

01 '전개 2−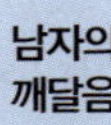'에 나타난 '덤' 이야기의 역할로 가장 적절한 것은?

① 인물 간의 갈등 해소를 촉진한다.

② 작품의 주제 의식을 이끌어 내는 데 기여한다.

③ 상황에 따라 태도를 바꾸는 인물의 이중성을 풍자한다.

④ 현재를 반성하는 계기가 되어 인물의 화해를 유도한다.

⑤ 과거의 긍정적 경험을 드러내며 현재에 대한 불만을 강조한다.

02 '여자'가 '남자'의 청혼을 받아들인 이유로 가장 적절한 것은?

① 남자에게 큰 신세를 졌다고 생각하기 때문에

② 어머니의 삶을 동경하여 어머니처럼 살고 싶었기 때문에

③ 남자가 소유할 만한 가치가 있는 사람이라 여겼기 때문에

④ 자신이 남자의 단점을 고쳐 줄 수 있으리라 확신했기 때문에

⑤ 자신을 가장 소중히 아끼겠다는 남자의 말에 설득되었기 때문에

03 〈보기〉를 바탕으로 이 글을 이해할 때 적절하지 <u>않은</u> 것은?

> **│ 보기 │**
>
> 이 작품은 소유욕에 사로잡힌 인물들을 통해 소유의 의미에 대한 일반적 통념을 비판하고 있으며 소유와 무소유의 역설적인 주제 의식을 드러내고 있다.

① 남자가 여러 가지 물건을 빌렸던 것은 인간의 소유욕을 보여 주는군.

② 남자와 여자는 자신의 몫을 좀 더 많이 챙기기 위해 갈등하고 있는 것이군.

③ 남자가 여자를 빌리겠다고 말하는 것은 여자를 소유하지 않겠다는 의미로군.

④ 남자가 '빌린 것'이라고 표현하는 것은 '무소유'의 경지와 유사하다고 볼 수 있겠군.

⑤ 여자가 빈털터리의 남자와 결혼하게 되는 것은 작품의 주제 의식과 관련이 있겠군.

선의를 믿는 것의 어려움 | 김금희

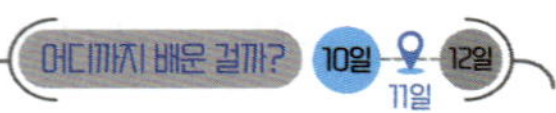

학습 포인트
- 경험과 성찰을 통한 깨달음
- 글에 드러나는 수필의 특징

처음 ①   몸이 축나서 한의원을 다녔다. 지인에게 소개받은 그 한의원은 여간해서는 약을 지어 주지 않는 곳이었다. 그 뒤로 누가 안부를 물으면 한의원을 다니고 있다고, 여간해서는 약을 짓지 않는 곳이라고 대답했는데 그 말에 대한 사람들 반응이 흥미로웠다. 그러면 상당수가 침이나 뜸을 전문으로 하는 곳이겠구나, 하며 넘겨짚었기 때문이다.

②   처방을 원해서 온 사람이라도 경우에 따라서는 그냥 돌려보내기도 하는 것. 그런 원칙은 한의원 운영에 현실적인 도움은 되지 않을 것이다. 하지만 찾아온 사람으로서는 불필요한 지출을 않을 수 있으니 그것을 어떤 선의라고도 할 수 있지 않을까. 하지만 사람들의 반응을 보니 요즘 그런 선의는 아주 드문 것이 되었구나, 하는 생각이 들었다. 쉽게 떠올릴 수 없고 상상하기도 힘드니 아마 믿기는 더 어려울 것이다.

> **처음**   글쓴이의 깨달음 ①－선의를 믿기 어려운 사회가 됨.

가운데1 ①   하기는 타인에게 선의가 있음을 선뜻 믿기에는 세상이 나쁜 게 사실이다. 갱년기 여성에게 좋다고 어머니에게 선물하라고 꾀더니 허가도 나지 않은 재료로 약을 만들어 팔지 않나, 당신이 돈을 잃게 될까 봐 그런다며 접근해서는 은행 직원, 경찰 등을 사칭해 돈을 털어 가지를 않나. 그렇게 **함량** 미달의 제품을 속여 팔거나 보이스 피싱을 하는 건 이제 흔하디흔한 일이 되어 버렸다. 그러다 보니 뻔한 속임수에 왜 넘어 가느냐고 오히려 피해자를 탓하는 상황까지 벌어진다.

물질이나 어떤 성분을 포함하고 있는 분량

②   이런 세상에서는 사회 구성원들이 암묵적으로 공유하고 있는 어떤 윤리나 합의보다는 음모론적 시각이 현실 판단의 기준이 된다. 네가 지금 보고 있는 것, 그 이면에 숨은 악의가 있고, 그런 악의를 **간파하지** 않으면 심각한 피해를 입는다는 상식이 통용되는 사회. 그렇다면 불신과 불의가 모든 행동의 우선순위가 될 것이다. 이런 상황에서 누군가의 선의를 믿는 일이란 좀 과장하면 일종의 모험이 아닐까. 믿음으로써 입게 될 손해를 감수한다는 의미이기도 하니까. 현실이 이러니 우리의 불신을 그저 탓할 수만도 없을 듯하다. 하지만 탓할 수 없다고 해서 옳거나 정당하다는 뜻은 아니다.

속내를 꿰뚫어 알아차리지

> **가운데 1**   타인에게 선의가 있음을 믿기 어려운 사회에서 불신과 불의에 대한 글쓴이의 생각

가운데2 ①   얼마 전 여섯 살 조카가 유치원 통학 버스에서 아주 기분 좋은 얼굴로 내렸다.
선생님과 같은 자리에 앉아 와서 그런가 싶어 물어보니 말간 얼굴로 그렇다고 대답했다.
"선생님이랑 뭘 하면서 왔는데?"
"얘기하면서 왔지."
"무슨 얘기 했는데?"
조카는 신이 나서 선생님이랑 나눈 이야기를 전해 주었다. 점심시간에 누구랑 싸우지 말고, 수업 시간에는 서 있지 말며, 무슨 시간에는 돌아다니지 말고, 통학 버스를 기다릴 때는 장난치지 말라는 지적과 당부였다. 결국 조카는 버스에서 오는 내내 혼이 난 것에 가까웠는데 뭐가 저렇게 얼굴이 환할 정도로 즐거울까.

> **가운데 2**   선생님께 지적과 당부를 들었지만 즐거워하는 조카의 모습

그러다 조카는 어쩌면 겉으로 드러난 말 대신 선생님의 선의를 들으며 왔겠구나 하는 생각을 했다. 조카가 그렇게 들을 수 있었던 데는 진심이 잘 전달되도록 표현한 선생님의 능력이 있었겠지만 아무리 그렇게 표현해도 듣지 않고 믿지 않으면 방법이 없지 않은가. 이렇게 타인의 선의를 듣고 신뢰할 수 있는 힘, 우리에게도 분명 있었을 그 힘을 우리는 언제부터 잃어버리고 만 걸까. 나는 "응응, 나 좋았겠지? 좋았겠지?" 하는 조카를 보고 있다가 그 손을 쥐어 보았다. 믿을 수 없게 조그맣고 보드랍고 연약했지만 그 아이가 쥐고 있는 세상은 어쩐지 내 것보다 크고 단단하게 느껴졌다.

> **끝** 글쓴이의 깨달음 ②−타인의 선의를 믿는 조카의 세상이 글쓴이의 세상보다 크고 단단함.

핵심 정리하기

➕ 작품 개관

갈래	경수필
성격	교훈적, 성찰적, 체험적
제재	선의를 믿지 못하는 세태
주제	선의를 믿는 힘의 소중함
특징	일상의 경험에서 주제를 이끌어 냄.

✦ 작품의 주제 의식

경험 1	경험 2
대부분의 사람들이 약을 잘 지어 주지 않는 한의원의 행동을 선의로 생각하지 않음.	선생님께 지적과 당부를 들은 조카가 선생님과 이야기를 한 것을 기뻐함.
깨달음	**깨달음**
타인의 선의를 믿기 어려운 사회가 되었음.	조카에게는 타인의 선의를 믿는 힘이 있음.

↓

선의를 믿기 어려운 세상이지만 타인의 선의를 신뢰하는 것은 가치 있고 소중한 일임.

✦ 이 글에 드러난 수필의 특성
- 글쓴이의 개성이 드러난다.
- 일상적인 경험에서 소재를 얻는다.
- 글쓴이의 생각을 자유롭게 표현한다.
- 경험에 대한 성찰을 통해 글쓴이가 얻은 깨달음을 드러낸다.

내신 올리기

정답과 해설 21쪽 •

01 이 글에 드러난 글쓴이의 생각으로 적절하지 <u>않은</u> 것은?
① 현실의 세태에서 타인을 불신하는 것은 정당한 일이다.
② 타인의 선의를 믿는 것이 어려워진 것은 세상이 나쁘기 때문이다.
③ 한의원이 지킨 원칙은 한의원 운영에 경제적 도움이 되지는 않을 것이다.
④ 타인의 선의를 믿지 못하는 세상에서는 불신이 행동의 우선순위일 수 있다.
⑤ 조카가 보인 반응은 타인의 선의를 신뢰하기 때문에 할 수 있는 행동이다.

02 글쓴이가 궁극적으로 독자에게 전달하려는 내용으로 가장 적절한 것은?
① 선의를 믿는 것이 사회 구성원들을 더 단단하게 결속하는 힘이다.
② 타인에 대한 선의를 믿지 못하는 것은 우리 사회를 위험하게 한다.
③ 선의를 믿게 하려면 상대방에게 자신의 의도를 명확히 전달해야 한다.
④ 선의를 믿게 하려면 가해자가 아닌 피해자의 입장에서 상황을 봐야 한다.
⑤ 불신의 세태를 바꾸려면 공동체 구성원이 서로에 대한 예의를 지켜야 한다.

★ 고난도

03 이 글을 통해 알 수 있는 수필의 특성을 말한 내용으로 적절하지 <u>않은</u> 것은?
① 글쓴이가 일상의 사례에서 선의의 의미를 발견하는 것에서 글쓴이의 개성이 드러나는 글임을 알 수 있어.
② '처음−가운데−끝'의 구성을 보이는 것에서 교훈을 전달하기 위해 정해진 형식이 필요한 글임을 알 수 있어.
③ 조카의 모습을 통해 지향해야 할 가치를 떠올리는 것에서 글쓴이의 깨달음이 나타나는 글임을 알 수 있어.
④ 조카와 대화한 일화를 바탕으로 서술한 것에서 글쓴이가 겪은 직접적인 경험이 나타나는 글임을 알 수 있어.
⑤ 선의를 믿기 어려운 사회에 대한 글쓴이의 인식을 서술한 것에서 글쓴이의 가치관이 드러나는 글임을 알 수 있어.

화단 | 이태준

학습 포인트
어디까지 배운 걸까? 10일 · 12일

- 대상에 대한 글쓴이의 태도
- 글의 표현 방법상 특징

처음 1   찰찰하신 노(老) 주인이 조석으로 물을 준다, 거름을 준다, 손아(孫兒)들을 데리고 일삼아 공을 들이건마는 이러
<u>지나치게 꼼꼼하고 자세하신</u>
한 간호만으로는 병들어 가는 화단을 어찌하지 못하였다.

  그 벌벌하고 탐스럽던 수국과 옥잠화의 넓은 잎사귀가 모두 누릇누릇하게 뜨기 시작하고 불에 데인 것처럼 부풀면서 말라 들었다.

  "빗물이나 수돗물이나 물은 마찬가지일 텐데……."

  물을 주고 날 때마다, 화단에서 어정거릴 때마다 노인은 자못 섭섭해하였다.
<u>키가 큰 사람이나 짐승이 이리저리 천천히 걸을</u>
2   비가 왔다. 소나기라도 한줄기 쏟아졌으면 하던 비가 사흘이나 순조로 내리어 화분마다 맑은 물이 가득가득 고
<u>일 따위가 아무 탈이나 말썽 없이 예정대로 잘되어 가는 상태</u>
이었다.

  노인은 비가 개인 화단 앞을 거닐며 몇 번이나 혼자 수군거리었다.

  "그저 하늘 물이라야…… 억조창생이 다 비를 맞아야……."
<u>수많은 백성. 여기서는 온 식물을 가리킴.</u>
  만지기만 하면 가을 가랑잎 소리가 날 것 같던 풀 잎사귀들이 기적과 같이 소생하였다. 노랗게 뜸이 들었던 수국잎들이 시꺼멓게 약이 오르고 나오기도 전에 옴츠러지던 꽃봉오리들이 부르튼 듯 탐스럽게 열리었다. 노인은 기특하게 여기어 잎사귀마다 들여다보며 어루만지었다.

> **처음**   노 주인의 화초들이 비를 맞아 소생함.

가운데 1   원래 서화를 좋아하는 어른으로 화초를 끔찍이 사랑하는 노인이라, 가만히 보면 그의 손이 가지 않은 나무가 없고 그의 공이 들지 않은 가지가 없다. 그중에도 석류나무 같은 것은 철사를 사다 층층이 테를 두르고 곁가지 샛가지를 자르기도 하고 휘어 붙이기도 하여 사 층 나무도 되고 오 층으로 된 나무도 있다. 장미는 홍예문같이 틀어 올
<u>문의 윗부분을 무지개 모양으로 반쯤 둥글게 만든 문</u>
린 것도 있고 복숭아나무는 무슨 비방으로 기른 것인지 키가 한 자도 못 되는 어린나무에 열매가 도닥도닥 맺히었다. 노인은 가끔 안손님들까지 사랑 마당으로 청하여 이것들을 구경시키었다. 구경하는 사람마다 희한해하였다.

2   그러나 다행히 이러한 화단이 우리 방 앞에 있음에도 불구하고 나는 한 번도 노주인의 재공(才功)을 치하하지 못한 것은 매우 서운한 일이라고 생각한다.

  그가 있는 재주를 다 내어 기르는 그 사 층 나무 오 층 나무의 석류보다도 나의 눈에는 오히려 한편 구석 응달 밑에서 주인의 일고지혜(一顧之惠)도 없이 되는 대로 성큼성큼 자라나는 봉선화 몇 떨기가 몇 배 더 아름답게 보
<u>잠시 행한 자신의 행동이 남에게는 이익이 됨. 여기서는 보살핌을 뜻함.</u>
이기 때문이다.

  무럭무럭 넘치는 기운에 마음대로 뻗고 나가려는 가지가 그만 가위에 잘리고 철사에 묶이어 채반처럼 뒤틀려 있는 것은 아무리 보아도 괴로운 꼴이다. 불구요, 기형이요, 재변이라 안 할 수 없다.

  노인은 푸른 채반에 붉은 꽃송이를 늘어놓은 것 같다고 하나 우리의 무딘 눈으로는 도저히 그런 날카로운 감상을 즐길 수 없을 뿐 아니라 도리어 불유쾌를 느낄 뿐이었다.
<u>마음이 언짢아 즐겁지 아니함.</u>
> **가운데**   '나'는 노인이 화초를 변형하는 모습을 보며 불유쾌를 느낌.

　자연은 신이다. 이름 없는 한 포기 작은 잡초에 이르기까지 신의 창조가 아닌 것이 없다. 신의 작품으로서 우리 인간이 손을 대지 않으면 안 될 만한 그러한 졸작, 그러한 미완품이 있을까? 이것은 생각만으로도 어리석은 일일 것이다.

　우리는 자연을 파괴하고 불구되게 할 수는 있다. 그러나 그것을 창조하거나 개작할 재주는 없을 것이다.

> **끝**　인간은 자연을 창조하거나 개작할 수 없음.

핵심 정리하기

◆ 작품 개관

갈래	경수필
성격	교훈적, 비판적
제재	노인의 화단
주제	자연 그대로의 아름다움 추구
특징	• 예스러운 어투와 의태어를 활용하여 개성적으로 표현함. • 대상 간의 대비를 통해 주제를 드러냄.

✦ '노인'을 바라보는 태도에 드러난 글쓴이의 가치관

노인에 대한 글쓴이의 태도	화초를 정성스럽게 가꾸지만 인위적으로 가공하는 노인의 태도에 불유쾌를 느낌.

↓

글쓴이의 가치관	자연을 있는 그대로, 그 자체의 가치로 인정해야 함.

✦ 이 글에 쓰인 표현 기법과 효과

표현 기법	효과
예스러운 어투를 사용함.	글쓴이의 개성이 드러남.
의태어를 활용함.	대상을 구체적으로 형상화함.
대상을 대비하여 제시함.	글쓴이의 태도와 가치관을 분명하게 드러냄.

내신 올리기

정답과 해설 22쪽 •

01 이 글의 '노인'에 대한 설명으로 적절하지 <u>않은</u> 것은?

① 빗물을 맞고 소생한 화초들을 보며 기특해한다.

② 손아들까지 동원하며 정성스럽게 화단을 관리한다.

③ 자신이 가꾼 화초를 사람들에게 자랑하는 것을 좋아한다.

④ 장미, 석류나무, 복숭아나무 등을 인위적으로 가꾸는 것을 즐긴다.

⑤ 화초가 죽은 원인을 안 이후 화초를 가꾸는 방식을 바꿔야 함을 깨닫는다.

02 이 글을 통해 글쓴이가 전달하고자 하는 핵심 내용으로 가장 적절한 것은?

① 자연을 가꾸는 일에는 인간의 정성이 필수적이다.

② 자연은 인간의 편의를 위해 바꿀 수 있는 대상이다.

③ 자연의 생장에 인위적인 노력이 도움이 되기도 한다.

④ 자연을 그 자체의 가치로 인정하는 것이 신의 섭리에 부합한다.

⑤ 인간과 자연은 상호 보완적인 관계를 맺고 함께 발전해 나가야 한다.

> 고난도

03 〈보기〉를 참고하여 이 글을 감상한 내용으로 적절하지 <u>않은</u> 것은?

| 보기 |

　수필에서는 글쓴이가 자신의 생각을 전달하기 위해 활용한 다양한 표현 기법을 찾을 수 있으며, 글쓴이의 개성이 드러나는 독특한 문체도 확인할 수 있다.

① 스스로 묻고 답하는 방식으로 깨달음을 드러내었다.

② 예스러운 말투를 활용해 개성적 문체를 드러내었다.

③ '벌벌', '도닥도닥' 같은 의태어를 활용해 대상을 구체적으로 드러내었다.

④ 부정적 낱말을 열거하여 대상의 행위에 대한 비판적 인식을 강조하여 드러내었다.

⑤ 인위적으로 가꾼 대상과 보살핌 없이 자란 대상을 대조하여 글쓴이의 가치관을 드러내었다.

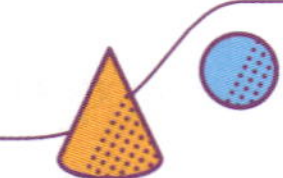

2016학년도 6월 모의평가

1회 **결혼** | 이강백

01~02 다음 글을 읽고 물음에 답하시오.

남자: 마침내 그 젊은 사기꾼의 소망은 이루어졌습니다. 정원이 있는 최고급 저택, 모자와 넥타이, 호사스러운 의복, 그리고 이 건장한 하인까지 빌렸던 것입니다. 단, 조건이 있었습니다. 이 저택은 사십오 분 동안만 그가 주인이며 다음엔 되돌려줘야 합니다. 넥타이는 이십팔 분, 모자는 십구 분 오십 초, 그 밖에 다른 물건에도 제각기 정해진 시간이 있었습니다. 그러나 젊은 사기꾼은 매우 만족했습니다. 그래서 즉시 여성 잡지를 뒤져 사교란에 주소를 낸 여자에게 전보를 쳤습니다. 여자로부터 즉각 답신이 왔습니다. 맞선을 볼 의향이 있다는 것입니다. 바로 그것은 이쪽이 바라는 바이기도 했습니다. (혼잣말처럼) 왜 아직 안 온담? (다시 책을 낭독한다.) 오겠다 약속한 시간이 벌써 지났습니다. (하인, 시계를 본 채 손가락 다섯 개를 펼친다.) 딱 오 분 지났습니다. 그는 초조해졌습니다. 책을 읽어 마음을 달래 보려 하였으나 초조해지기만 했습니다.

(㉠하인, 아무 말 없이 책을 빼앗아 버린다. 감정이 전혀 나타나지 않는 사무적인 동작이다. ㉡남자가 항의하려 하자 하인은 무뚝뚝하게 자기의 회중시계를 내밀어 보일 뿐이다. 그러고는 남자가 미처 수긍하기도 전에 돌아서더니 빼앗은 물건을 가지고 나간다. 잠시 후, 하인은 돌아와서 남자 곁에 서서 부동자세를 취한다.)

〈중략〉

[A]

여자: (악의적인 느낌이 없이) 당신은 사기꾼이에요.
남자: 그래요, 난 사기꾼입니다. 이 세상 것을 잠시 빌렸었죠. 그리고 시간이 되니까 하나둘씩 되돌려줘야 했습니다. 이제 난 본색이 드러나 이렇게 빈털터리입니다. 그러나 덤, 여기 있는 사람들에게 물어봐요. 누구 하나 자신 있게 이건 내 것이다, 말할 수 있는가를. 아무도 없을 겁니다. 없다니까요. 모두들 덤으로 빌렸지요. 언제까지나 영원한 것이 아닌, 잠시 빌려 가진 거예요. (누구든 관객석의 사람을 붙들고 그가 가지고 있는 물건을 가리키며) 이게 당신 겁니까? 정해진 시간이 얼마지요? 잘 아꼈다가 그 시간이 되면 돌려주십시오. 덤, 이젠 알겠어요?

(㉢여자, 얼굴을 외면한 채 걸어 나간다. 하인, 서서히 그 무서운 구둣발을 이끌고 남자에게 다가온다. 남자는 뒷걸음질을 친다. 그는 마지막으로 절규하듯이 여자에게 말한다.)

남자: 덤, 난 가진 것 하나 없습니다. 모두 빌렸던 겁니다. 그런데 덤, 당신은 어떻습니까? 당신이 가진 건 뭡니까? 무엇이 정말 당신 겁니까? (㉣넥타이를 빌렸었던 남성 관객에게) 내 말을 들어 보시오. 그럼 당신은 나를 이해할 거요. 내가 당신에게서 넥타이를 빌렸을 때, 그때 내가 당신 물건을 어떻게 다뤘소? 마구 험하게 했소? 어딜 망가뜨렸소? 아니요, 그렇진 않았습니다. 오히려 빌렸던 것이니까 소중하게 아꼈다간 되돌려 드렸지요. 덤, 당신은 내 말을 듣고 있어요? 여기 증인이 있습니다. 이 증인 앞에서 약속하지만, 내가 이 세상에서 덤 당신을 빌리는 동안에, 아끼고, 사랑하고, 그랬다가 언젠가 끝나는 그 시간이 되면 공손하게 되돌려 줄테요. 덤! 내 인생에서 당신은 나의 소중한 덤입니다. 덤! 덤! 덤!

(남자, 하인의 구둣발에 걷어차인다. ㉤여자, 더 이상 참을 수 없다는 듯 다급하게 되돌아와서 남자를 부축해 일으키고 포옹한다.)

– 이강백, 「결혼」

01

[A]를 참고하여 ㉠~㉤을 감상한 내용으로 적절하지 않은 것은?

① ㉠: 우리 삶의 모든 것이 빌린 것이며 정해진 시간이 되면 되돌려줘야 하는 것임을 보여 주는군.

② ㉡: 누구도 물건을 영원히 소유할 수 없음을 상기시키고 있군.

③ ㉢: 남자가 소유한 모든 것이 사실은 빌린 것이라는 말을 듣고도 그 말을 거짓이라 생각하여 받아들이려 하지 않는군.

④ ㉣: 자신이 빌린 것을 소중히 아끼듯이 여자도 아끼고 사랑하겠다는 마음을 여자에게 전하는 데에 관객을 증인으로 삼고 있군.

⑤ ㉤: 하인의 폭력적인 행동에 무기력하게 당하는 남자를 외면하지 않음으로써 빈털터리가 된 남자에 대한 연민을 드러내는군.

02 〈보기〉를 바탕으로 윗글을 이해한 내용으로 적절하지 <u>않은</u> 것은?

┤ 보기 ├

일반적으로 희곡은 무대화를 전제로 창작된다. 작가는 무대의 제약을 고려하여 관객의 눈앞에 드러나는 무대 공간을 중심으로 극중 사건을 전개하고 무대 위에서 보여 줄 수 없거나 보여 주지 않아도 되는 사건은 무대 밖의 공간에서 일어나는 것으로 처리한다. 인물의 등퇴장은 이 두 공간을 연결하여 무대 공간에서의 사건 전개에 영향을 미친다. 현대극에서는 무대 공간과 관객석의 경계를 허물고 관객석까지 무대 공간으로 설정하여 표현하는 경우도 있다.

① 남자가 여자에게 전보를 치는 행동은 현재의 무대 공간에서 인물의 대사를 통해서 제시된다.

② 하인의 등퇴장은 남자가 빌린 물건들이 하나둘씩 없어지는 사실과 결부되어 남자의 초조함을 고조시킨다.

③ 무대 공간을 벗어난 하인이 잠시 후 되돌아오는 것은 무대에서 보여 주지 않는 공간이 있음을 알려 준다.

④ 남자는 관객들을 극중 사건 진행으로 끌어 들임으로써 관객석과 무대 공간의 경계를 허문다.

⑤ 남자와 하인만 있던 무대 공간에 여자가 등장함으로써 사건의 전개에 영향을 미쳐 남자와 하인 사이에 조성된 갈등이 해소된다.

2009학년도 9월 모의평가

2회 **파수꾼** | 이강백

03~05 **다음 글을 읽고 물음에 답하시오.**

파수꾼 가: 이리 떼다, 이리 떼! 이리 떼가 몰려온다!

'파수꾼 나'는 확신 있게 양철북을 두드린다. '파수꾼 다'는 여느 때와는 달리 침착하게 일어선다. 그리고 담요를 벗어 네모반듯하게 갠 다음 식탁 위에 놓는다. 그는 북을 두드리는 '파수꾼 나'를 바라보면서 몹시 안타까운 표정이 된다.

파수꾼 가: 북소리 중지! 이리 떼는 물러갔다.

[A]

파수꾼 다: 정말 이리가 있다구 믿으세요?

파수꾼 나: 보렴, 방금도 이리 떼가 오질 않았니? 그렇지 않다면 내가 왜 양철북을 치며 평생을 보냈겠느냐? 서운하다. 아무리 아픈 애라지만 너무 심한 말을 하는구나.

파수꾼 다: 죄송해요. 하지만 어쩜 그 많은 나날을 단 한 번도 의심 없이 보내셨어요?

파수꾼 나: 넌 그렇게도 무섭니, 이리가?

파수꾼 다: 오히려 이리가 있다구 믿었던 때가 좋았던 것 같아요. 그땐 숨기라도 했으니까요. 땅에 엎드리면 아늑하게 느껴졌어요. 지금은요, 이리가 없으니 땅에 엎드려야 아무 소용 없구요, 양철북도 쓸모가 없게 됐어요. 오직 이제는 제가 본 그 사실만을 말하고 싶어요.

해설자, 촌장이 되어 등장. 검은 옷차림. 이해심이 많아 보이는 얼굴과 정중한 태도. 낮고 부드러운 음성으로 말한다.

〈중략〉

촌장: 오다 보니까 저쪽 덫에 이리가 치어 있습디다.

파수꾼 나: 이리요? 어느 쪽이죠?

촌장: 저쪽요, 저쪽. 찔레 덩굴 밑이던가요…….

파수꾼 나: 드디어 잡는군요!

'파수꾼 나' 퇴장. 촌장은 편지를 꺼내 '파수꾼 다'에게 보인다.

촌장: 이것, 네가 보낸 거니?

파수꾼 다: 네, 촌장님.

촌장: 나를 이곳에 오도록 해서 고맙다. 한 가지 유감스러운 건, 이 편지를 가져온 운반인이 도중에서 읽어 본 모양이더라. '이리 떼는 없구, 흰 구름뿐.' 그 수다쟁이가 사람들에게 떠벌리고 있단다. 조금 후엔 모두들 이곳으로 몰려올 거야. 물론 네 탓은 아니다. 넌 나 혼자만을 와 달라구 하지 않았니? 몰려오는 사람들은, 말하자면 불청객이지. 더구나 어떤 사람은 도끼까지 들고 온다더라.

파수꾼 다: 도끼는 왜 들고 와요?

촌장: 망루를 부순다고 그런단다. '이리 떼는 없구, 흰 구름뿐.' 이것이 구호처럼 외쳐지고 있어. 그 성난 사람들만 오지 않는다면 난 너하고 딸기라도 따러 가고 싶다. 난 어디에 딸기가 많은지 알고 있거든. 이리 떼를 주의하라는 |팻말| 밑엔 으레히 잘 익은 |딸기|가 가득하단다.

파수꾼 다: 촌장님은 이리가 무섭지 않으세요?

촌장: 없는 걸 왜 무서워하겠니?

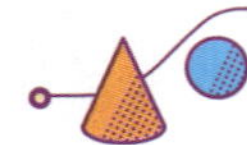

파수꾼 다: 촌장님도 아시는군요?

촌장: 난 알고 있지.

파수꾼 다: 아셨으면서 왜 숨기셨죠? 모든 사람들에게, 저 넓을 보러 간 파수꾼에게, 왜 말하지 않는 거예요?

촌장: 말해 주지 않는 것이 더 좋기 때문이다.

파수꾼 다: 거짓말 마세요, 촌장님! 일생을 이 쓸쓸한 곳에서 보내는 것이 더 좋아요? 사람들도 그렇죠! '이리 떼가 몰려온다.' 이 헛된 두려움에 시달리는데 그게 더 좋아요?

촌장: 애야, 이리 떼는 처음부터 없었다. 없는 걸 좀 두려워한다는 것이 뭐가 그렇게 나쁘다는 거냐? 지금까지 단 한 사람도 이리에게 물리지 않았단다. 마을은 늘 안전했어. 그리고 사람들은 이리 떼에 대항하기 위해서 단결했다. 그들은 질서를 만든 거야. 질서, 그게 뭔지 넌 알기나 하니? 모를 거야, 너는. 그건 마을을 지켜 주는 거란다.

– 이강백, 「파수꾼」

03 윗글에 대한 설명으로 가장 적절한 것은?

① 극중 시간의 흐름이 전환되고 있다.

② 공간적 배경은 황야에 위치한 마을이다.

③ 무대 밖의 사건이 무대 내의 사건에 영향을 준다.

④ 등장인물들은 서로에게 협력하는 태도를 드러낸다.

⑤ 중심 갈등은 '파수꾼 나'와 '파수꾼 다' 사이에 나타난다.

04 〈보기〉를 참조하여 [A]를 서사극으로 공연하기 위한 의견으로 적절한 것은?

> **⎯ 보기 ⎯**
>
> 정통 연극은 무대의 모든 사건과 인물이 현실 그대로라는 것을 강조한다. 무대 위의 햄릿은 진짜 햄릿이지 특정한 배우가 아니며 무대 위의 상황도 현실의 상황인 것처럼 보여야 한다. 하지만 서사극은 현실과 극중 상황을 분리하여 관객을 관찰자로 만든다. 관객에게 무대에서 이루어지는 모든 것은 '연극'일 뿐이다. 그리고 그 비판적 거리를 유지하기 위해 서사극에서는 '낯설게 하기'의 기법을 활용하여, 일부러 무대 장치를 노출하기도 하고 배우가 관객에게 극중 상황을 설명하기도 한다.

① 무대의 배경 그림이나 망루를 실감 나게 제작한다.

② 배우들의 표정에서 내면이 잘 드러나도록 조명을 활용한다.

③ '촌장'이 해설자의 역할도 맡고 있다는 점을 관객이 알게 한다.

④ 파수꾼들에게 각각 고유한 이름을 부여하여 개성을 드러낸다.

⑤ '파수꾼 다'는 역할에 어울리는 연기로 관객의 연민을 이끌어낸다.

05 윗글의 '팻말'과 '딸기'에 대한 해석으로 가장 적절한 것은?

① '딸기'는 본연의 직무에 충실한 파수꾼에게 촌장이 제공하는 보상을 뜻한다.

② '팻말'은 촌장이 지난날을 돌아보며 자신의 가치관을 바꾸도록 하는 기능을 한다.

③ '팻말'은 명분 뒤에 숨겨진 '딸기'라는 실리를 촌장이 차지하게 하는 수단이 된다.

④ '팻말'은 이리 떼라는 위협으로부터 '딸기'라는 공동체적 가치를 보호하는 기능을 한다.

⑤ '딸기'는 '팻말'이라는 금기와 이리 떼라는 위협 아래에서도 사라지지 않는 희망을 나타낸다.

2005학년도 9월 모의평가

3회 화단 | 이태준

06~08 다음 글을 읽고 물음에 답하시오.

찰찰하신 노(老)주인이 조석으로 물을 준다, 거름을 준다, 손아(孫兒)들을 데리고 일삼아 공을 들이건마는 이러한 간호만으로는 병들어 가는 화단을 어찌하지 못하였다.

그 벌벌하고 탐스럽던 수국과 옥잠화의 넓은 잎사귀가 모두 누릇누릇하게 뜨기 시작하고 불에 데인 것처럼 부풀면서 말라들었다.

"빗물이나 수돗물이나 물은 마찬가질 텐데……"

물을 주고 날 때마다, 화단에서 어정거릴 때마다 노인은 자못 섭섭해 하였다.

비가 왔다. 소나기라도 한줄기 쏟아졌으면 하던 비가 사흘이나 순조로 내리어 화분마다 맑은 물이 가득가득 고이었다.

노인은 비가 개인 화단 앞을 거닐며 몇 번이나 혼자 수군거리었다.

"그저 하눌 물이라야…… 억조창생(億兆蒼生)이 다 비를 맞아야……"

만지기만 하면 가을 가랑잎 소리가 날 것 같던 풀잎사귀들이 기적과 같이 소생하였다. 노랗게 뜸이 들었던 수국잎들이 시꺼멓게 약이 오르고 나오기도 전에 옴츠러지던 꽃봉오리들이 부르튼 듯 탐스럽게 열리었다. 노인은 기특하게 여기어 잎사귀마다 들여다보며 어루만지었다.

원래 서화를 좋아하는 어른으로 화초를 끔찍이 사랑하는 노인이라, 가만히 보면 그의 손이 가지 않은 나무가 없고 그의 공이 들지 않은 가지가 없다. 그중에도 석류나무 같은 것은 철사를 사다 층층이 테를 두르고 곁가지 샛가지를 자르기도 하고 휘어 붙이기도 하여 사 층 나무도 되고 오 층으로 된 나무도 있다. 장미는 홍예문같이 틀어 올린 것도 있고 복숭아나무는 무슨 비방으로 기른 것인지 키가 한 자도 못 되는 어린 나무에 열매가 도닥도닥 맺히었다. 노인은 가끔 안손님들까지 사랑 마당으로 청하여 이것들을 구경시켰다. 구경하는 사람마다 희한해 하였다.

그러나 다행히 이러한 화단이 우리 방 앞에 있음에도 불구하고 나는 한 번도 노주인의 재공(才功)을 치하하지 못한 것은 매우 서운한 일이라고 생각한다.

그가 있는 재주를 다 내어 기르는 그 사 층 나무 오 층 나무의 석류보다도 나의 눈엔 오히려 한편 구석 응달 밑에서 주인의 일고지혜(一顧之惠)도 없이 되는 대로 성큼성큼 자라나는 봉선화 몇 떨기가 더 몇 배 아름답게 보이기 때문이다.

무럭무럭 넘치는 기운에 마음대로 뻗고 나가려는 가지가 그만 가위에 잘리우고 철사에 묶이어 채반처럼 뒤틀려 있는 것은 아무리 보아도 괴로운 꼴이다. 불구요 기형이요 재변이라 안 할 수 없다.

노인은 푸른 채반에 붉은 꽃송이를 늘어놓은 것 같다고 하나 우리의 무딘 눈으로는 도저히 그런 날카로운 감상을 즐길 수 없을 뿐 아니라 도리어 불유쾌를 느낄 뿐이었다.

자연은 신이다. 이름 없는 한 포기 작은 잡초에 이르기까지 신의 창조가 아닌 것이 없다. 신의 작품으로서 우리 인간이 손을 대지 않으면 안 될 만한 그러한 졸작, 그러한 미완품이 있을까? 이것은 생각만으로도 어리석은 일일 것이다.

우리는 자연을 파괴하고 불구되게 할 수는 있다. 그러나 그것을 창조하거나 개작할 재주는 없을 것이다.

– 이태준, 화단(花壇)

06 윗글에 대한 설명으로 적절하지 <u>않은</u> 것은?

① 의태어를 활용하여 표현 효과를 높이고 있다.
② 생활 주변의 소재를 바탕으로 글을 전개하고 있다.
③ 예스러운 어투가 사용되어 글쓴이의 개성이 드러나고 있다.
④ 글쓴이의 체험을 상징화하여 독자의 상상력을 자극하고 있다.
⑤ 화초를 가꾸는 노인에 대한 글쓴이의 분명한 생각이 드러나 있다.

07 글의 내용으로 보아 □의 뜻풀이로 적절한 것은?

① 일삼아   —   뜻하던 일은 못 하고
② 어정거릴   —   주의 깊게 살필
③ 순조로   —   세차게
④ 약이 오르고   —   은근히 화가 나고
⑤ 안손님   —   여자 손님

08 글쓴이가 궁극적으로 말하고자 하는 것은?

① 지나침은 부족함만 못하다.
② 자연은 그것 자체로 최선이다.
③ 자신을 망치는 것은 욕심이다.
④ 인생은 아는 것을 실천하는 과정이다.
⑤ 자연에서 배우는 것이 참된 지혜이다.

IV
읽기

읽기의 원리
읽기
읽기 목적에 따른 읽기 방법의 점검과 조정
논증하는 글 읽기
진로나 관심사와 관련된 글 읽기
사실적 읽기
추론적 읽기
비판적·창의적 읽기

01 읽기의 원리

1 사실적 읽기

• 사실적 읽기의 개념

글에 드러난 내용을 있는 그대로 이해하며 읽는 것을 말한다. 사실적 읽기는 글의 세부 정보를 확인하고, 핵심 단어 및 어구를 찾거나 중심 내용을 요약하는 등 글의 내용을 정확하게 파악하며 읽는 방법이다.

• 사실적 읽기의 방법

글의 세부 정보 확인하기	• 글에 제시된 단어, 문장, 문단의 의미를 확인하여 글쓴이가 전달하고자 하는 정보 파악하기	
	단어	단어의 사전적·문맥적 의미 파악, 비유적 표현의 뜻 파악
	문장	하나의 문장에서 핵심어 파악, 길고 복잡한 문장에서 주요 정보 선정하기, 인접 문장 간의 의미 관계 파악, 문장과 문장을 연결하는 장치 파악
	문단	문단의 중심 내용 파악, 문단의 중심 문장과 뒷받침 문장의 관계 파악, 문단에서 중심 문장의 위치 파악, 문단 간의 의미 관계 파악, 문단에서 각 문장의 중요도 파악
	• 개념이나 이론에 대한 세부 정보 파악하기	
정보 간의 관계 파악하기	• 글에 제시된 정보를 파악하고, 정보들 사이의 관계 파악하기 • 문단 간의 관계, 중심 문장과 뒷받침 문장의 관계, 어휘 간의 의미 관계 파악하기	
핵심 내용 파악하기	• 글의 주제나 중심 소재와 같은 화제 파악하기 • 각 문단의 소주제를 바탕으로 글쓴이의 의도 파악하기	
글의 구조 및 전개 방식 파악하기	• 글쓴이가 글을 쓴 목적을 효과적으로 달성하기 위해 사용한 글의 구조와 내용 전개 방식 파악하기 • 각 문단의 중심 내용을 파악하고 이들 간의 관계를 정리하여 구조화하기	
글의 내용 요약하기	• 중심 내용을 선택하거나 중요하지 않은 부분을 삭제하기 • 중심 내용을 자신의 말로 재구성하기	

2 추론적 읽기

• 추론적 읽기의 개념

글에 드러난 내용 이외의 정보를 추측하며 읽는 것을 말한다. 추론적 읽기는 사실적 읽기를 바탕으로 글에 직접 드러나지 않은 정보 또는 글쓴이가 생략하거나 함축한 내용을 유추하면서 글의 의미를 깊이 있게 이해하며 읽는 방법이다.

• 추론적 읽기의 과정

글에 제시된 정보를 이해함.	→	내용의 논리적인 인과 관계를 따져 봄.	→	글의 내용과 독자의 배경지식을 바탕으로 글에서 생략된 정보를 추리함.

✦ 개념 확인하기

[1~2] 다음 빈칸에 들어갈 알맞은 말을 쓰시오.

1 (　　　　　　　)는 글에 드러난 내용을 있는 그대로 이해하며 읽는 방법이다.

2 글의 내용을 요약할 때는 중심 내용을 자신의 말로 (　　　　)해야 한다.

3 다음 중 사실적 읽기의 방법이 <u>아닌</u> 것은?

① 핵심 내용 파악하기
② 글의 세부 정보 확인하기
③ 정보 간의 관계 파악하기
④ 글에서 함축된 내용 유추하기
⑤ 글의 구조 및 전개 방식 파악하기

[4~5] 다음 설명이 맞으면 ○표, 틀리면 ×표를 하시오.

4 읽기 과정에서 사실적 읽기와 추론적 읽기는 함께 이루어질 수 없다.
（ ○ , × ）

5 추론적 읽기를 할 때는 글의 내용과 독자의 배경지식을 바탕으로 글에서 생략된 정보를 추리할 수 있다.
（ ○ , × ）

• 추론적 읽기의 방법

글의 내용 추론하기		• 글에 제시된 정보를 바탕으로, 제시되지 않은 정보 추론하기 • 글에 제시된 내용, 문단 간의 관계, 글의 구조 등을 바탕으로 이어질 내용이나 생략된 내용 추론하기
전제 및 근거 추론하기		• 글의 내용을 읽고 그 내용의 바탕이 되는 전제 추론하기 • 글에 제시된 내용을 바탕으로 제시되지 않은 근거 추론하기
글쓴이의 의도 및 관점 추론하기		• 글 전체의 내용과 맥락, 배경지식 등을 바탕으로 글쓴이의 의도나 목적, 대상에 대한 관점 및 태도 추론하기 • 글의 내용을 여러 가지 관점에서 분석하고 종합하기
	분석	글에 나타난 여러 가지 생각을 세부적으로 나누어 살피는 것, 글쓴이의 의도, 글의 목적과 주제, 전개 방식, 세부 내용, 문체, 시대적·역사적·사회적·문화적 배경 등을 분석하는 것
	종합	자신의 독서 목적에 맞게 글의 내용을 여러 가지로 재구성하는 것, 글을 읽고 자신의 생각이나 아이디어를 남에게 전달하기 위해 말로 발표하거나 글로 쓰는 것, 글을 읽고 새로운 계획을 세우거나 가설, 이론, 법칙 등을 만들어 내는 것
구체적 사례에 적용하기		• 글에 제시된 원리나 추상적인 개념을 구체적인 사례 혹은 시각 자료 등에 적용하기 • 글에 제시된 사례와 다른 범주에 속하는 사례에 지문의 내용을 적용하기

3 비판적·창의적 읽기

• 비판적·창의적 읽기의 개념

비판적 읽기는 글의 내용, 형식, 표현, 글쓴이의 생각이나 가치관 등을 판단하고 평가하며 읽는 방법을 말한다. 창의적 읽기는 글에 제시된 정보를 이해하고 글쓴이의 생각과 자신의 생각을 종합하여 새로운 의미를 만들어 냄으로써 사고를 확장하며 읽는 방법을 말한다.

• 비판적·창의적 읽기의 방법

타당성, 공정성, 정확성 평가하기	• 글의 내용이 타당한지, 글쓴이의 의견이 어느 한쪽에 치우치지 않고 공정한지 등을 판단하기 • 제시된 자료의 출처가 분명하고 신뢰할 만한지 등을 판단하기
구성 및 표현 평가하기	• 글의 전개 방식과 구조적 특징이 내용을 전달하는 데 효과적인지 판단하기 • 어휘 사용이나 문장의 길이 등이 적절한지 판단하기
다른 자료와 비교하기	• 중심 소재나 주제가 유사한 다른 자료와 비교해 보며 글에 나타난 관점이나 구성 등을 비판적으로 검토하기
글쓴이의 생각이나 주장 비판 및 보완하기	• 글쓴이의 관점과 다른 자신의 생각을 정리하여 반박할 근거 찾기 • 글쓴이의 생각이나 주장의 미흡한 부분을 보완하거나 대체할 수 있는 대안을 탐색하기
자신의 생각 재구성하기	• 글의 화제, 주제, 관점 등을 새로운 측면에서 접근해 보고, 자신의 창의적인 생각을 글에 적용하여 논리적으로 재구성하기

[6~7] 다음 설명이 맞으면 ○표, 틀리면 ×표를 하시오.

6 추론적 읽기를 할 때 하나의 관점만을 갖고 글을 분석해야 글쓴이의 의도를 파악할 수 있다.

(○ , ×)

7 글에 제시된 원리나 추상적 개념을 구체적인 사례 등에 적용하는 것은 추론적 읽기에 해당한다.

(○ , ×)

[8~9] 다음 문장에 들어갈 알맞은 말을 고르시오.

8 글의 형식, 글쓴이의 생각과 가치관 등을 판단하고 평가하며 읽는 것을 (비판적 / 창의적) 읽기라고 한다.

9 창의적 읽기는 글쓴이의 생각과 자신의 생각을 종합하여 새로운 의미를 만들어 냄으로써 사고를 (축소 / 확장)하는 읽기 방법이다.

10 비판적·창의적 읽기의 방법으로 적절한 것을 〈보기〉에서 모두 골라 기호를 쓰시오.

보기
ㄱ. 글에 제시된 내용을 바탕으로, 제시되지 않은 근거 추론하기 ㄴ. 글쓴이의 생각에서 미흡한 부분을 보완할 수 있는 대안 탐색하기 ㄷ. 독자 자신만의 창의적인 생각을 글에 적용하여 논리적으로 재구성하기

( )

02 읽기 목적에 따른 읽기 방법의 점검과 조정

1 읽기 목적에 따른 읽기 방법의 선택

글을 읽는 목적은 매우 다양하고 독자가 어떤 목적으로 글을 읽느냐에 따라 읽기의 방법 또한 다양해진다. 따라서 독자는 효과적인 읽기를 위해 읽기 목적이나 글의 특성에 따라 적절한 읽기 방법을 선택해야 한다.

2 읽기 과정의 점검과 조정

읽기 과정에서도 자신의 읽기 방법을 끊임없이 점검하고 조정하며 글을 읽어야 한다. 독자는 이와 같은 점검과 조정의 과정을 거치며 글을 읽음으로써 자신의 읽기 목적을 효율적으로 달성할 수 있을 뿐만 아니라, 글을 좀 더 깊게 이해할 수 있다.

읽기 과정의 점검·조정	• 자신의 읽기 목적을 효율적으로 달성할 수 있음. • 글을 좀 더 깊이 이해할 수 있음.

3 다양한 읽기 방법

발성 여부에 따라	음독	소리 내어 읽기
	묵독	소리 내지 않고 읽기
읽는 속도에 따라	속독	빨리 읽기
	정독	뜻을 새겨 가며 자세히 읽기
읽는 범위에 따라	통독	처음부터 끝까지 훑어 읽기
	발췌독	필요한 부분을 골라 읽기

4 읽기 과정에 따른 읽기 방법

읽기 전	읽는 중	읽은 후
• 읽기 목적을 확인하기 • 배경지식 활성화하기 • 제목, 차례, 사진 등을 통해 전개될 내용 예측하기	• 예측한 내용 확인하며 읽기 • 주요 내용이나 궁금한 점 기록하며 읽기 • 글의 내용과 관련한 질문을 만들고 글에서 답을 찾으며 읽기	• 글의 전체 내용을 요약하고 중심 내용 파악하기 • 새롭게 알게 된 내용이나 깨달은 점 정리하기 • 더 읽고 싶은 책을 찾아 새로운 독서 계획 세우기

[11~12] 다음 빈칸에 들어갈 알맞은 말을 쓰시오.

11 독자는 효과적인 읽기를 위해 읽기 목적이나 글의 특성에 따라 적절한 (　　　　)을/를 선택해야 한다.

12 독자는 읽기 과정에서도 자신의 읽기 방법을 끊임없이 (　　　　) 하고 (　　　　)하며 글을 읽어야 한다.

[13~14] 다음 설명이 맞으면 ○표, 틀리면 ×표를 하시오.

13 소리 내지 않고 글을 읽는 방법을 묵독이라 한다. （ ○ , × ）

14 글의 처음부터 끝까지 훑어 읽는 방법을 정독이라 한다. （ ○ , × ）

15 다음 읽기 과정과 알맞은 읽기 방법을 선으로 이으시오.

(1) 읽기 전 •　　• ㉠ 배경지식 활성화하기

(2) 읽는 중 •　　• ㉡ 궁금한 점 기록하며 읽기

(3) 읽은 후 •　　• ㉢ 새롭게 알게 된 내용 정리하기

03 논증하는 글 읽기

1 논증

• **논증의 개념**

주장이 정당함을 입증하기 위해 이유와 근거를 제시하는 방법, 또는 주장과 이를 뒷받침하는 이유와 근거 간의 관계를 의미한다.

• **논증 요소**

주장	글쓴이가 내세우는 의견
이유	근거를 바탕으로 주장을 가능하게 하는 주관적 요인
근거	이유를 뒷받침하는 객관적 자료
예상 반론과 이에 대한 반박	독자가 제기할 것으로 예상되는 반대 의견과 이에 대한 글쓴이의 반박

• **논증 방법**

연역	일반적인 원리나 법칙으로부터 개별적이고 구체적인 주장을 이끌어 내는 방법
귀납	개별적이고 구체적인 사실에서 일반적이고 보편적인 주장을 이끌어 내는 방법

2 논증하는 글을 읽는 방법

논증하는 글을 읽을 때는 글에 쓰인 논증 요소가 타당한지, 글쓴이의 주장이 정당한지, 글에 쓰인 논증 방법이 설득에 효과적인지 평가하고 판단해야 한다. 이러한 평가를 바탕으로 독자는 자신의 관점을 세워 글쓴이의 논증을 비판적으로 재구성하며 읽을 수 있다.

04 진로나 관심사와 관련된 글 읽기

1 진로나 관심사와 관련된 글 읽기의 기능

• 미래를 준비하는 데 필요한 여러 정보를 얻을 수 있다.
• 흥미와 적성, 관심사 등을 확장하거나 발전시킬 수 있다.
• 진로와 연관된 학업과 교내 활동을 하는 데 도움을 얻을 수 있다.

2 진로나 관심사와 관련된 글을 읽는 과정

자신의 진로 및 관심 분야를 탐색하는 데 도움이 될 만한 책을 찾기 → 찾은 책 중에서 자신의 관심과 흥미, 수준 등을 고려하여 읽을 책 선정하기 → 자신의 진로 및 관심 분야를 탐구하는 데 도움이 될 내용을 찾으며 읽기 → 진로 및 관심 분야가 비슷한 친구들과 각자 읽은 책의 내용 공유하기

---

16 다음 중 논증의 요소가 <u>아닌</u> 것은?

① 주장　　　　② 이유
③ 근거　　　　④ 주제
⑤ 예상 반론과 반박

[17~18] 다음 문장에 들어갈 알맞은 말을 고르시오.

17 논증의 방법 중 개별적이고 구체적인 사실에서 일반적이고 보편적인 주장을 이끌어 내는 방법은 (연역 / 귀납)이다.

18 논증하는 글을 읽을 때는 글에 쓰인 논증 요소의 (독창성 / 타당성)을 평가해야 한다.

[19~20] 다음 설명이 맞으면 ○표, 틀리면 ✕표를 하시오.

19 진로나 관심 분야와 관련한 다양한 글을 읽으면 미래를 준비하는 데 필요한 여러 정보를 얻을 수 있다. 　　　　　(○ , ✕)

20 진로나 관심 분야를 탐색하기 위해 읽을 책을 선정할 때는 자신의 관심과 흥미, 수준 등을 고려해야 한다. 　　　(○ , ✕)

투표를 안 해도 될까 ① | 손혜정

학습 포인트

어디까지 배운 걸까? 13쪽 — 17쪽

• 투표에 대한 글쓴이의 관점
• 이 글에 쓰인 논증 방법

서론 1 "투표하지 않을 권리를 인정하라. 기권도 하나의 의사 표현이다." 투표를 의무화하고 있는 브라질에서 '투표하지 않을 권리'를 인정해야 한다는 목소리가 터져 나왔다. 브라질 시민 중 투표하지 않을 권리를 주장하는 사람들은 자신의 의견을 대변해 줄 후보가 없을뿐더러 투표를 해도 바뀌는 것이 없기 때문에 투표를 하고 싶지 않다고 이야기한다. 이러한 분위기를 반영하듯 브라질 시민 2,844명을 대상으로 이루어진 설문 조사에서 "의무 투표제가 폐지되면 투표에 참여하겠느냐?"라는 질문에 57퍼센트는 투표하지 않을 것이라고 답했다. 만약 의무 투표제가 폐지된다면 투표율이 절반 가까이 하락할 수 있는 심각한 상황인 것이다.

> **서론** 브라질에서 제기된 투표하지 않을 권리에 대한 주장

본론1 **투표하지 않을 권리가 있을까**

1 "이것은 기권 표입니다. 나는 선거 행위에 관심이 있으며, 출마한 후보들이 프랑스 대통령으로서 기대에 부응하지 않는다는 사실을 알리고자 합니다. 나는 기권 표를 유효 표로 분류할 것을 요구합니다."

이 내용은 프랑스 기권당의 홍보 문구이다. 기권당에서는 선거 행위에 관심은 있지만, 출마한 후보들이 프랑스 대통령으로서 기대에 부응하지 않는다는 의견을 기권 표로 표현하자고 이야기한다. 즉 기권은 적극적인 정치적 표현 행위이자 권리라는 것이다. 이에 대해 어떻게 생각하는가? 과연 투표하지 않을 권리가 있을까?

2 우리나라를 포함해 많은 나라가 투표에서 기권하는 것을 인정하고 있다. 하지만 여기서 유의할 점은 '투표에서 기권을 인정하는 것'은 '투표하지 않을 권리'와는 다르다는 것이다. 즉, 투표에 기권하는 것은 개인의 선택으로 볼 수는 있지만, 이는 법이나 제도로 명시할 수 있는 당연한 권리 행사는 아니다. 권리를 누리려면 전제 조건이 따르기 때문이다. 바로 민주주의 체제의 존속을 해치지 않아야 한다는 것이다. 투표하지 않을 권리를 인정하여 모든 사람이 기권 표를 던지거나 투표에 참여하지 않는다면 민주주의 체제를 유지할 수 없다. 2022년 12월, 아프리카의 튀니지에서 치러진 총선의 투표 참여율은 11.2퍼센트에 그쳤다. 이로 인해 튀니지가 채택한 민주주의 체제가 위태로워졌고 민주주의의 정당성도 훼손되었다. 선거에서는 투표로 정부와 정치인들에게 국민을 대표하는 자격을 부여한다. 많은 사람들이 투표에서 기권한다면, 정부와 정치인들이 국민들을 대표한다고 보기 어렵다. 그런 정부와 정치인들이 국민의 의견을 사회 전반에 반영하기 힘든 것은 당연하다. 따라서 사회 구성원으로서 책임을 다하기 위해서도 투표하지 않을 권리는 없다.

3 하지만 여전히 석연치 않은 부분이 있다. '지지하는 후보나 정당이 없다면 투표를 안 해도 되지 않는가?' 하는 의문이 든다는 것이다. 언뜻 들으면 맞는 말처럼 들린다. 마땅한 후보가 없다고 생각하는 사람에게는 투표를 하는 것이 무의미하게 느껴질 수도 있다. 하지만 기권은 암묵적 동의와 같다는 것을 알아야 한다. 우리는 민주주의 사회에서 살아가고 있기 때문에 다수의 의견이 반영된 투표 결과를 따라야 한다. 누구도 지지하지 않는다며 기권을 하면 결국 지지하지 않았던 사람의 통치를 받는 역설적인 상황을 맞게 되는 것이다.

> **본론1** 투표를 하지 않을 경우 발생하는 문제

핵심 정리하기

◆ 제재 개관

갈래	논설문
성격	논리적, 설득적, 비판적, 예시적
제재	투표하지 않을 권리
주제	투표하지 않을 권리가 사회에 미칠 영향과 투표 참여의 중요성
특징	• 투표 참여율과 관련된 다른 나라의 사례, 투표율에 대한 연구 결과 등을 근거로 들어 주장의 신뢰성을 높임. • 예상 반론을 제시하고 그에 대해 반박하면서 논지를 강화함.

✦ 이 글의 논증 요소 ①

주장	투표하지 않을 권리는 없다.
이유	투표하지 않을 권리를 인정하여 모든 사람이 기권 표를 던지거나 투표에 참여하지 않는다면 민주주의 체제를 유지할 수 없음.
근거	2022년 12월, 튀니지 총선 투표율이 11.2퍼센트에 그치면서 튀니지가 채택한 민주주의 체제가 위태로워졌음.

✦ '본론 1'에 제시된 예상 반론과 이에 대한 글쓴이의 반박

예상 반론	지지하는 후보나 정당이 없다면 투표를 하지 않아도 된다.
예상 반론에 대한 반박	• 기권은 암묵적 동의와 같으며, 다수의 의견이 반영된 투표 결과를 따라야 함. • 기권을 하면 결국 지지하지 않았던 사람의 통치를 받는 역설적인 상황을 맞게 됨.

내신 올리기

01 이와 같은 글을 읽을 때의 태도로 적절하지 않은 것은?

① 글쓴이의 주장이 정당한지 판단하며 읽는다.

② 흥미가 가는 부분 위주로 주요 내용을 간추리며 읽는다.

③ 논증이 일관된 흐름으로 전개되고 있는지 살펴보며 읽는다.

④ 글에 쓰인 논증 방법이 설득에 효과적인지 평가하며 읽는다.

⑤ 글쓴이가 제시한 이유와 근거가 논리적이며 타당한지 평가하며 읽는다.

02 이 글의 글쓰기 전략으로 가장 적절한 것은?

① 대비되는 두 이론을 제시하여 논점을 부각하고 있다.

② 주장과 관련하여 예상되는 반론을 제시하고 그에 대해 반박하고 있다.

③ 전문가들의 연구 사례와 구체적인 통계를 제시하여 주장의 신뢰성을 높이고 있다.

④ 정책의 변화 과정을 시간 순서대로 제시하여 정보를 효과적으로 전달하고 있다.

⑤ 상황을 가정하고 그에 대한 결과를 긍정적으로 예측하여 글쓴이의 주장을 강조하고 있다.

03 이 글을 바탕으로 〈보기〉를 이해한 내용으로 가장 적절한 것은?

┤ 보기 ├

• 평소 선거에 관심이 없는 영민은 이번에도 선거 날에 투표를 하러 가지 않았다.

• 희수는 선거 홍보물을 보며 이번 선거에 나온 후보들을 살펴보았지만 어떤 후보도 마음에 들지 않았다. 그래서 투표를 하지 않기로 했다.

① 글쓴이의 입장에서는 희수가 사회 구성원으로서 책임을 다한 것이겠군.

② 프랑스 기권당의 입장에서는 희수와 영민의 기권 표를 모두 인정해야 한다고 주장하겠군.

③ 우리나라를 비롯한 많은 나라에서 희수와 영민의 행동을 투표하지 않을 권리로 인정하겠군.

④ 글쓴이의 입장에서는 희수와 영민 모두가 투표 결과에 대해 암묵적으로 동의를 한 것이겠군.

⑤ 프랑스 기권당의 입장에서는 영민이 후보들의 역량 부족을 기권 표로 표현한 것으로 보겠군.

투표를 안 해도 될까 ❷ | 손혜정

본론2 **어차피 투표해도 안 바뀌던데**

① "투표하지 않을 권리는 사실상 없다고 하지만, 투표하지 않을 권리를 주장하는 사람들이 하는 말에 귀를 기울일 필요는 있다. 투표에 기권하여 하고 싶은 말이 있을 것이기 때문이다. 그들의 주장에는 어떤 의미가 숨어 있을까?

투표하지 않은 유권자들에 대한 설문 조사를 살펴보면 '왜 투표를 하지 않았는가?'라는 질문에 '투표를 해도 바뀌는 것이 없어서.'라는 응답이 가장 높은 비율을 차지했다. 이를 바꿔 말하면 투표를 하지 않은 이들도 투표를 통해 사회가 변화하고 자신의 삶을 개선하기를 바란다는 것으로 볼 수 있다. 하지만 현실에서는 그 바람이 이루어지지 않았고 그것이 기권이라는 표면적인 행위로 나타난 것이다.

② 투표 한 번으로 내가 바라는 세상을 만들 수는 없다. 하지만 확실한 것은 투표를 하지 않으면 세상은 더 나아지지 않는다는 것이다. 심지어 투표에 참여한 사람들의 의견만 전달되고 반영되어 불평등이 확대될 수 있다. 미국에서 정치학을 연구하는 말러 교수는 투표율이 높은 국가일수록 정부가 적극적으로 사회에 개입하여 소득 불평등을 줄인다는 연구 결과를 내놓았다. 투표율이 높다는 것은 다양한 계층에서 투표를 했다는 의미로 볼 수 있다. 투표율이 높은 국가의 정부는 다양한 계층의 의견을 받아들이기 때문에 일부 계층이 아닌 여러 계층을 위한 정책을 펼치게 된다는 것이다. 그렇다면 우리는 어떻게 해야 할까? 투표를 해도 세상이 바뀌지 않는다고 기권을 선택하기보다 자신의 목소리를 적극적으로 반영하기 위해 투표를 해야 하지 않을까?

> **본론2** 세상을 더 나아지게 만들 수 있는 투표

본론3 **18세 선거권, 나의 목소리를 내라**

① 우리나라에서 실시된 21대 총선의 최종 투표율은 66.5퍼센트였다. 정치권에서는 높아진 투표율을 보며 정치에 대한 관심과 요구가 높아졌음을 실감하고 있다고 말하기도 했다. 투표율이 높아진 데에는 선거 연령을 낮춘 것도 영향을 미쳤다. 18세 시민에게도 투표권이 생기면서 유권자가 늘어나고 이에 따라 투표율도 자연스럽게 높아진 것이다.

② 선거 연령이 낮아지면서 주목할 점은 각 정당이 청소년의 마음을 잡으려고 청소년 맞춤형 공약을 앞다투어 내놓았다는 점이다. 정당들이 내놓은 공약을 살펴보면 '인생과 진로 설계를 도와주는 진로 탐색 기간 운영', '학교에 공기 청정기를 추가 지원하여 미세 먼지로부터 안전한 학습 환경 조성', '한 학급 정원을 20명으로 낮추고, 미래형 교육 실시' 등이 있다. 표 한 장이 생겼을 뿐인데 청소년을 위한 다양한 공약들이 만들어지다니, 투표의 힘이 참 놀랍다.

③ 이처럼 한 표의 가치를 깨닫고 이를 행사한다면, 정치인들은 나라의 주인인 국민의 말을 경청할 것이다. 하지만 그 가치를 모르고 투표를 대수롭지 않은 것으로 여긴다면 국민을 의식하지 않고 권력을 남용하는 정치인이 나올 수도 있다. 그렇게 되면 국민을 위하는 올바른 사회가 될 수 없다.

> **본론3** 사회를 변화시킬 수 있는 투표의 영향력과 가치

결론 ① 국가의 주인은 국민이다. 국민이 국가의 주인임을 확인하는 가장 직접적인 행위는 투표이다. 만약 투표하지 않을 권리를 인정하여 대다수의 국민들이 투표에 참여하지 않는다면 민주주의 체제를 유지할 수 없다. 더구나 투표를 하

지 않으면 여러 계층의 목소리를 정책에 반영할 수 없어 사회 불평등이 확대될 수 있다. ㉠투표를 하는 것은 더 나은 세상을 만드는 일이다. 우리가 이러한 투표의 가치를 알고 투표권을 행사하면 세상은 우리의 목소리에 귀를 기울일 수밖에 없다. 이제 투표로 세상을 향해 힘껏 소리쳐 보자.

결론 투표의 가치와 필요성 강조

핵심 정리하기

◆ 이 글의 논증 요소 ②

주장	투표를 하지 않으면 세상은 나아지지 않고 불평등이 심화된다.
이유	투표에 참여한 사람들의 의견만 전달되고 반영되어 불평등이 확대될 수 있음.
근거	투표율과 정부의 사회 개입 간의 관계에 대한 '말러 교수'의 연구 결과

◆ 이 글의 논증 요소 ③

주장	한 표의 가치를 깨닫고 이를 행사해야 한다.
이유	투표를 해야 정치인들이 국민의 말을 경청할 것임.
근거	선거 연령이 낮아지자 정당들이 제시한 다양한 청소년 공약

◆ 이 글에 쓰인 논증 방법

투표하지 않을 때 발생하는 문제점, 투표에 참여할 때 생기는 긍정적 효과에 대한 여러 개별적 사실로부터 투표의 가치를 알고 투표에 참여해야 한다는 주장을 이끌어 냄.
↓
구체적이고 개별적 사실에서 일반적 주장을 이끌어 내는 귀납적 논증 방법을 사용함.

내신 올리기

정답과 해설 24쪽 •

01 이 글에 대한 설명으로 적절하지 <u>않은</u> 것은?

① 비유적인 표현을 활용하여 글쓴이의 주장을 강조하고 있다.

② 기존의 통념에 대해 새로운 이론을 근거로 들어 반박하고 있다.

③ 질문을 통해 투표에 대한 독자의 관심과 성찰을 유도하고 있다.

④ 설문 조사를 바탕으로 투표하지 않은 유권자의 심리를 분석하고 있다.

⑤ 선거와 관련한 우리나라의 사례를 구체적인 수치와 함께 제시하고 있다.

02 ㉠의 주장을 뒷받침하는 내용으로 적절하지 <u>않은</u> 것은?

① 다양한 계층의 의견이 반영되기 때문에

② 민주주의 체제를 유지할 수 있기 때문에

③ 정치인이 국민의 뜻을 더 경청하기 때문에

④ 투표 한 번으로 원하는 세상을 만들 수 있기 때문에

⑤ 정부가 적극적으로 사회 문제에 개입해 불평등이 줄어들기 때문에

고난도

03 〈보기〉의 ⓐ에 들어갈 논증 방법과 그 예시로 가장 적절한 것은?

┤ 보기 ├

　이 글에서는 투표하지 않을 때 발생하는 문제점과 투표에 참여하여 얻을 수 있는 긍정적인 효과를 제시하고 있다. 이러한 개별적인 사실들을 바탕으로 투표의 가치를 알고 투표에 참여하자는 주장을 이끌어 내고 있으므로, 논증 방법으로 (　ⓐ　)을/를 사용하고 있음을 알 수 있다.

① 연역: 홍길동은 남자다. 남자는 사람이다. 따라서 홍길동은 사람이다.

② 연역: 모든 의사는 면허가 있다. 몽룡은 의사이다. 따라서 몽룡은 의사 면허가 있다.

③ 귀납: 모든 물고기는 물에서 산다. 고등어는 물고기이다. 따라서 고등어는 물에 살 것이다.

④ 귀납: 한국은 해가 동쪽에서 뜬다. 지금까지 방문한 여러 나라에서도 해가 동쪽에서 떴다. 따라서 모든 나라에서 해는 동쪽에서 뜰 것이다.

⑤ 유추: 책 읽기는 운동과 비슷하다. 책을 읽을 때 뇌가 활발히 활동하듯, 운동할 때 신체가 활발히 움직이기 때문이다.

동물도 권리가 있을까 ❶ | 최훈

학습 포인트
• 동물의 권리에 대한 글쓴이의 문제의식
• 이 글의 논증 요소

서론 ❶   인간은 누구나 인간답게 살고 싶어 한다. 고통을 피하고 사회 속에서 남과 어울려 살려는 욕구를 충족하고 싶어 한다. 동물도 마찬가지이다. 저마다 타고난 기본적인 욕구를 충족하려 한다. 그러나 주변을 살펴보면 인간이 자신의 이익이나 즐거움을 위해 동물의 욕구를 돌아보지 않는 일은 비일비재하다. 날갯짓하며 높은 곳에 오르고 흙을 쪼고 싶은 닭을 공장식 축산을 위해 좁은 틀에 가둔다. 무리 생활을 하며 사회적 관계를 맺고 싶어 하는 코끼리를 사람들의 관람을 위해 동물원의 울타리 안에서 외롭게 살아가게 한다. 이러한 사례는 인간이 동물을 생명을 지닌 존재가 아니라, 물건으로 보고 있음을 보여 준다. 과연 동물은 물건에 불과할까? 동물도 인간처럼 권리가 있는 것은 아닐까?

> 같은 현상이나 일이 한두 번이나 한둘이 아니고 많음.

서론   인간과 마찬가지로 기본적인 욕구가 있으며, 권리가 있는 존재인 동물

본론1 ❶   과학자들은 동물의 행동을 관찰하고, 해부학적 구조와 진화론적 증거 등을 확인함으로써 척추동물이 고통을 느끼는 신경 체계가 인간과 근본적으로 같다는 사실을 규명하였다. 이러한 연구 결과는 동물과 인간이 감각을 느끼는 능력이 비슷하다는 것을 말해 준다. 그러나 동물이 고통을 느낀다는 것은 꼭 과학을 동원하지 않더라도 쉽게 알 수 있는 사실이다. 우리는 다른 사람이 되어 볼 수 없기에 그 사람의 고통을 직접 느낄 수는 없지만, 그 사람이 나타내는 행동이나 소리가 우리가 고통을 느낄 때와 비슷하다는 것에서 우리는 타인이 고통을 느낀다는 것을 안다. 이와 마찬가지로 동물이 나타내는 행동이나 소리가 우리가 고통을 느낄 때와 비슷하다는 것은 동물도 고통을 느낀다는 것을 말해 준다.

> 어떤 사실을 자세히 따져서 바로 밝힘.

본론1   인간과 똑같이 고통을 느끼는 동물

본론2 ❶   동물에게 권리가 있음을 주장하는 또 다른 이유는 우리가 당연하다고 받아들이는 생각에서 찾을 수 있다. 우리는 인종에 따라 사람을 차별하는 것은 옳지 않다고 생각하는데, 동물의 권리를 인정하지 않는 태도는 인종 차별주의와 다르지 않기 때문이다. 피부색이 다르다는 이유로 다른 사람의 이익을 무시하는 관행이 당연한 것으로 여겨지던 때가 있었다. 흑인 노예 제도나 흑백 분리 정책 등이 그 대표적인 사례이다. 이제 그러한 제도가 차별이라는 것을 누구나 인정한다. 피부색이 다르다는 이유로 다른 사람을 노예로 삼는다든지, 학교를 같이 다닐 수 없다고 판단하는 것은 명백히 차별이다. 피부색은 사람을 다르게 대우하는 기준이 될 수 없다. 철조망으로 된 좁은 우리나 동물원에서 동물을 기르는 관행은 동물에게 고통을 주는 행위이다. 인간이나 동물 중 어떤 종에 속하느냐는 그 대상이 고통을 느끼는지 판단할 때 고려할 요소가 될 수 없으므로 인간의 고통과 동물의 고통을 구별하는 것은 차별이다. 이를 두고 철학자 피터 싱어는 인종 차별주의에 빗댄 '종 차별주의'라는 개념을 이용하여 동물의 권리를 인정하지 않는 태도는 자기가 속한 인종의 이익을 위해 다른 인종을 차별해도 된다는 주장과 다를 바 없다고 역설하였다.

본론2   인종 차별주의와 다르지 않은 동물의 권리를 인정하지 않는 태도

핵심 정리하기

◆ 제재 개관

갈래	논설문
성격	설득적, 논리적
제재	동물의 권리
주제	고통받지 않을 동물의 권리에 대한 존중의 필요성
특징	• 질문의 형태로 문제의식을 제시하여 독자의 반성을 유도함. • 비교, 나열 등의 방법을 통해 주장에 대한 근거를 제시함.

✦ 글쓴이가 제시한 문제의식

• 인간처럼 동물도 기본적인 욕구를 충족하고 싶어 함.
• 그러나 인간은 동물을 생명을 지닌 존재가 아니라 물건으로 보고 있음.

↓

> 동물도 생명을 지닌 존재로, 인간처럼 권리가 있는 것이 아닌지에 대한 고찰이 필요함.

✦ 이 글의 논증 요소 

주장	동물에게도 권리가 있다.
이유 1	동물도 고통을 느낄 수 있음.
근거	• 과학적 연구 결과 • 경험적 사실
이유 2	동물의 권리를 인정하지 않는 태도는 인종 차별주의와 다르지 않음.
근거	철학자 '피터 싱어'의 견해

내신 올리기

01 이 글에 대한 설명으로 적절하지 <u>않은</u> 것은?

① 질문을 통해 동물의 권리에 대한 글쓴이의 문제의식을 드러내고 있다.
② 사례를 제시하며 동물을 물건으로 여기는 인간의 인식을 비판하고 있다.
③ 유추의 방법을 통해 동물이 고통을 느낄 수 있다는 사실을 제시하고 있다.
④ 과학적 연구 결과를 통해 동물과 인간의 신경 체계가 같다는 것을 언급하고 있다.
⑤ 철학자의 견해를 통해 인간의 욕구와 구별할 수 있는 동물의 욕구를 설명하고 있다.

02 이 글의 글쓴이가 비판하는 모습과 가장 거리가 <u>먼</u> 것은?

① 강아지를 때리며 학대하는 사람의 모습
② 돌고래를 바다에 방생하는 동물 단체의 모습
③ 공장식 축산을 위해 좁은 틀에 갇혀 알을 낳는 닭의 모습
④ 화장품의 안전성을 검사하는 실험을 당하고 있는 토끼의 모습
⑤ 무리 생활을 하지 못한 채 홀로 동물원에서 살고 있는 코끼리의 모습

03 〈보기〉를 참고하여 이 글을 논증 요소에 따라 정리한 내용으로 적절하지 <u>않은</u> 것은?

┤ 보기 ├

    논증의 요소에는 주장, 이유, 근거가 있다. 이유는 주장을 가능하게 하는 주관적 요인이고, 근거는 이유를 뒷받침하는 객관적 자료이다.

• 주장: 동물에게도 권리가 있다. ┄┄┄┄┄┄┄┄┄┄ ①
• 이유 1: 동물원에서 동물을 기르는 관행은 동물에게 고통을 주는 행위이다. ┄┄┄┄┄┄ ②
• 이유 1에 대한 근거: 동물이 나타내는 행동이나 소리가 우리가 고통을 느낄 때와 비슷하다는 것은 동물도 고통을 느낀다는 것을 말해 준다. ┄ ③
• 이유 2: 동물의 권리를 인정하지 않는 태도는 인종 차별주의와 다르지 않다. ┄┄┄┄┄ ④
• 이유 2에 대한 근거: '피터 싱어'는 동물의 권리를 인정하지 않는 태도는 자기가 속한 인종의 이익을 위해 다른 인종을 차별해도 된다는 주장과 다를 바 없다고 하였다. ┄┄┄┄┄ ⑤

동물도 권리가 있을까 ② | 최훈

본론3 **1**　마지막으로 동물의 권리를 인정하는 일은 약자를 위한 사회적 진보에 해당한다. 동물의 권리를 인정하는 태도는 인간의 권리를 인정하는 태도와 맞닿아 있다. 인지 심리학자 스티븐 핑커는 『우리 본성의 선한 천사』라는 저서에서 1970년대 동물의 권리에 대한 논의가 확산된 이후 동물 학대 건수가 급격히 줄었고, 이 궤적과 함께 성차별, 아동 학대, 인종 혐오 범죄 등이 함께 줄어들고 있음을 방대한 자료와 함께 보여 주었다. 이를 통해 폭력과 야만이 어느 한 분야에서만 개선되는 것이 아님을 강조하였다. 동물의 권리를 인정하는 것은 우리 사회가 다른 생명체의 고통을 알면서, 이를 외면하는 사회가 아님을 선언하는 것과 같다. 인도의 민족 운동 지도자 간디는 한 나라의 위대함과 도덕성은 동물을 대하는 태도로 판단할 수 있다며 약자를 대하는 태도가 한 인간의 인성, 더 나아가 국가의 도덕성까지도 드러냄을 강조하였다.

본론 3　약자를 위한 사회적 진보에 해당하는 동물의 권리를 인정하는 일

본론4 **1**　동물의 권리를 인정하지 않는 이들은 동물은 인간과 다르므로 인간과 같은 권리를 인정할 수 없다고 주장한다. 동물과 달리 인간은 이성적 사고를 하고 언어를 사용한다는 것이 그 이유이다. 그러나 인간 중에서도 갓난아이는 이성적으로 사고할 수 없고 언어를 사용할 수 없다. 갓난아이는 우리와 같은 인간 종에 속하므로 동물과 다른 대우를 받아야 한다고 주장한다면 이것은 인종 차별주의와 같은 논리이다. "나와 같은 인간인데."라는 태도는 "나와 같은 인종인데."라는 태도와 다르지 않기 때문이다.

본론 4　동물은 인간과 다르므로 권리를 인정할 수 없다는 주장에 대한 반박

결론 **1**　㉠지금까지 살핀 바와 같이 동물에게는 권리가 있다. 권리가 있는 존재는 그 권리를 존중받아야 하고 권리가 침해되어서는 안 된다는 사실은 당연하다. 따라서 우리는 동물의 권리를 존중해야 하고 침해해서는 안 된다. 동물의 권리를 인정하려는 사람들도 동물에게 학교에 다닐 권리나 투표를 할 권리가 있다고 주장하지 않는다. 그것은 이성적 사고와 언어가 필요하기 때문이다. 그들이 주장하는 것은 동물의 본능을 존중하자는 것이다. 동물을 대하는 인간의 관행은 동물의 권리를 존중하지 않는 것이다. 동물의 본능을 무시하고 좁은 우리에서 동물을 기르는 공장식 축산, 야생 동물의 타고난 환경과 전혀 다른 곳에서 기르는 동물원, 화장품이나 세제 따위를 만들기 위해 동물에게 고통을 주는 동물 실험이 그런 관행이다. 인간이 자신의 본성에 맞게 행동하도록 존중하는 것이 인권의 기본인 것처럼, 동물도 동물의 본능에 맞게 행동하도록 존중하는 것이 동물권의 기본이다.

오래전부터 해 오는 대로 함. 또는 그런 관례에 따라서 함.

결론　존중해야 하고 침해해서는 안 되는 동물의 권리

핵심 정리하기

✦ 이 글의 논증 요소 ②

주장	동물에게도 권리가 있다.
이유 3	동물의 권리를 인정하는 일은 약자를 위한 사회적 진보에 해당함.
근거	• 인지 심리학자 스티븐 핑커의 저서 내용 • 인도의 민족 운동 지도자 간디의 견해

✦ 이 글에 쓰인 논증 방법

귀납	동물과 인간이 나타내는 행동과 소리가 비슷하다는 개별적인 사실에서 '동물도 고통을 느낀다.'라는 일반적인 결론을 이끌어 냄.
연역	동물에게는 권리가 있으며, 권리가 있는 존재는 그 권리를 존중받아야 하고 침해받아서는 안 된다는 일반적인 법칙에서 '동물의 권리를 존중해야 하고 침해해서는 안 된다.'라는 구체적인 결론을 이끌어 냄.

✦ '본론 4'에서 예상 반론과 이에 대한 글쓴이의 반박

예상 반론	동물은 인간처럼 이성적 사고를 할 수 없고 언어도 사용할 수 없으므로 권리를 인정할 수 없음.
예상 반론에 대한 반박	갓난아이도 이성적 사고를 할 수 없고 언어도 사용할 수 없지만 인간의 권리를 인정함. 이를 인간이기 때문이라고 한다면 이는 종을 기준으로 고통을 차별적으로 인식하는 차별주의 논리에 해당함.

내신 올리기

01 이 글에 나타나는 글쓴이의 생각으로 적절하지 **않은** 것은?

① 인간처럼 언어를 사용하지 않아도 동물의 권리는 보장받아야 한다.

② 동물의 권리를 인정하는 태도를 통해 국가의 도덕성을 확인할 수 있다.

③ 공장식 축산과 동물 실험 등은 동물의 본능을 무시하는 것에 해당한다.

④ 오래전부터 인간은 동물이 본능에 맞게 살도록 존중하는 관행이 있었다.

⑤ 동물의 권리에 대한 인식 확대가 인간의 권리에 대한 인식 확대로 이어진다.

02 ㉠에 쓰인 논증 방법의 사례로 가장 적절한 것은?

① 바닷물은 파랗다. 강물도 파랗다. 그러므로 모든 물은 파란 색일 것이다.

② 엄마는 눈이 나쁘다. 아빠도 눈이 나쁘다. 자녀인 나도 눈이 나쁠 것이다.

③ 파충류는 알을 낳는다. 뱀은 파충류이다. 그러므로 뱀은 알을 낳을 것이다.

④ 지금까지 본 까마귀는 모두 검은 색이다. 그러므로 까마귀는 검은 색의 새이다.

⑤ 나는 분식을 좋아한다. 친구인 영희와 철수도 분식을 좋아한다. 그러므로 우리 또래는 분식을 좋아한다.

> 고난도

03 이 글을 읽은 독자가 글쓴이의 관점에서 〈보기〉에 대해 보인 반응으로 가장 적절한 것은?

> **┤ 보기 ├**
>
> 　새로운 의약품과 치료법을 개발하기 위해서 동물 실험은 필수적이다. 인간에게 직접 실험하기 어려운 새로운 치료법을 동물에게 먼저 시험하여 안전성과 효능을 검증할 수 있고, 동물 모델을 통해 질병의 매커니즘을 연구함으로써 새로운 치료법을 개발할 수 있기 때문이다. 또한 동물 실험은 잠재적으로 위험한 약물이나 치료법을 인간에게 적용하기 전에 동물에게 먼저 시험하여 인간의 생명을 보호하는 데 기여한다.

① 인간의 이익을 위해서 동물을 희생하는 일은 어쩔 수 없는 일이다.

② 동물은 인간보다 고통을 덜 느끼므로 인간의 고통과 동물의 고통을 구별해야 한다.

③ 인간과 동일한 신경 체계를 갖고 있지 않은 척추동물을 이용하여 실험을 해야 한다.

④ 동물 실험은 동물을 인간과 동일한 고통을 느끼는 존재가 아닌 물건으로 보고 있음을 보여 주는 것이다.

⑤ 동물 실험은 인간의 생명을 보호하기 위한 어쩔 수 없는 일이므로 실험 동물에게 더 좋은 환경을 제공해야 한다.

로봇이 우리의 일자리를 빼앗을까 ❶ | 장하준  해냄

학습 포인트

- 자동화가 일자리를 창출하는 이유
- 예상 반론과 이에 대한 반박

어디까지 배운 걸까? 13일 — 15일 — 17일

서론　　**자동화의 물결**

❶　지난 1~2세기 사이 농업, 특히 임금이 비싼 나라의 농업은 아주 많은 부분 기계화되었다. 소나 말이 끄는 쟁기나 괭이, 낫 등을 사용하는 대신 트랙터와 콤바인이 쓰이고, 심지어 드론까지 동원된다. 그러나 판단력과 섬세함이 필요한 딸기 수확은 아직까지는 기계화 대열에 합류하지 못했다. 하지만 딸기를 비롯해 산딸기, 토마토, 상추와 같은 따기 힘든 작물을 수확하는 로봇이 곧 상용화될 것이라고 한다. 현재 다수의 기업에서 잎 사이에서 딸기를 찾아내고 익은 정도를 판단해서 멍들지 않게 수확할 수 있는 수확용 로봇을 개발하고 있다. 이 로봇들은 아직 인간만큼 유능하지는 않지만 계속 개선되고 있기 때문에 딸기 수확의 자동화라는 ㉠농업 기계화 최후의 장벽을 정복할 날도 머지않았다. ^(일상적으로 쓰이게 될)

❷　자동화로 일자리를 위협받는 건 딸기 수확 노동자만이 아니다. 요즘은 신문, 라디오, 텔레비전 어디서든 인간이 하는 일을 로봇이 대체하고, 그 결과 대부분의 사람이 일자리를 잃을 것이라는 보도를 피할 수가 없다. 일자리를 얻을 수 없는 미래에 대한 공포는 인공 지능 기술의 발달로 더 고조되고 있다. 기계가 인간의 손과 근육뿐 아니라 두뇌마저 대체할 것이라는 두려움까지 갖게 되었기 때문이다.

> **서론**　인간의 일자리가 자동화된 기계로 대체될 것이라는 두려움

본론1　　**자동화는 새로운 일자리를 창출한다**

❶　하지만 우리는 자동화에 대한 이 새로운 패닉 심리에 휩쓸려서는 안 된다. 자동화는 지난 250년간 계속되어 왔고, 그 과정에서 사람들이 우려하고 위협받는 것처럼 일자리가 대량으로 사라진 일은 한 번도 일어나지 않았다. 이는 자동화로 인해 기존의 일자리가 사라지기도 하지만 새로운 일자리가 만들어지기도 하기 때문이다. 무엇보다 새 일자리 창출이 자동화 과정 자체에서 직접적으로 일어난다. 예를 들어 로봇이 딸기를 수확하는 일자리를 없애겠지만 그 로봇을 설계하는 엔지니어, 로봇을 제작하는 노동자, 로봇 제작에 필요한 부품을 생산하는 노동자에 대한 수요가 생길 것이다. 게다가 자동화로 인해 제품 생산에 필요한 노동력이 줄어들지 모르지만, 제품 가격이 낮아지고 그에 따라 수요가 늘어나면 더 많은 노동자가 필요해질 수도 있다. 제임스 베슨에 따르면 19세기 미국 섬유 산업 자동화로 인해 옷감 1야드를 생산하는 데 필요한 직조 노동력의 98퍼센트가 사라졌지만, 면직물 가격이 낮아지자 수요가 폭발적으로 증가하면서 실제 방적 노동자의 숫자는 4배로 늘어났다고 한다.

❷　그리고 자동화로 인한 간접적인 일자리 창출 효과도 있다. 컴퓨터와 인터넷 시대가 도래하면서 여행사의 일자리가 많이 사라졌지만 여행 산업 부문에서 새로운 일자리도 많이 생겨났다. 예약 사이트 운영, 공유 숙박 서비스를 통한 숙소 대여, 인터넷에 광고 활성화로 고객 확보가 가능해 생겨난 특화된 소규모 투어 가이드 등이 그 예들이다. 그와 더불어 자동화는 생산성을 향상시키기 때문에 1인당 소득이 증가하고, 따라서 더 다양하고 '특화된' 필요를 충족시킬 새로운 재화와 서비스에 대한 수요가 높아지고, 그 결과 새로운 일자리가 생겨난다. 고등 교육, 오락, 패션, 그래픽 디자인, 갤러리 등이 대표적인 예들이다. ^(어떤 시기나 기회가 닥쳐오면서)

3 　거기에 더해 우리는 언제든 정책을 동원해 새로운 일자리를 만들어 내는 집단적 합의를 할 수 있다. 적어도 1930년대 이후부터는 경제가 침체기에 접어들어 민간 부문의 기업들이 지출을 줄일 때면 정부가 지출을 늘리는 방법으로 수요 수준을 높여서 민간 기업들이 직원을 해고하지 않고 심지어 새로 직원을 고용하도록 유도하는 정책을 쓰는 관행이 일반화되어 왔다. 코로나19 팬데믹이 기승을 부릴 때 다수 나라의 정부는 '할 일이 없어진' 노동자들의 해고를 막기 위해 임금의 일정 비율을 직접 지급하기까지 했다. 거기에 더해 정부는 규제를 통해 새 일자리를 창출할 수 있고, 그렇게 해 왔다. 교육 현장에서 필요한 인력의 비율을 높이거나, 의료 기관, 또는 노인 요양 시설 등의 인력을 조정하면 이 산업 부문에 더 많은 일자리가 생겨날 것이다.

본론1　자동화로 새롭게 창출되는 일자리의 예

핵심 정리하기

◆ 제재 개관

갈래	논설문
성격	논리적, 설득적, 예시적
제재	기계화, 자동화
주제	일자리를 창출하는 자동화에 대한 이해의 필요성
특징	• 구체적 예와 전문가의 견해를 제시하여 신뢰성을 높임. • 귀납, 연역 논증을 사용함.

✦ 이 글의 논증 요소

주장	자동화는 새로운 일자리를 창출한다.
이유 1	자동화 과정 자체에서 직접적으로 일자리가 창출됨.
근거	• 로봇을 설계하고 제작하는 데에서 일자리가 창출될 것임. • 제품 가격이 낮아져 수요가 늘어나는 데서 더 많은 노동자가 필요해질 수 있음.
이유 2	자동화로 인해 간접적으로 일자리 창출이 일어남.
근거	• 자동화 관련 부분에서 일자리가 생겨남. • 1인당 소득의 증가에 따라 재화와 서비스에 대한 수요가 높아지며 그에 따른 일자리가 생겨남.
이유 3	정부 정책을 동원한 새로운 일자리 창출이 가능함.
근거	정부는 다양한 산업 시설에서 필요 인력 비율을 조정해 옴.

내신 올리기

정답과 해설 26쪽 •

01　이 글에 대한 설명으로 적절한 것은?

① 특정 이론이 발전하는 과정을 인과적으로 서술하고 있다.

② 구체적 사실들을 바탕으로 일반적 결론을 제시하고 있다.

③ 특정 정책에 대한 전문가들의 상반된 입장을 설명하고 있다.

④ 문제 상황과 관련한 역사적 사건들을 제시하고 이에 대한 원인을 분석하고 있다.

⑤ 문제 상황과 관련한 여러 원리들을 분석하고 이를 하나의 이론으로 모아 제시하고 있다.

02　이 글의 내용과 일치하지 않는 것은?

① 사람들은 로봇이 인간의 두뇌마저 대체할 것이라는 두려움을 갖고 있다.

② 판단력과 섬세함이 요구되는 딸기 수확은 앞으로도 기계화가 불가능하다.

③ 기계화로 인한 일자리 상실에 대한 사람들의 우려는 현실로 나타나지 않았다.

④ 자동화로 제품 가격이 낮아지고 그에 따라 수요가 늘어나면 더 많은 노동자가 필요해질 수 있다.

⑤ 자동화로 '특화된' 필요를 충족시킬 새로운 재화와 서비스에 대한 일자리가 만들어질 수 있다.

03　㉠에 대한 이해로 가장 적절한 것은?

① 인간이 로봇을 조종해 농작물을 수확하는 것

② 로봇으로 딸기를 재배하여 딸기 수확량을 늘리는 것

③ 엔지니어가 딸기를 수확할 수 있는 로봇을 설계하는 것

④ 토마토와 상추 재배에 도움이 되는 로봇을 제작하는 것

⑤ 딸기 같은 따기 힘든 작물까지 수확 가능한 로봇이 상용화되는 것

로봇이 우리의 일자리를 빼앗을까 ❷ | 장하준

본론2 ❶ 이 모든 다양한 요소가 서로 다른 방향으로 장기간에 걸쳐서 예측 불가능한 형태로 작용하기 때문에 특정 분야의 자동화가 전체 고용 규모를 감소시킬지 여부에 대해 확실한 결론을 내리기는 불가능하다. 그러나 ㉠250여 년 동안 끊임없이 자동화가 계속되었음에도 대부분의 사람이 일을 하며 살 수 있었다는 사실은 현재까지는 자동화가 일자리에 미치는 전반적인 영향이 부정적이지 않다는 추측을 가능하게 한다.

❷ ㉡지금까지 자동화가 불가능했던 일을 로봇이 대체하기 시작했기에 이번은 다르다고 말하는 사람들이 있을 수도 있다. 그러나 대부분의 사람이 직접 눈으로 볼 수 있을 때까지는 상상조차 하지 못했던 일이 현실화되는 것은 기술 발전의 특징 중 하나다. 1900년에 영국의 중상류층 여성에게 한두 세대가 지나면 하녀가 하던 일 대부분을 기계가 할 거라고 했으면 말도 안 되는 소리라며 웃어넘겼을 것이다. 하지만 세탁기, 진공청소기, 전자레인지, 냉장고가 출현했고 인스턴트 식품이 나왔다. ㉢1950년 일본의 선반 기술자에게 몇십 년 후면 그가 하는 일 대부분을 기계가 할 것이고, 그 기계는 또 다른 기계(컴퓨터)의 제어를 받을 거라고 했으면 웃기는 소리 하지 말라고 했을 것이다. 그러나 이제 많은 나라의 공장에서는 '컴퓨터 수치 제어'가 표준적인 시설의 일부로 받아들여지고 있다.

> **본론 2** 자동화가 일자리 전반에 미치는 영향이 부정적이지 않은 현재까지의 모습

본론 3
자동화의 그늘을 극복하기 위하여

❶ 그렇다고 해서 일자리에 끼치는 자동화의 영향을 무시하자는 말은 아니다. 자동화는 새로운 일자리를 만드는 동시에 특정 일자리를 파괴하고, 그로 인해 직장을 잃는 사람들에게 엄청나게 큰 해를 끼친다. 고용 상황에 대한 전반적인 영향이 장기적으로 볼 때 긍정적이라 하더라도 당장 일자리를 잃은 사람들에게 그 사실은 아무런 위로가 되지 않는다.

❷ 기계로 인해 가지고 있던 기술이 더 이상 쓸모없게 된 사람들도 이론상으로는 재훈련을 받고 다른 일자리를 찾을 수 있다. 그러나 ㉣현실에서는 일자리를 잃은 사람이 기술을 별로 필요로 하지 않는 직업을 받아들이지 않는 한 정부의 지원 없이는 다시 취업할 수 있도록 재훈련을 받기란 불가능에 가깝다. ㉤더불어 직업을 잃은 노동자가 재훈련을 받는 동안 견뎌 낼 수 있도록 실업 수당과 소득 지원을 해 줄 필요가 있다.

> **본론 3** 자동화로 직장을 잃은 사람들이 처한 부정적 상황과 이를 위한 정부 지원의 필요성

결론 ❶ 자동화가 일자리를 파괴하는 가장 큰 적으로 여겨져 왔지만 사실은 그렇지 않다. 우리는 자동화의 본질을 제대로 이해해야 한다. 자동화는 일자리를 파괴하는 장본인이 아니다. 거기에 더해 기술이 홀로 일자리 숫자를 정하는 것이 아니다. 우리는 재정 정책, 노동 시장 정책, 특정 산업 부문에 대한 규제 등을 통해 원하면 새로운 일자리를 만들어 낼 수 있다. 자동화의 본질을 제대로 이해해야 우리는 전 세계적으로 확산되기 시작한 과학 기술 공포증('자동화는 무조건 나쁘다.')과 젊은 세대의 절망감('우리는 필요 없게 될 거야.')을 극복할 수 있을 것이다.

> **결론** 자동화의 본질을 제대로 이해해야 할 필요성 강조

핵심 정리하기

✦ '본론 2'에 사용된 논증 방법 – 귀납 논증

구체적 사실	250년 동안 끊임없이 자동화가 계속되었음에도 대부분의 사람이 일을 하며 살 수 있었음.

↓

일반적 결론	자동화는 일자리에 부정적 영향을 주지 않을 것임.

글쓴이는 과거의 사실을 근거로 자동화는 현재까지 일자리에 부정적 영향을 미치지 않았으며, 미래에도 부정적이지 않을 것이라고 말하고 있다.

✦ '본론 2'에서 예상 반론에 대한 글쓴이의 반박

예상 반론	지금까지 자동화가 불가능하다고 생각했던 일들도 현재는 로봇이나 기계로 대체되고 있으므로 자동화는 과거와 다르게 일자리에 부정적인 영향을 미칠 수 있음.
반론에 대한 반박	상상조차 하지 못했던 일이 현실화되는 것은 기술 발전의 특징 중 하나임.

✦ '본론 3'에 사용된 논증 방법 – 연역 논증

보편적 사실	
대전제	소전제
정부는 국민들을 위해 다양한 정책을 펼쳐야 함.	직업을 잃은 사람도 국민들임.

↓

구체적 결론
따라서 정부는 직업을 잃은 국민을 위해 재정 정책, 노동 시장 정책 등 다양한 정책을 시행해야 함.

내신 올리기

01 이 글을 통해 알 수 있는 내용으로 적절하지 <u>않은</u> 것은?

① 특정 분야 자동화는 전체 고용 규모를 감소시킨다.

② 젊은 세대들은 자동화로 인해 절망감을 느끼기도 한다.

③ 기술 발전으로 사람들이 상상도 못했던 일들이 현실화되었다.

④ 자동화는 일자리를 창출하는 동시에 특정 일자리를 파괴하기도 한다.

⑤ 자동화로 직업을 잃은 사람이 재취업하기 위해서 정부의 지원이 필요할 수 있다.

02 ㉠~㉤에 대한 설명으로 적절하지 <u>않은</u> 것은?

① ㉠: 자동화가 일자리에 미치는 부정적 영향이다.

② ㉡: 글쓴이의 주장과 관련한 예상되는 반론이다.

③ ㉢: 예상되는 반론을 반박하기 위한 구체적 사례이다.

④ ㉣: 자동화로 직업을 잃은 사람들이 처한 부정적인 상황이다.

⑤ ㉤: 자동화의 부정적 영향을 극복하기 위해 필요한 해법이다.

⭐ 고난도

03 〈보기〉와 같은 입장을 가진 사람이 이 글을 읽고 할 수 있는 생각으로 적절하지 <u>않은</u> 것은?

> **보기**
>
> 농업의 기계화로 일자리를 잃은 수백만 농업 노동자들이 제조업 노동자가 되었고, 이는 제조업 부문의 성장으로 이어졌다. 마찬가지로 제조업이 자동화되고 서비스업 부문의 일자리가 창출되면서 제조업 분야의 많은 노동자들이 서비스업에 종사하게 되었다. 그러나 인공 지능의 등장은 이전의 상황과는 다르다. 인공 지능은 인간의 단순 작업이 필요한 부분을 줄이고 범접 불가한 인간 고유의 영역으로 여기던 의료와 법 분야까지 잠식하고 있다. 따라서 이전보다 훨씬 많은 일자리가 사라질 것이고, 새로운 일자리도 창출되지 않을 것이다.

① '컴퓨터 수치 제어'가 표준 시설의 다수가 되는 것은 인간의 개입을 최소화하는 결과를 가져오겠군.

② 상상도 못한 일들이 이루어지는 것으로 볼 때 인공 지능은 결국 장기적으로 인간의 일자리를 창출하겠군.

③ 기존 산업의 자동화는 많은 일자리를 사라지게 할 것이고, 이들을 흡수할 대량의 새로운 일자리는 제공되지 않겠군.

④ 정부에서 자동화로 일자리를 잃은 노동자들에게 재훈련 등의 기회를 준다고 해도 새로운 일자리가 창출되지 않는다면 의미가 없겠군.

⑤ 서비스업 부문의 일자리가 인공 지능으로 대체되면 서비스업 노동자들이 일자리를 잃게 될 수 있으므로 정부가 실업 수당 등을 제공해야겠군.

고래를 춤추게 하는 것은 ❶ | 장대익

학습 포인트
• '내재 동기'와 '외재 동기'의 특성
• 동기에 대한 글쓴이의 관점

서론 ❶ 　사람은 끊임없이 어떤 행동을 하며 살아간다. 누군가는 춤을 추고 누군가는 여행을 떠나기도 한다. 또 학교에서 공부하기도 하고 회사로 출근해서 일하기도 한다. 사람이 무엇을 하기 위해서는 목표를 향해 나아가도록 밀어주는 힘이 있어야 하는데 이것을 동기(動機)라고 한다.

❷ 　심리학자들에 따르면 동기에는 외재 동기와 내재 동기가 있다. 외적 보상을 받으려고 어떤 행동을 한다면 외재 동기에 의한 것이다. 공부를 열심히 하면 부모가 선물을 준다는 말을 듣고 아이가 그렇게 행동한 경우 그 아이의 행동은 외재 동기가 작용한 것이다. '칭찬은 고래를 춤추게 한다.'라는 말에서 '칭찬'도 결국 외적 보상이다. 반면에 무엇을 할 때 그 과정 자체에 의미를 두거나 자신의 만족감을 위해 어떤 행동을 한다면 내재 동기가 작용한 것이다. 즉 과학이 단지 재미있어서 공부하고, 어려운 사람을 돕는 일에 보람을 느껴서 봉사하는 것은 내재 동기가 작용했기 때문이다. 그렇다면 우리는 외재 동기와 내재 동기 중 어떤 것에 따라서 살아야 할까?

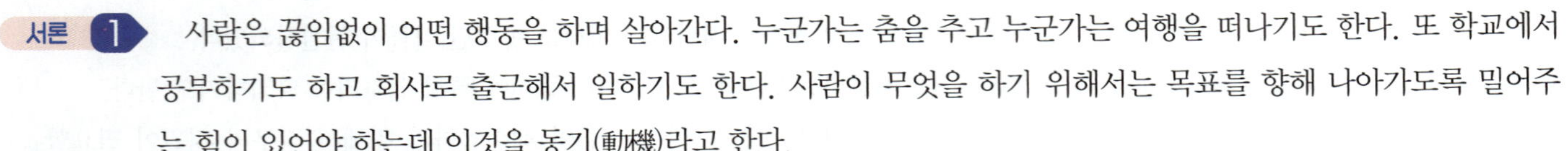

서론　사람이 목표를 향해 나아가도록 밀어주는 힘인 동기의 개념과 종류

본론1 ❶ 　인간이 문제를 해결하는 데에 동기가 어떤 영향을 주는지 알아보는 실험을 살펴보자. 우선 창의성을 발휘하는 문제를 아이들에게 풀게 하였다. 보상을 준다는 말을 하지 않고 풀라고 하니 문제를 해결하는 데에 평균 15분이 걸렸다. 이번에는 문제를 풀면 보상을 주겠다는 상황을 만들고 두 가지 조건을 설정하였다. 하나는 원래 문제를 그대로 풀게 하는 것이고, 다른 하나는 원래 문제를 쉽게 조정하여 문제를 풀게 하는 것이다. 실험 결과는 매우 흥미로웠다. 쉽게 조정한 문제는 대개 15분 이내로 다 풀었지만, 원래 문제를 푸는 데에는 18분이나 걸렸다. 보상이 없을 때보다 오히려 3분이나 더 걸린 것이다.

❷ 　동기에 관한 이 실험은, 외적 보상이 쉬운 문제를 푸는 데에는 효과적이지만, 어려운 문제를 푸는 데에는 오히려 방해된다는 사실을 보여 준다. 만일 ㉠어떤 회사가 성과급 규정이 있어서 잘 돌아가는 곳이라면, 역설적으로 쉬운 업무만 해결하려는 조직일 수도 있다.

❸ 　'외재 동기면 어떤가, 칭찬이든 다른 보상이든 결과만 좋으면 되지 않을까?'라고 생각할 수 있다. 자녀가 열심히 공부하게끔 보상을 이야기하는 부모의 마음도, 유능한 직원을 데려오려고 연봉을 올려 주는 회사 대표의 마음도 이해할 수 있다. 그러나 외적 보상만을 좇는 것에는 문제가 있다. 먼저 외적 보상을 좇는 사람들을 관리하는 것은 어려운 일이다. 작은 장난감에서 시작한 외적 보상이 게임기가 되고 자동차가 되더니 나중에는 집 한 채가 될 수도 있기 때문이다. 또 보상받는 사람의 입장도 마냥 좋지만은 않다. 보상해 주는 사람과 끝없이 갈등을 빚고 남들과도 끝없이 비교하게 되어 마음이 황폐해지기 때문이다. 외재 동기만을 가진 직원이 많은 조직을 상상해 보자. 그곳에는 경쟁과 비교, 시기와 질투, 배신과 지배가 널리 퍼져 있을 것이다. 이런 곳에서 일하고 싶은 사람은 별로 없다.

본론1　창의성을 발휘하는 문제를 푸는 데에 효과적이지 않은 외재 동기

핵심 정리하기

◆ 제재 개관

갈래	논설문
성격	설득적, 논리적
제재	외재 동기와 내재 동기
주제	내재 동기를 따라 사는 삶의 가치
특징	• 구체적인 실험 결과를 근거로 들어 주장을 뒷받침함. • 다양한 사례를 제시하여 내재 동기의 긍정적인 면을 강조함.

✦ 동기의 개념 및 종류

• 동기의 개념: 사람이 목표를 향해 나아가도록 밀어주는 힘
• 동기의 종류

외재 동기	외적 보상을 받기 위해 행동을 하게 하는 힘
내재 동기	과정 자체에 의미를 두거나 자신의 만족감을 위해 어떤 행동을 하게 하는 힘

✦ 이 글의 논증 요소 ①

주장	내재 동기를 따라 삶을 살아야 한다.
이유 1	외재 동기는 창의성을 발휘하는 문제를 해결하는 데 효과적이지 않음.
근거	외적 보상을 조건으로 창의성을 발휘하는 문제를 풀게 한 실험에서 보상이 없을 때보다 문제를 푸는 시간이 더 걸림.

✦ '본론 1'에서 예상 반론에 대한 글쓴이의 반박

예상 반론	외재 동기에 따라 행동해도 결과만 좋으면 괜찮음.
예상 반론에 대한 반박	• 외적 보상을 좇는 사람을 관리하는 것은 어려운 일임. • 보상해 주는 사람과의 갈등과 남과의 비교로 인해 보상받는 사람의 입장도 좋지만은 않음.

내신 올리기

01 이 글에 대한 설명으로 적절하지 <u>않은</u> 것은?

① 대상을 유형별로 분류하여 설명하고 있다.
② 질문을 통해 독자의 관심을 유발하고 있다.
③ 실험 결과를 근거로 주장을 뒷받침하고 있다.
④ 구체적인 사례를 들어 대상을 설명하고 있다.
⑤ 대립되는 두 개념을 소개한 후 이를 절충하고 있다.

02 외재 동기를 따라 사는 사람의 모습에 해당하지 <u>않은</u> 것은?

① 선생님께 칭찬을 받기 위해 봉사 활동에 참여한다.
② 남들을 시기하고 질투하며, 사람과 끊임없이 갈등을 빚는다.
③ 회사에서 주는 성과급을 받기 위해 해결이 쉬운 업무만 하려 한다.
④ 작은 장난감에 만족하던 아이가 다음 번 선물로는 게임기를 받기를 원한다.
⑤ 보상이 없을 때보다 보상이 있을 때 창의성을 발휘하는 문제를 더 빨리 푼다.

03 다음 빈칸에 들어갈 알맞은 말을 '서론'에서 찾아 2어절로 쓰시오.

> 사람들은 흔히 고래를 춤추게 하는 것을 '칭찬'이라고 말한다. 이때, 고래는 칭찬을 위해 춤을 춘 것이므로 고래의 행동에는 (   )이/가 작용한 것이다.

04 ㉠에 대한 이해로 적절하지 <u>않은</u> 것은?

① 이 회사는 경쟁과 시기가 많은 분위기일 수 있겠군.
② 성과급 규정을 없앤다면 직원들의 외재 동기가 저하되겠군.
③ 높은 연봉을 조건으로 유능한 직원을 데려오려 하는 회사이겠군.
④ 이 회사의 직원들은 같은 성과급을 계속 지급하면 만족하지 못할 수 있겠군.
⑤ 이 회사는 직원들이 목표를 향해 나아가도록 밀어주는 힘을 부여하지 못하는 회사로군.

고래를 춤추게 하는 것은 ② | 장대익

본론2 ❶ 그런데 우리에게는 외재 동기 외에 내재 동기도 있다. 외적 보상에 연연하지 않고 자신이 무엇을 하는 과정과 그 과정에서 기쁨을 느끼는 사람들이 있다. 그들은 내재 동기에 따라서 행동하며 충분히 행복하게 살아간다.

❷ 수학의 노벨상이라 불리는 ⓐ필즈상을 받은 허○○ 교수가 인터뷰한 내용을 보고 '학자의 내재 동기란 이런 것이구나.'라는 생각을 하였다. 허 교수는 수학을 왜 공부하게 되었는지, 그에게 수학 연구란 무엇이냐는 질문에, "재미있어서, 인간이 얼마나 깊게 생각할 수 있는지 알고 싶어서 수학 공부를 합니다. 저에게 수학 공부는 마라톤을 뛰려고 매일 근력 운동을 즐기는 것과 같습니다."라고 하였다. 그는 언론에 주목받는 것보다 하루 4시간 정도라도 수학 연구에 몰두하는 것이 인생의 낙이라고 한다.

❸ 유명한 물리학자 파인먼은 ⓑ노벨 물리학상을 받은 후 이런 인터뷰를 한 적이 있다. "상을 받을 만한 연구인지를 판단하는 왕립스웨덴과학아카데미의 결정이 의미 있다고 생각하지 않는다. 나는 새로운 것을 발견하는 과정이 _{매년 노벨 물리학상, 노벨 화학상, 노벨 경제학상 수상자를 정하는 비정부 독립 기관} 기쁨이고, 다른 사람이 그 발견을 활용하는 모습을 보는 것 자체가 이미 큰 상이다."라고 말했다. 그의 인터뷰에는 내재 동기를 통해 느낄 수 있는 삶의 기쁨이 드러나 있다.

❹ 국제 피아노 대회에서 우승한 임○○ 씨는 대회에 출전한 까닭을 묻는 기자에게 "내 음악이 얼마나 성숙했는지 확인하고 싶어서."라고 대답하였다. 또 그는 "음악 앞에서는 모두가 학생입니다. 제가 특별한 위치에 있다고 생각하지 않습니다. 대회에 출전해서 더 배우고 싶은 마음이 커졌습니다."라고 말하며 자신이 대회에 나간 까닭은 우승이 아니라고 강조하였다. 오히려 대회에서 ⓒ우승한 후 마음이 심란해진 그는 산에서 피아노만 치고 싶다고 하였다. 피아노를 연주하는 것 자체가 그에게 가장 큰 행복이기 때문이다.

❺ 큰 상을 받은 사람들이니까 평범한 사람들과는 생각이 다르다고 할지도 모른다. 평범한 사람들은 내재 동기로 삶을 살아가기 어렵다고 생각할 것이다. 하지만 이들은 평생 수많은 ⓓ찬사를 받아 왔다. 우리보다 외재 동기의 유혹을 더 많이 받았을 것이다. 이런 그들이 하는 이야기이다. 진정한 기쁨은 내면으로부터 나오는 것이라고……. 상을 타거나 누군가로부터 칭찬을 듣거나 남과의 경쟁에서 승리해서 기쁘고 행복한 삶을 사는 것이 아니다.

> **본론2** 내재 동기를 따라 기쁨을 느끼며 살아가는 사람들

결론 ❶ 기업에서 일 잘하는 직원 중에는 회사에서 능력을 인정받고 동료들과의 관계도 원만하지만, 상사가 시키는 일만 하는 자신이 행복하지 않다는 이들이 있다. 우리나라의 고등학생들도 마찬가지다. 아침 일찍 일어나 학교에 가고 오랫동안 수업을 들으며 끊임없이 경쟁에 시달린다.

❷ 외부의 압력이 아니라 스스로 선택하고 결정해서 행동할 때에 내재 동기가 나온다. 그렇게 살아야 행복해진다. 내재 동기를 등한시한다면 우리는 주변의 시선이나 환경에 휩쓸리는 인생을 살게 되어 불행해진다. 고래가 진정으로 기쁨을 _{소홀하게 보아 넘김} 느끼며 춤을 추게 하려면 조련사의 칭찬이 아니라 바다에서 마음껏 헤엄칠 수 있는 ⓔ자유를 주어야 한다. 당신이 진짜 하고 싶은 것은 무엇인가.

> **결론** 내재 동기를 따라 사는 삶의 가치

핵심 정리하기

◆ 동기에 따른 사람들의 삶의 차이

외재 동기를 따라 사는 사람	내재 동기를 따라 사는 사람
수동적인 삶을 살고, 경쟁에 시달리며 행복을 느끼지 못함.	외적 보상에 연연하지 않으며, 진정한 행복과 기쁨을 느낌.

◆ 이 글의 논증 요소 ②

주장	내재 동기를 따라 삶을 살아야 한다.
이유 2	내재 동기는 외적 보상에 연연하지 않게 하여 삶을 행복하게 함.
근거	• 외적 보상을 바라지 않고 수학이 재미있어서, 수학 연구에 몰두하는 것이 인생의 낙인 필즈상 수상자 허○○ 교수의 사례 • 새로운 것을 발견하는 과정이 기쁨이고, 다른 사람이 그 발견을 활용하는 모습을 보는 것 자체가 이미 큰 상이라고 말한 노벨 물리학상 수상자 파인먼의 사례 • 산에서 피아노만 치고 싶다고 말하며, 자신이 대회에 나간 까닭은 우승이 아니라고 강조한, 국제 피아노 대회에서 우승한 임○○ 씨의 사례

◆ '본론 2'에서 예상 반론에 대한 글쓴이의 반박

예상 반론	• 큰 상을 받은 사람들이니까 평범한 사람들과는 생각이 다름. • 평범한 사람들은 내재 동기로 삶을 살아가기 어려움.
예상 반론에 대한 반박	• 평생 수많은 찬사를 받으며 외재 동기의 유혹을 더 많이 받은 사람들이 하는 말임. • 그 사람들은 외재 동기 때문에 기쁘고 행복한 삶을 사는 것이 아님.

내신 올리기

01 이 글의 논지 전개에 대한 설명으로 적절한 것을 〈보기〉에서 모두 고른 것은?

┤ 보기 ├

ㄱ. 반론을 예상하여 이에 대해 반박하고 있다.
ㄴ. 이유에 대한 근거로 다양한 사례를 제시하고 있다.
ㄷ. 특정한 사회 현상이 일어나는 원인을 설명하고 있다.
ㄹ. 주장을 가능하게 하는 이유를 근거를 통해 밝히고 있다.

① ㄱ, ㄴ   ② ㄷ, ㄹ   ③ ㄱ, ㄴ, ㄷ
④ ㄱ, ㄴ, ㄹ   ⑤ ㄴ, ㄷ, ㄹ

02 ⓐ~ⓔ 중, 의미하는 바가 나머지와 <u>다른</u> 것은?
① ⓐ   ② ⓑ   ③ ⓒ
④ ⓓ   ⑤ ⓔ

★ 고난도

03 이 글을 바탕으로, 〈보기〉를 이해한 내용으로 적절하지 <u>않은</u> 것은?

┤ 보기 ├

축구 선수 손흥민은 18살 어린 나이에 독일 분데스리가에서 데뷔 골을 넣었다. 이때 손흥민의 아버지는 손흥민이 팬들의 반응을 보지 못하도록 노트북을 가져갔다고 한다. 그는 손흥민이 한국 팬들의 반응을 보고 여기에 도취되지 않을까 걱정이 되었는데 손흥민이 며칠 동안 망각증에 걸렸으면 좋겠다고 생각했을 정도로 너무 두려웠다고 했다.

① 손흥민의 아버지는 손흥민이 자신의 만족감을 위해 축구를 하기를 바란 것이겠군.
② 손흥민이 팬들의 반응을 보고 더욱 좋은 실력을 발휘했다면 외재 동기가 작용한 것이겠군.
③ 손흥민의 아버지는 손흥민이 작은 보상에 만족하지 않고 더 큰 보상을 받을 수 있도록 노력하기를 원했겠군.
④ 손흥민의 아버지는 손흥민이 골을 넣은 것에 도취되어 남에게 인정받는 것에만 몰두할까 봐 두려웠던 것이겠군.
⑤ 손흥민의 아버지는 데뷔 골에 대해 한국 팬들이 보인 반응이 손흥민에게 외적 보상을 주는 일이라고 생각했겠군.

초연결성은 지역성을 강화하는가 ① | 김재영 지학사

학습 포인트
- 이 글의 중심 화제
- '초연결성'과 '동네 기반 중고 거래 플랫폼'의 특성

서론 1 전 세계 인류가 손쉽게 왕래하고 소통하는 지구촌 시대가 우리 곁에 다가온지도 오래되었다. 인터넷, 모바일, 인공지능 등 정보 통신 기술의 발전으로 지리적 거리와 시간의 제약이 사라지고, 전 세계가 하나의 거대한 네트워크로 연결된 초연결 사회에 살고 있다. 사람과 사람, 사람과 사물, 사물과 사물이 거미줄처럼 촘촘한 네트워크로 연결되어 모든 것에 대한 정보가 생성, 수집되고 공유되는 초연결성이 지배하는 시대에 살고 있는 것이다. 초연결성은 개인이 시간과 공간에 얽매이지 않고 언제 어디서나 다른 사람들과 소통하며 정보를 얻을 수 있는 환경을 조성하여 상호 연결성을 높여 주고 있다. 그렇다면 이러한 초연결성은 지역성에 어떤 영향을 미칠까? 이 물음에 대해 초연결성이 직접 만나서 소통하는 기존의 연결성을 약하게 만들어 지역민들의 직접적인 소통을 기반으로 하는 지역성을 약화할 것이라는 주장이 있다. 그러나 이와 같은 주장은 초연결성이 지역에 미치는 영향을 간과한 면이 있다. 초연결 사회가 진행될수록 지역의 가치가 제한된 공간을 넘어 더 넓은 세상으로 퍼지기 때문에 오히려 초연결성은 지역성을 강화할 것이다.

> **서론** 시공간적 제한을 넘어 지역성을 강화하는 초연결성

본론1 1 초연결성의 토대가 없었다면 지리적 공간을 압축하는 세계화의 흐름 속에서 지역성이 부각되기는 어려웠을 것이다. 초연결성은 특정 지역으로부터 다른 지역으로 뻗어 나가는 연결망도 형성하지만, 특정 지역성을 중심으로 사람들을 모으는 연결망도 형성하기 때문이다. 예를 들어 많은 사람들이 디지털 기기를 이용하여 언제 어디서나 지역의 문화, 축제, 음식점, 관광지 등을 소개하는 동영상을 시청하며 지역의 소식을 공유하고 정보를 나누고 있다. 이렇게 지역의 특색과 가치가 널리 공유되면 그것을 직접 경험하고 싶어 하는 사람들이 생겨난다. 이들은 자신이 원하는 지역을 직접 방문해 지역의 특색 있는 문화를 즐기고, 그 경험을 다시 초연결망을 이용하여 널리 전파한다. 즉 초연결성이 지역성의 강화로 이어지는 것이다. 이에 따라 기업들도 지역의 가치를 재인식하고 지역성을 기업 이미지의 개선과 판촉 등에 활용하는 것을 늘리고 있다. 또 언론에서도 작은 규모의 동네나 마을, 공동체에 관한 세세한 정보를 제공하는 지역 뉴스의 보도를 이전보다 중시하고 있다.

> **본론1** 특정 지역성을 중심으로 사람들을 모으는 연결망을 형성하는 초연결성

본론2 1 초연결성을 통해 사람들은 지역을 기반으로 더욱 긴밀히 협력하고 소통하며 새로운 정체성을 형성할 수 있다. 그 대표적인 예가 바로 동네 기반 중고 거래 플랫폼이다. 초연결 사회에 접어들며 등장한 동네 기반 중고 거래 플랫폼은 높은 상호 연결성을 바탕으로 세밀한 지역 단위로 운영되고 있다. 플랫폼의 이용자들은 개인의 현 위치를 기준으로 행정 구역상의 동 단위보다 좁은 지역을 '동네'로 설정한다. 그리고 동네 이웃들과 중고 물품을 거래하면서 '맛있는 떡볶이 가게가 어디인가요?', '자전거 수리하는 곳이 어디 있나요?' 등과 같이 동네 생활 정보를 묻기도 하고, 다른 이들의 물음에 답하기도 하며 정서적 친밀감을 쌓아간다. 이웃들과 일상생활에 관한 다양한 정보를 주고받으며 소통하는 것은 고도화된 연결망을 바탕으로 관계를 형성하며 살아가는 지역 공동체의 모습을 잘 보여 준다. 많은 사람들이 세밀한 지역을 단위로 소속감, 친밀감, 애착심을 느끼며 '한동네' 사람이라는 정체성을 형성

하게 된 것이다. 이것은 '아주 좁은 지역의 특성에 맞춘'이라는 개념으로 세밀한 단위의 지역성을 나타내는 '동네 생활권[hyper local]'이 사람들의 일상 속에서 강화되고 있음을 보여 준다.

핵심 정리하기

◆ 제재 개관

갈래	논설문
성격	논리적, 설득적
제재	초연결성과 지역성의 관계
주제	지역성을 강화하는 초연결성
특징	• 독자에게 익숙한 사례를 제시하여 주장을 강화함. • 예상되는 반론과 이에 대한 반박을 제시하여 설득력을 높임.

✦ 이 글의 논증 요소 ①

주장	초연결성은 지역성을 강화한다.
이유 1	초연결성은 특정 지역성을 중심으로 사람들을 모으는 연결망을 형성함.
근거	• 디지털 기기를 이용하여 지역의 소식을 공유하고 정보를 나누는 많은 사람들 • 지역의 가치를 재인식하는 기업 활동 • 언론의 지역 뉴스의 보도 중시
이유 2	초연결성이 사람들 간의 연결성을 높이고, 지역을 기반으로 새로운 정체성을 형성할 수 있음.
근거	고도화된 연결망을 바탕으로 관계를 형성하며 살아가는 지역 공동체의 모습

✦ '초연결성'의 특징
• 개인이 언제 어디서나 다른 사람들과 소통하며 정보를 얻을 수 있는 환경을 조성하여 상호 연결성을 높인다.
• 특정 지역성을 중심으로 사람들을 모으는 연결망을 형성한다.
• 수집되는 정보들의 양과 범위가 광대하고 다양하다.

내신 올리기

정답과 해설 28쪽 •

01 이와 같은 글을 읽을 때 고려해야 할 점으로 적절하지 <u>않은</u> 것은?
① 글쓴이가 주장하고자 하는 논지가 명확한지 판단하며 읽는다.
② 예상 독자의 수준에 맞는 논거를 제시했는지 판단하며 읽는다.
③ 글의 맥락에 적절한 설득 전략을 활용했는지 판단하며 읽는다.
④ 글쓴이의 주장을 뒷받침하고 있는 근거가 타당한지 판단하며 읽는다.
⑤ 글쓴이가 경험에서 얻은 정서를 진정성 있게 표현했는지 판단하며 읽는다.

02 이 글에 대한 설명으로 적절하지 <u>않은</u> 것은?
① 질문의 형식으로 논제를 제시하여 독자의 관심을 유도하고 있다.
② 글쓴이의 주장과 관련한 사례를 제시하여 논지를 강화하고 있다.
③ 논제와 관련한 주요 용어의 개념을 밝혀 논제를 명확히 하고 있다.
④ 예상되는 반론을 언급하고 이를 반박하여 주장의 설득력을 높이고 있다.
⑤ 글쓴이의 주장을 뒷받침할 전문가의 견해를 인용하여 신뢰성을 높이고 있다.

03 이 글의 주요 화제로 보기 <u>어려운</u> 것은?
① 지역성　　　② 초연결성　　　③ 인공지능
④ 동네 생활권　　　⑤ 초연결 사회

04 이 글의 내용과 일치하지 <u>않는</u> 것은?
① 초연결 사회 이전에는 지역민들이 직접적인 소통으로 지역성을 형성하였다.
② 초연결 사회가 진행될수록 초연결성이 지역에 미치는 영향은 줄어들 수밖에 없다.
③ 정보 통신 기술의 발전 덕분에 네트워크로 연결된 초연결 사회가 이루어질 수 있었다.
④ 초연결성으로 인해 개인이 사람뿐만 아니라 사물과도 연결되어 정보를 공유할 수 있다.
⑤ 초연결성 덕분에 지리적 공간을 넘어서서 연결되는 세계화의 흐름 속에서 지역성이 부각될 수 있었다.

초연결성은 지역성을 강화하는가 ❷ | 김재영

❷　사람뿐만 아니라 사물까지 포함한 초연결망을 통해 수집되는 정보들은 그 양과 범위가 광대하고 다양하다. 동네 기반 중고 거래 플랫폼은 인공지능을 기반으로 수집된 해당 지역의 빅 데이터를 이용하여 각각의 이용자들에게 맞춤형 정보를 제공하고 있다. 이 때문에 이용자들은 다른 온라인 쇼핑 플랫폼보다 동네 기반 중고 거래 플랫폼에서 머무는 시간이 상대적으로 길다. 예를 들어 반려동물과 함께 사는 사람이 있다고 하자. 동네 기반 중고 거래 플랫폼은 빅 데이터를 이용해 이 사람의 소비를 예측하고 필요한 물품에 관한 정보를 더 많이 제공해 준다. 플랫폼에서 반려동물 관련 물품을 추천받은 해당 이용자는 다른 이용자들에게 그 물품과 관련된 정보를 공유하고, 더 나아가 다른 반려인과 같은 관심사를 매개로 소통하면서 플랫폼에 오래 머물게 된다. 즉 맞춤형 정보의 제공은 같은 동네에 속한 이용자들 간의 소통을 늘려 상호 연결성을 높이고, 이용자들이 자신이 속한 지역의 가치를 더 중시하게 만든다.

> **본론 2**　맞춤형 정보 제공으로 사람들이 지역의 가치를 더 중시하게 하는 초연결성

본론 3 ❶　한편 네트워크 연결의 고도화를 바탕으로 한 초연결성이 지역성을 무의미하게 만들 수 있다고 우려하는 사람들이 있다. 이들은 언제 어디서나 특정 지역에 국한되지 않고 세계 곳곳에 있는 사람들과 소통이 가능해짐에 따라 지역성이 소멸될 것이라고 말한다. 이 입장에서는 동네 기반 중고 거래 플랫폼을 통해 맺어지는 사회적 관계가 익명에 기반을 둔 일시적이고 형식적인 것이기 때문에 결국 지역성이 약화될 수밖에 없다고 주장한다. 그러나 초연결 사회에서 지역성은 능동적으로 생성되고 강화되어 간다. 동네 기반 중고 거래 플랫폼은 해**[A]** 당 지역 사람들이라면 누구나 중고 거래에 참여하고 지역 정보에 대해 발언할 수가 있어 이용자들이 소통에서 느끼는 효능감이 크다. 예를 들어 가까운 거리에 있는 사람들과 취미를 공유하기 위해 누가 시키지 않아도 선뜻 나서서 모임을 제안해 만나고, 집에서 만든 음식 사진을 올리며 소소한 일상을 공유한다. 또 눈이 오는 날에는 자신이 만든 눈사람을 자랑하며 눈에 대한 감성을 공유하기도 한다. 이와 같은 초연결성을 기반으로 지역 구성원들 간의 따뜻한 연결이 능동적으로 누적될수록 지역성은 사람들의 일상에 더 깊이 뿌리를 내리게 된다. 초연결성이 지역성을 우리의 일상생활에서 고려하지 않으면 안 되는 필수 요소로 만드는 것이다.

> *범위를 일정 부분에 한정함.*
> *작고 대수롭지 아니한*

> **본론 3**　우려와 달리 지역성을 능동적으로 생성하고 강화하는 초연결성

결론 ❶　초연결 사회에서 사방으로 뻗어 세계 곳곳에 닿아 있는 연결망은 역설적이게도 동네 생활권이라는 개념을 더 중요하게 만들고 있다. 동네 생활권을 기반으로 운영되고 있는 플랫폼들이 공감과 신뢰를 바탕으로 해당 지역 사람들을 연결하고 사회적으로 결합하도록 매개하고 있는 것이다. 사람들은 동네 생활권 기반 플랫폼을 통해 지역에 대한 친밀감과 소속감을 느끼며, 동네 사람에 대한 존중과 동료애 같은 개인적 유대, 나아가 신뢰에 기초한 사회적 유대까지 형성하고 있다. 이렇게 형성된 사람들 간의 관계는 지역의 문제들에 대해 지역민들이 함께 논의하고 함께 해결 방안을 찾아가는 바탕이 되고 있다. 초연결성이 지역성을 강화하는 것은 비단 우리 사회만의 이야기가 아니다. 전 세계적으로 지역 사회를 기반으로 한 서비스를 이용하는 사람들이 많아지고 있고, 그에 따라 지역 기반의 콘텐츠가 늘어나고 있다. 이러한 추세는 초연결 사회에서 지역이 지니는 가치를 잘 보여 준다. 초연결 사회에서 사람과 사람 사이의 관계는 확장되고 세계는 좁아지고 있는 것이다.

> **결론**　전 세계적으로 지역성과 지역 사회의 가치를 강화하는 초연결성

핵심 정리하기

✦ 이 글의 논증 요소 ②

주장	초연결성은 지역성을 강화한다.
이유 2	초연결성이 사람들 간의 연결성을 높이고, 지역을 기반으로 새로운 정체성을 형성할 수 있음.
근거	지역 사람들에게 맞춤형 정보를 제공하는 동네 기반 중고 거래 플랫폼

✦ '본론 3'에서 예상 반론에 대한 글쓴이의 반박

예상 반론	네트워크 연결의 고도화를 바탕으로 한 초연결성은 일시적이고 형식적인 것이기 때문에 지역성을 무의미하게 만들 수 있음.
예상 반론에 대한 반박	동네 기반 중고 거래 플랫폼과 같은 초연결 사회에 참여하는 사람들이 소통에서 느끼는 효능감이 크므로, 초연결 사회에서 지역성은 능동적으로 생성되고 강화되어 감.

✦ '동네 기반 중고 거래 플랫폼'의 특징
- 높은 상호 연결성을 바탕으로 세밀한 지역 단위로 운영된다.
- 이웃들과 일상생활에 관한 다양한 정보를 주고받으며 소통하는 매개가 된다.
- 인공지능 기반의 빅 데이터를 이용하여 이용자들에게 맞춤형 정보를 제공한다.
- 맞춤형 정보의 제공으로 같은 동네에 속한 이용자들 간의 상호 연결성을 높이고, 자신이 속한 지역의 가치를 중시하게 만든다.

내신 올리기

01 이 글을 쓰기 위해 글쓴이가 떠올린 계획으로 적절한 것은?
① 다른 나라의 사례도 제시해서 초연결성이 세계적 흐름임을 강조해야겠어.
② 독자들이 초연결성의 개념을 잘 알도록 사전적 정의를 직접 인용해야겠어.
③ 전문가의 견해를 들어서 초연결 사회에서 지역이 지니는 가치를 강조해야겠어.
④ 문제의 심각성을 강조하기 위해 동네 기반 중고 거래 플랫폼을 활용한 내 일화를 제시해야겠어.
⑤ 지역성을 기반으로 한 소통의 사례를 들어 독자들이 논지를 보다 쉽게 이해할 수 있도록 해야겠어.

02 [A]에 대한 설명으로 가장 적절한 것은?
① 예상 가능한 반론을 제시하고 이를 수용하고 있다.
② 앞서 제시한 내용을 종합하여 주장을 정리하고 있다.
③ 예상되는 반론을 제시하고 이를 논리적으로 반박하고 있다.
④ 논지에 대한 일반적인 견해를 소개하고 이를 일부 수용하고 있다.
⑤ 주장에 대한 한계를 제시하고 이를 보완할 수 있는 방안을 언급하고 있다.

03 이 글을 평가하기 위한 질문으로 적절하지 <u>않은</u> 것은?
① 글의 구조가 논리적으로 잘 짜여 있는가?
② 타당한 논증에 의해 주장이 입증되고 있는가?
③ 전문가의 말을 인용하여 설득력을 높이고 있는가?
④ 글에 제시된 이유나 근거가 주장과 관련성이 있는가?
⑤ 글에 제시된 이유나 근거가 충분히 받아들일 만한 것인가?

고난도

04 이 글을 통해 알 수 있는 내용으로 적절하지 <u>않은</u> 것은?
① 생활권을 기반으로 운영되는 서비스와 콘텐츠는 전 세계적으로 늘어나고 있다.
② 네트워크 연결의 고도화는 특정 지역에 국한되지 않고 소통이 가능하도록 해 준다.
③ 동일 지역 구성원들 간의 연결이 강화될수록 다른 지역 사람들 간의 초연결성은 약화된다.
④ 빅 데이터를 사용한 맞춤형 정보 제공은 같은 동네의 이용자들 간 상호 연결성을 높여 준다.
⑤ 초연결 사회의 일시적이고 형식적인 특성으로 인해 지역성이 약화될 것이라고 우려하는 의견이 있다.

2015학년도 9월 모의평가

1회 지방 자치 단체의 정책 결정 방식

01~03 다음 글을 읽고 물음에 답하시오.

현대 사회가 다원화되고 복잡해지면서 중앙 정부는 물론, 지방 자치 단체 또한 정책 결정 과정에서 능률성과 효과성을 우선시하는 경향이 커져 왔다. 이로 인해 전문적인 행정 담당자를 중심으로 한 정책 결정이 빈번해지고 있다. 그러나 지방 자치 단체의 정책 결정은 지역 주민의 의사와 무관하거나 배치되어서는 안 된다는 점에서 이러한 정책 결정은 지역 주민의 의사에 보다 부합하는 방향으로 보완될 필요가 있다.

행정 담당자 주도로 이루어지는 정책 결정의 문제점을 극복하기 위해 그동안 지방 자치 단체 자체의 개선 노력이 없었던 것은 아니다. 지역 주민의 요구를 수용하기 위해 도입한 '민간화'와 '경영화'가 대표적인 사례이다. 이 둘은 모두 행정 담당자 주도의 정책 결정을 보완하기 위해 시장 경제의 원리를 부분적으로 받아들였다는 점에서는 공통되지만, 운영 방식에는 차이가 있다. ㉠민간화는 지방 자치 단체가 담당하는 특정 업무의 운영권을 민간 기업에 위탁하는 것으로, 기업 선정을 위한 공청회에 주민들이 참여하는 등의 방식으로 주민들의 요구를 반영하는 것이다. 하지만 민간화를 통해 수용되는 주민들의 요구는 제한적이므로 전체 주민의 이익이 반영되지 못하는 경우가 많고, 민간 기업의 특성상 공익의 추구보다는 기업의 이익을 우선한다는 한계가 있다. ㉡경영화는 민간화와는 달리, 지방 자치 단체가 자체적으로 민간 기업의 운영 방식을 도입하는 것을 말한다. 주민들을 고객으로 대하며 주민들의 요구를 충족하고자 하는 것이다. 그러나 주민 감사나 주민자치위원회 등을 통한 외부의 적극적인 견제가 없으면 행정 담당자들이 기존의 관행에 따라 업무를 처리하는 경향이 나타나기도 한다.

이러한 한계를 해소하고 지방 자치 단체의 정책 결정 과정에서 지역 주민 전체의 의견을 보다 적극적으로 반영하기 위해서는 주민 참여 제도의 활성화가 요구된다. 현재 우리나라의 지방 자치 단체가 채택하고 있는 간담회, 설명회 등의 주민 참여 제도는 주민들의 의사를 간접적으로 수렴하여 정책에 반영하는 방식인데, 주민들의 의사를 더욱 직접적으로 반영하기 위해서는 주민 투표, 주민 소환, 주민 발안 등의 직접 민주주의 제도를 활성화하는 방향으로 주민 참여 제도가 전환될 필요가 있다.

[A] 직접 민주주의 제도의 활성화를 통해 지역 주민들이 직접적으로 정책 결정에 참여하게 되면, 정책 결정에 대한 주민들의 참여가 지속적이고 안정적으로 이루어질 수 있다. 그리고 각 개인들은 지역 문제에 대한 관심이 높아지고 공동체 의식이 고양되는 효과도 기대된다. 또한 이러한 직접 민주주의 제도를 통해 전체 주민의 의사가 가시적으로 잘 드러날 뿐만 아니라, 이에 따라 행정 담당자들도 정책 결정에서 전체 주민의 의사를 더 적극적으로 고려하게 된다. 아울러 주민들의 직접적인 참여를 통해 정책에 대한 지지와 행정에 대한 신뢰가 높아짐으로써 주민들이 정책 집행에 대해 적극적으로 협조하는 경향이 커지게 될 것이다.

01 윗글에 대한 설명으로 적절하지 <u>않은</u> 것은?

① 지방 자치 단체의 정책 결정 과정을 중앙 정부와 대비해서 기술하고 있다.
② 지방 자치 단체가 주민 참여 제도를 활성화해야 하는 이유를 제시하고 있다.
③ 지방 자치 단체가 채택하고 있는 주민 참여 제도의 종류를 제시하고 있다.
④ 지방 자치 단체가 직접 민주주의 제도를 활성화했을 때의 효과를 말하고 있다.
⑤ 지방 자치 단체가 자체적으로 도입하고 있는 정책 결정 방식의 개선 노력을 설명하고 있다.

02 ㉠과 ㉡에 대한 설명으로 적절하지 <u>않은</u> 것은?

① ㉠은 기업의 이익을 중시하여 전체 주민의 이익을 소홀히할 우려가 있다.
② ㉡이 성공적으로 시행되려면 정책 결정 과정에 외부의 견제 장치가 필요하다.
③ ㉠과 ㉡은 모두 행정 담당자 주도의 정책 결정을 보완하기 위해 도입되었다.
④ ㉠과 ㉡은 모두 지방 자치 단체가 외부에 정책 결정권을 위임하는 방식이다.
⑤ ㉠과 ㉡은 모두 지방 자치 단체의 정책 결정에 지역 주민의 요구를 반영하기 위해 도입되었다.

03 [A]와 관련하여 〈보기〉를 이해한 것으로 가장 적절한 것은?

| 보기 |

    ○○시는 지방 자치 단체의 운영 재원을 확충하기 위해 쓰레기 매립장 유치를 추진했다. 이에 대해 찬성 측은 재원 확충에 따라 지역 주민의 복지가 향상될 것이라고 주장한 반면, 반대 측은 지역의 환경 오염 문제가 심화되어 삶의 질이 나빠질 것이라고 주장했다. 이에 ○○시는 해당 정책에 대해 주민 투표를 실시했는데 주민의 80%가 투표에 참여했다. 투표 결과 52.5% 대 47.5%로 찬성이 많았으나, 반대하는 주민들이 투표 결과에 불복하여 주민 간에 반목이 심해졌다. 주민 간의 갈등이 심화되면서 해당 정책의 결정이 지연되어 행정에 대한 불신이 커졌고, 상당수의 주민들은 다른 정책에 대해서도 협조를 하지 않는 현상이 나타났다. 또한 주민 투표 제도에 대해서 회의를 느끼는 주민들이 다른 정책에 대한 주민 투표를 거부하는 일이 생기기도 했다.

① 찬성이 더 많은 투표 결과를 보니, 지역 주민들의 공동체 의식이 고양된다는 사실을 확인할 수 있군.

② 찬성 측과 반대 측의 견해가 대립하는 것을 보니, 행정에 대한 주민들의 신뢰가 높아진다는 사실을 확인할 수 있군.

③ 해당 정책의 결정이 지연되는 것을 보니, 정책 결정에 대한 주민들의 참여가 안정적으로 이루어진다는 사실을 확인할 수 있군.

④ 다른 정책에 대해서 주민 투표를 거부하는 일이 생기는 것을 보니, 정책에 대한 주민들의 지지가 높아진다는 사실을 확인할 수 있군.

⑤ 투표 결과를 수용하지 않는 주민들이 있는 것을 보니, 주민의 직접 참여에 의한 정책 결정인 경우에도 주민들이 비협조적인 경우가 있다는 사실을 확인할 수 있군.

2016학년도 6월 모의평가 B형

2회 벡과 바우만의 현대 사회론

04~06 다음 글을 읽고 물음에 답하시오.

    산업화에 따라 사회가 분화되고 개인이 공동체적 유대로부터 벗어나게 되는 현상을 '개체화'라고 한다. 울리히 벡과 지그문트 바우만은 현대의 개체화 현상을 사회적 위험 문제와 연관시켜 진단한 대표적인 학자들이다.

    사실 사회 분화와 개체화는 자본주의적 산업화 이래로 지속된 현상이다. 그런데 20세기 중반 이후부터는 세계화를 계기로 개체화 현상이 과거와는 질적으로 달라진 양상을 보여 주고 있다. 교통과 통신 수단의 발달에 따라 국경을 넘나드는 자본과 노동의 이동이 가속화되었고, 개인에 대한 국가의 통제력도 현저하게 약화되고 있다. 또한 전 세계적인 노동 시장의 유연화 경향에 따라 정규직과 비정규직, 생산직과 사무직 등 다양한 형태로 분절화된 노동자들이 이제는 계급적 연대 속에서 이해관계를 공유하지 못하게 되었다. 핵가족화 추세에 더하여 일인 가구가 급속도로 늘어나는 등 가족의 해체 현상도 많이 나타나고 있다. 벡과 바우만은 개체화의 이러한 가속화 추세에 대해서 인식의 차이를 보이지 않는다.

    그런데 현대의 위기와 관련해서 그들이 개체화를 바라보는 시선은 사뭇 다르다. 먼저 벡은 과학 기술의 의도하지 않은 결과로 나타난 현대의 위기가 개체화와는 별개로 진행된 현상이라고 본다. 벡은 핵무기와 원전 누출 사고, 환경 재난 등 예측 불가능한 위험이 현실화될 가능성이 있는데도 삶의 편의와 풍요를 위해 이를 방치(放置)함으로써 위험이 체계적이고도 항시적으로 존재하게 된 현대 사회를 ㉠'위험 사회'라고 규정한 바 있다. 현대의 위험은 과거와 달리 국가와 계급을 가리지 않고 파괴적으로 영향을 미친다는 것이 벡의 관점이다. 그런데 벡은 현대인들이 개체화되어 있다는 바로 그 조건 때문에 오히려 전 지구적 위험에 의한 불안에 대응하기 위해 초계급적, 초국가적으로 연대(連帶)할 가능성이 있다고 보았다. 특히 벡은 그들이 과학 기술의 발전뿐 아니라 그 파괴적 결과까지 인식하여 대안을 모색하는 '성찰적 근대화'의 실천 주체로서 일상생활에서의 요구를 모아 정치적으로 표출(表出)하는 등 행동에 나서야 한다고 주장한다.

    한편 바우만은 개체화된 개인들이 삶의 불확실성 속에서 생존을 모색하게 된 현대를 ㉡'액체 시대'로 정의하였다. 현대인의 삶과 사회 전체가, 형체는 가변적이고 흐르는 방향은 유동적인 액체와 같아졌다고 보았던 것이다. 그런데 그는 액체 시대라는 개념을 통해 핵 확산이나 환경 재앙 등 예측 불가능한 전 지구적 위험 요인의 항시적 존재만이 아니라 삶의 조건을 불확실하게 만드는 개체화 현상 자체를 위험 요인으로 본다는 점에서

백과 달랐다. 바우만은 우선 세계화의 흐름 속에서 소수의 특권 계급을 제외한 대다수의 사람들이 무한 경쟁에 내몰리고 빈부 격차에 따라 생존 자체를 위협받는 등 잉여 인간으로 전락(轉落)하고 있다고 본다. 그러나 그가 더 치명적으로 본 것은 협력의 고리를 찾지 못하게 된 현대인들이 개인 수준에서 위기에 대처해야 하는 상황에 빠져 버렸다는 점이다. 더구나 그는 위험에 대한 공포가 내면화되면 사람들은 극복 의지도 잃고 공포로부터 도피하거나 소극적 자기 방어 행동에 몰두(沒頭)하게 된다고 보았다. 그렇기 때문에 바우만은 일상생활에서의 정치적 요구를 담은 실천 행위도 개체화의 흐름에 놓여 있기 때문에 현대의 위기에 대한 해결책이 될 수 없다고 판단하고 있다.

04 윗글의 논지 전개 방식으로 가장 적절한 것은?

① 개체화 현상의 다양한 양상들을 하나의 기준에 따라 분류하였다.
② 개체화 현상에 대한 통념을 비판하며 그 개념을 새롭게 규정하였다.
③ 개체화 현상에 대한 서로 다른 두 견해의 공통점과 차이점을 설명하였다.
④ 개체화 현상의 역사적 기원에 대한 다양한 가설들의 한계와 의의를 평가하였다.
⑤ 개체화 현상에 대한 정의를 바탕으로 이와 유사한 사회적 개념들을 비교하였다.

05 현대의 개체화 현상에 대해 추론한 내용으로 적절하지 않은 것은?

① 노동자들이 계급적 동질성을 갖지 못하게 한다.
② 국가의 통제력 강화를 통해 개인의 자율성 약화를 초래한다.
③ 개인의 거주 공간이 가족 공동의 거주 공간에서 분리되는 추세도 포함한다.
④ 벡의 관점에서는 현대인들로 하여금 새로운 방식의 유대를 모색하게 하는 조건이다.
⑤ 바우만의 관점에서는 현대인들로 하여금 서로 연대하기 어렵게 하는 위험 요인이다.

06 ㉠과 ㉡에 대한 이해로 적절하지 않은 것은?

① ㉠은 위험 요소의 성격이 과거와 달라진 현대 사회의 특성을 드러내기 위한 개념이다.
② ㉡은 현대 사회의 불확실성을 강조하기 위해 물체의 속성에서 유추하여 사회에 적용한 개념이다.
③ ㉠과 ㉡은 모두 인간관계의 유연한 확장 가능성을 비관적으로 보는 개념이다.
④ ㉠과 ㉡은 모두 재난의 현실화 가능성이 일상화되어 있다는 점을 전제로 하는 개념이다.
⑤ ㉠과 ㉡은 모두 위험의 공간적 범위가 전 지구적으로 확장되어 있음을 내포하는 개념이다.

2023학년도 6월 고1 전국연합

3회 **공공 선택 이론**

07~08 다음 글을 읽고 물음에 답하시오.

어떤 안건을 대하는 집단 구성원들의 생각은 각기 다르므로, 상이한 생각들을 집단적 합의에 이르게 하는 의사 결정 과정이 필요하다. 공공 선택 이론은 이처럼 집단을 구성하는 개인의 의사가 집단의 의사로 통합되는 과정을 다룬다. 직접 민주주의하에서의 의사 결정 방법으로 단순 과반수제, 최적 다수결제, 점수 투표제 등이 있다.

단순 과반수제는 투표자의 과반수가 지지하는 안건이 채택되는 다수결 제도이다. 효율적으로 의사 결정이 이루어져 많이 사용되고 있으나, 각 투표자는 찬반 여부를 표시할 뿐 투표 결과에는 선호 강도가 드러나지 않아 안건 채택 시 사회 전체의 후생이 감소할 가능성이 있다. 이는 다수의 횡포에 의해 소수의 이익이 침해되는 상황이 발생할 수 있음을 의미한다. 또한 어떤 대안들을 먼저 비교하는가에 따라 그 결과가 달라지는 ⓐ'투표의 역설' 현상이 나타날 수 있다. 예를 들어, 갑, 을, 병 세 사람이 사는 마을에 정부에서 병원, 학교, 경찰서 중 하나를 지어 줄 테니 투표를 통해 선택하라고 제안하였고, 이때 세 사람의 선호 순위가 다음 〈표〉와 같다고 하자. 세 가지 대안을 동시에 투표에 부치면 하나의 대안으로 결정되지 않는다. 그래서 먼저 병원, 학교, 경찰서 중 두 대안을 선정하여 다수결로 결정한 후 남은 한 가지 대안과 다수결로 승자를 결정하면 최종적으로 하나의 대안이 결정된다. 즉, 비교하는 대안의 순서에 따라 〈표〉의 투표 결과는 달라지게 된다.

선호 순위 투표자	1순위	2순위	3순위
갑	병원	학교	경찰서
을	학교	경찰서	병원
병	경찰서	병원	학교

〈표〉

[A] 최적 다수결제는 투표에 따르는 총비용이 최소화되는 지점을 산정한 후, 안건의 찬성자 수가 그 이상이 될 때 안건이 통과되는 제도이다. 이때의 총비용은 의사 결정 비용과 외부 비용의 합으로 결정된다. 의사 결정 비용은 투표자들의 동의를 구하는 데 드는 시간과 노력에 따른 비용을 의미하며, 찬성표의 비율이 높을수록 증가한다. 외부 비용은 어떤 안건이 통과됨에 따라 그 안건에 반대하였던 사람들이 느끼는 부담을 의미하며, 찬성표의 비율이 높아질수록 낮아지며 모든 사람이 찬성할 경우에는 0이 된다. 안건 통과에 필요한 투표자 수가 증가할수록 의사 결정 비용이 증가하므로 의사 결정 비용 곡선은 우상향한다. 이와 달리 외부 비용은 감소하므로 외부 비용 곡선은 우하향하며, 두 곡선을 합한 총비용 곡선은 U자 형태로 나타난다. 이때 총비용이 최소화되는 곳이 최적 다수결제에서의 안건 통과의 기준이 되는 최적 다수 지점이 된다. 이 제도는 의사 결정 과정을 이론적으로 명쾌하게 설명할 수 있지만, 최적 다수결의 기준을 정하는 데 시간을 지나치게 소비하게 된다는 단점이 있다.

점수 투표제는 각 투표자에게 일정한 점수를 주고 각 투표자가 자신의 선호에 따라 각 대안에 대하여 주어진 점수를 배분하여 투표하는 제도로, 합산하여 가장 많은 점수를 얻은 대안이 선택된다. 투표자의 선호 강도에 따라 점수를 배분하므로 투표자의 선호 강도가 잘 반영된다. 소수의 의견도 투표 결과에 잘 반영되며, 투표의 역설이 나타나지 않는다는 장점이 있다. 하지만 전략적 행동에 취약하여 투표 결과가 불규칙하게 바뀔 수 있다는 단점이 있다. 전략적 행위란 어떤 투표자가 다른 투표자의 투표 성향을 예측하고 자신의 행동을 이에 맞춰 변화시킴으로써 자기가 원하는 것을 얻으려 하는 태도를 뜻한다. 이 행위는 어떤 투표 제도에서든 나타날 수 있으나, 점수 투표제에서 나타날 가능성이 높다.

07 ⓐ와 관련하여 〈표〉를 이해한 것으로 적절하지 <u>않은</u> 것은?

① '병원'과 '학교'를 먼저 비교할 경우, '병원'과 '경찰서'의 다수결 승자가 최종의 대안으로 결정된다.

② '학교'와 '경찰서'를 먼저 비교할 경우, '갑'과 '을'이 '학교'에 투표하여 최종적으로 '학교'가 결정된다.

③ '병원'과 '학교'를 먼저 비교하는지, '학교'와 '경찰서'를 먼저 비교하는지에 따라 투표의 결과가 달라진다.

④ '병원', '학교', '경찰서'를 동시에 투표에 부치면, 모두 한 표씩 얻어 어떤 대안도 과반수가 되지 않는다.

⑤ 대안에 대한 '갑', '을', '병' 세 사람의 선호 순위는 바뀌지 않아도, 투표의 결과가 바뀌는 현상이 나타난다.

08 〈보기〉가 [A]의 각 비용들에 대한 그래프라고 할 때, 이에 대한 이해로 적절하지 <u>않은</u> 것은?

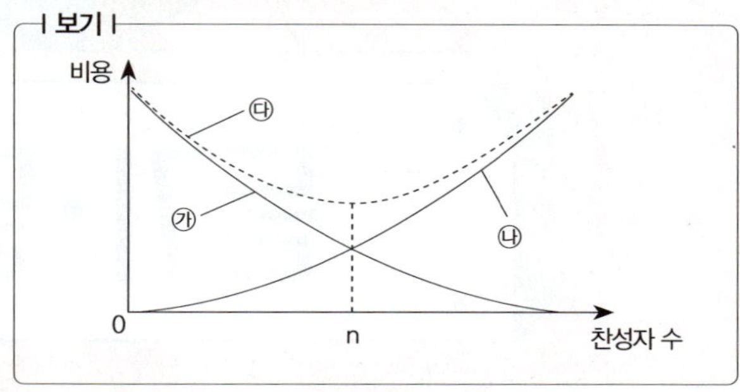

① ㉮는 외부 비용으로, 반대하는 투표자 수가 많아질수록 그 값이 커진다.

② ㉯는 의사 결정 비용으로, 투표 참가자들을 설득하는 데 드는 시간과 노력이 적을수록 그 값이 작아진다.

③ ㉰는 총비용으로, ㉮와 ㉯를 합한 값이 최소가 되는 지점 n이 최적 다수 지점이 된다.

④ 투표에 참가하는 모든 사람이 찬성하면 ㉮의 값은 0이 된다.

⑤ 안건 통과에 필요한 투표자가 많아지게 되면 ㉯는 이동하지만 ㉮는 이동하지 않는다.

듣기·말하기

◆ 무엇을 배울까?

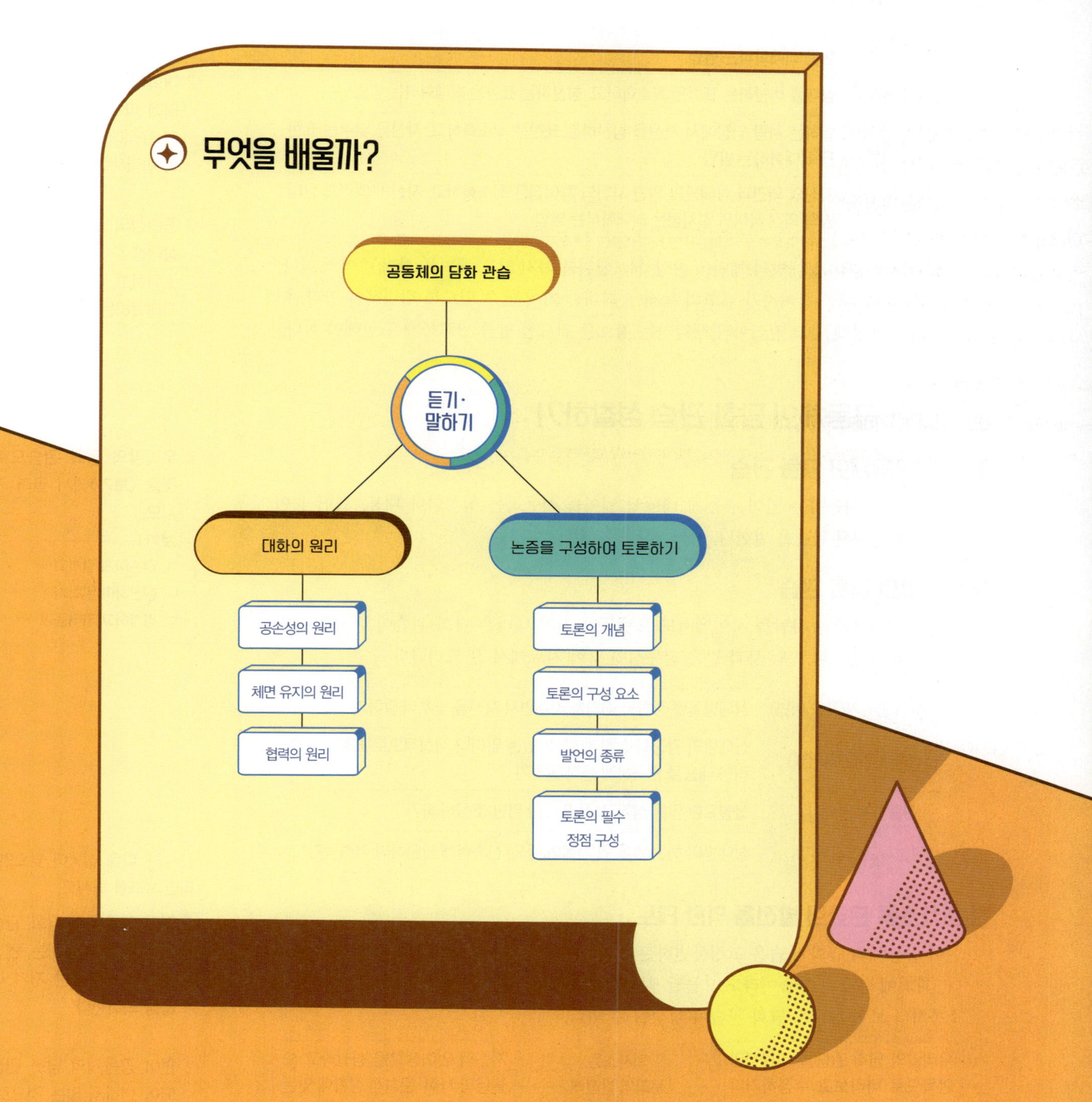

공동체의 담화 관습
듣기·말하기
대화의 원리
논증을 구성하여 토론하기
공손성의 원리
체면 유지의 원리
협력의 원리
토론의 개념
토론의 구성 요소
발언의 종류
토론의 필수 쟁점 구성

정답과 해설 31쪽 •

01 대화의 원리를 고려하여 대화하기

1 대화의 원리

- **공손성의 원리**: 대화할 때 상대방을 배려하고 존중하며 예절 바르게 말해야 한다.

요령의 격률	상대에게 부담이 되는 표현은 최소화하고, 이익이 되는 표현은 최대화하는 방법
관용의 격률	말하는 사람 입장에서 자신에게 이익이 되는 표현은 최소화하고, 부담이 되는 표현은 최대화하는 방법
찬동의 격률	상대를 비난하는 표현은 최소화하고, 칭찬하는 표현은 최대화하는 방법
겸양의 격률	말하는 사람 입장에서 자신을 칭찬하는 표현은 최소화하고, 자신을 낮추는 표현은 최대화하는 방법
동의의 격률	자신의 의견과 상대방의 의견 사이의 차이점은 최소화하고, 자신의 의견과 상대방의 의견 사이의 일치점은 최대화하는 방법

- **체면 유지의 원리**: 상대방의 체면을 손상하는 행위를 하지 않고 체면을 지켜 주어야 한다.
- **협력의 원리**: 대화 참여자가 대화의 목적에 최대한 기여할 수 있도록 협력해야 한다. 이를 위해 맥락에 맞고 진실이라 생각하는 정보를 필요한 만큼 명료하게 표현해야 한다.

02 나와 공동체의 담화 관습 성찰하기

1 언어 공동체의 담화 관습

같은 언어를 사용하는 언어 공동체 내에서 언어를 사용하는 형식이나 내용, 표현 등이 고유하게 형성된 관습을 말한다.

2 우리말의 담화 관습

우리말을 사용하는 사람들 사이에서도 오랫동안 지켜 내려온 담화 관습이 존재하는데, 이는 특히 고전이나 속담 등과 같은 전통적인 담화 자료에서 잘 드러난다.

겸손하게 말하기(겸양 어법)	상대방을 존중하고 예의를 갖추면서 자신을 낮추어 말하기
돌려 말하기(완곡어법)	상대방의 감정을 상하게 할 수 있는 말이나 직접적으로 표현하기 어려운 내용을 완곡하게 돌려 말하기
신중하게 말하기	불필요한 말을 삼가고, 꼭 필요한 말만 조심히 하기
경청하고 가려듣기	상대방이 하는 말을 귀 기울여 듣되, 신중하게 판단하며 가려듣기

3 의사소통 문화의 발전을 위한 태도

언어 공동체의 담화 관습은 고정불변하는 것이 아니라 사회·문화적 상황에 따라 변화한다. 과거에 통용된 관습이라도 오늘날에는 잘 맞지 않을 수 있으며, 오늘날 상황에 맞게 소통하다 보면 새로운 담화 관습이 형성될 수 있다.

우리말의 담화 관습을 비판적인 안목으로 바라보고 수정하거나 보완하여 계승함.	의사소통 문화의 발전에 기여하는 태도	자신의 언어생활을 성찰하고 오늘날의 사회·문화적 상황에 맞는 적절한 의사소통 방법을 사용함.

[1~3] 다음 빈칸에 들어갈 알맞은 말을 쓰시오.

1 대화의 원리에는 (　　　　)의 원리, 체면 유지의 원리, 협력의 원리가 있다.

2 대화의 원리 중 (　　　　)의 원리에 따르면, 대화 참여자는 대화의 목적에 최대한 기여할 수 있도록 협력해야 한다.

3 공손성의 원리 중 찬동의 격률은 상대를 (　　　　)하는 표현은 최소화하고, (　　　　)하는 표현은 최대화하는 방법이다.

4 우리말의 담화 관습으로 알맞은 것을 〈보기〉에서 골라 기호를 쓰시오.

┌ 보기 ┐
ㄱ. 겸손하게 말하기
ㄴ. 칭찬하며 말하기
ㄷ. 경청하고 가려듣기

(　　　　　)

[5~6] 다음 설명이 맞으면 ○표, 틀리면 ×표를 하시오.

5 언어 공동체의 담화 관습이란 같은 언어를 사용하는 언어 공동체 내에서 오랫동안 지켜 내려온 관습을 의미한다. (○, ×)

6 언어 공동체의 담화 관습은 고정되어 변하지 않는 것으로 잘 지켜 나가는 것이 중요하다. (○, ×)

03 논증을 구성하여 토론하기

1 토론의 개념

어떤 논제에 대해 찬성하는 입장의 사람들과 반대하는 입장의 사람들이 논증을 구성하여 자신의 주장이 옳음을 입증하는 말하기이다.

2 토론을 구성하는 요소

- **논제**: 토론의 주제로, 사실의 참과 거짓을 따지는 사실 논제, 어떤 가치가 더 수용할 만한지를 따지는 가치 논제, 새로운 정책의 실행 여부를 따지는 정책 논제가 있다.
- **쟁점**: 토론에서 찬성과 반대 양측의 입장이 나뉘는 지점이자, 치열하게 맞대결하는 세부 주장이다. 논제와 관련해 반드시 짚어야 할 쟁점을 필수 쟁점이라 한다.
- **논증**: 근거를 바탕으로 자신의 주장을 논리적으로 증명하는 것으로, 찬성 측에서는 쟁점을 입증할 수 있는 논증을, 반대 측에서는 찬성 측에서 제기한 쟁점을 반증할 수 있는 논증을 구성한다. 논증을 구성하는 요소에는 '주장, 근거, 이유'가 있다.

주장	토론자가 내세우고자 하는 명제 예 교내 휴대 전화 사용을 금지해야 한다.
근거	주장을 지지해 주는 객관적인 자료(사례, 설문 조사, 통계 수치, 전문가의 견해 등) 예 ○○에서 발표한 조사에 따르면, 청소년의 휴대 전화 중독률은 성인에 비해 ○○% 높다.
이유	근거를 바탕으로 주장을 가능하게 해 주는 요인 예 청소년은 휴대 전화를 과도하게 사용하고 있으며 스스로 이를 조절하기 어렵다.

3 토론에서 하는 발언의 종류

입론	찬성 측과 반대 측이 각각 논제와 관련하여 자신들의 주장이 타당함을 논리적으로 입증하는 말하기
반대 신문 (교차 신문)	입론을 마친 토론자를 대상으로 상대측 토론자가 논제에서 벗어난 부분이나 모순된 내용, 논리적 오류 등에 대해 질문하는 말하기
반론	상대측 주장이나 근거가 지닌 약점을 지적하면서 자신들의 주장이 지닌 강점을 강화하는 말하기

4 정책 논제를 다루는 토론의 필수 쟁점 구성

찬성 측	필수 쟁점	반대 측
문제가 중대하며, 조치가 시급함.	문제의 심각성	문제가 중대하지 않으며, 시급하지 않음.
제시된 방안의 실행이 가능하며, 문제를 해결할 수 있음.	문제 해결의 가능성	제시된 방안의 실행이 어렵고, 문제를 해결한다는 보장이 없음.
효과나 이익이 비용이나 부작용보다 큼.	효과 및 개선 이익	비용이나 부작용이 효과나 이익보다 큼.
↓		↓
입증의 책임		반증의 책임

✦ 개념 확인하기

[7~8] 다음 빈칸을 채우시오.

7 토론은 어떤 논제를 찬성하는 사람과 반대하는 사람들이 논증을 구성하여 각자 자신의 (   )이/가 옳음을 입증하는 말하기이다.

8 토론의 구성 요소 중 (   )은/는 토론의 주제를 뜻한다.

[9~10] 다음 설명이 맞으면 ○표, 틀리면 ×표를 하시오.

9 입론이란 찬성 측과 반대 측이 각각 자신들의 주장이 타당함을 논리적으로 입증하는 말하기이다.
(○ , ×)

10 반대 신문이란 입론을 마친 토론자가 자신이 말한 토론 내용 중 논제에서 벗어난 부분에 대해 보완하는 말하기이다.
(○ , ×)

[11~12] 다음 빈칸에 들어갈 알맞은 말을 고르시오.

11 정책 논제를 다루는 토론에서 찬성 측은 문제가 (중대하며, 조치가 시급함 / 중대하거나 시급하지 않음)을 입증해야 한다.

12 정책 논제를 다루는 토론에서 반대 측은 비용이나 부작용이 효과 및 개선 이익보다 (크다는 / 작다는) 점을 제시해야 한다.

대화의 원리와 공동체의 담화 관습

01 〈보기 2〉의 ㉠~㉤ 중, 〈보기 1〉에서 설명한 원리를 보여 주는 예로 가장 적절한 것은?

┤보기1├

　　요령의 격률은 상대방에게 부담이 되는 표현을 최소화하고 이익이 되는 표현을 최대화하는 방법이다.

┤보기2├

채빈: ㉠애들아, 내가 회의하자고 해 놓고 회의에 늦어서 미안해.

하영: ㉡괜찮아, 오히려 회의 시작 전에 친구들과 편하게 이야기를 나눌 수 있어서 좋았어.

승민: ㉢자, 그러면 우리 반 단체 티셔츠 디자인을 골라 볼까? 나는 이 회색 디자인이 좋은 것 같아.

정석: ㉣예쁘긴 한데 색이 조금 더 밝았으면 좋겠어.

민주: ㉤그럼 이 디자인은 어떠니?

정석: 오, 색감이 정말 예쁘다. 캐릭터도 독특해서 마음에 들어.

① ㉠　　② ㉡　　③ ㉢　　④ ㉣　　⑤ ㉤

02~03 다음 대화를 읽고, 물음에 답하시오.

화성: 동희야, 너 축구 잘해?

동희: ㉠내가 전학 오기 전에 말이야. 학교에 유소년 축구 선수가 있었는데, 그 친구가 내 실력을 인정해 줄 정도란다. 난 어릴 때부터 축구를 했어. 주말마다 축구 교실에 나가 꾸준히 연습을 했더니 축구를 아주 잘하게 됐지.

화성: 뭐야. 결론은 축구를 잘한다는 말이잖아. 조금 이따 축구 같이 할래?

동희: 좋아! 근데, 너 어제 축구부 입단 시험 본 건 어떻게 됐어?

화성: ㉡(일부러 못 들은 척하며) 내가 축구화를 어디에 두었더라?

동희: (화성의 어깨를 토닥이며) 다음에 기회가 또 있을 거야.

02 ㉠의 발화에 나타난 문제점으로 가장 적절한 것은?

① 대화 순서를 무시하고 자기 말만 하고 있다.

② 상대의 체면을 손상하는 내용을 말하고 있다.

③ 대화 참여자가 아닌 다른 사람의 정보를 말하고 있다.

④ 질문과 관련이 없는 불필요한 내용까지 말하고 있다.

⑤ 중의적 표현을 사용하여 자신의 생각을 모호하게 말하고 있다.

03 ㉡의 발화를 〈보기〉와 같이 설명할 때, ⓐ와 ⓑ에 들어갈 내용으로 가장 적절한 것은?

┤보기├

　　대화의 목적을 달성하려면 서로 협력하며 대화하는 자세가 필요하며, 이를 협력의 원리라고 한다. 협력의 원리는 대화의 목적에 맞는 것을 말해야 하는 관련성의 격률, 진실이라 생각하는 정보를 말해야 하는 질의 격률, 필요한 만큼만 말해야 하는 양의 격률, 명료하게 표현해야 하는 태도의 격률로 이루어져 있다. ㉡에는 상대에게 (ⓐ)을 간접적으로 전달하려는 의도가 담겨 있다고 할 수 있으며, (ⓑ)의 격률을 지키지 않고 있다.

	ⓐ	ⓑ
①	불필요한 말을 너무 많이 하는 것에 대한 불편함	양
②	상대의 말을 잘 알아듣지 못했음	태도
③	축구부 입단 시험에 대한 결과가 아직 나오지 않았음	태도
④	축구부 입단 시험을 잘 보지 못했음	관련성
⑤	축구화를 가지고 오지 않은 것을 알게 된 것에 대한 당황스러움	관련성

04 다음 속담 중 〈보기〉에서 설명하는 내용과 가장 거리가 <u>먼</u> 것은?

| 보기 |

우리말 속담에는 말을 중요하게 여겨 불필요한 말을 삼가고, 대화 상대나 상황을 고려하여 필요한 말만 조심히 하는 '신중하게 말하기'의 담화 관습이 반영되어 있다.

① 말이 씨가 된다.
② 말 안 하면 귀신도 모른다.
③ 낮말은 새가 듣고 밤말은 쥐가 듣는다.
④ 살은 쏘고 주워도 말은 하고 못 줍는다.
⑤ 가루는 칠수록 고와지고 말은 할수록 거칠어진다.

05~06 다음 대화를 읽고, 물음에 답하시오.

가 김 선생은 담소를 즐겨 하였다.

그가 일찍이 벗의 집을 찾아간 적이 있었다. 주인은 술상을 내오되 안주는 단지 채소뿐이라며 먼저 사과부터 하는 것이었다.

"집은 가난하고 시장마저 멀다네. 맛있는 음식일랑 전혀 없고 담박한 것뿐이네. 그저 부끄러울 따름일세."

그때 마침 한 무리의 닭들이 마당에서 어지럽게 모이를 쪼고 있었다.

김 선생이 그를 보며 말하였다.

"대장부는 천금도 아까워하지 않는 법이네. 내 말을 잡아 안주를 장만하게."

"하나뿐인 말을 잡으라니, 무엇을 타고 돌아가겠다는 말인가?"

"닭을 빌려 타고 가려네."

김 선생의 대답에 주인은 크게 웃고서 닭을 잡아 대접하였다.

나 유 소사가 지현에게 부탁하여 유모를 통해 사 소저에게 청혼의 뜻을 전하고 답변을 듣는 상황

유모는 집 안으로 들어갔다가 곧 다시 나와 부인의 말씀을 전했다.

"노야(老爺)께서 소녀의 혼사를 위해 누실(陋室)로 왕림하시니 참으로 황공합니다. 말씀하신 유 소사 댁과의 혼사는 다만 감당하지 못할까 두려울 따름입니다. 어찌 명을 어길 수 있겠습니까?"

지현은 기뻐하며 돌아가 유 소사에게 편지로 통지했다. 소사도 크게 기뻐하며 길일을 택했다.

---

05 **가** 의 '김 선생'의 말에 드러난 담화 관습으로 가장 적절한 것은?

① 전달하고자 하는 바를 돌려 말하기
② 대화를 할 때 상대방의 말을 경청하기
③ 낮은 목소리로 신중하고 느리게 말하기
④ 윗사람이 가르치는 일을 마땅히 받아들이기
⑤ 꾸짖음을 들을 때 곧장 스스로 해명하지 않기

★ 고난도

06 다음 중 **나** 에 담긴 우리말의 담화 관습을 보여 주는 사례로 가장 적절한 것은?

① 딸이 어머니께 용돈을 받을 때, "요즘 책값이 많이 올랐어요."라고 말하였다.
② 아들이 아버지가 한 음식을 맛볼 때, "아버지! 이거 엄청 짜요. 물을 더 넣어야겠어요."라고 말하였다.
③ 주인이 손님들에게 풍성하게 차려진 음식들을 대접하면서, "차린 것은 없지만 많이 드세요."라고 말하였다.
④ 옷 가게 점원이 손님에게, "손님의 피부 색조를 고려했을 때 무채색보다 원색이 더 어울리시네요."라고 말하였다.
⑤ 정부 관료가 기자들에게 확정되지 않은 정책에 대해 질문을 받았을 때, "아직 정책이 확정되지 않아 지금은 말씀드리기 곤란합니다. 시간이 지나면 상세히 말씀드리겠습니다."라고 말하였다.

논증을 구성하여 토론하기

01~05 다음은 반대 신문식 토론의 일부이다. 물음에 답하시오.

가 **사회자:** 최근 봄철과 겨울철 가뭄이 길어지고 대형 산불이 자주 발생하면서 이를 우려하는 목소리가 커지고 있습니다. 다양한 해결 방안을 찾고 있는 가운데 인공 강우 실용화가 거론되고 있습니다. 하지만 인공 강우 실용화와 관련해서는 찬성 측과 반대 측의 입장이 대립하고 있어 세세하게 살펴볼 필요가 있습니다. 그래서 오늘은 '인공 강우를 실용화해야 한다.'고 하는 논제로 정책 토론을 해 보겠습니다. 먼저 찬성 측 첫 번째 토론자가 입론하겠습니다.

찬성 1: 토론에 앞서 논제에 쓰인 용어를 정의하겠습니다. '인공 강우'는 구름 속에 화학 물질을 살포해 물방울을 성장시켜 비를 내리게 하는 기술을 말합니다. 그리고 '실용화'는 실험 단계를 넘어 국가가 문제 상황을 예방하고 해결하기 위해 제도화하는 것을 의미합니다.

　우리나라 봄철과 겨울철의 가뭄과 산불은 심각한 수준입니다. 최근 가뭄 일수가 늘어나고 산불 발생 빈도가 크게 증가했습니다. 한 해에 가뭄 발생 일수가 50일 이상이었던 해는 2000년 이전에는 5번이었지만, 2000년 이후에는 10번으로 2배나 증가하였습니다. 건조한 날이 늘면서 봄철과 겨울철 산불 발생 빈도도 2022년 기준 지난 10년 동안 2.5배 가까이 증가하였습니다.

　이러한 상황에서 인공 강우는 좋은 해결책이 될 수 있습니다. 수차례 실험을 거쳐 실현 가능성을 확인했기 때문입니다. 2018년부터 2021년까지 70여 차례 수행한 인공 강우 실험에서 51번 성공하였고, 2021년에는 3.5밀리미터의 강우와 1.5센티미터의 강설에 성공하였습니다. 실험 단계에서 성공한 강우량으로는 가뭄과 산불을 예방하거나 해결하기 미흡하다고 비판할 수 있습니다. 그러나 앞서 언급한 실험의 성과는 우리나라에 한 대뿐인 인공 강우 전용 항공기로 이뤄 낸 것입니다. 전용 항공기를 더 확보하고 전문 인력과 예산을 늘려 인공 강우를 시행한다면, 인공 강우로 가뭄과 산불을 충분히 예방할 수 있습니다.

나 **사회자:** 이어서 반대 측 토론자의 반대 신문이 있겠습니다.

반대 2: 건조한 날이 늘면서 산불 발생 빈도가 증가했다고 하였는데, 그렇게 판단한 근거가 있나요?

찬성 1: 2022년 월별 건조 일수와 산불 발생 건수 그래프를 보면 흐름이 비슷하다는 것을 알 수 있습니다. 건조한 날이 늘면서 산불이 빈번해진 건 분명합니다.

반대 2: 4월과 12월은 건조 일수와 산불 발생 건수의 흐름이 맞지 않는데 찬성 측이 건조 일수와 산불 발생 건수가 상관관계가 있다고 해석한 것은 적절하지 않습니다. **[A]** 지난 10년간 연평균 산불 발생 건수 통계에 따르면, 사람이 실수로 낸 산불의 비중이 33퍼센트로 산불 발생 원인 1위입니다. 인공 강우보다 실수로 낸 산불을 막는 게 더 현실적인 산불 예방책 아닐까요?

찬성 1: 근본적으로 건조한 기후 환경이 개선되지 않으면 단 한 건의 화재가 대형 산불로 번질 수 있습니다. 2019년에 기상청에서 밝혔듯이, 산불이 자주 발생하는 시기에 인공 강우로 건조한 대기를 바꾼다면 산불을 효과적으로 예방할 수 있을 것입니다.

01 **이와 같은 토론을 할 때 고려해야 할 점이 <u>아닌</u> 것은?**

① 발언 순서와 시간을 준수해야 한다.
② 주장을 명확히 밝히고 타당한 근거를 제시해야 한다.
③ 상대측 주장에 논리적 허점이 있는지 파악해야 한다.
④ 상대측의 반박에 따라 토론자의 순서를 적절하게 바꿔 가며 대응해야 한다.
⑤ 상대측의 주장을 반박할 때는 감정적 발언은 삼가고 합리적 근거를 제시해야 한다.

02 이 토론을 통해 알 수 있는 사회자의 역할을 〈보기〉에서 골라 바르게 묶은 것은?

| 보기 |
ㄱ. 토론의 규칙을 설명하고 있다.
ㄴ. 토론의 논제를 제시하고 있다.
ㄷ. 토론자의 발언 순서를 안내하고 있다.
ㄹ. 토론 중 발생한 문제를 중재하고 있다.
ㅁ. 토론자의 발언 내용을 요약·정리하고 있다.

① ㄱ, ㄴ ② ㄴ, ㄷ ③ ㄷ, ㄹ
④ ㄷ, ㅁ ⑤ ㄹ, ㅁ

03 '찬성 1'의 입론에 대한 설명으로 적절하지 <u>않은</u> 것은?

① 구체적인 통계 수치를 제시하여 자신의 주장을 뒷받침하고 있다.
② 논제에 쓰인 용어의 개념을 정의하여 토론의 주제에 대한 이해를 돕고 있다.
③ 논제와 관련하여 새롭게 부각되는 사회적 관심을 언급하며 문제 해결의 시급성을 강조하고 있다.
④ 예상되는 반론을 제시하고 이에 대해 근거를 들어 반박함으로써 자신의 주장을 강화하고 있다.
⑤ 논제와 관련한 구체적인 실험 성과를 근거로 제시해 자신의 주장이 실현 가능성이 있음을 밝히고 있다.

04 '찬성 1'이 ㉠과 같은 자료를 제시한 이유로 가장 적절한 것은?

① 상대방의 논리를 반박하기 위해서이다.
② 어려운 용어를 쉽게 설명하기 위해서이다.
③ 문제의 심각성에 대한 우려를 없애기 위해서이다.
④ 해결 방안의 실현 가능성이 낮음을 증명하기 위해서이다.
⑤ 객관적인 자료를 제시하여 입론 내용에 대한 신뢰성을 확보하기 위해서이다.

05 [A]에 대한 설명으로 가장 적절한 것은?

① 상대측의 주장이 비현실적임을 강조하고 이를 보완할 방안을 제시하고 있다.
② 상대측이 앞서 제기한 주장을 확인하고 그 주장에 대한 논거를 제시하고 있다.
③ 상대측의 주장이 일관되지 않음을 지적하고 제시한 자료의 출처를 요구하고 있다.
④ 상대측이 제시한 자료의 문제점을 언급하며 자료 해석의 적절성을 지적하고 있다.
⑤ 상대측이 제시한 자료가 논제와 상관관계가 없음을 지적하고 자료의 공정성에 의문을 제기하고 있다.

고난도

06 다음은 ㉮ 의 토론 내용을 정리한 것이다. ⓐ~ⓔ 중 적절하지 <u>않은</u> 것은?

[논제] 인공 강우를 실용화해야 한다.
[쟁점] 우리나라 봄철, 겨울철의 가뭄과 산불 문제는 인공 강우를 고려할 정도로 심각한가? ··············· ⓐ
[찬성 측]
주장: 인공 강우의 실용화로 가뭄과 산불을 예방할 수 있다. ··············· ⓑ
이유: 가뭄 일수가 늘어나고 산불 발생 빈도가 증가했다. ··············· ⓒ
근거: • 가뭄 일수가 50일 이상이었던 해의 횟수 ······ ⓓ
      • 10년간 봄철과 겨울철 산불 발생 빈도 증가량 ··············· ⓔ

① ⓐ ② ⓑ ③ ⓒ ④ ⓓ ⑤ ⓔ

수능으로 실력 쌓기 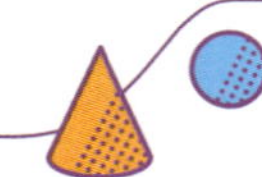

1회 토론

01~02 다음은 학생들이 실시한 토론의 일부이다. 물음에 답하시오.

사회자: 오늘은 '별점 평가제는 폐지되어야 한다.'라는 논제로 토론하려고 합니다. 먼저 찬성 측이 입론한 후 반대 측에서 반대 신문을 진행하겠습니다.

찬성 1: 별점 평가제는 폐지되어야 합니다. 첫째, 별점 평가는 신뢰성이 낮습니다. 왜냐하면 별점을 매길 때 만족도에 대한 개인의 주관이 강하게 개입되어 객관적이지 못하기 때문입니다. 또한 별점 평가의 단계별 척도인 별 한 개에 부여하는 가치도 사람마다 다릅니다. 둘째, 별점 평가제는 판매자에게 큰 피해를 줄 수 있습니다. 별점 평가가 매출에 큰 영향을 주는데, 몇몇 소비자들이 악의적으로 매긴 허위 별점이 다른 소비자들에게 영향을 미쳐 판매가 급감한 사례를 흔히 들을 수 있습니다.

[A]
반대 2: 악의적으로 매긴 허위 별점으로 인한 판매자들의 피해 사례를 흔히 들을 수 있다고 하셨는데요, 그렇게 말씀하신 근거를 구체적으로 제시해 주시겠습니까?
찬성 1: 지난달 ○○신문에 보도된 통계 자료에 따르면 전체 판매자들의 70% 정도가 악의적인 허위 별점 때문에 큰 폭의 판매량 감소를 경험했다고 합니다.

사회자: 이번에는 반대 측이 입론한 후 찬성 측에서 반대 신문을 해 주십시오.

반대 1: 별점 평가제는 폐지되어서는 안 됩니다. 첫째, 별점 평가제는 소비자가 합리적인 소비를 할 수 있도록 도와줍니다. 왜냐하면 직관적으로 표현된 별점 평가를 통해 소비자들은 구매에 필요한 정보를 쉽고 빠르게 얻을 수 있기 때문입니다. 또한 별점 평가의 결과는 많은 사람의 평가가 누적된 것이므로 신뢰할 수 있습니다. 둘째, 별점 평가제 폐지는 소비자들에게 큰 피해를 줍니다. 별점 평가제는 이미 소비자들이 자유롭게 의사 표현을 할 수 있는 통로로 자리 잡았습니다. 별점 평가제가 폐지되면 그러한 표현의 자유가 침해될 것입니다.

[B]
찬성 2: 별점 평가제가 소비자들이 의사 표현을 할 수 있는 통로로 자리 잡았다고 하셨는데요, 별점 평가 외에도 다양한 방식으로 자신의 의사를 자유롭게 표현할 수 있다

고 생각하는데, 이에 대한 의견을 말씀해 주시겠습니까?
반대 1: 물론 다른 방식으로 평가를 할 수 있습니다. 하지만 원하는 방식으로 의사를 표현할 수 있는 권리는 보장되어야 하고, 현재 이미 많은 소비자들이 별점을 통해 자신들의 의사를 표현하고 있습니다.

01 이 글의 '입론'을 정리한 내용으로 적절하지 <u>않은</u> 것은?

구분	주장	근거
찬성	별점 평가제는 신뢰성이 떨어진다.	• 별점 평가제는 주관이 개입된다. ···① • 척도에 부여하는 가치가 사람마다 다르다. ···②
	별점 평가제는 판매자에게 큰 피해를 줄 수 있다.	• 별점 평가제는 판매자의 매출에 큰 영향을 준다. • 악의적인 별점으로 인해 판매가 급감한 사례가 있다. ···③
반대	소비자가 합리적인 소비를 할 수 있도록 도와준다.	• 소비자가 물건을 구매할 때 필요한 정보를 쉽고 빠르게 얻을 수 있다. • 별점 평가의 결과는 직관적으로 확인될 수 있으므로 신뢰할 수 있다. ···④
	별점 평가제 폐지는 소비자에게 큰 피해를 준다.	• 소비자의 표현의 자유가 침해된다. ···⑤

02 [A]와 [B]에 대한 설명으로 가장 적절한 것은?

① [A]의 '반대 2'와 [B]의 '찬성 2'는 모두, 상대 측 근거의 적절성에 의문을 제기한 후 추가 자료를 요구하고 있다.
② [A]의 '반대 2'와 [B]의 '찬성 2'는 모두, 상대 측의 발언 일부를 재진술한 후 자신의 질문에 응답할 것을 요청하고 있다.
③ [A]의 '반대 2'와 [B]의 '찬성 2'는 모두, 상대 측의 주장이 실현되었을 때를 가정한 후 예상되는 문제점을 언급하고 있다.
④ [A]의 '찬성 1'과 [B]의 '반대 1'은 모두, 상대 측의 문제 제기를 일부 인정한 후 자신의 의견과 절충하고 있다.
⑤ [A]의 '찬성 1'과 [B]의 '반대 1'은 모두, 상대 측이 사용한 용어의 모호성을 언급한 후 상대 측의 질문이 논제에서 벗어난다고 지적하고 있다.

2회 **대화의 원리**

03~04 다음은 「토끼전」을 바탕으로 성찰하는 글을 쓰기 위해 학생들이 나눈 대화이다. 물음에 답하시오.

학생 1: 「토끼전」의 인물들에 대한 평가는 다양하다고 해. 그런데 나는 인물들에 대한 평가가 어떻게 달라질 수 있는지 잘 모르겠어서, 이 주제로 이야기 나눠 보고 싶어.

학생 2: 나는 용왕의 명령을 따르고자 하는 충성스러운 자라는 긍정적이지만, 자신의 목숨을 위해 타인의 희생을 초래할 명령을 내린 용왕은 부정적이라고 생각해.

[A] 학생 3: 타인의 생명을 존중하지 않는 용왕의 이기적인 태도가 문제라는 거지? (학생 2의 반응을 보고, 고개를 끄덕이며) 나도 그렇게 생각했어. 반면에 토끼는 긍정적인 인물이라고 생각해. 위기에 처했는데도 삶을 포기하지 않고 기지를 발휘하잖아. 나도 토끼처럼 어떤 상황에서도 지혜를 발휘할 수 있는 사람이 되고 싶어.

학생 1: 토끼는 헛된 욕심 때문에 위기에 빠진 게 아닐까? 그에 비하면 변치 않는 충성심으로 볼 때, 자라는 신의 있는 인물 같아.

학생 3: 음, 나는 오히려 자라를 부정적으로 봤어. 임무 수행을 위해 거짓말까지 한 자라의 행동은 윤리적으로 비판받아 마땅해. / 학생 1: 그래도 그 거짓말은 용왕을 살려야 한다는 대의를 위한 선의의 거짓말로 봐야 해.

[B] 학생 3: 핑계 없는 무덤이 어딨어. 자라는 용왕을 위해 거짓말을 한 거라고 스스로를 합리화하겠지만, 피해는 토끼가 보고 있잖아. 결국 자라의 거짓말은 다른 이를 위기로 몰아넣는 나쁜 거짓말일 뿐이야. 더 나아가 자라의 맹목적인 충성심도 비판받아야 한다고 생각해. 명령이 잘못되었는데도 옳고 그름은 따져 보지 않고 임무를 완수할 방법만 궁리한 거잖아. 큰 죄를 저지르고도 상급자의 명령이니까 따랐을 뿐이라고 말하는 사람들과 다르지 않아.

학생 2: 이야기를 나눠 보니 같은 인물에게서 각자 다른 의미를 찾아내는 점이 재미있다. / 학생 1: 그러게. 나도 이제 바람직한 삶을 위해 필요한 것이 무엇인지도 조금은 알게 된 것 같아. 이제 성찰하는 글을 쓰면 되는 거지?

학생 2: 오늘 한 이야기를 바탕으로 각자 쓰면 되겠다. (학생 3을 바라보며) 너 아까 공책에 필기하던데, 이야기 나눈 내용을 적은 거야? / 학생 3: 응. 이야기한 내용을 요약해서 적

고, 부족하지만 내 생각도 조금 덧붙였어.

학생 2: ㉠나도 글을 쓰려면 정리 내용이 필요한데, 좀 빌려줘.

03 [A]와 [B]에 나타난 '학생 3'의 말하기 방식으로 가장 적절한 것은?

① [A]에서는 '학생 2'의 의견을 요약하여 재진술하고 있고, [B]에서는 '학생 1'의 의견을 논거를 들어 보강하고 있다.

② [A]에서는 '학생 2'의 의견에 대한 자신의 이해가 맞는지 확인하고 있고, [B]에서는 '학생 1'의 의견에 대해 근거를 들어 반박하고 있다.

③ [A]에서는 '학생 2'에게 추가적인 정보를 요청하고 있고, [B]에서는 '학생 1'의 의견을 뒷받침할 수 있는 추가적인 사례를 언급하고 있다.

④ [A]에서는 '학생 2'의 의견에 비언어적 표현을 활용하며 공감하고 있고, [B]에서는 '학생 1'의 의견에 관용적인 표현을 활용하며 동의하고 있다.

⑤ [A]에서는 '학생 2'의 의견에 동조한 뒤 화제를 전환하고 있고, [B]에서는 '학생 1'의 의견을 수용한 뒤 화제와 관련하여 현실적 한계를 지적하고 있다.

04 〈보기〉를 바탕으로 할 때, ㉠을 대신할 수 있는 말로 가장 적절한 것은?

┤ 보기 ├

대화를 원활하게 진행하기 위해서는 공손한 표현을 사용하는 것이 필요하다. 즉 상대방에게 부담이 되는 표현은 최소화하고, 상대방에 대한 칭찬은 극대화하는 것이 좋다.

① 네가 공책을 다 보고 나서 시간이 괜찮다면 빌려줄 수 있을까? 너는 정말 필기를 꼼꼼하게 잘하는 것 같아.

② 네가 불편하지 않다면 필기를 볼 수 있을까? 내가 동아리 활동 때문에 바빠서 지금 말고는 볼 시간이 없거든.

③ 네가 지난 활동에서도 정리 자료를 빌려주었으니 이번에도 네가 빌려주는 것이 당연해. 그때 정말 도움이 됐어.

④ 네가 이야기를 하는 동시에 필기를 하다 보니 필기 내용은 부족할 거야. 그래도 조금은 도움이 될 수도 있으니 빌려줘.

⑤ 너는 평소에도 글쓰기를 참 잘하더라. 그런데 이번 글쓰기는 수행 평가에도 반영되니 너의 공책이 없으면 난 평가를 망칠 거야.

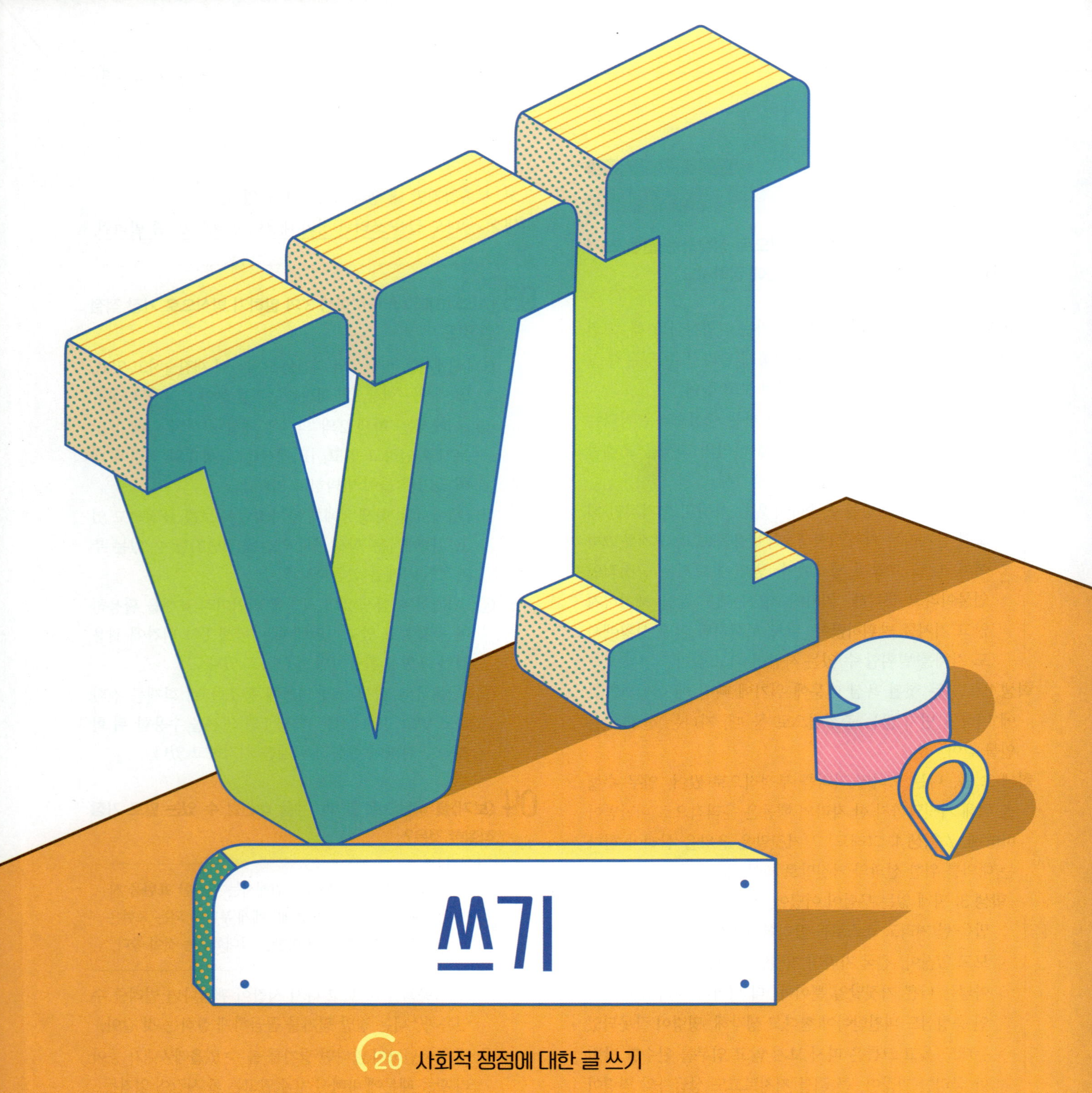

쓰기

✦ 무엇을 배울까?

쓰기
사회적 쟁점에 대한 글 쓰기
사회적 쟁점에 대한 글 쓰기의 개념
사회적 쟁점에 대한 글 쓰기의 가치
사회적 쟁점에 대한 글 쓰기의 방법
언어 공동체의 특성을 고려한 글 쓰기
언어 공동체의 개념과 특성
개성이 드러나는 글 쓰기의 개념과 방법
언어 공동체의 특성을 고려한 개성이 드러나는 글 쓰기의 의의

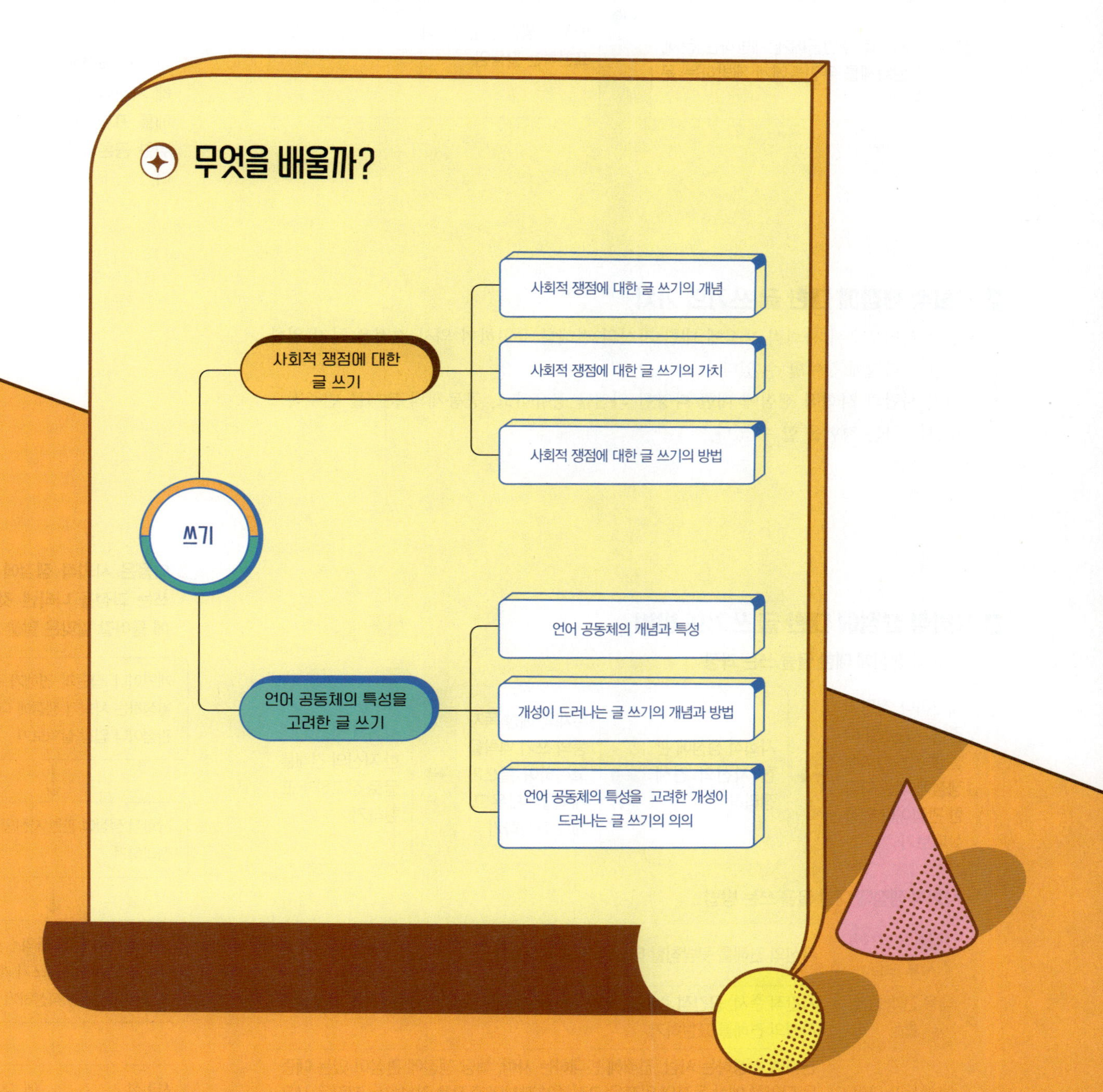

정답과 해설 34쪽 •

01 사회적 쟁점에 대한 글 쓰기

1 사회적 쟁점에 대한 글 쓰기의 개념

사회적 쟁점		사회적 쟁점에 대한 글 쓰기
다양한 이해관계를 지닌 개인이나 집단 사이에서 특정한 사안에 대한 견해가 충돌할 때 발생함. 예 학교 시설을 주민들에게 개방하는 문제, 지역 문화재를 주민들에게 개방하는 문제 등	→	의견 차이가 있는 사안이 발생한 상황을 이해하고 쟁점을 분석하여 자신의 주장을 글로 표현하는 활동임.

2 사회적 쟁점에 대한 글 쓰기의 가치

- 민주 시민으로서 사회적 쟁점에 대한 자신의 견해를 표현하며 의사 결정을 하기 위한 공론화 과정에 참여할 수 있다.
- 여러 사람과 사회적 쟁점에 대한 다양한 의견을 공유하고, 공동체의 문제를 민주적으로 해결하는 경험을 할 수 있다.

3 사회적 쟁점에 대한 글 쓰기의 방법

- **사회적 쟁점에 대한 글을 쓰는 과정**

개인이나 집단의 견해가 충돌할 때 발생하는 사회적 쟁점에 대한 다양한 관점이나 입장 살펴보기	→	사회적 쟁점에 관한 자신의 견해 정리하기	→	주제와 예상 독자 등의 쓰기 맥락을 고려하여 글쓰기 계획을 세우고, 개요 작성하기	→	사회적 쟁점에 대한 자신의 견해를 글로 정교하게 표현하기

- **사회적 쟁점에 대한 글을 쓰는 방법**

견해를 뒷받침할 자료 수집	자신의 견해를 뒷받침할 타당성, 신뢰성, 공정성을 갖춘 자료 수집하기
내용 전개 원리 활용	시간적 순서, 공간적 순서, 논리적 순서 등 적절한 내용 전개 원리를 활용하여 자신의 견해를 표현하기
예상 독자 고려	견해에 찬성하는 사람, 견해에 반대하는 사람, 해당 쟁점에 관심이 있는 대중 등 다양한 예상 독자의 입장을 고려하여 자신의 주장을 강화하는 전략을 사용하기

✦ 개념 확인하기

[1~2] 다음 설명이 맞으면 ○표, 틀리면 ×표를 하시오.

1 사회적 쟁점은 개인이나 집단 사이에서 특정한 사안에 대한 견해가 일치할 때 발생한다. （○, ×）

2 사회적 쟁점에 대한 글 쓰기를 통해 사회적 쟁점에 대한 자신의 견해를 표현하며 의사 결정을 하기 위한 공론화 과정에 참여할 수 있다. （○, ×）

3 다음은 사회적 쟁점에 대한 글을 쓰는 과정을 나타낸 것이다. 빈칸에 들어갈 알맞은 말을 쓰시오.

개인이나 집단의 견해가 충돌할 때 발생하는 사회적 쟁점에 대한 다양한 관점이나 입장 살펴보기
↓
사회적 쟁점에 관한 자신의 (　　　) 정리하기
↓
주제와 예상 독자 등의 (　　　) 맥락을 고려하여 글쓰기 계획을 세우고, (　　　) 작성하기
↓
사회적 (　　　)에 대한 자신의 견해를 글로 정교하게 표현하기

• 내용 전개의 일반적 원리

시간적 순서의 원리	시간의 흐름이나 전후에 따라 내용을 전개함. 예 대중음악의 발전을 시간의 흐름에 따라 설명함.		
공간적 순서의 원리	공간의 멀고 가까움이나 상하좌우에 따라 내용을 전개함. 예 학교의 모습을 공간에 따라 묘사함.		
논리적 순서의 원리	귀납, 연역 등 내용들 간의 논리적 관계를 고려하여 내용을 전개함.		
	귀납	개별적이고 구체적인 사실에서 일반적이고 보편적인 주장을 이끌어 내는 방법 예 철수는 축구도 잘하고, 농구도 잘한다. 철수는 운동을 잘하는 것 같다.	
	연역	일반적인 원리나 법칙으로부터 개별적이고 구체적인 주장을 이끌어 내는 방법 예 모든 조류는 숨을 쉰다. 참새는 조류이다. 참새는 숨을 쉰다.	

[4~5] 다음 문장에 들어갈 알맞은 말을 고르시오.

4 시간의 흐름에 따라 내용을 전개하는 것은 (공간적 / 시간적) 순서의 원리이다.

5 일반적인 원리나 법칙으로부터 개별적이고 구체적인 주장을 이끌어 내는 방법은 (귀납 / 연역)이다.

02 언어 공동체의 특성을 고려한 개성이 드러나는 글 쓰기

1 언어 공동체의 개념과 특성

개념	같은 언어를 쓰면서 함께 살아가는 사회 집단을 말함.
특성	• 지역, 세대, 성, 문화에 따라 다양하게 구성됨. • 개인이 다양한 언어 공동체에 동시에 포함되기도 함. • 각 언어 공동체에 속한 사람들은 언어를 사용하여 삶을 공유함.

2 개성이 드러나는 글 쓰기의 개념과 방법

개념	• 일상적인 경험에 가치를 부여하고 이를 자신의 고유한 목소리가 드러나도록 글로 표현하는 행위임. • 문체와 표현, 내용 구성 방법에 글쓴이의 개성이 잘 드러남.
방법	• 일상적인 경험에서 새로운 가치를 찾기 • 가치 있는 인식을 효과적으로 드러낼 참신한 표현과 글 구조를 고민하기 • 예상 독자가 속한 다양한 언어 공동체의 특성을 고려하기

3 언어 공동체의 특성을 고려한 개성이 드러나는 글 쓰기의 의의

글에는 글을 쓰는 사람이 속한 언어 공동체의 특성이 드러남.	→	**언어 공동체의 특성을 고려한 개성이 드러나는 글 쓰기** • 자아의 성장과 언어 공동체의 발전에 기여할 수 있음. • 언어 공동체의 구성원으로서 바람직한 언어문화를 가꾸어 나갈 수 있음.

[6~7] 다음 설명이 맞으면 ○표, 틀리면 ×표를 하시오.

6 언어 공동체가 가지는 특성은 고정되어 변화가 없다.　　（ ○ , × ）

7 개인은 한 번에 하나의 언어 공동체에만 포함될 수 있다.　（ ○ , × ）

8 다음 중 언어 공동체의 특성을 고려한 개성이 드러나는 글 쓰기의 의의로 보기 어려운 것의 기호를 쓰시오.

> ㄱ. 자아의 성장
> ㄴ. 다양한 이해관계의 조정
> ㄷ. 바람직한 언어문화 형성
> ㄹ. 언어 공동체 발전에 기여

（　　　）

사회적 쟁점에 대한 글 쓰기

01~06 **가** 는 사회적 쟁점에 대한 학생의 대화이고, **나** 는 이를 바탕으로 쓴 글을 누리집에 올린 것이다. 물음에 답하시오.

가 학생의 대화

은호: 우리 녹색구의 푸름 공원도 다양한 실외 체육 시설이 있어서 많은 주민들이 이용해. 하지만 밤에 실외 체육 시설을 이용하는 사람들 때문에 주변 주민들이 빛 공해와 소음에 시달리고 있어, 공원 근처에 사는 주민들이 휴식에 방해를 받는 것은 큰 문제야.

지수: 공공시설인 공원의 운동 시설은 누구나 언제든지 이용할 수 있어야 해. 이용 시간을 제한하는 것은 불공평해. 밤에만 운동할 수 있는 사람들도 있고, 더운 여름에는 밤에 활동을 많이 하잖아. 소음이 문제라면 방음 시설을 마련하면 될 거야.

나 '은호'가 쓴 글

㉠

1 최근 푸름 공원에서 야간에 실외 체육 시설을 이용하는 주민이 늘면서 공원 근처 거주민들이 불편을 겪고 있습니다. 저는 실외 체육 시설의 야간 이용 시간을 제한하여 공원 근처 거주민들을 배려해야 한다고 생각합니다.

2 야간에 푸름 공원의 실외 체육 시설에서 발생하는 불빛과 소음이 근처 거주민들의 삶의 질을 떨어뜨리고 있습니다. 근처 거주민들은 운동 중에 발생하는 소음과 응원 소리, 밝은 조명 때문에 휴식을 취하기 어렵다고 피해를 호소하고 있습니다. 또, 안전사고 문제도 있습니다. 야간에 체육 시설을 이용하는 사람들이 늘어나면서 공원에서 발생하는 안전사고가 늘고 있다고 합니다. 야간에 발생하는 안전사고는 빠르게 대처하기 어렵고, 야간 관리 인원을 확충하기도 어려워 녹색구에서 어려움을 겪고 있다는 신문기사가 보도되었습니다.

3 야간에만 체육 시설을 이용할 수 있는 사람들은 어떻게 하느냐고 하실 수 있습니다. 하지만 우리 녹색구에는 밤늦게까지 운영하는 실내 체육 시설이 여러 개 있습니다. 야간에 운동하시는 분들은 실내 체육 시설을 이용하면 어떨까요?

4 푸름 공원에 있는 실외 체육 시설의 야간 이용 시간을 제한한다면 공원 근처 거주민들의 생활 환경을 개선할 수 있습니다. 다른 분들도 의견을 주신다면 이 문제를 해결하는 데에 큰 도움이 될 것입니다.

01 **가** 를 통해 알 수 있는 '은호'와 '지수'의 의견을 정리한 내용으로 적절하지 <u>않은</u> 것은?

은호	밤에는 사람들이 편히 쉬어야 한다.	①
	공원 체육 시설로 인해 빛 공해와 소음 공해가 발생한다.	②
	공원 주변 주민들이 공원 체육 시설로 불편함을 느끼고 있다.	③
지수	공원의 운동 시설 이용 시간을 제한해야 한다.	④
	방음 시설을 마련하면 소음 문제를 해결할 수 있다.	⑤

02 **나** 와 같이 사회적 쟁점에 대한 글을 쓰며 공론화 과정에 참여할 때 얻을 수 있는 효과를 〈보기〉에서 모두 고른 것은?

보기

ㄱ. 내용 전개 원리의 종류를 알 수 있다.
ㄴ. 설명하는 글을 잘 쓰는 방법을 배울 수 있다.
ㄷ. 공동체의 문제를 민주적으로 해결할 수 있다.
ㄹ. 여러 사람과 사회적 쟁점에 대한 다양한 의견을 공유할 수 있다.

① ㄱ, ㄴ　　　② ㄴ, ㄷ　　　③ ㄷ, ㄹ
④ ㄱ, ㄷ　　　⑤ ㄴ, ㄹ

03 **나**에 사용된 내용 전개 방식으로 가장 적절한 것은?

① 푸름 공원의 역사를 시간의 흐름에 따라 설명하고 있다.

② 푸름 공원의 위치를 역과의 거리를 중심으로 소개하고 있다.

③ 푸름 공원의 각 체육 시설을 공간에 따라 상세하게 묘사하고 있다.

④ 공원의 종류를 바탕으로 푸름 공원에 있는 실외 체육 시설의 변화 과정을 설명하고 있다.

⑤ 여러 근거를 토대로 푸름 공원의 야간 이용 시간을 제한해야 한다는 주장을 내세우고 있다.

04 다음은 **나**를 작성하기 위해 '은호'가 메모한 내용이다. **나**에 반영되지 <u>않은</u> 것은?

[1]문단

• 우리 지역의 사회적 쟁점인 푸름 공원의 실외 체육 시설 이용 시간 제한에 대한 나의 견해를 분명히 드러내야겠어. ···························· ①

[2]문단

• 푸름 공원의 실외 체육 시설을 야간에 이용하면서 생긴 문제들을 밝혀야겠어. ···························· ②

• 야간에 푸름 공원의 실외 체육 시설에서 발생하는 불빛과 소음으로 피해를 입고 있는 주민들을 인터뷰한 내용을 그대로 인용해야겠어. ···························· ③

[3]문단

• 야간에도 실외 체육 시설을 이용할 수 있어야 한다는 견해를 가진 사람들이 제시할 수 있는 반론과 그에 대한 반박을 밝혀야겠어. ···························· ④

[4]문단

• 푸름 공원의 실외 체육 시설의 야간 이용 시간을 제한했을 때 얻을 수 있는 효과를 언급하고 이 문제에 대한 다양한 의견을 요청하며 마무리해야겠어. ····· ⑤

05 ㉠에 들어갈 제목으로 가장 적절한 것은?

① 푸름 공원의 실외 체육 시설 이용 시간을 제한해 주세요.

② 푸름 공원의 실외 체육 시설의 조명 시설을 수리해 주세요.

③ 푸름 공원의 실외 체육 시설에 방음 시설을 설치해 주세요.

④ 푸름 공원에 야간 이용이 가능한 실내 체육 시설을 늘려 주세요.

⑤ 푸름 공원의 실외 체육 시설을 다른 지역의 공원으로 이전해 주세요.

고난도

06 〈보기〉의 자료를 활용하기 위한 계획 중 **나**에 반영되지 <u>않은</u> 것은?

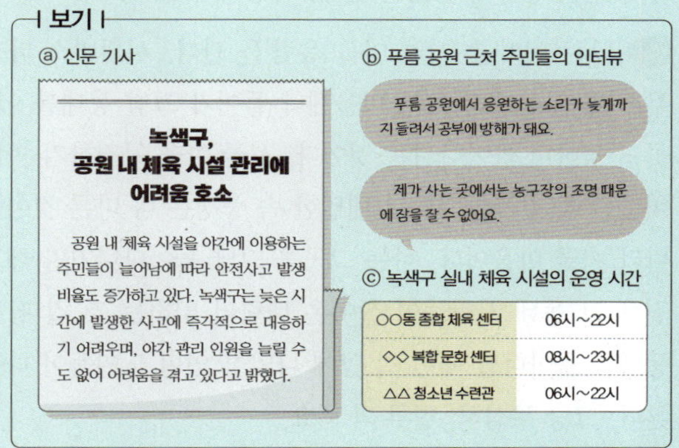

① ⓐ를 활용하여 [2]문단에서 야간에 발생하는 안전사고가 늘고 있다는 점을 언급한다.

② ⓐ를 활용하여 [2]문단에서 야간 관리 인원을 늘리기가 어려워 녹색구에서 어려움을 겪고 있다는 점을 언급한다.

③ ⓑ를 활용하여 [2]문단에서 실외 체육 시설에서 발생하는 불빛과 소음으로 근처 거주민의 삶의 질이 떨어지고 있음을 언급한다.

④ ⓒ를 활용하여 [3]문단에서 녹색구에는 밤늦게까지 운영하는 실내 체육 시설이 여러 개 있음을 언급한다.

⑤ ⓒ를 활용하여 [3]문단에서 야간에 체육 시설을 이용하는 주민이 늘어나고 있음을 언급한다.

언어 공동체를 고려한 개성이 드러나는 글 쓰기

01~02 다음 글을 읽고, 물음에 답하시오.

1 엘리베이터 안에서 엄마 손을 잡은 아이와 눈이 마주쳤다. 눈을 마주쳐 놓고도 먼산바라기 하는 게 거북해서 내가 먼저 인사를 했더니 아이가 얼른 제 엄마 뒤로 숨는다. 그럴 때는 인사를 한 내 쪽이 무안해진다. 어느 땐 서로 몇 번 얼굴을 마주쳐서 빤히 '구면'인 줄 알면서도 고개 빳빳이 들고 눈은 딴 데로 돌리고 어색한 침묵을 유지하는 경우도 있다. 그럴 때 나는 사는 게 정말 재미없게 느껴진다. 반대로, 시골 버스를 타면 아, 사는 게 바로 이런 맛이구나, 싶어질 때가 있다. 모르는 사람들끼리 빤히 아는 '살아가는' 이야기를 나눌 때다, "올해 고추 농사는 잘되는 것 같지요?" "어데요, 우리 고추는 탄제가 와 허연데." "비가 너무 와서 걱정이지요?" "그래요, 비가 너무 오면 병충해가 들끓을 건데, 걱정이네요."

2 나는 이따금 '시골 마을 유람'을 간다. 시외버스 타고 아무 시골에나 내려 아무 마을에나 들어가 그냥 동네를 이곳저곳 구경하며 돌아다니는 것이다. 시골 마을 구경하기. 어디나 비슷한 것 같지만, 또 그 내밀한 속 풍경은 다 다른 것이 우리나라 시골 마을이다. 나는 그곳을 그냥 돌아다니기만 해도 저절로 그 동네 사람들이 살아온 내력이 읽히는 것 같다. 내가 동네를 돌아다닐 때면 집 앞에 나앉아 있던 노인들이 나를 부른다. 그냥 무심히, 일루 와 봐요.

3 나를 부르는 그 눈빛은 무구하다. 처음 본 사람에 대한 경계의 빛이란 애초에 없다. 있다면 약간의 호기심 정도. 어디서 왔냐고 묻지도 않고 혹 먹을 것이 있다면 먹을 것부터 내민다. 그래 놓고 나서 어디서 오셨느냐고 조심스레 묻는 것이다. 작년 여름에도 전라도 고창의 어느 마을을 그렇게 구경하며 다니다가 나는 그렇게 손님 아닌 손님 대접을 받았다. 그러고 보니 옛날에 우리 고향 마을도 그랬던 것 같다.

4 산다는 것은 나하고 남하고 끊임없이 소통하는 것이다. 나 혼자 사는 것은, 남과 소통하지 못하고 사는 것은 살아도 진정으로 사는 것이 아닐 것이다. 또한 산다는 것은 나와 남이 끊임없이 뭔가를 나누는 것이다. 나 혼자만 지니고 있거나 남이 가진 것을 나누어 가지지 못하는 삶은 불행하다. 혹시 지금 불행해하는 사람이 있다면 나는 이렇게 말하고 싶다. 누군가에게 말을 걸어 봐요. 혹시 지금 행복해지고 싶은 사람이 있다면 또 나는 이렇게 말하리라. 당신이 가진 것을 나눠 봐요, 행복해질 거예요.

01 이 글의 내용으로 가장 적절한 것은?

① '나'는 시골 사람들의 반응을 부담스러워한다.

② '나'는 이기적인 문화가 팽배한 환경에서 성장해 왔다.

③ '나'는 일방적인 소통만 이루어지던 과거를 삭막하게 인식하고 있다.

④ '나'는 가끔 방문하는 시골 마을에서 고향 마을의 문화를 느끼고 있다.

⑤ '나'는 시골 마을 유람과 같이 혼자만의 시간을 가지는 것이 중요하다고 생각한다.

02 〈보기〉를 참고하여 이 글을 쓰기 위해 글쓴이가 세운 계획으로 적절하지 <u>않은</u> 것은?

┤보기├

지역, 세대, 성, 문화에 따라 언어 공동체는 다양하게 구성될 수 있다. 따라서 언어 공동체의 구성원들은 바람직한 언어문화를 형성해야 할 책임이 있음을 이해하고, 자신의 개성이 드러나는 글이 언어 공동체의 확장 및 발전에 기여할 수 있도록 하여야 한다.

글의 주제	주변 사람들과 소통하고 상호 존중하며 나누는 삶의 가치	①
예상 독자	도시와 시골 간의 문화적 차이를 잘 아는 사람들	②
예상 독자가 속한 언어 공동체	지역이나 세대에 따라 서로 다른 담화 관습을 지닌 언어 공동체	③
내용 구성	'경험 – 깨달음'으로 구성	④
표현 방법	역설법을 사용하여 타인과의 소통이 지닌 가치를 강조	⑤

03~04 다음 글을 읽고, 물음에 답하시오.

1 혼비 씨, 여름의 한가운데를 통과하는 중입니다. 한낮 체감 온도가 체온을 훌쩍 넘고, 길가의 능소화며 무궁화 꽃송이들이 먹다 떨군 하드같이 길바닥에서 녹는 한여름, 불과 몇 시간 전 자전거를 타고 외출했는데 습기로 가득해진 공기는 더는 못 버티겠다는 듯 소나기를 퍼붓기 시작하는 바람에 집으로 돌아갈 방도가 난감해지는 날들입니다. 햇살을 사랑한다고 공공연히 밝힌 저입니다만 이런 습도와 결합한 땡볕까지 끌어안기란 쉽지 않습니다. 햇볕이 광포해지는 이 시기가 오면 어릴 때 할머니가 무슨 계절의 비법이라도 되는 양하시던 말이 떠오릅니다. / "가마~~~ 있으므 마, 한 개도 안 듭다."

2 제가 나고 자란 경상도 남부 지역 사투리로 "가만히 있으면 하나도 안 덥다."라는 뜻이에요. '가만히'의 뒤 발음을 닫아 마무리하지 않고 길게 끄는 표현, 그리고 '한 개도'의 앞에 가파르게 찍히는 악센트가 강조를 표현합니다. '마'는 분위기를 거드는 부사인데요, 단독으로는 '그냥', 뒤의 부정어인 '한 개도'와 결합해서는 '전혀' 정도로 해석할 수 있겠네요. 불볕더위 속일수록 바지런히 뭔가를 하려 들 때면 용이 쓰이니 움직임을 최소화하면 더위를 덜 느끼게 된다는 어른들의 말은 자연에 순응하는 지혜를 담고 있지만, 하고 싶은 일이 너무 많은 아이에게는 더 열받게 만드는 소리였죠. 먹을 것이 넉넉하지 않던 부모님 세대에는 금방 배 꺼지니까 뛰어다니지 말라는 말도 들었다고 하는데, 제가 자랄 때만 해도 끼니 걱정은 없었지만 집집마다 에어컨이 있지는 않았으니까요. 그야말로 물자가 부족하던 시대에 적응한 생존 방식인 셈입니다.

3 저는 혼비 씨를 비롯해서 누구에게도 아직 '어른'으로 본을 보일 사람은 아니지만 적어도 여러 번의 여름을 보내고 나서 알게 된 것들이 있습니다. 이렇게 가마~~~ 있다 보면 1주일 뒤, 적어도 2주일 뒤에는 이렇게까지는 덥지 않게 된다는 것, 그러다 보면 또 금세 바람이 서늘해진다는 것, 초록을 잃어 가다가 문득 여름의 선명함이 그리워진다는 것을요. 그렇게 몇 차례의 여름과 겨울이 둥글게 순서를 돌고 나면 도저히 가만히 있질 못하고 뛰어다니며 땀을 뻘뻘 흘리던 아이들도 어느새 어른이 되어 이런 말을 하고 있을지 몰라요.

"느그, 가마~~~ 있으므 마, 한 개도 안 듭다."

그런 의미에서라면 저는 어른이 된 것도 같습니다.

03 글쓴이가 이 글을 쓰기 위해 떠올린 내용으로 적절하지 <u>않은</u> 것은?

① 특정 대상에게 편지를 쓰는 형식을 사용해야겠어.

② 지역 방언을 사용하여 언어 공동체의 특성을 드러내야겠어.

③ 더운 날 할머니께서 하셨던 말을 들었던 경험을 담아야겠어.

④ 할머니의 말을 통해 자연에 순응하는 지혜를 얻었음을 드러내야겠어.

⑤ 끊임없이 변화하는 계절처럼 부단히 노력하는 삶을 사는 것의 중요성을 전달해야겠어.

★ **고난도**

04 〈보기〉를 참고하여 이 글을 개성이 드러나는 글로 평가한 독자의 반응으로 적절하지 <u>않은</u> 것은?

┤ 보기 ├

[개성이 드러나는 글의 평가 기준]
- 일상의 경험에서 깨달은 가치를 생생하게 전달하고 있는가?
- 다른 사람들과 공유할 만한 가치 있는 경험이 담겨 있는가?
- 글쓴이의 개성을 잘 드러내는 문체와 표현을 사용하고 있는가?
- 글쓴이의 개성을 잘 드러내는 내용 구성 방법을 사용하고 있는가?

① 많은 사람들이 공감할 수 있는 일반적인 발상을 담고 있다.

② 비유적 표현을 통해 여름의 더위를 생생하게 묘사하고 있다.

③ 대화하는 듯한 어조로 여름의 더위에 대한 경험을 친근하게 드러내고 있다.

④ 인물의 말을 직접 인용한 구절을 통해 여름의 더위에 대한 글쓴이의 성찰을 위트 있게 전달하고 있다.

⑤ '여름의 특징에 대한 묘사 – 글쓴이의 경험 – 성찰'로 구성된 글의 흐름이 글을 주제를 드러내는 데 효과적으로 기능하고 있다.

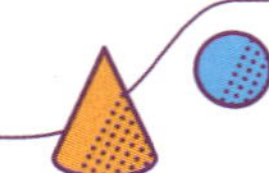 수능으로 실력 쌓기

1회 사회적 쟁점에 대한 글 쓰기

01~02 글을 쓰기 위해 **가** 의 메모를 작성한 후, **나** 의 자료를 수집하고 **다** 를 작성하였다. 물음에 답하시오.

가 학생의 메모

○ 학습 활동 과제: 사회적 쟁점에 대해 학급 학생들에게 주장하는 글을 쓴다.

○ 학급 학생들에 대한 분석

- 일부 학생들은 로봇세가 무엇인지 잘 모른다. ··················· ㉠
- 로봇세를 도입하려는 목적을 궁금해하는 학생들이 있다. ··· ㉡
- 로봇세를 알고 있는 학생들 중에는 나와 상반되는 견해를 가진 학생들도 있다. ······ ㉢

나 학생이 수집한 자료의 일부

설문 조사에서 ⓐ전체 응답자 중 86.6%가 로봇이 일자리를 빼앗을 것이라고, 52.2%는 자신의 직업이 로봇으로 인해 위협받게 될 것이라고 응답했다. 과거에도 ⓑ새로운 기계가 도입되면서 일부 분야에서 일자리가 줄어든 경우가 있었지만, 산업 전반적으로는 일자리가 증가했다. ···(중략)··· ⓒ로봇 기술 중 상당수는 특허권 등록의 대상이므로, ⓓ로봇 기술 개발 경쟁에서 뒤처지면 문제가 발생할 수 있다. ···(중략)··· ⓔ전문가들 사이에서도 로봇세가 로봇 기술 개발에 악영향을 준다는 의견과, 로봇세가 로봇 산업의 활성화에 도움이 된다는 의견이 있다.

– 로봇 전문 잡지 「○○」

다 학생의 글

로봇의 발달로 일자리가 줄어들 것이라는 사람들의 불안이 커지면서 최근 로봇세 도입에 대한 논의가 활발하다. 로봇세는 로봇을 사용해 이익을 얻는 기업이나 개인에 부과하는 세금이다. 로봇으로 인해 일자리를 잃은 사람들을 지원하거나 사회 안전망을 구축하기 위해 예산을 마련하자는 것이 로봇세 도입의 목적이다. 하지만 나는 로봇세 도입을 다음과 같은 이유로 반대한다.

로봇세는 공정한 과세로 보기 어렵다. 널리 쓰이고 있는 모바일 뱅킹이나 티켓 자동 발매기도 일자리를 줄였음에도 세금을 부과하지 않았는데 로봇에만 세금을 부과하는 것은 그 기준이 일관되지 않는다는 문제가 있다. 또 로봇을 사용해 이익을 얻은 기업이나 개인은 이미 법인세나 소득세를 납부하고

있다. 로봇을 사용했다는 이유로 세금을 추가로 부과한다면 한 번의 이익에 두 번의 과세를 하는 것이므로 불공평하다.

앞으로 로봇 수요가 증가하면서 로봇 시장의 우위를 선점하기 위한 로봇 기술 개발의 경쟁이 더욱 뜨거워질 것이다. 로봇 기술 중 상당수가 특허권이 인정되는 고부가 가치 기술이기 때문이다. 이러한 상황에서 전문가들은 로봇세를 도입하면 기술 개발에 악영향을 끼칠 수 있다고 말한다. 로봇세를 도입하면 세금에 대한 부담이 늘어나 로봇에 대한 수요가 감소한다. 그렇게 되면 로봇을 생산하는 기업은 기술 개발 의지가 약화되어 로봇 기술의 특허권으로 이익을 창출할 수 있는 기회가 줄어들게 된다. 그래서 로봇 사용이 필요한 기업이나 개인은 선진 로봇 기술이 적용된 로봇을 외국에서 수입해야 하므로 막대한 금액이 외부로 유출되어 국가적으로 손해이다.

로봇의 사용으로 일자리가 감소할 것이라는 이유로 로봇세의 필요성이 제기되었지만, 역사적으로 볼 때 새로운 기술로 인해 전체 일자리는 줄지 않았다. 산업 혁명을 거치면서 새로운 기술에 대한 걱정은 늘 존재했지만, 산업 전반에서 일자리는 오히려 증가해 왔다는 점이 이를 뒷받침한다. 따라서 로봇의 사용으로 일자리가 줄어들 가능성은 낮다.

우리는 로봇 덕분에 어렵고 위험한 일이나 반복적인 일로부터 벗어나고 있다. 로봇 사용의 증가 추세에서 알 수 있듯이 로봇 기술이 인간의 삶을 편하게 만들어 주는 것은 틀림이 없다. 로봇세의 도입으로 이러한 편안한 삶이 지연되지 않기를 바란다.

01 ㉠~㉢을 고려하여 **다** 를 작성했다고 할 때, 학생의 글에 활용된 글쓰기 전략으로 적절하지 <u>않은</u> 것은?

① ㉠을 고려해, 로봇세의 납부 주체를 포함한 로봇세의 개념을 설명한다.

② ㉡을 고려해, 로봇 사용으로 얻을 수 있는 편안한 삶에 로봇세 도입이 미치는 영향을 드러낸다.

③ ㉡을 고려해, 로봇 사용으로 일자리를 잃은 사람들을 지원하려는 로봇세 도입의 취지를 언급한다.

④ ㉢을 고려해, 로봇세 도입과 로봇 기술 개발의 관계를 제시하여 로봇세의 부정적 측면을 부각한다.

⑤ ㉢을 고려해, 일자리가 증가해 온 역사적 사실을 언급하며 로봇세 도입이 필요하지 않음을 부각한다.

02 나를 활용하여 다를 작성했다고 할 때, 학생의 자료 활용에 대한 설명으로 적절하지 <u>않은</u> 것은?

① ⓐ에 대한 해석을 토대로, 로봇세 도입에 대한 논의는 일자리가 감소할 것이라는 사람들의 우려를 배경으로 한다는 점을 제시했다.

② ⓑ의 사례를 찾아, 이를 로봇의 경우와 비교하여 로봇세가 중복 부과되는 세금이라는 점을 제시했다.

③ ⓒ를 이유로 들어, 로봇 시장을 선점하기 위해 벌어질 경쟁의 양상을 예측하여 제시했다.

④ ⓓ를 구체화하여, 로봇세를 도입하는 경우 국가에 손실이 발생할 수 있음을 제시했다.

⑤ ⓔ에서 한쪽의 의견을 선택하여, 로봇세 부과가 로봇 관련 특허 기술 개발에 걸림돌이 될 수 있음을 제시했다.

2021학년도 9월 모의평가

2회 개성을 드러내는 글 쓰기

03 다음 글을 읽고, 물음에 답하시오.

내성적인 성격 때문에 고민이 많았다. 내 생각을 표현하고 친구들에게 말을 거는 것이 쉽지 않아 속상했고, 스트레스를 받았다. 그러던 중 산림 치유에 대한 방송 인터뷰를 보게 되었다. 인터뷰에서는 산림 치유 프로그램이 스트레스를 낮춰 준다고 했다. 그런 점이 나에게 도움이 될 것 같아 산림 치유 프로그램에 참여하기로 마음먹었다.

내 생각과 달리 인터뷰에서는 산림 치유 프로그램에 어른들만 참여하는 것이 아니라고 했다. '내 또래의 다른 청소년들도 산림 치유 프로그램을 많이 찾는구나.'하고 생각했다. 그런데 인터뷰 내용만으로는 내게 맞는 청소년 프로그램이 언제, 어디서 열리는지 알 수 없었다. 그래서 인터뷰에서 알려 준 누리

집에 들어가 보니 자세한 내용을 확인할 수 있었다. □□치유의 숲에서 운영하는 산림 치유 프로그램의 하나인 '쉼숲' 프로그램이 마음에 들었다.

'쉼숲' 프로그램에서 제일 좋았던 활동은 '나무와 대화하기'였다. 내 마음에 드는 나무를 하나 골라 그 나무와 20분 동안 대화하는 활동이었다. 나무에 귀를 대고 숲의 소리를 들어 보기도 하고, 그동안 하지 못했던 이야기를 나무에게 털어놓기도 했다. 친구들에게 나를 표현하지 못해 답답했던 것, 그런 내 모습 때문에 힘들었던 일들을 이야기했다. 그리고 나니 마음이 후련해지면서 고민하던 나 자신의 모습을 한 발짝 물러서서 바라볼 수 있었다. 인터뷰에서 숲을 '마음을 토닥여 주는 친구'라고 했던 말이 마음에 와닿았다.

[A]

03 다음을 고려할 때, [A]에 들어갈 내용으로 가장 적절한 것은?

> [글쓰기 과정에서의 자기 점검]
> 체험의 의미가 부각되도록 '쉼숲' 프로그램에 참여하기 전과 후의 내 마음 상태를 모두 표현해야겠어. 그리고 삶의 자세에 대한 다짐을 나타내야지.

① 주말에 집에만 틀어박혀 지내던 나는 이제 주말이 오면 종종 숲으로 향한다. 숲이 내가 믿고 기댈 수 있는 친구가 되었기 때문이다.

② 고민거리를 지니고 있던 나는 나무와 대화를 나눈 후 마음의 짐을 덜어 낼 수 있었다. 산림 치유의 효과를 실감한 뜻깊은 시간이었다.

③ 인터뷰에서 알게 된 산림 치유 프로그램을 직접 경험해 보니 정말 만족스러웠다. 앞으로 힘든 일이 생길 때마다 숲을 찾아가 숲의 응원을 받고 와야겠다.

④ 이제 나는 집에 돌아와 다시 일상을 보내고 있다. 나를 따뜻하게 맞아 주던 숲을 기억하면서 나도 다른 사람들에게 향기로운 사람이 되려고 노력할 것이다.

⑤ 성격 때문에 속상해하던 나는 나무와 대화를 나누고 나서, 속상했던 마음이 풀리고 내 성격을 인정하게 되었다. 이제 내 모습을 아끼며 살아갈 것이다.

VII
문법

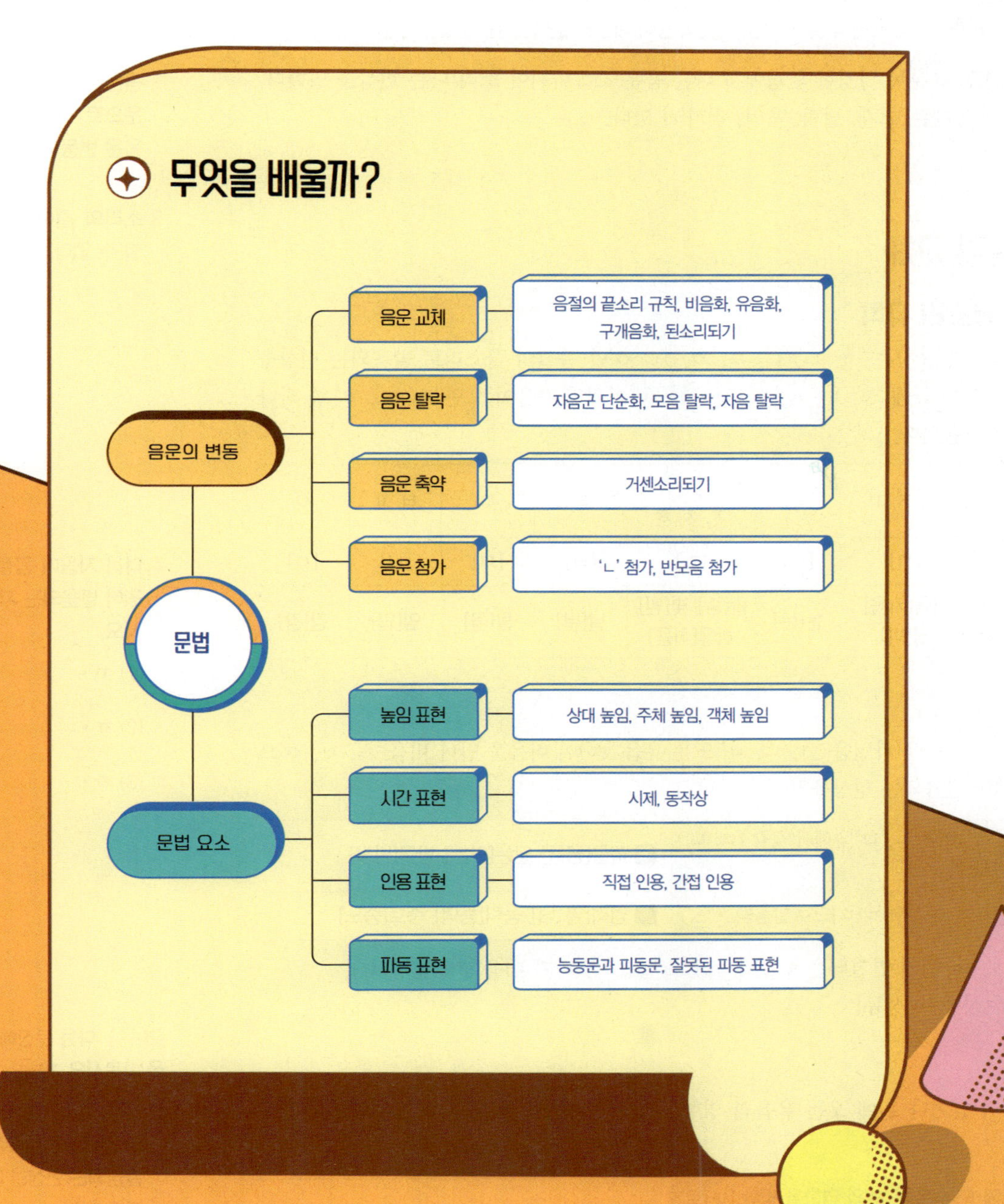

음운의 변동
음운 교체
음절의 끝소리 규칙, 비음화, 유음화, 구개음화, 된소리되기
음운 탈락
자음군 단순화, 모음 탈락, 자음 탈락
음운 축약
거센소리되기
음운 첨가
'ㄴ' 첨가, 반모음 첨가
문법
문법 요소
높임 표현
상대 높임, 주체 높임, 객체 높임
시간 표현
시제, 동작상
인용 표현
직접 인용, 간접 인용
피동 표현
능동문과 피동문, 잘못된 피동 표현

개념 따라잡기 | 문법_음운의 변동

01 음운 및 음운의 변동

- **음운**: 말의 뜻을 구별해 주는 소리의 가장 작은 단위이다.

분절 음운 (음소)	소리마디의 경계가 뚜렷하게 나누어지는 음운으로 자음, 모음이 해당됨. 예 '강', '감'의 'ㅇ', 'ㅁ' / '밥', '법'의 'ㅏ', 'ㅓ'
비분절 음운 (운소)	소리마디의 경계를 뚜렷하게 나누기는 어렵지만 말의 뜻을 구별해 주는 음운으로 소리의 길이, 억양, 높낮이 등이 해당됨. 예 말[말]−동물, 말[말:]−언어

- **음운의 변동**: 음운이 일정한 환경에서 다른 음운으로 바뀌어 소리 나는 현상을 말한다. 음운의 변동에는 '교체, 탈락, 축약, 첨가'가 있다.

02 음운의 교체

1 음절의 끝소리 규칙

음절의 끝소리 규칙은 'ㄱ, ㄴ, ㄷ, ㄹ, ㅁ, ㅂ, ㅇ'만 음절의 끝소리로 발음되는 현상을 말한다. 음절의 끝에 'ㄱ, ㄴ, ㄷ, ㄹ, ㅁ, ㅂ, ㅇ' 이외의 자음이 오면 'ㄱ, ㄷ, ㅂ' 중 하나로 바뀌어 발음된다.

받침	ㄱ, ㅋ, ㄲ	ㄴ	ㄷ, ㅌ, ㅅ, ㅆ, ㅈ, ㅊ, ㅎ	ㄹ	ㅁ	ㅂ, ㅍ	ㅇ
발음	[ㄱ]	[ㄴ]	[ㄷ]	[ㄹ]	[ㅁ]	[ㅂ]	[ㅇ]
예	키읔[키윽], 밖[박]	눈[눈]	솥[솓], 빗[빋], 히읗[히읃]	날[날]	물[물]	잎[입]	강[강]

2 비음화

- 비음이 아닌 음운(파열음 'ㄱ, ㄷ, ㅂ' 또는 유음 'ㄹ')이 비음을 만나 비음 'ㄴ, ㅁ, ㅇ'으로 바뀌어 발음되는 현상을 말한다.

받침 'ㄱ, ㄷ, ㅂ'이 'ㄴ, ㅁ' 앞에서 각각 [ㅇ, ㄴ, ㅁ]으로 발음됨.	예 국물[궁물], 닫는[단는], 밥물[밤물]
'ㄹ'이 받침 'ㅁ, ㅇ' 뒤에서 [ㄴ]으로 발음됨.	예 염려[염:녀], 능력[능녁], 종로[종노]

- 받침 'ㄱ, ㅂ' 뒤에 연결되는 'ㄹ'은 [ㄴ]으로 발음되었다가 비음화가 진행된다.
  예 석류[석뉴 → 성뉴]

3 유음화

비음 'ㄴ'이 앞이나 뒤에 오는 유음의 영향을 받아 유음 'ㄹ'로 바뀌어 발음되는 현상을 말한다.

'ㄴ'이 앞에 오는 유음 'ㄹ'의 영향을 받아 [ㄹ]로 발음됨.	예 설날[설:랄], 실내[실래], 칼날[칼랄]
'ㄴ'이 뒤에 오는 유음 'ㄹ'의 영향을 받아 [ㄹ]로 발음됨.	예 난로[날:로], 단련[달련], 신라[실라]

✦ 개념 확인하기

[1~3] 다음 설명이 맞으면 ○표, 틀리면 ×표를 하시오.

1 음운은 말의 뜻을 구별해 주는 글자의 가장 작은 단위이다.
(○, ×)

2 음운이 일정한 환경에서 다른 음운으로 바뀌어 소리 나는 현상을 음운 변동이라고 한다. (○, ×)

3 소리의 길이로는 말의 뜻을 구별할 수 없다. (○, ×)

4 다음 자음이 음절의 끝에 올 때 바뀌어 발음되는 자음을 선으로 이으시오.

(1) ㄲ •　　　　• ㉠ [ㄱ]

(2) ㅍ •　　　　• ㉡ [ㄷ]

(3) ㅎ •　　　　• ㉢ [ㅂ]

[5~6] 다음 문장에 들어갈 알맞은 말을 고르시오.

5 비음 'ㄴ'이 앞이나 뒤에 오는 유음의 영향을 받아 유음 'ㄹ'로 교체되어 발음되는 현상을 (비음화 / 유음화)라고 한다.

6 '국물'이 [궁물]로 발음되는 것은 (비음화 / 유음화) 현상 때문이다.

4 구개음화

끝소리가 'ㄷ, ㅌ'인 형태소가 모음 'ㅣ'나 반모음 'ĭ [j]'로 시작하는 형식 형태소와 만나 구개음인 'ㅈ, ㅊ'으로 바뀌어 발음되는 현상을 말한다. 구개음화는 인접한 두 음운의 조음 위치를 비슷하게 만들어 더 편하게 발음하기 위해 일어난다.

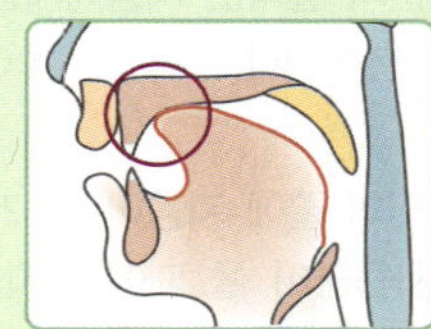 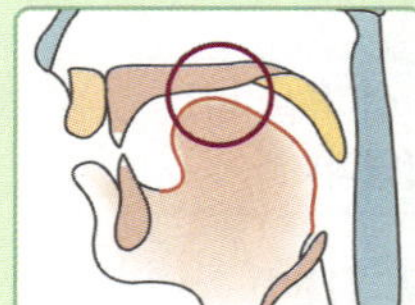 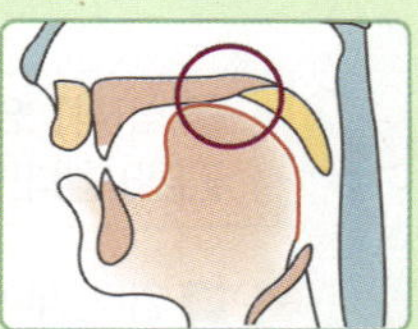

▲ 'ㄷ, ㅌ' 발음 위치   ▲ 'ㅣ' 발음 위치   ▲ 'ㅈ, ㅊ' 발음 위치

받침 'ㄷ, ㅌ'이 'ㅣ'나 'ĭ [j]'로 시작하는 형식 형태소와 결합하여 [ㅈ, ㅊ]으로 발음됨.	예 굳이 → [구디] → [구지] 같이 → [가티] → [가치]
받침 'ㄷ' 뒤에 접미사 '히'가 결합하여 '티'를 이루는 것은 [치]로 발음됨.	예 굳히다 → [구티다] → [구치다] 닫히다 → [다티다] → [다치다]

→ 다만, 'ㄷ, ㅌ' 뒤에 형식 형태소가 아니라 실질 형태소가 결합하는 경우에는 구개음화가 일어나지 않는다. 예 끝인사[끄딘사]

실질 형태소는 구체적인 대상이나 동작, 상태를 나타내는 실질적 의미를 가진 형태소를 말해. 그리고 형식 형태소는 실질 형태소에 붙어 문법적인 의미를 나타내는 형태소로서 조사, 어미, 접사가 있단다.

5 된소리되기

예사소리 'ㄱ, ㄷ, ㅂ, ㅅ, ㅈ'이 된소리 'ㄲ, ㄸ, ㅃ, ㅆ, ㅉ'으로 바뀌어 발음되는 현상을 말한다.

받침 'ㄱ(ㄲ, ㅋ, ㄳ, ㄺ), ㄷ(ㅅ, ㅆ, ㅈ, ㅊ, ㅌ), ㅂ(ㅍ, ㄼ, ㄿ, ㅄ)' 뒤에 'ㄱ, ㄷ, ㅂ, ㅅ, ㅈ'이 올 때	예 국밥[국빱], 닫다[닫따], 낮잠[낟짬], 입고[입꼬], 엽서[엽써], 엎다[업따]
용언의 어간 받침 'ㄴ(ㄵ), ㅁ(ㄻ)' 뒤에 첫소리가 'ㄱ, ㄷ, ㅅ, ㅈ'인 어미가 올 때	예 신고[신ː꼬], 앉고[안꼬], 품다[품ː따], 닮고[담ː꼬], 젊지[점ː찌]
한자어의 받침 'ㄹ' 뒤에 'ㄷ, ㅅ, ㅈ'이 올 때	예 갈등[갈뜽], 발달[발딸], 말살[말쌀], 실전[실쩐], 걸작[걸짝]
관형사형 어미 '-(으)ㄹ' 뒤에 'ㄱ, ㄷ, ㅂ, ㅅ, ㅈ'이 올 때	예 갈 곳[갈꼳], 살 데가[살떼가], 할 바[할빠], 만날 사람[만날싸람], 할 적에[할쩌게]

'낮잠'과 '엎다'는 받침이 각각 'ㅈ'과 'ㅍ'인데도 된소리되기가 나타났지? 우리가 앞서 배운 음절의 끝소리 규칙을 떠올려 보면 'ㅈ'은 [ㄷ]으로, 'ㅍ'은 [ㅂ]으로 발음이 돼. 그래서 된소리되기가 나타날 환경이 갖춰진 거란다.

[7~8] 다음 빈칸에 들어갈 알맞은 말을 쓰시오.

7 끝소리가 'ㄷ, ㅌ'인 형태소가 모음 'ㅣ'나 반모음 'ĭ [j]'로 시작하는 형식 형태소와 만나 구개음인 '(   )'으로 바뀌어 발음되는 현상을 구개음화라고 한다.

8 (   )(이)란 예사소리 'ㄱ, ㄷ, ㅂ, ㅅ, ㅈ'이 된소리 'ㄲ, ㄸ, ㅃ, ㅆ, ㅉ'으로 바뀌어 발음되는 현상을 말한다.

[9~10] 다음 설명이 맞으면 ○표, 틀리면 ×표를 하시오.

9 구개음화는 발음을 더 편하게 하기 위해 나타나는 현상이다.
(○ , ×)

10 형식 형태소는 구체적인 대상이나 동작, 상태를 나타내는 형태소이다.
(○ , ×)

11 〈보기〉의 된소리되기 유형에 해당하는 단어로 적절한 것은?

보기
받침 'ㄱ, ㄷ, ㅂ' 뒤에 'ㄱ, ㄷ, ㅂ, ㅅ, ㅈ'이 올 때의 된소리되기

① 국밥   ② 품다
③ 갈등   ④ 발달
⑤ 갈 곳

정답과 해설 36쪽 •

03 음운의 탈락

1 자음군 단순화

음절의 끝에 자음이 두 개 연결된 자음군(겹받침)이 올 때, 두 자음 중 하나가 탈락하고 하나만 발음되는 현상을 말한다.

음절 끝 또는 자음 앞에서 뒤 자음이 탈락하는 경우	ㄳ, ㄵ, ㄼ, ㄽ, ㄾ, ㅄ	예 삯[삭], 앉다[안따], 섧다[설ː따], 곬[골], 핥다[할따], 없다[업따]
음절 끝 또는 자음 앞에서 앞 자음이 탈락하는 경우	ㄺ, ㄻ, ㄿ	예 읽다[익따], 삶[삼], 읊다[읍따]

〈표준 발음법〉 제10항과 제11항은 자음군 단순화에서 예외 사항이 적용되는 발음들을 설명해 주고 있어. 우선 '밟-'은 끝자음이 'ㄼ'이지만 자음 앞에서는 [밥]으로 발음된단다. '넓-'은 '넓죽하다', '넓둥글다'의 경우 [넙]으로 발음해야 해. 그리고 용언의 어간 말음 'ㄺ'은 'ㄱ' 앞에서 [ㄹ]로 발음하므로 '굵고'는 [굴꼬]로 발음해야 한단다.

2 모음 탈락

용언의 어간과 어미가 결합하는 과정에서 모음이 탈락하기도 하는 현상을 말한다. 모음 탈락은 발음뿐 아니라 표기에도 반영되므로 모음 탈락이 일어난 단어는 하나의 모음이 탈락된 형태로 적는다.

'ㅡ' 탈락	동사나 형용사의 어간 말 모음 'ㅡ'는 모음으로 시작하는 어미 앞에서 탈락함.	예 담그-+-아 → 담가[담가] 크-+-어서 → 커서[커서]
동음 탈락	동사나 형용사의 어간 말 모음 'ㅏ, ㅓ' 뒤에 같은 모음으로 시작하는 어미가 오면 모음 하나가 탈락함.	예 가-+-아 → 가[가] 서-+-어 → 서[서] 자-+-아서 → 자서[자서]

3 자음 탈락

ㅎ 탈락	동사나 형용사의 어간 끝소리 'ㅎ'은 모음으로 시작하는 형식 형태소와 결합하면 발음할 때 'ㅎ'이 탈락함.	예 좋-+-아 → 좋아[조ː아] 낳-+-아 → 낳아[나아] 쌓-+-으니 → 쌓으니[싸으니]
ㄹ 탈락	동사나 형용사의 어간 끝소리 'ㄹ'은 'ㄴ'으로 시작하는 어미와 'ㅅ'으로 시작하는 어미 앞에서 탈락함.	예 살-+-는 → 사는[사ː는] 알-+-시-+-고 → 아시고[아ː시고]

✦ 개념 확인하기

[12~13] 다음 설명이 맞으면 ○표, 틀리면 ×표를 하시오.

12 음운의 탈락은 자음에서만 일어나는 현상이다.　　　　(○ , ×)

13 음절의 끝에 자음이 두 개 연결된 자음군이 올 때에는 자음군의 두 자음 중 앞 자음만 발음된다.
　　　　(○ , ×)

[14~16] 다음 문장에서 밑줄 친 단어의 올바른 발음을 고르시오.

14 새로 이사한 집이 넓다.
　　　　[널따 / 넙따]

15 강아지가 내 손을 핥는다.
　　　　[한는다 / 할른다]

16 너희가 진정한 의미를 아느냐?
　　　　[아느냐 / 알느냐]

17 다음 중 'ㅡ' 탈락이 일어나는 단어들을 모두 찾아 쓰시오.

커, 잠가, 자서, 따라, 건너도

(　　　　　　　　)

04 음운의 축약

1 거센소리되기

예사소리 'ㄱ, ㄷ, ㅂ, ㅈ'이 'ㅎ'과 만나 두 음운이 축약되어 거센소리인 'ㅋ, ㅌ, ㅍ, ㅊ'으로 발음되는 현상을 말한다.

예사소리 'ㄱ'이 'ㅎ'과 만나 거센소리인 'ㅋ'으로 발음됨.	예 축하[추카], 국화[구콰]
예사소리 'ㄷ'이 'ㅎ'과 만나 거센소리인 'ㅌ'으로 발음됨.	예 맏형[마텽], 좋다[조:타]
예사소리 'ㅂ'이 'ㅎ'과 만나 거센소리인 'ㅍ'으로 발음됨.	예 굽히다[구피다], 좁히다[조피다]
예사소리 'ㅈ'이 'ㅎ'과 만나 거센소리인 'ㅊ'으로 발음됨.	예 맞히다[마치다], 쌓지[싸치]

'맏형'을 구개음화를 적용하여 [마청]으로 발음해야 한다고 생각할 수도 있어. 그러나 구개음화는 모음 'ㅣ'나 반모음 'ㅣ[j]'로 시작하는 형식 형태소와 만났을 때 나타나는 현상이야. 그런데 '맏형'의 '형'은 반모음 'ㅣ[j]'로 시작하지만 실질 형태소이기 때문에 구개음화가 나타나지 않는단다.

자음은 예사소리(평음), 된소리(경음), 거센소리(격음)로 나눌 수 있어. 공기가 성대를 통과할 때 목 근육을 긴장시키지도 않고 많은 양의 공기를 내보내지도 않으면 예사소리, 목 근육에 힘을 주었다가 긴장을 풀면서 순간적으로 적은 양의 공기를 내보내면 된소리가 돼. 그리고 거센소리는 성대 안의 통로를 넓게 열어 많은 양의 공기를 내보내면서 내는 소리야.

05 음운의 첨가

1 'ㄴ' 첨가

두 형태소가 결합하여 이루어지는 합성어와 파생어에서, 자음으로 끝나는 말 뒤에 모음 'ㅣ'나 반모음 'ㅣ[j]'로 시작하는 말이 결합할 때 'ㄴ'이 덧붙어 발음되는 현상을 말한다.

예 솜이불[솜:니불], 맨입[맨닙], 한여름[한녀름], 나뭇잎[나문닙]

2 반모음 첨가

모음으로 끝나는 용언의 어간 뒤에 모음 'ㅓ, ㅗ'로 시작하는 어미가 결합할 때, 반모음 'ㅣ[j]'가 새로 생겨 발음되는 현상을 말한다. 일반적으로 반모음 첨가는 표준 발음으로 인정하지 않는다. 다만 '되어, 피어'의 어미는 [어]로 발음하는 것을 원칙으로 하되, [여]로 발음하는 것도 허용한다. 이에 준하여 '이오, 아니오'도 [이요], [아니요]로 발음하는 것을 허용한다.

예 되어[되어/되여], 피어[피어/피여], 이오[이오/이요], 아니오[아니오/아니요]

[18~20] 다음 빈칸에 들어갈 알맞은 말을 쓰시오.

18 거센소리되기는 예사소리 'ㄱ, ㄷ, ㅂ, ㅈ'이 ( )을 만나 'ㅋ, ㅌ, ㅍ, ㅊ'으로 발음되는 현상이다.

19 '솜이불'은 '솜'과 '이불'의 합성어로, 모음 'ㅣ' 앞에 '( )'이 덧붙어 [솜:니불]로 발음한다.

20 ( ) 첨가는 모음으로 끝나는 용언의 어간 뒤에 모음 'ㅓ, ㅗ'로 시작하는 어미가 결합할 때, 반모음 'ㅣ[j]'가 새로 생겨 발음되는 현상이다.

21 다음 중 'ㄴ' 첨가가 일어나는 단어들을 모두 찾아 쓰시오.

> 국화, 맨입, 맏형, 한여름

( )

[22~23] 다음 문장에서 밑줄 친 단어의 올바른 발음을 고르시오.

22 오늘 우리는 아침 일찍 <u>학교에</u> 갔다.

[학교에 / 학꾜예]

23 어제는 비가 오더니, 오늘은 날이 <u>개었다.</u>

[개얻따 / 개엳따]

정답과 해설 36쪽 •

01 높임 표현

1 높임 표현의 개념

화자가 어떤 상대나 대상의 높고 낮은 정도를 언어적으로 구별하여 표현하는 방식이나 체계를 말한다. 높임 표현의 종류에는 상대 높임, 주체 높임, 객체 높임이 있다.

2 상대 높임

개념		화자가 청자를 높이거나 낮춰 말하는 방법으로, 주로 문장의 종결 어미로 실현됨.
실현 방법		
	격식체	
		하십시오체 (아주높임)
		하오체 (예사 높임)
		하게체 (예사 낮춤)
		해라체 (아주낮춤)
	비격식체	
		해요체 (두루높임)
		해체 (두루낮춤)

격식체	하십시오체 (아주높임)	'-ㅂ니다, -ㅂ시오, -ㅂ니까, -소서, -나이다, -올시다' 등에 의해 실현됨. 예 이제 말씀을 <u>하십시오</u>. / 집에서 <u>오셨습니까</u>?
	하오체 (예사 높임)	'-오, -소, -구려, -ㅂ시다, -는구려' 등에 의해 실현됨. 예 이제 말을 하<u>오</u>. / 집에서 오<u>는구려</u>.
	하게체 (예사 낮춤)	'-게, -네, -ㅁ세, -세, -는구먼, -는가' 등에 의해 실현됨. 예 이제 말을 하<u>게</u>. / 집에서 오<u>는가</u>?
	해라체 (아주낮춤)	'-어라, -다, -자, -렴, -느냐, -니' 등에 의해 실현됨. 예 이제 말을 하<u>여라</u>. / 집에서 오<u>느냐</u>?
비격식체	해요체 (두루높임)	'-어요, -지요, -군요, -ㄹ게요' 등에 의해 실현됨. 예 이제 말을 해<u>요</u>. / 집에서 와<u>요</u>?
	해체 (두루낮춤)	'-아, -지, -야, -ㄹ게' 등에 의해 실현됨. 예 이제 말을 <u>해</u>. / 집에서 <u>와</u>?

3 주체 높임

개념		화자가 서술의 주체를 높이는 방법으로, 서술의 주체가 화자보다 나이나 사회적 지위 등이 높을 때 사용함.
실현 방법	선어말 어미 '-(으)시-' 결합	서술어에 주체 높임 선어말 어미 '-(으)시-'가 붙어 실현됨. 예 할머니께서 식당에 가<u>셔서</u> 불고기를 잡수셨다.
	주격 조사 '께서' 사용	주격 조사 '이/가' 대신 '께서'를 사용함. 예 할머니<u>께서</u> 식당에 가셔서 불고기를 잡수셨다.
	특수 어휘 사용	'계시다', '잡수시다' 등의 특수 어휘를 사용함. 예 할머니께서 식당에 가셔서 불고기를 <u>잡수셨다</u>.

✦ 개념 확인하기

[24~26] 다음 설명이 맞으면 ○표, 틀리면 ×표를 하시오.

24 상대 높임은 화자가 서술의 주체를 높이는 방법이다. 　　（○, ×）

25 주체 높임은 화자가 서술의 주체보다 나이나 사회적 지위 등이 높을 때 사용한다. 　（○, ×）

26 선어말 어미 '-(으)시-'를 활용하여 문장의 주체를 높일 수 있다. 　　　　（○, ×）

27 다음 종결 표현을 상대 높임의 종류에 맞게 선으로 이으시오.

(1) 와.　　　　•　　•㉠ 해체
(2) 와라.　　　•　　•㉡ 하게체
(3) 오게.　　　•　　•㉢ 하오체
(4) 와요.　　　•　　•㉣ 해요체
(5) 오시오.　 •　　•㉤ 해라체
(6) 오십시오.•　　•㉥ 하십시오체

[28~30] 다음 문장에 들어갈 알맞은 말을 고르시오.

28 상대 높임은 일반적으로 문장의 (선어말 어미 / 종결 어미)에 의해 실현된다.

29 하게체는 다른 말로 (예사 낮춤 / 예사 높임)이라고도 한다.

30 주체 높임은 주격 조사 '이/가' 대신 '(께 / 께서)'를 사용한다.

4 객체 높임

개념	목적어나 부사어가 지시하는 대상, 즉 서술의 객체를 높이는 방법임.	
실현 방법	부사격 조사 '께' 사용	부사격 조사 '에게' 대신 '께'를 사용함. 예 나는 할머니께 편지를 썼다.
	특수 어휘 사용	'드리다', '모시다', '뵈다', '여쭈다' 등의 특수 어휘를 사용함. 예 엄마는 마을 어르신께 음식을 드렸다.

02 시간 표현

1 시간 표현의 개념

시간을 나타내기 위한 언어 표현을 말한다. 시간 표현의 종류에는 시제와 동작상이 있다.

2 시제

• **개념**: 화자가 말하는 시점(발화시)을 기준으로 사건이 일어난 시점(사건시)이 언제인지 나타내는 문법 범주이다. 시제에는 과거 시제, 현재 시제, 미래 시제가 있다.

• **과거 시제**

개념	사건시가 발화시보다 앞서는 시제		사건시 발화시
실현 방법	선어말 어미 사용	'-았-/-었-', '-더-'	예 나는 어제 빵을 먹었다.
	관형사형 어미 사용	'-(으)ㄴ', '-던'	예 이것은 내가 먹은 빵이다.
	부사어 사용	'어제', '아까' 등	예 나는 어제 빵을 먹었다.

• **현재 시제**

개념	사건시가 발화시와 일치하는 시제		사건시 = 발화시
실현 방법	선어말 어미 사용	'-ㄴ-/-는-'	예 나는 지금 빵을 먹는다.
	관형사형 어미 사용	'-(으)ㄴ', '-는'	예 이것은 내가 먹는 빵이다.
	부사어 사용	'지금', '이제' 등	예 나는 지금 빵을 먹는다.

• **미래 시제**

개념	사건시가 발화시보다 나중인 시제		발화시 사건시
실현 방법	선어말 어미 사용	'-겠-'	예 나는 내일 빵을 먹겠다.
	관형사형 어미 사용	'-(으)ㄹ'	예 이것은 내가 먹을 빵이다.
	부사어 사용	'내일', '장차' 등	예 나는 내일 빵을 먹겠다.

[31~32] 다음 설명이 맞으면 ○표, 틀리면 ×표를 하시오.

31 객체 높임은 '여쭈다, 드리다' 등의 특수한 어휘로 실현될 수 있다.
(○ , ×)

32 객체 높임은 화자보다 나이나 사회적 지위 등이 높은 서술의 주체를 높이는 방법이다. (○ , ×)

[33~36] 다음 문장에 들어갈 알맞은 말을 고르시오.

33 화자가 말하는 시점을 기준으로 사건이 일어난 시점이 언제인지 나타내는 문법 범주를 (시간 / 시제)(이)라고 한다.

34 사건시가 발화시보다 앞서는 것을 (과거 / 현재 / 미래) 시제라고 한다.

35 현재 시제는 서술어에 선어말 어미 '(-는- / -겠-)'을 붙여 표현한다.

36 '(이제 / 장차)'와 같은 시간 부사어는 미래 시제를 나타낸다.

37 다음 문장은 어떤 시제에 해당하는지 쓰시오.

> 내일은 병원에 갈 생각이다.

(   )

정답과 해설 36쪽 •

3 동작상

• **개념**: 시간의 흐름 속에서 동작의 진행과 완료를 표현하는 문법 요소이다. 동작상에는 진행상과 완료상이 있다.

• **진행상**

개념	어떤 동작이 시간의 흐름 속에서 계속 이어지고 있을 때 사용함.
실현 방법	보조 용언 '-고 있다', '-아/어 가다', 연결 어미 '-(으)면서' 등이 쓰임. 예 미선이가 책을 보면서 방에 들어가고 있다.

• **완료상**

개념	어떤 동작이 시간의 흐름 속에서 이미 끝났거나 결과가 지속될 때 사용함.
실현 방법	보조 용언 '-아/어 있다', '-아/어 버리다', 연결 어미 '-고서' 등이 쓰임. 예 미선이가 책을 보고서 방에 들어가 버렸다.

03 인용 표현

1 인용 표현의 개념

다른 사람의 말이나 글을 자신의 말이나 글 속에 직접적이거나 간접적으로 끌어 쓰는 표현을 말한다. 인용 표현의 종류로는 직접 인용과 간접 인용이 있다.

2 직접 인용

개념	다른 사람의 말이나 글을 끌어 쓸 때, 원래의 내용과 형식을 그대로 유지한 채 자신의 말이나 글 속에 넣어서 쓰는 표현
실현 방법	인용절에 큰따옴표를 넣어 표시하고, 인용절 다음에 조사 '라고'를 씀. 예 친구가 내게 "영화를 보러 가자."라고 말했다.

3 간접 인용

개념	다른 사람의 말이나 글을 끌어 쓸 때, 그 형식을 유지하지 않고 내용만 끌어다 자신의 말이나 글 속에 넣어서 쓰는 표현
실현 방법	시간 표현, 높임 표현, 지시어, 종결 어미 등을 문장에 맞도록 적절히 바꾸고, 따옴표 없이 인용절 다음에 조사 '고'를 씀. 예 친구가 내게 영화를 보러 가자고 말했다.

인용 표현은 직접 인용할 때와 간접 인용할 때 사용 효과가 달라진단다. 직접 인용을 사용하면 생생한 느낌을 전달할 수 있고, 간접 인용을 사용하면 매끄럽고 간결한 느낌을 전달할 수 있어.

인용 표현을 사용할 때에는 직접 인용과 간접 인용의 실현 방식의 차이를 이해하고 문장 부호, 조사, 종결 어미 등에 유의하여 표현을 사용해야 해.

[38~39] 다음 문장에 들어갈 알맞은 말을 고르시오.

38 시간의 흐름 속에서 동작의 진행과 완료를 표현한 문법 요소를 (동작상 / 진행상)이라고 한다.

39 '미선이가 책을 보고서 방에 들어가 버렸다.'는 (진행상 / 완료상)이다.

[40~41] 다음 설명이 맞으면 ○표, 틀리면 ×표를 하시오.

40 진행상은 어떤 동작이 시간의 흐름 속에서 계속 이어지고 있을 때 사용한다.　　　(○, ×)

41 직접 인용은 인용절 다음에 조사 '고'를 붙인다.　　　　　　(○, ×)

[42~45] 다음 문장에 사용된 인용 표현의 종류를 쓰시오.

42 그는 형사에게 자기가 더 억울하다고 말했다.　　(　　　)

43 친구는 나에게 답을 가르쳐 주면 안 되냐고 물었다. 　(　　　)

44 아버지는 손님들에게 "거기 앉으세요."라고 말했다. 　(　　　)

45 그는 선생님께 "죄송합니다."라는 말을 여러 차례 했다.
　　　　　　(　　　)

04 피동 표현

1 피동 표현의 개념

문장에서 어떤 동작을 표현할 때, 주어가 다른 주체에 의해서 어떤 동작을 당하거나 영향을 받는 것을 말한다.

2 능동문과 피동문

• **능동문과 피동문의 개념**

능동문	주어가 자기 힘으로 동작을 하는 문장
피동문	주어가 다른 주체에 의해 동작을 당하는 문장

• **능동문을 피동문으로 만드는 방법**

능동을 나타내는 동사에 피동의 의미를 더하는 접미사 '-이-, -히-, -리-, -기-'나 '-아/-어지다'를 붙이거나 일부 명사에 접미사 '-되다'를 붙인다.

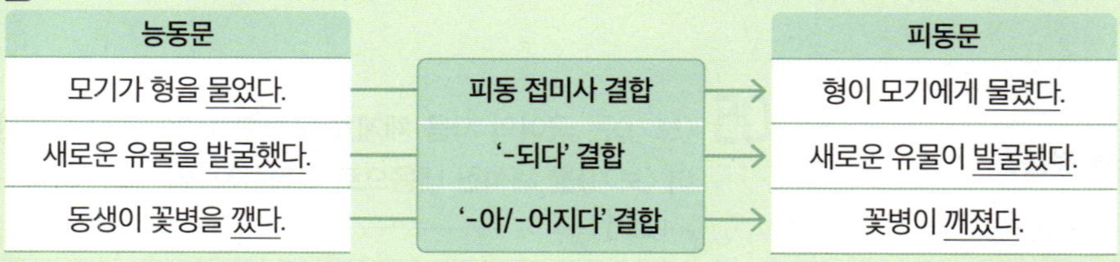

3 피동 표현을 사용하는 경우

동작을 당하는 주체를 강조하고 싶을 때	예 차가 나뭇가지에 긁혔다.
동작의 주체를 밝힐 필요가 없거나 밝힐 수 없을 때	예 오해가 풀렸다.
객관성을 높여 표현하려고 할 때	예 건물 붕괴의 원인은 부실 공사 때문임이 밝혀졌다.
책임을 회피하고자 할 때	예 엄마, 접시가 깨졌어요.

4 잘못된 피동 표현

이중 피동	피동사에 '-아/-어지다', '-게 되다'를 다시 붙여 씀. 예 내일이 월요일이라는 것이 믿겨지니? → 믿기니? / 믿어지니?
불필요한 피동	책임을 회피하거나 의미를 강조하려는 의도 등으로 불필요하게 씀. 예 당신을 돕는 것이 옳다고 생각되어집니다. → 생각합니다.

✦ 개념 확인하기

46 다음의 문법 요소와 그 내용을 바르게 연결하시오.

(1) 능동문 •　　• ㉠ 주어가 자기 힘으로 동작을 하는 문장

(2) 피동문 •　　• ㉡ 주어가 다른 주체에 의해 동작을 당하는 문장

[47~48] 다음 설명이 맞으면 ○표, 틀리면 ×표를 하시오.

47 피동 표현은 능동문의 어근에 '-이-, -히-, -리-, -기-'와 같은 접사를 붙이거나, 능동문의 어간에 '-아/-어지다'를 붙여서 만든다. 　　　　　　(○ , ×)

48 뉴스 등에서 객관적인 느낌을 주기 위해 피동 표현을 사용하기도 한다. 　　　　　　(○ , ×)

49 〈보기〉에서 잘못된 피동 표현을 모두 골라 그 기호를 쓰시오.

┤ 보기 ├
㉠ 동물 울음소리가 들렸다.
㉡ 지금까지 모여진 수익금을 정산했다.
㉢ 나는 이 그림이 아름답다고 생각되어진다.

(　　　　)

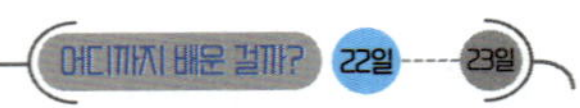

01 〈보기〉의 단어들에 공통적으로 나타난 음운 변동 현상으로 적절한 것은?

┤ 보기 ├
> 빛깔   바깥   부엌   풀숲

① 두 음운이 이어질 때 한 음운이 탈락하는 현상이다.
② 음운과 음운 사이에 새로운 음운이 생겨나는 현상이다.
③ 서로 다른 두 음운이 만나 하나의 음운으로 줄어 소리 나는 현상이다.
④ 예사소리가 'ㄱ, ㄷ, ㅂ'의 영향을 받아 된소리로 바뀌어 발음되는 현상이다.
⑤ 음절의 끝에 오는 자음이 'ㄱ, ㄴ, ㄷ, ㄹ, ㅁ, ㅂ, ㅇ'의 자음 중 하나로 바뀌어 발음되는 현상이다.

02 밑줄 친 부분의 끝소리가 나머지와 다른 것은?

① 덫   ② 밭   ③ 빗
④ 히읗   ⑤ 같다

03 〈보기〉의 ㉮, ㉯를 순서대로 적용한 예로 적절하지 않은 것은?

┤ 보기 ├
> ㉮ 받침 'ㄲ, ㅋ', 'ㅅ, ㅆ, ㅈ, ㅊ, ㅌ', 'ㅍ'은 어말 또는 자음 앞에서 각각 대표음 [ㄱ, ㄷ, ㅂ]으로 발음한다.
> ㉯ 받침 'ㄱ, ㄷ, ㅂ'은 'ㄴ, ㅁ' 앞에서 각각 [ㅇ, ㄴ, ㅁ]으로 발음한다.

① 독립 → [독닙] → [동닙]
② 뒷문 → [뒫문] → [뒨문]
③ 낮네 → [낟네] → [난네]
④ 짚는다 → [집는다] → [짐는다]
⑤ 있었는데 → [이썼는데] → [이썬는데]

04~05 다음 글을 읽고, 물음에 답하시오.

비음 'ㄴ'이 ㉠유음 'ㄹ' 앞에서 유음 'ㄹ'로 교체되거나, ㉡유음 'ㄹ' 뒤에서 유음 'ㄹ'로 교체되어 발음되는 현상을 유음화라고 한다. ㉢비음화와 유음화는 앞뒤 자음의 조음 방법을 같게 하여 소리를 편하게 내기 위해 일어나는 현상이다.

04 ㉠과 ㉡에 해당하는 단어를 〈보기〉에서 찾아 그 기호를 쓰시오.

┤ 보기 ├
> ⓐ 길눈   ⓑ 단련   ⓒ 선릉   ⓓ 설날   ⓔ 순리
> ⓕ 신라   ⓖ 신랑   ⓗ 실내   ⓘ 인력   ⓙ 칼날

• ㉠: _______________,   • ㉡: _______________

05 〈보기〉는 국어의 자음 체계를 분류한 표이다. ㉢과 연관지어 〈보기〉를 해석한 내용으로 적절하지 않은 것은?

┤ 보기 ├

조음 위치 〔조음 방법〕	두 입술	윗잇몸, 혀끝	센입천장, 혓바닥	여린입천장, 혀 뒤	목청 사이
파열음	ㅂ	ㄷ		ㄱ	
파찰음			ㅈ		
마찰음		ㅅ			ㅎ
비음	ㅁ	ㄴ		ㅇ	
유음		ㄹ			

① '실내'를 편하게 발음하기 위해서는 '내'의 'ㄴ'을 'ㄹ'로 바꾸어 받침 'ㄹ'과 조음 방법을 같게 해야 한다.
② '종로'를 편하게 발음하기 위해서는 '로'의 'ㄹ'을 'ㄴ'으로 바꾸어 받침 'ㅇ'과 조음 방법을 같게 해야 한다.
③ '국물'의 받침 'ㄱ'이 'ㅁ'을 만나 'ㅇ'으로 발음되는 것은 앞뒤 자음의 조음 방법을 같게 한 비음화에 해당한다.
④ '염려'의 받침 'ㅁ'이 'ㄹ'을 만나 'ㄹ'로 발음되는 것은 앞뒤 자음의 조음 방법을 같게 한 유음화에 해당한다.
⑤ '잡는'의 받침 'ㅂ'이 'ㄴ'을 만나 'ㅁ'으로 발음되는 것은 조음 방법을 맞추어 소리를 편하게 내기 위한 것이다.

 다음 글을 읽고, 물음에 답하시오.

학생: '같다'를 '같은', '같이'로 활용할 때, '같은'은 [가튼]으로 발음되는데, '같이'는 왜 [가치]로 발음되나요?

선생님: ㉠끝소리 'ㄷ'이나 'ㅌ'이 문법적 기능만 갖춘 형식 형태소의 모음 'ㅣ'와 만나면 'ㅈ'이나 'ㅊ'으로 바뀌어 발음되기 때문이지요.

학생: 그럼, '같이'와 다르게 '밭이랑'이 [반니랑]으로, '끝인사'가 [끄딘사]로 발음되는 이유는 무엇인가요?

선생님: [㉡   ]

06 ㉠과 같은 음운 변동 현상이 나타나지 <u>않는</u> 것은?

① 꽃이 ② 굳이 ③ 피붙이

④ 닫히다 ⑤ 낱낱이

07 ㉡에 들어갈 선생님의 대답으로 적절한 것은?

① 두 단어는 고유어와 한자어가 결합한 합성어이기 때문이에요.

② '이랑'과 '인사'가 모두 문법적 기능만 갖춘 형식 형태소이기 때문이에요.

③ '이랑'과 '인사'가 모두 형식 형태소가 아닌 실질 형태소이기 때문이에요.

④ 두 단어를 발음할 때 혀가 닿는 위치를 좀 더 가깝게 하려고 했기 때문이에요.

⑤ 두 단어의 경우 'ㄷ, ㅌ' 뒤에 실질 형태소가 아니라 형식 형태소가 결합했기 때문이에요.

08 〈보기〉의 밑줄 친 단어에서 나타나는 음운 변동 현상으로 적절한 것은?

┤보기├

내가 자리에 <u>앉자</u> 친구가 말을 건넸다.

① 비음화, 유음화

② 자음군 단순화, 유음화

③ 자음군 단순화, 된소리되기

④ 음절의 끝소리 규칙, 유음화

⑤ 음절의 끝소리 규칙, 비음화

09 〈보기〉의 ㉠~㉣ 중 모음 탈락의 과정에서 탈락한 모음이 같은 것끼리 바르게 묶은 것은?

┤보기├

연우는 배가 ㉠<u>고파서</u> 쉬는 시간에 매점에 ㉡<u>갔다</u>. 그리고 빵을 한 개 ㉢<u>샀다</u>. 그러나 빵이 너무 ㉣<u>커</u> 친구와 나눠 먹기로 했다.

① ㉠ / ㉡, ㉢, ㉣　　　② ㉠, ㉡ / ㉢, ㉣

③ ㉠, ㉢ / ㉡, ㉣　　　④ ㉠, ㉣ / ㉡, ㉢

⑤ ㉠, ㉡, ㉢ / ㉣

10 다음 밑줄 친 단어 중, 〈보기〉와 같은 음운 현상이 일어나지 <u>않는</u> 것은?

┤보기├

앞말의 끝소리 'ㄷ, ㅌ'이 모음 'ㅣ'나 반모음 'ㅣ[j]'로 시작하는 형식 형태소를 만나 'ㅈ, ㅊ'으로 바뀌어 발음되는 현상

① 아궁이에는 큰 <u>솥이</u> 걸려 있었다.

② 꽃이 수놓아진 <u>홑이불</u>만 덮고 잤다.

③ 겨울에는 <u>팥이</u> 들어간 간식을 많이 먹는다.

④ 책 읽기에 재미를 <u>붙여</u> 시간 가는 줄 몰랐다.

⑤ 한옥에는 미닫이문과 <u>여닫이문</u>을 함께 달았다.

11 다음 문장 중, 〈보기〉의 밑줄 친 단어에서 일어나는 음운 변동 현상이 나타나는 단어가 쓰이지 <u>않은</u> 것은?

┤보기├

어서 <u>학교</u>에 가자.

① 나는 지금 갈 데가 있어.

② 그녀는 예쁜 옷을 입고 있다.

③ 무엇을 먼저 먹을까 갈등이 되네.

④ 너는 모름지기 학업에 힘써야 한다.

⑤ 새로 산 신발을 신고 왔는데 갑자기 비가 온다.

12 〈보기〉의 설명에 해당하는 예로 적절하지 <u>않은</u> 것은?

> ┤ 보기 ├
>
> 　동사나 형용사의 어간 끝소리 'ㅎ'은 모음으로 시작하는 어미와 결합하면 발음할 때 'ㅎ'이 탈락한다.

① 쌓-+-아 → 쌓아[싸아]
② 놓-+-아 → 놓아[노아]
③ 닿-+-아서 → 닿아서[다아서]
④ 짓-+-어서 → 지어서[지어서]
⑤ 넣-+-어서 → 넣어서[너어서]

13 거센소리되기가 일어나는 단어가 <u>아닌</u> 것은?

① 축하　　　② 엽서　　　③ 좋다
④ 덥히면　　　⑤ 앉히다

14 〈보기〉를 바탕으로 음운 변동 현상을 설명한 내용으로 적절한 것은?

> ┤ 보기 ├
>
> 　음운 변동 현상에는 그 결과에 따라 한 음운이 다른 음운으로 바뀌는 ㉠교체, 서로 다른 두 음운이 하나로 합쳐져 새로운 한 개의 음운으로 바뀌는 ㉡축약, 두 음운 중 하나의 음운이 발음되지 않는 ㉢탈락, 두 음운 사이에 새로운 음운이 생겨나는 ㉣첨가 등이 있다.

① '독립문[동닙문]'은 ㉠만 일어난 말이다.
② '꽂힌[꼬친]'은 ㉠과 ㉡이 모두 일어난 말이다.
③ '있다[읻따]'는 ㉠과 ㉢이 모두 일어난 말이다.
④ '홑이불[혼니불]'은 ㉠~㉣이 모두 일어난 말이다.
⑤ '넓히다[널피다]'는 ㉡과 ㉢이 모두 일어난 말이다.

15 표준 발음에 따른 음운 변동 현상을 정리한 내용으로 적절한 것은?

	표준 발음	음운 변동 현상
①	물난리[물랄리]	비음화, 유음화
②	습득하고[습뜨카고]	된소리되기, 거센소리되기
③	높다랗고[놉따라코]	된소리되기, 자음군 단순화
④	부엌만[부엉만]	음절의 끝소리 규칙, 유음화
⑤	붙이다[부치다]	음절의 끝소리 규칙, 구개음화

16 자음군 단순화가 나타나는 단어로 보기 <u>어려운</u> 것은?

① 없다　　　② 넋다　　　③ 읽다
④ 핥다　　　⑤ 앉다

17 〈보기〉를 바탕으로 음운 현상에 대해 나눈 대화 중, 적절한 것은?

> ┤ 보기 ├
>
> 　자음이나 모음이 어떤 환경에서 없어지는 탈락 현상에는 자음군 단순화, 'ㅎ' 탈락, 'ㄹ' 탈락, 모음 탈락 등이 있다.

① 수현: 'ㅎ' 탈락의 예로는 '좋고[조:코]', '놓다[노타]', '쌓지[싸치]' 등이 있어.
② 태훈: '열-+-니 → 여니'처럼 용언의 어간 끝소리인 'ㄹ'이 몇몇 어미와 결합할 때 탈락하기도 해.
③ 상현: '아프다', '아파서', '아팠다'는 용언의 어간 끝소리인 'ㅡ'가 자음으로 시작하는 어미 앞에서 탈락한 거야.
④ 석우: 'ㅎ' 탈락은 용언의 어간 끝소리인 'ㅎ'이 'ㄱ, ㄷ, ㅂ, ㅈ'으로 시작하는 자음을 만나 탈락하는 현상이야.
⑤ 영식: '흙[흑]', '값이[가비]'와 같이 음절 끝의 두 자음 중 하나가 탈락하고 나머지 하나만 소리 나는 현상을 자음군 단순화라고 해.

DAY 23 문법 요소

01 다음 중 높임 표현의 예가 적절하지 <u>않은</u> 것은?

① 주체 높임: 그분은 자리에 계십니다.
② 상대 높임: 어르신, 이리 앉으십시오.
③ 주체 높임: 회장님께서 도착하셨습니다.
④ 객체 높임: 큰아버지께서 떡을 잡수신다.
⑤ 객체 높임: 그 일은 어머니께 여쭈어 보아라.

02 〈보기〉를 참고할 때, 상대 높임의 종류가 나머지와 <u>다른</u> 것은?

┤ 보기 ├

　상대 높임은 화자가 청자를 높이거나 낮추어 말하는 방법으로, 크게 격식체(하십시오체, 하오체, 하게체, 해라체)와 비격식체(해요체, 해체)로 나눌 수 있다.

① (동네 친구에게) 이번엔 네가 나를 도와 줘.
② (진행자가 관객들에게) 여러분 모두 반갑습니다.
③ (장인이 사위에게) 김 서방, 얼른 자리에 와서 앉게.
④ (동네 주민끼리) 이번에는 101동에서 제설 도구를 정리합시다.
⑤ (할아버지가 손자에게) 유치원 끝나고 이제 오느냐?

03 〈보기〉에 사용된 높임 표현에 대한 설명으로 적절하지 <u>않은</u> 것은?

┤ 보기 ├

　철수의 친구: 철수야, 나보고 선생님이 너를 교무실로 모시고 오시래.

① 청자는 철수이므로 '해체'를 사용한 종결 표현은 바꾸지 않아도 된다.
② 오라고 한 주체가 선생님이므로 '선생님이'를 '선생님께서'로 바꾸어야 한다.
③ 화자와 청자, 주체의 상호 관계를 따져서 '오시래'를 '오라셔'로 바꾸어야 한다.
④ 선생님께 가야 할 사람은 철수이므로 '오시래'를 '가시라고 하셔'로 바꾸어야 한다.
⑤ 서술의 객체는 철수이므로 '모시고'와 같은 객체 높임 특수 어휘를 '데리고'로 바꾸어야 한다.

04 밑줄 친 말이 서술의 주체를 높이는 표현이 <u>아닌</u> 것은?

① 사장님께서 일을 <u>주셨다</u>.
② 동생이 할머니를 <u>모시고</u> 왔다.
③ 선생님께서는 우리를 <u>사랑하신다</u>.
④ 교장 선생님의 말씀이 <u>있으시겠습니다</u>.
⑤ 할아버지께서는 매일 이 시간에 잠을 <u>주무신다</u>.

05 〈보기〉의 ㉠과 ㉡이 모두 쓰인 문장에 해당하는 것은?

┤ 보기 ├

　우리말에서는 어미나 조사 외에 어휘를 통해 높임을 표현하는 경우도 있다. 주체를 높이는 용언과 ㉠객체를 높이는 용언, 높여야 할 인물을 직접 높이는 명사, ㉡높여야 할 인물과 관련된 것을 높이는 명사를 통해 높임을 표현하는 것이 그에 해당한다.

① 할아버지께서 점심을 잡수신다.
② 우리는 신부님의 말씀을 들으러 왔다.
③ 시골에 홀로 계신 어머니가 보고 싶다.
④ 지난주에는 나를 아껴 주신 선생님을 뵈러 갔다.
⑤ 연세가 많으신 할머니께 안마 의자를 선물로 드렸다.

06 다음 점원의 말을 높임 표현에 맞게 고쳐 쓰시오.

손님: 여기 검정색 모자는 가격이 얼마인가요?
점원: 최신 유행 상품이신 이 모자의 가격께서는 삼만 원 되시겠습니다.

07 시간 표현에 대한 설명으로 적절하지 <u>않은</u> 것은?

① 과거 시제는 선어말 어미 '-았-/-었-'이나 '-더-'에 의해 실현된다.

② 현재 시제는 동사의 경우 선어말 어미 '-ㄴ-/-는-'에 의해 실현된다.

③ 미래 시제는 '내일', '모레' 등의 부사어를 사용하여 실현되기도 한다.

④ '나는 영화를 보았다.'는 사건이 일어난 시점이 화자가 말하는 시점보다 앞선다.

⑤ 시제는 사건이 일어난 시점을 기준으로 화자가 말하는 시점의 위치를 표시하는 문법 범주이다.

08 다음 밑줄 친 부분의 시제가 나머지와 <u>다른</u> 것은?

① 내 동생은 <u>중학생이다.</u>

② 우리 아기가 잘도 <u>걷는다.</u>

③ 나는 집에서 숙제를 <u>한다.</u>

④ 제가 잠시 후에 <u>가겠습니다.</u>

⑤ 영수가 방에 들어와 의자에 <u>앉는다.</u>

09 다음 중 발화시보다 사건시가 나중인 시제가 쓰인 것은?

① 성수는 이따가 올 거야.

② 가젤이 사자에게 잡아먹혔다.

③ 정석이는 학교에서 공부를 한다.

④ 나는 그림을 잘 그리는 지예를 좋아한다.

⑤ 초등학생이던 내가 어느새 고등학생이 되었다.

10 다음 밑줄 친 부분 중, 〈보기〉의 ㉠에 해당하는 예로 적절한 것은?

┤ 보기 ├

　동작상은 동작 내부의 시간적 흐름을 표현하는 것으로, ㉠어떤 동작이 시간의 흐름 속에서 계속 이어지고 있을 때 사용하는 진행상과 어떤 동작이 시간의 흐름 속에서 이미 끝났거나 그 결과가 지속될 때 사용하는 완료상이 있다.

① 민호가 책상에 <u>엎드려 버렸다.</u>

② 나는 아까 의자에 <u>앉아 있었다.</u>

③ 아까 널어 둔 빨래가 벌써 <u>마르고 있다.</u>

④ 눈이 펑펑 내리다가 산 위에 <u>쌓여 있다.</u>

⑤ 준현이가 반갑게 양손을 <u>흔들고서</u> 다가온다.

11 〈보기〉에서 미래 시제를 나타내는 단어를 모두 찾아 쓰시오.

┤ 보기 ├

　우리는 장차 다시 만날 것이다. 그리고 우리의 소망을 꼭 이루리라.

12 직접 인용 표현을 간접 인용 표현으로 바꾼 것으로 적절하지 <u>않은</u> 것은?

① 미국에 간 영미는 "이곳이 좋다."라고 말했다.

　→ 미국에 간 영미는 이곳이 좋다고 말했다.

② 친구가 "너랑 서점에 가고 싶어."라고 나에게 말했다.

　→ 친구가 나랑 서점에 가고 싶다고 말했다.

③ 동민이는 그저께 "오늘 떠나고 싶다."라고 말했다.

　→ 동민이는 그저께 떠나고 싶다고 말했다.

④ 공항에서 수호가 "내가 돌아왔다."라고 크게 외쳤다.

　→ 공항에서 수호가 자기가 돌아왔다고 크게 외쳤다.

⑤ 현지는 엄마께 "저도 청소를 해야 해요?"라고 물었다.

　→ 현지는 엄마께 자기도 청소를 해야 하냐고 여쭈었다.

13 〈보기〉의 ㉠과 ㉡에 대한 설명으로 적절한 것은?

┤보기├
㉠ 아버지는 또 아버지대로 경비원에게 "괜찮습니다. 제가 잘못한 건데요. 죄송합니다."라고 사과했다.
㉡ 아버지는 또 아버지대로 경비원에게 괜찮다, 자신이 잘못한 거다, 죄송하다고 사과했다.

① ㉠은 간접 인용문, ㉡은 직접 인용문이다.
② ㉠과 ㉡은 서로 다른 의미를 담은 문장이다.
③ ㉠은 다른 사람의 말의 형식만 그대로 가져온 문장이다.
④ ㉠은 ㉡에 비해 대화를 직접 전하는 듯한 생생한 느낌을 준다.
⑤ ㉡은 ㉠에 비해 상황을 장황하게 설명하는 듯한 느낌을 준다.

14 〈보기〉의 ㉠과 ㉡을 잘못 이해한 것은?

┤보기├
㉠ 도둑이 경찰에게 잡혔다.
㉡ 오늘은 글씨가 잘 써진다.

① ㉠을 능동문으로 바꾸면 주어는 '경찰이'가 돼.
② ㉠은 동사 어간에 접사 '-히-'를 붙여서 만든 피동문이야.
③ ㉡을 능동문으로 바꾸면 목적어는 '오늘을'이 돼.
④ ㉡의 '써진다'는 '쓰다'에 '-어지다'가 붙어 피동의 뜻을 나타내.
⑤ ㉠과 ㉡은 모두 동작의 주체에 초점을 두는 능동 표현과 달리 동작을 당하는 대상에 초점을 두고 있어.

15 다음 중 피동 표현이 쓰이지 <u>않은</u> 것은?

① 어제 넘어져서 허리가 결린다.
② 이 겉옷은 비단으로 만들어졌다.
③ 엄마가 아기에게 새 옷을 입혔다.
④ 구름 사이로 푸른 하늘이 보였다.
⑤ 그는 드디어 노력을 인정받게 되었다.

16 〈보기〉의 ㉠과 ㉡을 피동 접미사를 사용한 피동문으로 바꾸어 쓰시오.

┤보기├
㉠ 눈이 세상을 덮었다.
㉡ 철수가 영희를 번쩍 들었다.

17 밑줄 친 피동 표현을 <u>잘못</u> 고친 것은?

① 가슴이 <u>찢기는</u> 고통을 느꼈어. → 찢겨지는
② 그 일은 오랫동안 <u>믿겨지지</u> 않을 거야. → 믿기지
③ 공사장에서 <u>발생되어진</u> 소음이 너무 크다. → 발생된
④ 이 종이는 얼마나 질긴지 <u>잘려지지</u> 않는다. → 잘리지
⑤ 자선 장터를 통해 <u>모여진</u> 수익금을 기부했다. → 모인

★ 고난도

18 〈보기〉는 수업 장면의 일부이다. ㉠에 해당하는 예로 적절한 것은?

┤보기├
선생님: 주어가 스스로 행동하지 않고 다른 주체에 의해 어떤 동작을 당하거나 영향을 받는 것을 피동이라고 합니다. 피동문을 만들 때는 능동사의 어근에 피동 접미사 '-이-, -히-, -리-, -기-'를 붙여서 짧은 피동을 만들거나, '-아/-어지다'와 같은 표현을 사용하여 긴 피동을 만듭니다. 그런데 ㉠일부 능동사의 어근에는 피동 접미사가 결합하지 못하여 짧은 피동을 만들 수 없는 경우도 있습니다.

① 개가 목줄을 끊었다.
② 은우가 엄마를 불렀다.
③ 정혜가 아기의 발을 만졌다.
④ 멧돼지가 먹이를 땅에 묻었다.
⑤ 아빠가 남은 음식을 반찬통에 담았다.

1회 음운의 변동

01 〈학습 활동〉을 수행한 결과로 적절하지 <u>않은</u> 것은?

〈학습 활동〉

국어에는 ㉠유음화, ㉡'ㄹ'의 비음화, ㉢구개음화, ㉣음절의 끝소리 규칙, ㉤ㄴ 첨가 같은 다양한 음운 변동이 있다. 대부분의 표준 발음에는 이러한 음운 변동이 적용돼 있다. 그런데 음운 변동이 잘못 적용되거나, 적용되지 않아 비표준 발음이 나타나기도 한다. 이를 고려하여 [자료]의 ⓐ∼ⓔ가 비표준 발음이 되는 이유를 설명해 보자.

[자료]

예	표준 발음	비표준 발음
ⓐ 인류가	[일류가]	[인뉴가]
ⓑ 순환론	[순환논]	[순활론]
ⓒ 코끝이	[코끄치]	[코끄티]
ⓓ 들녘을	[들려클]	[들려글]
ⓔ 봄여름	[봄녀름]	[보며름]

① ⓐ는 ㉠이 적용돼야 하는데 ㉡이 적용되었기 때문이다.

② ⓑ는 ㉡이 적용돼야 하는데 ㉠이 적용되었기 때문이다.

③ ⓒ는 ㉢이 적용돼야 하는데 그렇지 않았기 때문이다.

④ ⓓ는 ㉣이 적용돼야 하는데 그렇지 않았기 때문이다.

⑤ ⓔ는 ㉤이 적용돼야 하는데 그렇지 않았기 때문이다.

02 〈보기〉의 음운 변동을 분석한 것으로 적절하지 <u>않은</u> 것은?

┤ 보기 ├

㉠ 흙일 → [흥닐]　　　㉡ 닳는 → [달른]

㉢ 발야구 → [발랴구]

① ㉠∼㉢은 각각 2회 이상의 음운 변동이 일어났다.

② ㉠∼㉢에 공통적으로 일어난 음운 변동은 첨가이다.

③ 음운 변동의 결과 음운의 개수에 변화가 없는 것은 ㉡이다.

④ ㉡과 ㉢에서 일어난 음운 변동의 횟수는 같다.

⑤ ㉢에서 첨가된 음운은 ㉠에서 첨가된 음운과 같다.

03 〈보기〉의 ㉠∼㉣에서 설명한 음운 변동이 일어난 예로 적절한 것은?

┤ 보기 ├

㉠ 원래 없던 음운이 새로 생긴다.

㉡ 한 음운이 다른 음운으로 바뀐다.

㉢ 두 개의 음운 중 한 음운이 없어진다.

㉣ 두 음운이 합쳐져 하나의 음운으로 바뀐다.

① ㉠: 설날[설:랄], 한여름[한녀름]

② ㉡: 놓아[노아], 없을[업:쓸]

③ ㉣: 앉히다[안치다], 끓이다[끄리다]

④ ㉠+㉡: 구급약[구:금냑], 물엿[물렫]

⑤ ㉡+㉢: 읊조리다[읍쪼리다], 꿋꿋하다[꾿꾸타다]

04 〈보기〉의 (가), (나)를 중심으로 음운 변동을 이해한 내용으로 적절한 것은?

┤ 보기 ├

국어의 음운 변동은 교체, 탈락, 첨가, 축약으로 구분된다. 이 중에는 음절의 종성과 관련된 음운 변동이 있다.

(가) 음절의 종성에 마찰음, 파찰음이 오거나 파열음 중 거센소리나 된소리가 올 경우, 모두 파열음의 예사소리로 교체된다. 이는 종성에서 발음될 수 있는 자음의 종류가 제한됨을 알려 준다.

(나) 또한 음절의 종성에 자음군이 올 경우, 한 자음이 탈락한다. 이는 종성에서 하나의 자음만이 발음될 수 있음을 알려 준다.

① '꽂힌[꼬친]'에는 (가)에 해당하는 음운 변동이 있다.

② '몫이[목씨]'에는 (나)에 해당하는 음운 변동이 있다.

③ '비옷[비옫]'에는 (나)에 해당하는 음운 변동이 있다.

④ '않고[안코]'에는 (가), (나) 모두에 해당하는 음운 변동이 있다.

⑤ '읊고[읍꼬]'에는 (가), (나) 모두에 해당하는 음운 변동이 있다.

2회 문법 요소

05 〈보기〉의 밑줄 친 부분에 해당하는 예로 적절한 것은?

┤ 보기 ├

객체 높임은 문장의 목적어나 부사어가 지시하는 대상, 곧 객체에 대한 높임의 태도를 나타내는 표현이다. 객체 높임은 주로 '모시다, 여쭙다' 등 높임의 의미가 있는 특수 어휘에 의해 실현되거나 부사격 조사 '께'를 통해 실현되기도 한다.

① 선생님께서는 댁에 계십니다.

② 형은 어머니께 그 책을 드렸다.

③ 할아버지께서는 눈이 밝으십니다.

④ 할머니, 아버지가 지금 막 도착했어요.

⑤ 윤우야, 선생님께서 빨리 교무실로 오라고 하셔.

06 밑줄 친 말에 주목하여 〈보기〉의 ㉠~㉺에 대해 탐구한 결과로 적절하지 <u>않은</u> 것은?

┤ 보기 ├

㉠ 거기에는 눈이 <u>왔겠다</u>. / 지금 거기에는 눈이 <u>오겠지</u>.

㉡ 그가 집에 <u>갔다</u>. / 막차를 놓쳤으니 나는 집에 다 <u>갔다</u>.

㉢ 내가 <u>떠날</u> 때 비가 올 것이다. / 내가 <u>떠날</u> 때 비가 왔다.

㉣ 그는 지금 학교에 <u>간다</u>. / 그는 내년에 <u>진학한다</u>고 한다.

㉤ 오늘 보니 그는 키가 <u>작다</u>. / 작년에 그는 키가 <u>작았다</u>.

① ㉠을 보니, 선어말 어미 '-겠-'이 미래의 사건을 추측하는 데에 쓰이고 있군.

② ㉡을 보니, 선어말 어미 '-았-'이 과거 시제를 나타내지 않는 경우도 있군.

③ ㉢을 보니, 관형사형 어미 '-ㄹ'이 붙을 때 미래의 사건을 나타내지 않는 경우도 있군.

④ ㉣을 보니, 현재 시제 선어말 어미 '-ㄴ-'이 미래의 사건을 나타낼 때도 쓰이고 있군.

⑤ ㉤을 보니, 형용사에서 현재 시제를 나타낼 때 시제 선어말 어미가 나타나지 않고 있군.

07 〈보기〉의 ㉠~㉢에 들어갈 수 있는 내용으로 적절하지 <u>않은</u> 것은?

┤ 보기 ├

선생님: 능동·피동 표현과 주동·사동 표현에서 높임 표현과 시간 표현이 어떻게 나타나는지 알아봅시다.

> ⓐ 형이 동생을 업었다.
> ⓑ 동생이 형에게 업혔다.
> ⓒ 나는 동생에게 책을 읽혔다.
> ⓓ 나는 동생이 책을 읽게 했다.

먼저 ⓐ, ⓑ에서 '형'을 높임의 대상인 '어머니'로 바꿀 때, 서술어에는 어떤 차이가 생기는지 말해 볼까요?

학 생: ㉠

선생님: 맞아요. 그럼 ⓒ나 ⓓ에서 '동생'을 '할머니'로 바꾸면 어떻게 될까요?

학 생: ㉡

선생님: '-(으)시-'가 어떻게 나타나는지를 잘 이해하고 있네요. 그럼 ⓐ, ⓑ, ⓒ의 서술어에서 '-었-'을 '-고 있-'으로 바꾸면 어떤 의미를 나타낼까요? ⓐ와 ⓑ의 차이점이나 ⓐ와 ⓒ의 공통점을 말해 볼까요?

학 생: ㉢

선생님: '-고 있-'의 의미가 어떻게 나타나는지도 잘 이해하고 있군요.

① ㉠: ⓐ에서는 서술어에 '-으시-'를 넣어야 하지만, ⓑ에서는 '-시-'를 넣지 않습니다.

② ㉡: ⓒ에서는 '동생에게'를 '할머니께'로 바꾸고, '읽혔다'에 '-시-'를 넣어야 합니다.

③ ㉡: ⓓ에서는 '동생이'를 '할머니께서'로 바꾸고, '읽게'에 '-으시-'를 넣어야 합니다.

④ ㉢: ⓐ는 동작의 완료 후 상태 지속의 의미를 나타낼 수 있지만, ⓑ는 그럴 수 없습니다.

⑤ ㉢: ⓐ와 ⓒ는 모두 동작의 진행 의미를 나타낼 수 있습니다.

VIII
매체

✦ 무엇을 배울까?

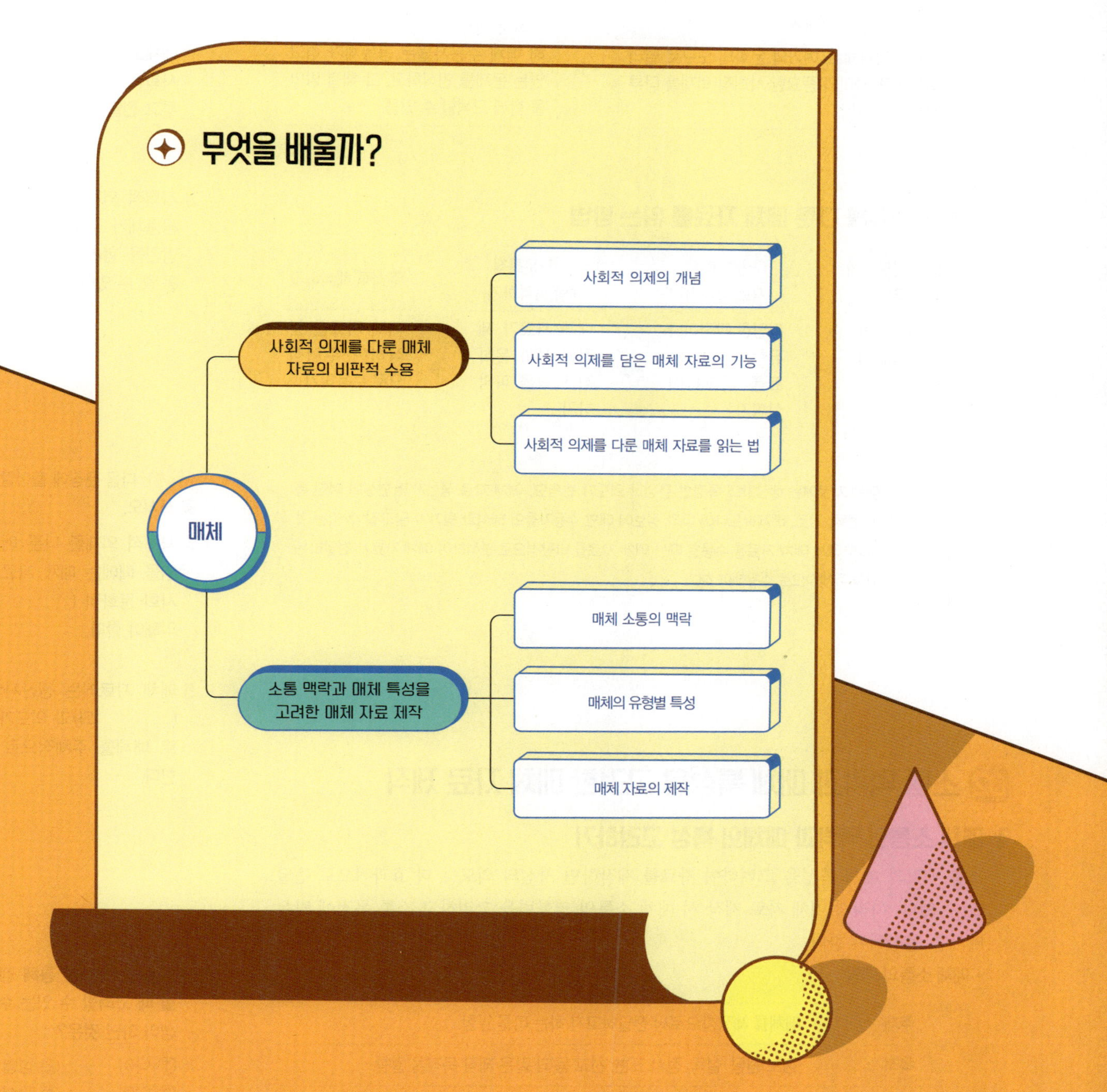

매체
사회적 의제를 다룬 매체 자료의 비판적 수용
사회적 의제의 개념
사회적 의제를 담은 매체 자료의 기능
사회적 의제를 다룬 매체 자료를 읽는 법
소통 맥락과 매체 특성을 고려한 매체 자료 제작
매체 소통의 맥락
매체의 유형별 특성
매체 자료의 제작

개념 따라잡기 매체

01 사회적 의제를 다룬 매체 자료의 비판적 수용

1 사회적 의제를 담은 매체 자료

- **사회적 의제**: 사회적으로 많은 논의가 이루어지는 주제를 말한다. 많은 사회 구성원이 문제라고 생각하는 것들이 모두 사회적 의제가 될 수 있다.
- **사회적 의제를 담은 매체 자료의 기능**

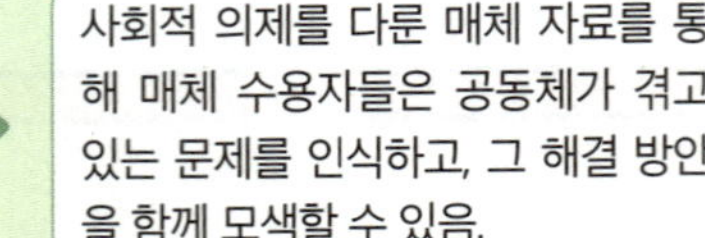

매체 자료
의사소통의 매개체로, 여가와 문화의 도구로 널리 사용되며 현대 사회의 중요한 사회적 의제를 다루고 전달하는 수단임.

→ 사회적 의제를 다룬 매체 자료를 통해 매체 수용자들은 공동체가 겪고 있는 문제를 인식하고, 그 해결 방안을 함께 모색할 수 있음.

2 사회적 의제를 다룬 매체 자료를 읽는 방법

관점과 의도 파악하기		다양한 매체 자료 살피기		사회·문화적 맥락 파악하기		주체적 해석하기
매체 자료에 반영된 관점과 의도 파악하기	→	다양한 관점이나 유형의 매체 자료를 비교하며 살피기	→	매체 자료가 제작된 사회·문화적 맥락을 파악하기	→	매체 자료를 분석하여 주체적으로 수용하기

매체 자료에는 생산자의 특정한 관점과 의도가 반영돼. 매체 자료 생산자가 현실의 어떤 측면을 선택, 강조, 배제하느냐에 따라 정보에 대한 수용자들의 해석과 평가가 달라질 수 있는 것이지. 따라서 매체 자료를 수용할 때는 매체 자료를 비판적으로 분석하여 매체 자료가 전달하는 주제를 주체적으로 수용해야 해.

02 소통 맥락과 매체 특성을 고려한 매체 자료 제작

1 매체 소통의 맥락과 매체의 특성 고려하기

소통 맥락과 매체 특성을 고려하여 자료를 제작하면 자신의 의도를 더 효과적으로 전달할 수 있다. 따라서 매체 자료 제작 시 매체 소통의 영향력을 고려하고 소통 목적에 맞는 매체를 선정해야 한다.

- **매체 소통의 맥락**

주제	매체를 제작함으로써 전달하고자 하는 바를 말함.
목적	'정보 전달, 설득, 정서 표현, 친교 등'과 같은 제작 목적을 말함.
수용자	'나이, 성별, 배경지식, 관심사 등'과 같은 수용자의 특성을 말함.

✦ 개념 확인하기

[1~3] 다음 설명이 맞으면 ○표, 틀리면 ×표를 하시오.

1 사회적 의제는 많은 구성원들이 문제라고 생각하는 주제를 말한다.
(○ , ×)

2 매체는 의사소통의 매개체로 현대 사회의 중요한 사회적 의제를 다루고 전달하는 수단으로 기능한다.
(○ , ×)

3 사회적 의제를 다룬 매체 자료는 공동체가 겪고 있는 문제의 해결 방안을 함께 모색하는 데에 도움을 줄 수 있다.
(○ , ×)

[4~5] 다음 문장에 들어갈 알맞은 말을 쓰시오.

4 사회적 의제를 다룬 매체 자료를 읽을 때에는 매체 자료가 제작된 사회·문화적 (   )을/를 파악해야 한다.

5 매체 자료에는 생산자의 특정한 (   )와/과 의도가 반영되므로 매체를 주체적으로 수용해야 한다.

6 다음 중 매체를 통해 정보를 전달할 때 고려할 수 있는 수용자의 특성이 아닌 것은?

① 나이 ② 성별
③ 인맥 ④ 관심사
⑤ 배경지식

• **매체의 유형별 특성**

인쇄 매체	• 문자 언어와 사진 등 시각적 이미지로 메시지를 전달함. • 깊이 있는 정보 전달에 유용하나 지면에 제한이 있음. • 정보의 전문성과 신뢰성이 높은 편이나, 정보 제공 속도가 느린 편임. 예 책, 신문 등
음성 매체	• 소리, 음성을 활용해 특정 사람 혹은 불특정 다수의 사람에게 대량의 정보를 전달함. • 문자 해독 능력과 상관없이 지식과 정보를 수용할 수 있음. 예 라디오 방송 등
영상 매체	• 문자 언어, 음성 언어, 영상, 음향 등의 다양한 시청각 이미지로 메시지를 전달함. • 대량의 정보를 일시에 전달함. • 생생한 현장 화면으로 정보를 전달하며, 정보 제공 속도가 빠른 편임. 예 텔레비전 방송 등
인터넷 매체	• 문자 언어, 음성 언어, 영상, 하이퍼링크 등 다양한 양식으로 메시지를 전달함. • 생산자와 수용자가 쌍방향으로 소통할 수 있음. • 누구나 정보를 생산하고 수용할 수 있으며, 정보 제공 속도가 빠른 편임. 예 사회 관계망 서비스(SNS), 인터넷 개인 방송, 블로그 등

2 매체 자료 제작하기

매체 자료를 제작하여 다른 사람과 공유함으로써 사회적 소통에 능동적으로 참여할 수 있다. 소통 맥락과 매체의 특성을 고려하여 목적에 맞는 매체 자료를 제작하고, 신중하고 책임감 있는 자세로 매체를 통한 의사소통 과정에 참여해야 한다.

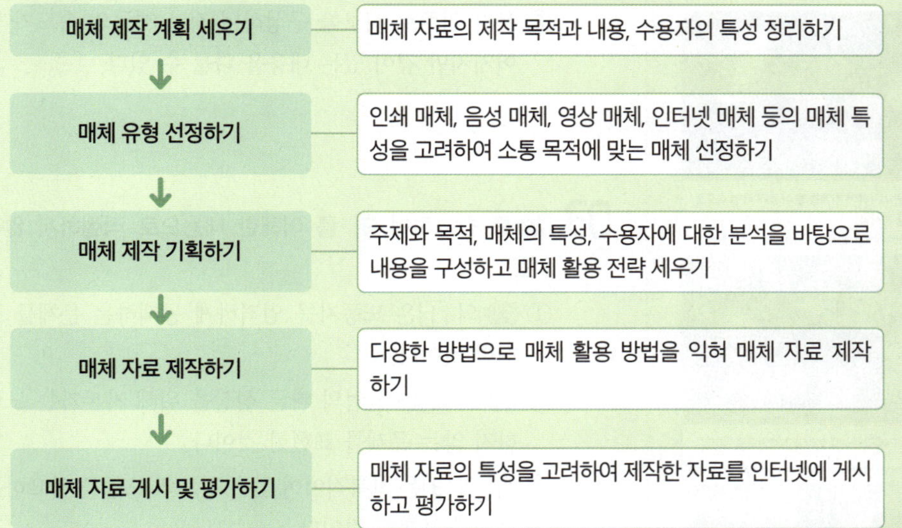

매체 제작 계획 세우기	매체 자료의 제작 목적과 내용, 수용자의 특성 정리하기
↓	
매체 유형 선정하기	인쇄 매체, 음성 매체, 영상 매체, 인터넷 매체 등의 매체 특성을 고려하여 소통 목적에 맞는 매체 선정하기
↓	
매체 제작 기획하기	주제와 목적, 매체의 특성, 수용자에 대한 분석을 바탕으로 내용을 구성하고 매체 활용 전략 세우기
↓	
매체 자료 제작하기	다양한 방법으로 매체 활용 방법을 익혀 매체 자료 제작하기
↓	
매체 자료 게시 및 평가하기	매체 자료의 특성을 고려하여 제작한 자료를 인터넷에 게시하고 평가하기

매체는 수용자에게 많은 영향을 줘. 그래서 매체 자료를 제작할 때 매체의 영향력을 고려해야 해. 또한 자신이 만든 매체 자료를 공유한 후에 수용자의 반응을 살피면서 매체 자료를 제작하고 공유한 과정을 성찰하는 태도도 중요해.

[7~9] 다음에서 설명하는 내용에 해당하는 매체를 쓰시오.

7 문자 언어와 사진 등 시각적 이미지로 메시지를 전달한다.
（　　　　　）

8 생생한 현장 화면으로 정보를 전달하며, 정보 제공 속도가 빠른 편이다.
（　　　　　）

9 누구나 정보를 생산하고 수용할 수 있으며, 생산자와 수용자가 쌍방향으로 소통할 수 있다.
（　　　　　）

10 매체 자료 제작 시 고려해야 할 점으로 보기 어려운 것은?
① 매체의 특성
② 매체 제작 시간
③ 매체 자료의 주제
④ 매체 자료의 소통 목적
⑤ 매체를 활용한 소통의 영향력

[11~12] 다음 설명이 맞으면 ○표, 틀리면 ×표를 하시오.

11 매체 자료의 제작은 사회적 소통과는 관련이 없는 일이다.
（ ○ , × ）

12 매체를 만들 때에는 책임감 있는 태도로 제작해야 한다. （ ○ , × ）

DAY 24 사회적 의제를 다룬 매체 자료의 비판적 수용

01 사회적 의제를 다룬 매체 자료에 대한 설명으로 적절하지 **않은** 것은?

① 사회적 의제에 대한 매체 자료에는 매체 생산자의 관점이 담겨 있다.

② 수용자는 사회적 의제를 다룬 매체 자료를 통해 공동체가 겪고 있는 문제를 인식할 수 있다.

③ 사회적 의제를 담은 매체 자료를 수용할 때는 생산자의 의도를 비판적으로 분석하여 수용해야 한다.

④ 하나의 관점을 지닌 매체 자료를 반복하여 읽으면 사회적 의제를 다룬 매체 자료를 주체적으로 수용할 수 있다.

⑤ 사회·문화적 맥락을 고려하면 사회적 의제를 다룬 매체 자료에 담긴 생산자의 의도와 관점을 파악하기 용이하다.

02~03 **가** 는 영화 「모던 타임즈」의 일부이고, **나** 는 그에 대한 설명이다. 읽고 물음에 답하시오.

가

찰리가 잠시 휴식을 취하려 하자 화장실에 설치된 스크린이 켜지며 사장이 고함을 침.

사장이 관리자에게 기계를 빨리 돌려 작업 속도를 올릴 것을 지시함.

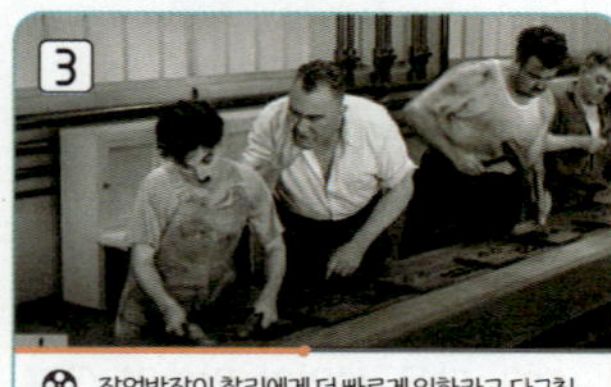
작업반장이 찰리에게 더 빠르게 일하라고 다그침.

기계의 속도에 맞추려다 찰리가 기계안으로 들어감.

찰리는 기계 안에 들어가서도 나사를 조임.

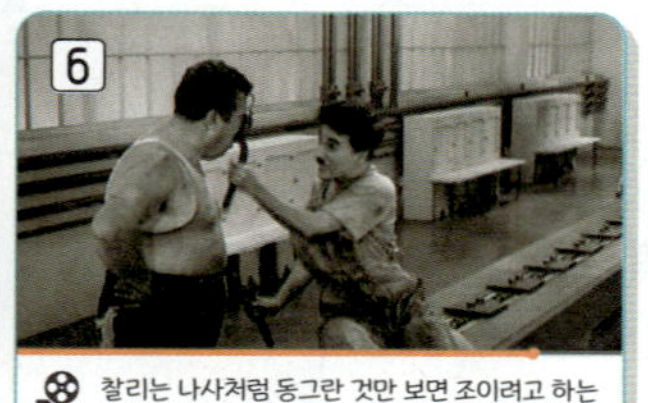
찰리는 나사처럼 동그란 것만 보면 조이려고 하는 강박 증상을 보임.

나 영화 「모던 타임즈」는 찰리 채플린의 대표작 중 하나로 미국의 산업화 시대를 배경으로 한다. 20세기 들어 미국의 공장은 작업 공정을 나누고 순차적으로 배열하는 '컨베이어 시스템'을 도입하였고, 근로자들은 각자의 위치에서 한 가지 일을 계속 반복하였다. 이로 인해 제품 생산성은 7배가량 향상되었으며, 생산의 중심이 사람에서 기계로 옮겨 가게 되었다. 이 영화는 기계적으로 반복되는 노동자의 고된 삶과 비인간적인 사회의 모습을 비판적으로 다루고 있다.

02 **가** 에 사용된 매체의 특성으로 적절한 것은?

① 쌍방향 소통이 가능하며 대중도 정보 전달과 생산의 주체가 될 수 있다.

② 소리, 음성, 문자, 이미지, 영상 등을 활용하여 현장감 있는 정보 전달이 가능하다.

③ 제작자의 의도적인 편집이 가능하며 특정 소수의 사람에게 소량의 정보를 전달한다.

④ 정보 통신 기술의 발전에 따라 등장한 인터넷을 기반으로 한 디지털 형식의 매체이다.

⑤ 문자 위주로 정보를 구성하며 정보 제공의 속도가 떨어지지만 깊이 있는 내용을 다룰 수 있다.

03 **나** 를 참고하여 **가** 를 이해한 내용으로 적절하지 **않은** 것은?

① **가** 의 ①은 노동자를 엄격하게 통제하는 문제를 표현한 것이다.

② **가** 의 ②는 산업의 빠른 성장을 위해 자본가는 노력하지 않는 문제를 표현한 것이다.

③ **가** 의 ③은 반복적이며 높은 강도의 노동을 강요하는 문제를 표현한 것이다.

④ **가** 의 ④는 인간을 기계의 한 부품으로 취급하는 현실의 문제를 표현한 것이다.

⑤ **가** 의 ⑥은 기계적으로 반복되는 일상으로 피폐해진 노동자의 삶의 문제를 표현한 것이다.

가 진행자: 오늘 6월 5일은 환경의 날입니다. 요즘에는 기업들도 환경을 생각하고, 사회적 책임을 다한다는 뜻 에서 이른바 이에스지(ESG) 경영을 내세우고 있죠. 우리 사회에 이에스지(ESG) 경영은 어디까지 왔는지 장○○ 환경 전문 기자가 짚어 봤습니다.

기자: 일회용 컵을 없애는 대신 보증금 천 원에 다회용 컵을 쓰는 커피 매장. 플라스틱 쓰레기를 줄인다는 취지에 고객도 동참하면서 컵 회수율이 80퍼센트대로 올랐습니다.

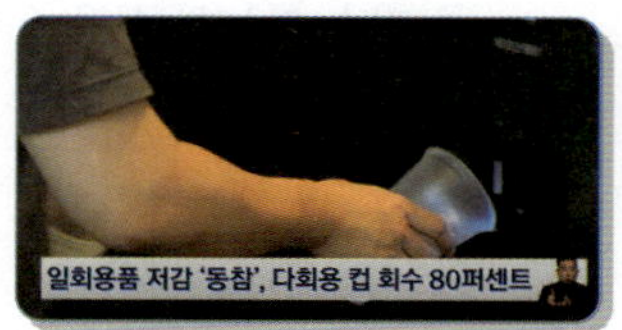

나 기자: 열풍처럼 번진 이에스지(ESG). 그 뿌리는 2차 대전 이후 환경 파괴가 본격화된 60~70년대로 거슬러 올라갑니다. 이후에 환경 문제 해법을 찾아 달라는 유엔(UN)의 요청에 따라서 4년 가까이 논의한 끝에 브룬트란트 보고서가 나오는데, 여기에 지속 가능 발전이라는 개념이 처음으로 등장합니다.

다 교수: 훨씬 더 정교화되어 있고 덜 주관적인 이에스지(ESG) 성과 지표가 등장하면서 어느 기업이 더 지속 가능성이 높을 것인가를 좀 더 객관적으로 판단할 수 있게 됐습니다.

기자: 하지만 이에스지(ESG)에 대한 의구심도 여전합니다. 과거 윤리 경영처럼 사회적 책임을 강조했던 이론과 별 차이가 없다는 것입니다. 친환경 등을 앞세워 기업 이미지를 포장하는 마케팅 수단에 불과하다는 지적도 있습니다.

이런 논란에도 유럽에 이어 우리나라도 기업별 이에스지(ESG) 활동 내용을 투자자들에게 의무적으로 알 리는 제도가 곧 시행되는데, 기업의 사회적 역할에 대해 묻고 감시하는 효과적인 장치가 될지 주목됩니다.

– 『에스비에스(SBS) 8뉴스』 (2022. 6. 5.)

04 이 매체 자료에 대한 설명으로 가장 적절한 것은?

① 뉴스에서 다룰 사회적 의제의 개념을 정의하여 시청 자의 이해를 돕고 있다.

② 다른 나라의 사례를 예시로 들어 사회적 의제의 조속 한 해결을 촉구하고 있다.

③ 전문가와의 인터뷰 내용을 통해 사회적 의제에 대한 상반된 견해를 제공하고 있다.

④ 질문의 방식을 활용하여 사회적 의제를 제시함으로 써 시청자의 관심을 유도하고 있다.

⑤ 여러 기관에서 조사한 설문 조사 결과를 제시하여 뉴 스 내용에 대한 신뢰성을 확보하고 있다.

05 〈보기〉의 관점으로 이 매체 자료를 이해한 내용으로 적절 하지 **않은** 것은?

| 보기 |

전문가들은 플라스틱 다회용 컵의 친환경성이 과장 되어 있다며 다회용 컵의 유행에 우려를 표한다. 엄밀 히 말해 다회용 컵이 일회용 컵과 다른 점은 두께뿐인 데, 두께가 두꺼워진 만큼 플라스틱 사용량이 늘고 그 로 인해 탄소 배출량도 늘어난다는 것이다.

– 『한국일보』, (2022. 2. 9.)

① 다회용 컵 사용의 친환경성은 과장되었을 수 있겠군.

② 기업의 다회용 컵 사용 정책은 기업 이미지를 포장하 는 마케팅 수단일 수 있겠군.

③ 이에스지(ESG) 성과 지표는 이에스지(ESG)의 효과 성이 명확히 입증되어야 의미가 있는 것이겠군.

④ 다회용 컵이나 종이 빨대 사용 등의 이에스지(ESG) 경영 실천이 긍정적인 효과만 불러오는 것은 아니겠군.

⑤ 이에스지(ESG) 활동 내용을 투자자들에게 의무적으 로 알리는 제도를 통해 다회용 컵의 친환경성을 강화 할 수 있겠군.

소통 맥락과 매체 특성을 고려한 매체 자료 제작

정답과 해설 39쪽

01 매체 자료를 제작할 때 유의할 사항으로 적절하지 <u>않은</u> 것은?

① 여러 관점의 자료를 제시하여 공정성을 확보해야 한다.
② 매체를 수용하는 사람들의 배경지식과 관심사 등을 파악해야 한다.
③ 매체의 특성을 고려하여 내용을 효과적으로 전달할 수 있는 매체를 선정해야 한다.
④ 정보 전달, 설득, 정서 표현, 사회적 상호 작용 등과 같은 소통 목적을 분명히 해야 한다.
⑤ 매체 자료를 제작하여 다른 사람과 공유함으로써 사회적 소통에 능동적으로 참여할 수 있다는 점을 이해해야 한다.

02 이 매체 자료를 만들기 위해 수집한 내용으로 적절하지 <u>않은</u> 것은?

① 지속 가능한 삶의 의의
② 지속 가능한 삶의 효과
③ 지속 가능한 삶을 반대하는 목소리
④ 지속 가능한 삶을 위한 에너지 절약 방법
⑤ 지속 가능한 삶을 위한 교통수단 이용 방법

03 이 매체 자료를 평가하기 위한 항목으로 적절하지 <u>않은</u> 것은?

① 저작권이나 초상권을 침해하지 않았는가?
② 사회적으로 가치 있는 내용을 생성했는가?
③ 매체가 지닌 언어적 특성과 영향력을 고려하였는가?
④ 주제를 효과적으로 전달할 수 있는 자료를 제시하였는가?
⑤ 예상 독자가 공감할 수 있도록 비유적 표현을 사용하였는가?

02~04 다음은 사회 관계망 서비스(SNS)에 게시된 웹 포스터이다. 물음에 답하시오.

★고난도

04 이 매체 자료의 제작자가 제작 단계에서 고려한 내용으로 적절하지 <u>않은</u> 것은?

① 소통 목적 고려하기: 수용자의 행동 변화를 이끌어 내야 하니까 첫 장에 표어 형식으로 주장을 담아야겠어.
② 수용자 특성 고려하기: 문제에 대해 막연하게 인식하는 수용자를 위해 우리나라의 사례를 제시해야겠어.
③ 수용자 특성 고려하기: 실천을 어려워하는 수용자를 위해 구체적인 실천 방법을 담아야겠어.
④ 매체 특성 고려하기: 시각적 요소를 활용해 정보를 압축적으로 전달해야겠어.
⑤ 매체 특성 고려하기: 스마트폰에서 내용을 쉽게 확인할 수 있도록 가독성이 좋은 서체를 사용해야겠어.

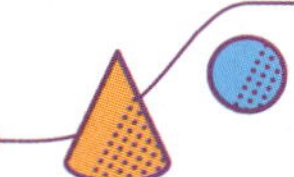 수능으로 실력 쌓기

01~03 다음은 텔레비전 뉴스이다. 물음에 답하시오.

진행자: 시청자 여러분, 독도 바다사자를 아십니까? 독도 바다사자는 예전에 독도와 인근 해역에 살았던 바다사자를 가리키는 말인데요, 하지만 안타깝게도 독도 바다사자는 멸종된 지 오래되어 현재는 볼 수가 없습니다. 그런데 최근 독도 옛 모습 찾기의 일환으로 이 바다사자를 되살리려는 움직임이 있어 지역 사회의 비상한 관심을 끌고 있습니다. 보도에 김◇◇기자입니다.

기자: 저는 지금 독도 인근 해역에 나와 있습니다. 1900년대 초까지만 해도 이곳은 독도 바다사자의 주요 서식지이자 번식지였습니다. 하지만 일제 강점기 남획으로 인하여 개체 수가 급격히 줄다가 완전히 자취를 감추었고, 국제자연보존연맹에서는 1994년에 독도 바다사자를 멸종 동물로 분류하였습니다. 그런데 최근 들어 독도 옛 모습 찾기를 위해 관련 기관을 중심으로 독도 바다사자의 복원 방안이 활발히 논의되고 있습니다.

관계자: 독도 바다사자는 다른 멸종 위기 동물보다 인간과의 충돌 가능성이 크지 않고, 독도 지역은 서식 환경의 적합성 면에서도 독도 바다사자의 복원에 유리합니다. 그리고 독도에 대한 국민적 관심과 독도의 생물 다양성을 고려할 때, 독도 바다사자 복원은 추진할 만한 가치가 있다고 봅니다.

기자: 전문가들도 독도 바다사자의 복원 가능성을 염두에 두고 구체적인 복원 방안 모색에 나섰습니다.

전문가: 독도 바다사자의 경우 동일 개체종이나 동일 개체군으로의 복원은 현재로서는 불투명합니다. 다만, 베링해 등에서 혈연적으로 가까운 개체군을 찾아서 들여오는 방식으로의 복원은 가능성이 있습니다. 예전에도 독도 바다사자는 독도 해역을 중심으로 베링해 인근까지 넓게 분포하고 있었기 때문에 베링해 등에서 개체군을 들여와도 문제없이 잘 서식할 것으로 생각합니다. 이 부분은 앞으로 연구가 더 필요합니다.

기자: 지역 사회도 독도 바다사자를 복원하여 독도의 옛 모습을 찾을 수 있다는 기대감에 반가움을 표했습니다.

지역 어민 대표: 독도 바다를 누비던 독도 바다사자를 다시 볼 수만 있다면, 제대로 정착할 수 있도록 저희도 적극 협조해야지요.

기자: 일각에서는 동물의 서식지를 옮기는 것이 동물에게는 오히려 위험 요소가 될 수 있다며 신중한 접근을 요구하는 목소리도 나오고 있습니다. 이처럼 독도 바다사자의 복원에는 정확한 실태 조사, 사회적 합의 도출 등 앞으로 해결해야 할 과제가 많습니다. 하지만 독도 바다사자를 성공적으로 복원할 수 있다면, 독도의 옛 모습을 찾고 생물 다양성을 확보하는 데에도 도움이 될 것으로 전망됩니다. □□뉴스 김◇◇기자였습니다.

01 ㉠~㉢에 대한 이해로 가장 적절한 것은?

① ㉠, ㉡은 보도의 현장감을 높이기 위해 취재 현장에서 보도하는 영상을 제시하고 있다.

② ㉠, ㉢은 효과적인 의미 전달을 위해 보도 내용과 관련된 이미지와 문자를 사용하여 복합 양식의 특성을 드러내고 있다.

③ ㉡, ㉢은 보도 내용에 대한 신뢰를 주기 위해 인터뷰 대상에 대한 정보를 제시하고 있다.

④ ㉠, ㉡, ㉢은 보도의 주요 화제를 전환하기 위해 일상생활에 도움이 되는 정보를 화면 상단에 제시하고 있다.

⑤ ㉠, ㉡, ㉢은 보도 내용에 대한 시청자의 이해를 돕기 위해 추가 정보를 화면 하단의 자막 내용으로 제시하고 있다

02 다음은 위 뉴스에 대한 시청자 게시판의 내용이다. 시청자의 수용 양상에 대한 설명으로 적절하지 <u>않은</u> 것은?

```
시청자 게시판                        × +
←  →  C  ↻  ⌂  Q                      ☆  ☆  ⊕  ▣  ⋯
```

다랑이: 뉴스에서 말하는 복원이 외국의 비슷한 종을 데려와 정착시킨다는 말인 것 같은데, 이것이 오히려 우리 생태계에 악영향을 줄 수 있지 않을까요?

행복이: 복원 사업이 성공하려면 지역 어민들의 협조가 필요한데, 적극 협조한다는 지역 어민 대표님의 말씀이 참 고맙네요.

강치맘: 지구 온난화로 해수 온도가 상승한다던데, 서식 환경의 적합성 면에서 독도 지역이 복원에 유리하다고 보긴 어려워요.

보리보리: 독도 바다사자가 인간의 남획으로 사라졌다는 사실이 안타깝네요. 복원이 이루어진다면, 남획으로 사라지는 일이 없게 어로 금지 구역 설정 등의 보존 대책을 세웠으면 좋겠어요.

독도사랑: 저는 독도 인근 주민인데, 독도 바다사자의 복원 추진에 대해 제 주변의 사람들은 모르고 있어요. 진행자가 지역 사회의 비상한 관심을 끌고 있다고 말한 것이 확실한지 모르겠어요.

① '다랑이'는 '전문가' 발화의 일부 내용에 주목하여 비판적 시각을 보이고 있다.

② '행복이'는 '지역 어민 대표' 발화의 일부 내용에 주목하여 자신이 이해한 정보가 맞는지 확인하고 있다.

③ '강치맘'은 '관계자' 발화의 일부 내용에 주목하여 그것과 다른 견해를 보이고 있다.

④ '보리보리'는 '기자' 발화의 일부 내용에 주목하여 자신의 의견을 제안하고 있다.

⑤ '독도사랑'은 '진행자' 발화의 일부 내용에 주목하여 그것이 실제 사실인지 의문을 제기하고 있다

03 위 뉴스를 참고하여 학생들이 독도 옛 모습 찾기 캠페인을 홍보하는 포스터를 아래와 같이 만들었다고 할 때, 포스터의 정보 제시 및 구성 방식에 대한 이해로 적절하지 <u>않은</u> 것은?

① 독도 바다사자에 대한 정보를 확인할 수 있도록, 오른쪽 하단에 QR코드를 제시했다.

② 행사 내용을 강조하기 위해, 상위와 하위 항목의 글자 크기와 굵기를 서로 달리하여 제시했다.

③ 캠페인의 목적을 분명히 드러내기 위해, 홍보용 포스터 제목을 글 상자에 넣어 상단 중앙에 제시했다.

④ 독도 옛 모습 찾기에 동참하자는 의미를 담기 위해, 학생의 말풍선에 청유 형식의 문구를 제시했다.

⑤ 독도와 독도 바다사자가 함께하는 독도의 옛 모습을 떠올릴 수 있도록, 독도를 배경으로 독도 바다사자가 헤엄치는 모습을 이미지로 제시했다.

한끝 고등 공통국어1 통합편

수록 목록 _ 저작자 및 출처

대단원	교재 쪽	제재명	저자	출처
I 운문 문학	14	「방문객」	정현종	『광휘의 속삭임』(문학과지성사, 2008)
	16, 30	「길」	윤동주	『하늘과 바람과 별과 시』(㈜미래사, 2003)
	18	「산속에서」	나희덕	『그 말이 잎을 물들였다』(㈜창비, 2024)
	20	「수라」	백석	『정본 백석 시집』(문학동네, 2020)
	22, 32	「나무의 꿈」	손택수	『나의 첫 소년』(㈜창비교육, 2017)
	24	「숲」	정희성	『저문 강에 삽을 씻고』(㈜창비, 1978)
	26	「깊은 흙」	정현종	『한 꽃송이』(문학과지성사, 1992)
	28, 31	「뿌리에게」	나희덕	『뿌리에게』(㈜창비, 2021)
	32	「소년」	윤동주	『하늘과 바람과 별과 시』(㈜미래사, 2003)
II 산문 문학_ 소설	40~43	「엇박자 D」	김중혁	『악기들의 도서관』(문학동네, 2008)
	44~47	「관내 분실」	김초엽	『우리가 빛의 속도로 갈 수 없다면』(허블, 2020)
	48~51, 60~61	「돌다리」	이태준	『이태준 작품집』(범우, 2022)
	52~55, 62~63	「미스터 방」	채만식	『레디메이드 인생: 채만식 단편선』(문학과지성사, 2023)
	56~59, 64~65	「눈길」	이청준	『눈길』(문학과지성사, 2012)

대단원	교재 쪽	제재명	저자	출처
Ⅲ 산문 문학_ 극, 수필	70~73, 78	「결혼」	이강백	『이강백 희곡전집 1』(평민사, 2022)
	74~75	「선의를 믿는 것의 어려움」	김금희	『사랑 밖의 모든 말들』(문학동네, 2020)
	76~77, 80~81	「화단」	이태준	『무서록』(청색종이, 2022)
	79~80	「파수꾼」	이강백	『이강백 희곡전집 1』(평민사, 2022)
Ⅳ 읽기	88~91	「투표를 안 해도 될까」	손혜정	『도덕적 시민의 눈으로 세상 읽기』(해냄에듀, 2021)
	96~99	「로봇이 우리의 일자리를 빼앗을까」	장하준	『장하준의 경제학 레시피』(부키, 2023)
	100~103	「고래를 춤추게 하는 것은」	김재영	https://www.khan.co.kr/opinion/column/article/202207190300005 『경향신문』, 2022.7.19.(경향신문, 2022)
	104~107	「초연결성은 지역성을 강화하는가」	장대익	『한국 언론 정보 학보』(한국 언론 정보 학회, 2021)
Ⅴ 듣기· 말하기	117	「차계기환」	서거정 (이래종역주)	『태평한화골계전』(태학사, 1998)
	117	「사씨남정기」	김만중 (이래종옮김)	『사씨남정기』(태학사, 2004)
Ⅵ 쓰기	128	「말을 걸어 봐요」	공선옥	『국어시간에 생활글 읽기 2』(㈜나라말, 2010)
	129	「수평 자세로 가마 누워 보는 세상」	황선우	『최선을 다하면 죽는다』(문학동네, 2023)
Ⅶ 매체	154	「모던 타임즈」	엔터무비	「모던 타임즈」 (DVD)(㈜엔터무비, 2009)
	155	「이에스지(ESG) 관련 뉴스」	장세만	『8뉴스』, 2022.6.5.(에스비에스(SBS), 2022)

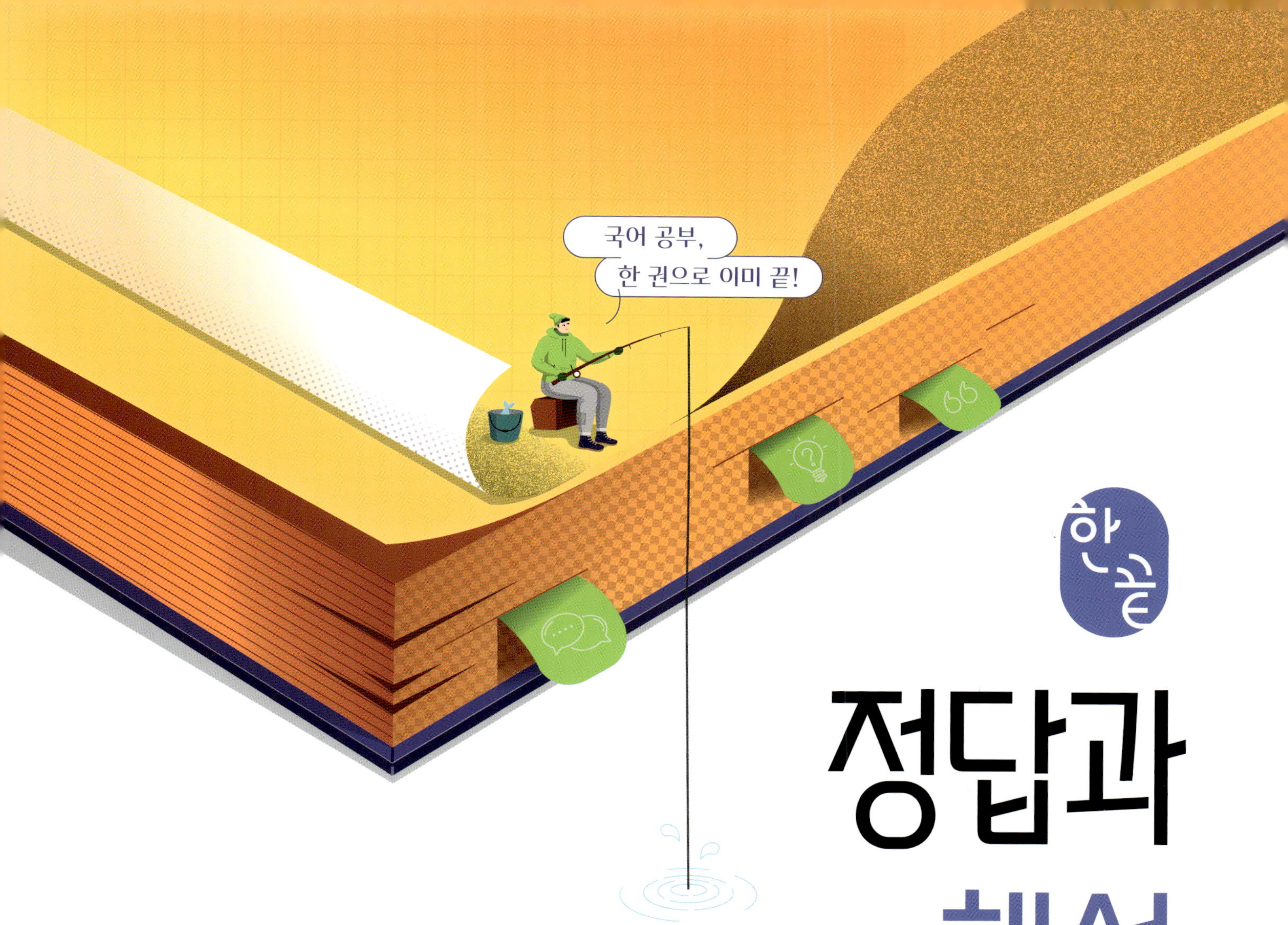

한끝

정답과 해설

통합편

고등

공통

국어1

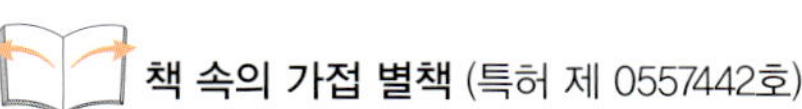
책 속의 가접 별책 (특허 제 0557442호)

'정답과 해설'은 본책에서 쉽게 분리할 수 있도록 제작되었으므로
유통 과정에서 분리될 수 있으나 파본이 아닌 정상제품입니다.

정답과 해설

통합편

고등
공통국어1

I 운문 문학

1 ○	**2** ○	**3** X	**4** 긍정적	**5** 태도	**6** 어조	**7** ④
8 X	**9** ○	**10** ○	**11** 시각적 심상	**12** 공감각적 심상		
13 촉각적 심상	**14** ④	**15** X	**16** ○	**17** X	**18** 점층법	
19 나열	**20** 영탄법	**21** 과장법	**22** X	**23** X	**24** 원관념	
25 감정 이입	**26** 객관적 상관물	**27** X	**28** ○	**29** ○		
30 시선	**31** 수미 상관	**32** 기승전결	**33** 선경 후정	**34** ○		
35 X	**36** (1) ⓒ, (2) ㉠, (3) ⓛ, (4) ⓔ		**37** 비평	**38** 소통		

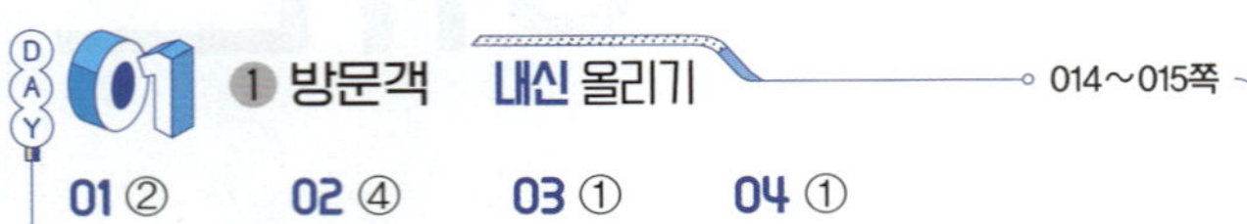

DAY 01 ❶ 방문객 **내신 올리기** ──────── 014∼015쪽

01 ② **02** ④ **03** ① **04** ①

방문객 _정현종

해제 이 작품은 타인을 방문객으로 표현하여 일상적인 만남의 의미와, 그 가치를 전달하는 시이다. 만남을 한 사람의 일생이 오는 것으로 새롭게 표현하고, 만남의 과정 속에서 타인의 마음을 이해하고 위로하는 자세가 필요하다는 내용을 담담한 어조로 표현하고 있다.

주제 타인과의 만남에 대한 인식과 자세

특징
• 만남의 의미를 새롭게 인식함.
• '~이다.'의 반복으로 화자의 생각을 담담하게 서술함.

한눈에 보기

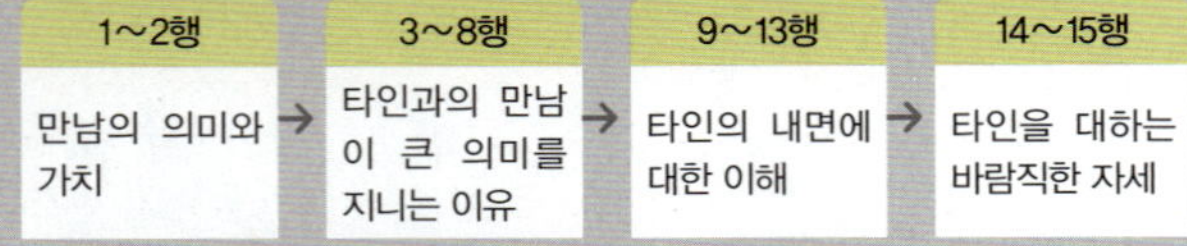

1∼2행	3∼8행	9∼13행	14∼15행
만남의 의미와 가치	타인과의 만남이 큰 의미를 지니는 이유	타인의 내면에 대한 이해	타인을 대하는 바람직한 자세

01 이 시는 의미적으로나 심상적으로 대비되는 시어가 나타나 있지 않다. '그의 과거'와 '현재', '그의 미래'는 '한 사람의 일생'을 의미하는 시어로 대비의 의미가 아니다.

모답 풀이
❶ '~이다.', '오기 때문이다.' 등의 반복으로 운율을 형성하고 있다.
❸ 13행을 명사 '마음'으로만 구성하여 만남의 과정에서 마주하게 되는 타인의 마음을 강조하고 있다.
❹ '사람이 온다'는 것을 '그의 과거', '현재', '그의 미래', '한 사람의 일생'이 온다고 열거하여 표현하고 있으며, 이때 '과거', '현재', '미래'가 '한 사람의 일생'이라는 의미로 확대되어 제시되므로 점층적으로 의미를 구성하고 있다고 볼 수 있다.
❺ '~이다.'의 평서형 문장의 반복으로 만남에 대한 화자의 생각을 담담하게 드러내고 있다.

✦ 이 시의 표현상 특징

시어나 문장 구조의 반복	• '~이다.', '오기 때문이다.' 등의 반복으로 운율을 형성함. • '부서지기 쉬운 / 그래서 부서지기도 했을'과 같이 '부서지기'를 반복하여 약한 마음의 속성을 강조함.
의인법의 사용	'바람은 더듬어 볼 수 있을 / 마음'과 같이 사람이 아닌 것을 사람처럼 표현하여 상대를 조심스럽게 위로하려는 태도를 강조함.
평서형 문장의 사용	'어마어마한 일이다.', '오기 때문이다.', '환대가 될 것이다.'와 같이 '~이다.'의 형태를 활용해 화자의 생각을 담담하게 표현함.

02 화자는 타인과의 만남을 '어마어마한 일이다.'라고 긍정적으로 인식하고 있으며 이를 바탕으로 타인을 대하는 바람직한 자세를 드러내고 있다.

모답 풀이
❶ 현실에 대한 화자의 비판적 인식이 나타난다고 보기 어려우며, 삶의 부조리를 드러내고 있지도 않다.
❷ 만남에 대한 화자의 인식이 삶에 대한 성찰을 바탕으로 하고 있다고 볼 수 있으나 과거의 삶에 대한 회한을 드러내고 있지는 않다.
❸ '과거', '현재', '미래'가 시어로 나타나지만 이는 인생에 대한 무상감이 아니라 한 사람의 일생을 의미하는 것이다. 또한 화자는 사람 간의 만남을 중요하게 생각하고 있기 때문에 인간관계의 덧없음을 나타낸다는 것은 적절하지 않다.
❺ 화자는 미래에 대한 전망이나 현실에 대한 부정적 인식을 드러내고 있지 않다.

03 화자는 타인과의 만남을 '어마어마한 일'이라고 표현하여 만남이 갖는 의미를 강조하고 있다.

모답 풀이
❷, ❹ 타인과의 만남은 한 사람이 전체의 삶의 흐름을 마주하는 것이라는 설명이므로 과거보다 현재의 삶이 중요하다거나 과거의 사건이 미치는 영향을 나타낸다는 설명은 적절하지 않다.
❸ 이 시에서 타인과의 만남이 우연인지 또는 필연인지를 판단하는 내용은 확인할 수 없다.
❺ 이 시에서 타인의 마음을 '부서지기 쉬운 / 그래서 부서지기도 했을 / 마음'이라고 표현하고 있으나 이는 상처받기 쉬운 타인의 마음을 나타내는 것이며, ㉠의 의미와는 관련이 없다.

✦ 만남의 의미

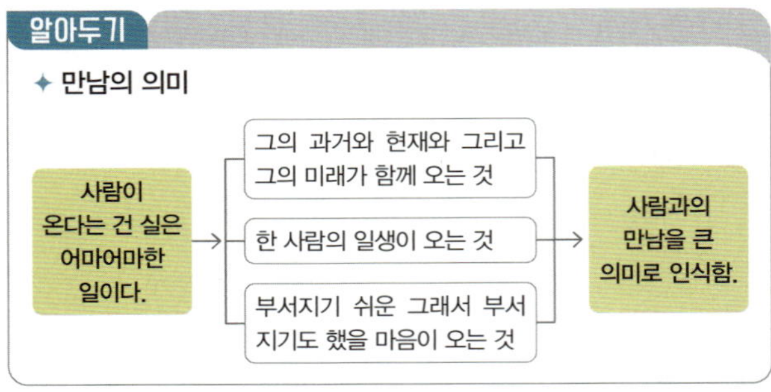

04 〈보기〉에서 '바람'은 내면과 교감할 수 있는 존재라고 설명하고 있으며, 화자는 '바람'이 '마음'을 '더듬어 볼 수 있'다고 인식한다. 더불어 그러한 '바람'을 '흉내' 내는 것이 '환대가 될' 것이라고 표현하고 있다. 따라서 '바람'은 억압적인 현실에 놓인 존재

"

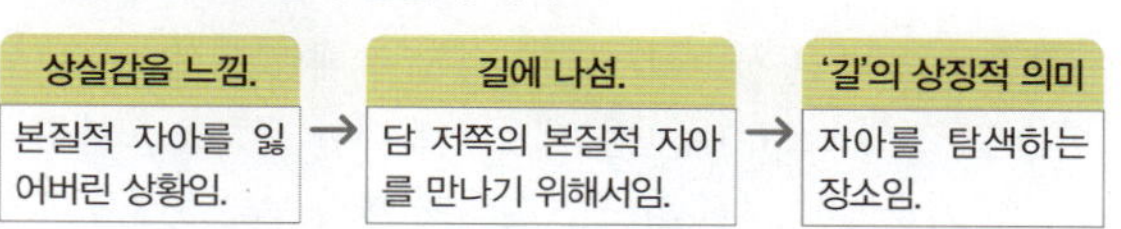

를 위로하고 교감하는 존재로 볼 수 있으나 억압적인 현실에서 소신을 지키는 존재로 보기는 어렵다.

오답 풀이

❷, ❸ 〈보기〉에서 '바람'은 모든 살아 있는 것들에 스며들어 내면과 교감할 수 있는 존재라고 하였다.

❹ 이 시에서는 타인을 대할 때 〈보기〉의 '바람'과 같은 태도, 즉 대상과 교감하고 생기를 불어넣는 태도를 지닐 것을 이야기하고 있다.

❺ 〈보기〉에서 '바람'은 현실의 장애나 구속으로 어려움을 겪는 대상에게 구원의 존재가 된다고 하였다.

01 ② 길   내신 올리기 ○ 016~017쪽

01 ③   02 ⑤   03 ⑤

길 _윤동주

해제 이 작품은 잃어버린 본질적 자아를 찾으려는 화자의 의지를 표현한 시이다. '풀 한 포기'조차 없고, '쇠문'이 굳게 닫힌 삭막하고 절박한 상황 속에서 시적 화자는 진정한 자아를 찾는 탐색 과정을 멈추지 않는다. 시적 화자는 돌담을 더듬다 올려다 본 푸른 '하늘'에서 부끄러움을 느끼고, 본질적 자아를 회복하려는 내면적 결의를 다지고 있다.

주제 본질적 자아 회복을 향한 의지

특징 • 경어체와 고백적 어조를 통해 주제를 드러냄.
• 상징적 소재를 사용해 화자의 내면세계를 형상화함.

한눈에 보기

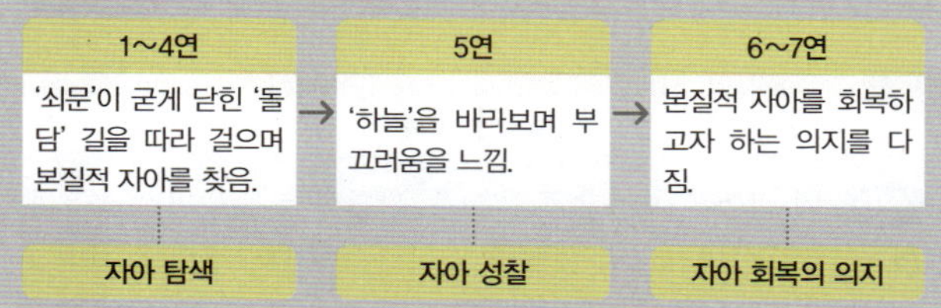

1~4연	5연	6~7연
'쇠문'이 굳게 닫힌 '돌담' 길을 따라 걸으며 본질적 자아를 찾음.	'하늘'을 바라보며 부끄러움을 느낌.	본질적 자아를 회복하고자 하는 의지를 다짐.
자아 탐색	자아 성찰	자아 회복의 의지

01 '길'은 본질적 자아를 잃어버린 상황을 인식한 후 자아를 탐색하는 공간이자 자아의 본질을 찾는 삶의 여정을 나타낸다. 따라서 잃어버린 자아와의 추억을 떠올리게 하는 매개체라는 설명은 적절하지 않다.

오답 풀이

❶ 이 시의 화자는 '잃어버렸습니다'라고 하며 길을 걷고 있다. 화자는 이 시의 6연과 7연에서 '길'을 걷는 이유가 '잃은 것'인 '담 저쪽'에 있는 자신을 찾기 위함이라고 밝히고 있다. 여기서 '담 저쪽'의 자신은 화자의 본질적 자아를 의미하므로, '길'이라는 시어는 화자가 본질적 자아를 탐색하는 장소라고 볼 수 있다.

❷ 2연에서 확인할 수 있듯이 '길'은 돌담을 따라 끝없이 이어져 있다.

❹ 4연과 6~7연을 통해 '길'은 어두운 현실을 극복하고 본질적 자아를 찾기 위해 끊임없이 노력하는 과정임을 알 수 있다.

❺ 4연에서 확인할 수 있듯이 '길'은 아침에서 저녁으로, 저녁에서 아침으로 연속되어 있으며 이는 시간의 연속성, 즉 본질적 자아를 찾기 위한 탐색 과정의 지속성을 의미한다.

알아두기

✦ '길'을 걷는 과정의 상징적 의미

상실감을 느낌.	길에 나섬.	'길'의 상징적 의미
본질적 자아를 잃어버린 상황임.	담 저쪽의 본질적 자아를 만나기 위해서임.	자아를 탐색하는 장소임.

화자가 잃어버린 것은 담 저쪽에 있는 본질적 자아로, '길'은 현재의 부끄러운 자아를 극복하고 본질적 자아를 찾는 탐색의 장소이며, 화자는 '길'을 걷는 여정을 통해 본질적 자아를 회복함으로써 암담한 현실을 극복하려는 의지를 드러내고 있다.

02 화자는 돌담을 더듬다 올려다본 푸른 '하늘'에서 부끄러움을 느끼고, 본질적 자아를 회복하려는 결의를 다지고 있다. 이때 '하늘'은 지고하고 순수한 존재로 화자의 현실적 자아를 일깨우며, 화자가 자아를 성찰하게 하는 매개체가 된다.

오답 풀이

❶, ❷ 본질적 자아의 회복을 가로막는 장애물을 의미한다.

❸ 본질적 자아를 찾는 것이 쉽지 않은 상황에서 느끼는 화자의 절망감을 의미한다.

❹ 시간의 경과를 나타낸다.

03 [E]에는 본질적 자아를 되찾고자 끊임없이 노력하겠다는 화자의 굳은 의지가 드러나 있다. 그러므로 본질적 자아의 회복이 좌절된 화자의 절망적 인식이 담겨 있다는 설명은 적절하지 않다.

오답 풀이

❶ [A]에는 '잃어버렸습니다.'라고 하여 본질적 자아를 상실했음을 인식한 화자의 모습이 드러나 있다. 이는 〈보기〉를 통해 이해할 때 암울한 시대 현실에서 무기력하게 산 것에 대한 자각을 드러내는 것으로 볼 수 있다.

❷ [B]에는 본질적 자아와의 소통이 '돌담', '쇠문'으로 단절된 암울한 현실을 '긴 그림자'가 드리워진 길에 비유하고 있는데 이는 화자가 지향하는 현실적 자아와 단절되어 있는 암울한 현실을 드러내는 것으로 볼 수 있다.

❸ [C]에는 '길'이 '아침에서 저녁으로 저녁에서 아침으로 통했'다고 하였는데 이는 본질적 자아를 회복함으로써 암울한 현실 상황을 극복하고자 하는 화자의 노력을 드러내는 것으로 볼 수 있다.

❹ [D]에서 화자는 본질적 자아를 찾지 못한 것에 대한 안타까움과 부끄러움을 드러내고 있는데 이는 〈보기〉를 통해 이해할 때 식민지 현실에 적극적으로 대응하지 못하는 지식인으로서의 성찰을 드러내는 것으로 볼 수 있다.

알아두기

✦ 윤동주 시에 표현된 '부끄러움'의 의미

• 일제 강점기를 살아 내야 했던 지식인 청년이 참회와 성찰의 과정에서 느낀 감정임.

• 스스로에 대한 존재론적 질문과 반성, 연민 의식에서 비롯되어 미래의 삶을 규정함.

• 윤동주의 마음과 행동의 규율이자, 그의 삶과 시를 지탱해 주는 근원적인 힘이라고 할 수 있음.

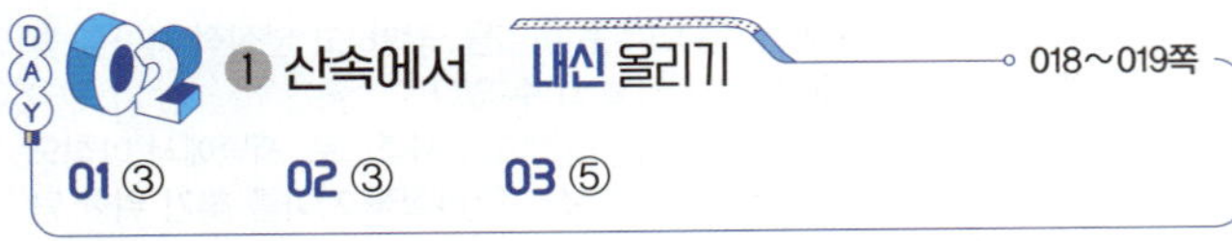

산속에서 _나희덕

해제 이 작품은 산속에서 길을 잃고 헤매었던 시적 화자의 경험과 그 경험으로부터 얻은 깨달음에 대한 성찰을 노래한 시이다. 이 작품에서 시적 화자는 실의에 빠진 누군가에게 계속 길을 걸어갈 수 있게 해 주는 '불빛'과 같은 존재를 긍정적으로 인식하며, 시적 화자 자신도 다른 사람에게 '불빛'과 같은 존재가 되기를 소망하고 있다.

주제 어려움을 겪는 이들에게 희망이 될 수 있는 따뜻한 힘

특징 • 도치법을 사용해 의미를 강조함.
• 대조적 의미를 지닌 시어로 주제를 효과적으로 구현함.

한눈에 보기

화자의 경험		경험을 통한 깨달음	
1연	길을 잃었을 때 보이는 불빛의 따뜻함	2연	어둠 속에서 맞잡을 손이 있다는 것의 위로
3연	산속에서 밤을 맞는 사람들에게 작은 지붕들이 주는 위로	4연	나그네를 계속 걸어갈 수 있게 해 주는 먼 곳의 불빛

01 이 시의 화자는 어려움을 겪는 이들에게 희망이 될 수 있는 따뜻한 힘을 이야기하고 있다.

모답 풀이
❶, ❷ 이 시는 산속에서 길을 잃었던 화자의 경험을 바탕으로 깨달음을 전하고 있을 뿐, 자연에서 위로받고자 하는 모습이나 자연과의 교감을 시도하는 모습은 나타나지 않는다.
❹ 이 시에서 화자는 자신의 경험으로부터 얻은 깨달음을 읊조리고 있을 뿐, 내적으로 갈등하고 있지 않다.
❺ 이 시에서 화자는 삶의 실상을 따뜻하게 포용하고 있을 뿐, 삶에 대한 달관이나 죽음에 대한 긍정적 인식을 드러내고 있지는 않다.

알아두기

✦ **이 시의 화자가 전달하려는 바**

산속에서 길을 잃고 헤매다가 밤을 맞게 된 화자는 멀리서 보이는 '불빛'에 따뜻함을 느끼고, '거대한 산줄기'보다 '그 산에 갇힌 작은 지붕들'로부터 더 큰 위안을 얻는다. 화자는 이러한 경험을 통해 어려움을 겪고 있는 이들에게 희망이 될 수 있는 따뜻한 힘에 관하여 성찰한다.
'누군가 맞잡을 손'이 있다는 것은 길을 잃은 사람에게 위로가 되며, 먼 곳의 '불빛'은 '나그네'를 계속 걸어갈 수 있게 해 준다. 화자는 이러한 '누군가 맞잡을 손'이나 '불빛'과 같은 존재가 되자고 말한다. 즉, 삶의 길에서 실의에 빠진 누군가에게 포기하지 않고 계속 길을 걸어갈 수 있도록 희망과 힘을 주는 존재가 되자고 이야기하고 있는 것이다.

02 이 시에서 희망과 위로, 위안 등의 긍정적 의미로 사용된 시어는 '불빛', '누군가 맞잡을 손', '작은 지붕들'이며, 고난과 슬픔 등의 부정적인 의미로 사용된 시어는 '어둠', '밤'이다. 따라서 유사한 의미를 지닌 시어끼리 적절하게 짝지은 것은 ③이다.

03 〈보기〉에서 '문학의 윤리적 기능'은 문학 작품을 감상하는 과정에서 어떤 것이 바람직한 삶인지, 나아가 자신은 어떤 삶을 살아야 할 것인지 등을 진지하게 생각해 보는 것이라고 하였다. 이 시에서 화자는 '나그네'가 계속 걸어갈 수 있도록 해 주는 '불빛'을 긍정적인 존재로 인식하며, 우리 역시 실의에 빠진 누군가가 포기하지 않고 계속 길을 걸어갈 수 있도록 '불빛' 같은 존재가 되기를 소망하고 있다. 따라서 이를 중심으로 삶의 자세를 고민해 보는 ⑤의 내용이 문학의 윤리적 기능과 가장 관련이 있다.

모답 풀이
❶ 이 시에서는 '멀리서 밝혀져 오는 불빛', '막무가내의 어둠', '그 산에 갇힌 작은 지붕들', '먼 곳의 불빛'과 같은 시각적 심상과 '불빛의 따뜻함'과 같은 공감각적 심상을 통해 암담한 상황과 희망을 이미지를 드러내고 있다. 이와 같이 감각적 심상을 통해 내용을 생생하게 받아들이고 있는 것은 문학의 미적 기능에 따른 감상이다.
❷ 운율을 확인하며 시의 리듬을 느끼는 것은 문학의 미적 기능에 따른 감상이다.
❸ 시어가 주는 아름다움을 발견하고 있는 것은 문학의 미적 기능에 따른 감상이다.
❹ 그동안 몰랐던 새로운 사실을 알게 되는 것은 문학의 인식적 기능에 따른 감상이다.

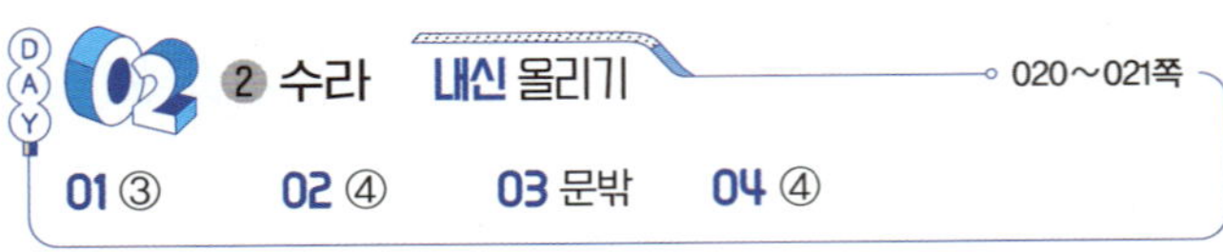

수라 _백석

해제 이 작품은 거미 가족의 모습을 통해 붕괴된 가족 공동체의 아픔을 상징적으로 표현한 시이다. 화자는 무심코 거미를 문밖으로 쓸어 버린 뒤 거미 가족을 헤어지게 한 것 같아 그들에게 미안함과 연민을 느끼고 있다. 이 시가 창작된 1930년대 일제 강점기의 가혹한 현실을 고려하면 시인은 당시 우리 민족이 겪은 고난과 가족 공동체의 해체를 거미 가족의 모습에 빗대어 표현한 것으로 해석할 수 있다. 시인이 보기에 당시 우리 사회는 참담한 비극의 현장, 즉 '아수라(阿修羅)'와 같은 세계였던 것이다.

주제 가족의 붕괴에 대한 안타까움과 슬픔

특징 • 시적 대상을 의인화하여 표현함.
• 시적 대상에 대한 화자의 정서가 점층적으로 심화됨.

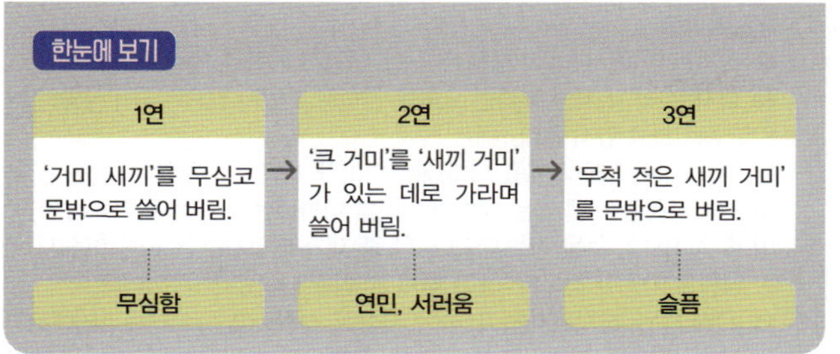

01 이 시는 시상이 전개됨에 따라 행수가 1연은 2행, 2연은 4행, 3연은 6행으로 점차 늘고 있을 뿐만 아니라, 화자의 정서를 표현하는 시구 역시 늘고 있다. 또한 1연에서는 아무 생각 없이 거미를 밖으로 쓸어 버릴 정도로 무심했던 화자가, 2연과 3연으로 시상이 전개되면서 서러움과 슬픔을 느끼고 있다. 이처럼 이 시는 시상이 전개되면서 화자의 정서가 심화하고 있다.

❶ 이 시의 3연에서 "이것의 엄마와 누나나 형이 가까이 이것의 걱정을 하며 있다가 쉬이 만나기나 했으면 좋으련만"이라고 표현한 것은, '무척 적은 새끼 거미'가 가족과 재회하기를 바라는 마음을 표현한 것일 뿐, 미래 상황을 확신한 것은 아니다.
❷ 1연과 3연에서 거미를 문밖으로 쓸어 버리는 화자의 행위가 유사하게 나타나고 있지만, 비슷한 문장이 반복되고 있지는 않다.
❹ 이 시는 거미를 의인화하여 일제 강점기에 가족 공동체가 붕괴된 우리 민족의 비극적인 상황을 우의적으로 표현한 작품이다. 따라서 이 시가 거미를 의인화하여 당시의 우리 민족이 처한 현실에 대한 안타까움과 슬픔을 표현하였다고 볼 수 있지만, 시적 대상인 거미의 부정적인 특성을 드러낸 것은 아니다.
❺ 이 시에는 시적 대상인 거미와 화자의 처지를 대조한 표현이 나타나 있지 않다.

02 화자는 1연에서 아무 생각 없이 '거미 새끼'를 문밖으로 쓸어 버리지만, 2연에서는 '새끼 거미'가 쓸려 나간 곳에 찾아온 '큰 거미'를 보면서 '큰 거미'가 '새끼 거미'의 어미라고 여겨 가슴이 짜릿함을 느낀다. 3연에서는 아린 가슴이 싹기도 전에 '큰 거미'가 없어진 곳에 온 '무척 적은 새끼 거미'가 가족과 다시 만나기를 바라는 마음으로 그 거미를 문밖으로 버린다. 하지만 그들 앞에 기다리고 있는 것은 '차가운 밤'과 같은 혹독한 현실이기에 그저 슬퍼할 뿐이다.

03 화자는 거미 가족이 다시 만날 수 있도록 거미들을 '문밖'으로 쓸어 버린다. 즉, '문밖'은 거미 가족이 재회할 수 있는 공간으로 볼 수 있다. 하지만 '문밖'은 차디차기만 하다. 그 차가움은 화자의 바람과는 다르게 거미 가족이 쉽게 만날 수 없게 한다는 점에서, '문밖'은 거미 가족에게 주어진 혹독한 시련을 의미한다고 볼 수 있다.

04 〈보기〉에서 '수라'는 선(善)과 대비되는 악(惡)의 신인 '아수라'의 약칭이라고 하였고, 이 시가 창작된 1930년대는 우리 민족이 암울한 현실을 겪고 있던 일제 강점기이므로 시의 제목은 거미 가족처럼 가족 공동체가 해체된 암울한 현실을 의미한다고 볼 수 있다.

❶ 환경에 적응해야 살아남는다는 적자생존의 논리는 이 시의 내용과 거리가 멀다.
❷ 민족의 암담한 현실을 드러내고 있다고 볼 수 있으나, 그러한 현실 앞에서 갈등하는 지식인의 고뇌는 나타나 있지 않다.
❸ 물질적 가치를 중시하던 세태는 이 시에 나타나 있지 않다.
❺ 외세와의 전쟁을 하고 있다는 내용은 작품의 창작 당시인 1930년대 우리나라의 현실과 맞지 않다.

✦ **시대적 상황을 바탕으로 한 제목 '수라'의 의미**

일제 강점기에 우리 민족의 가족 공동체는 거미 가족처럼 해체되는 비극을 겪고 있었다. '수라'는 혼란 상태에 빠진 곳이나 그런 상태 자체를 비유하는 말이다. 그러므로 이 시의 제목은 흩어진 거미 가족의 상태나 일제 강점기에 가족이 해체되는 아픔을 겪은 우리 민족의 상태가 모두 '수라'와 같음을 나타낸 것으로 볼 수 있다.

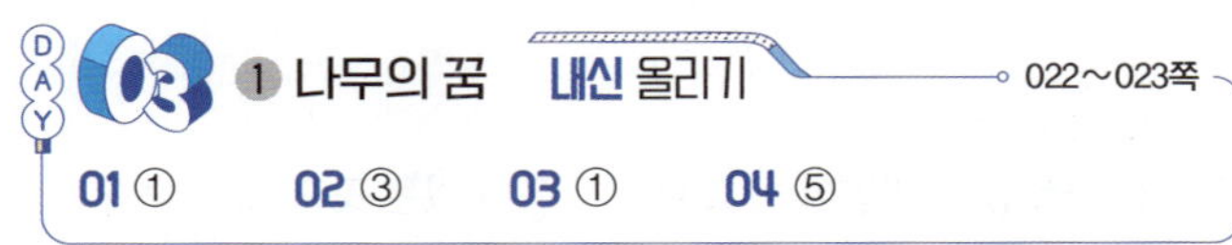

나무의 꿈 _손택수

해제 이 작품은 의인화된 나무에 말을 건네는 방식으로 나무가 꿀 수 있는 꿈과 가능성을 애정 어린 시선으로 그려 낸 시이다. 꿈이 실현되지 못한 상황에 처하더라도 그 존재의 가치가 있다는 점과 현재에 집중하는 자세를 갖는 것이 중요하다는 것을 따뜻한 어조로 일깨우고 있다.

주제 존재의 가치에 대한 역설적 인식과 현재에 주목하는 자세의 중요성

특징 • 의인화된 자연물에게 말하는 형식을 취함.
• 시어를 연쇄적으로 활용해 시상을 발전해 나감.

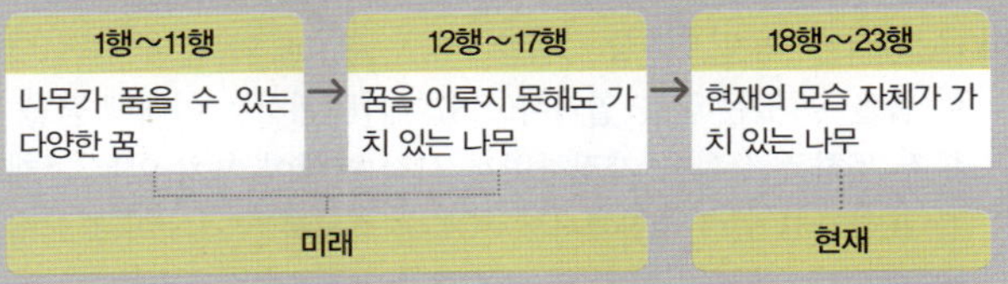

01 이 시는 처음과 끝에 유사한 시구가 반복되는 수미상관의 구성이 나타나지 않는다.

> **오답 풀이**
> ❷ 이 시에서는 '계단 → 창문(들) → 바다'로 시어를 연쇄·반복함으로써 시상을 전개하고 있다.
> ❸ '-니', '-구나' 등의 반복을 통해 운율을 형성하고 있다.
> ❹ 화자는 나무의 꿈이 좌절된 상황('장작'이 된 상황)에서도 '누군가의 몸을 데워' 줄 수 있다는 점에서 존재 가치가 있다는 것을 역설적으로 보여 주고 있다.
> ❺ 화자는 '나무'를 청자인 '너'로 설정하여 말을 건네고 있다.

02 이 시에서 화자는 나무에게 꿈과 가능성에 대해 이야기하면서 꿈을 이루지 못하더라도 존재 가치가 있음을 전하고 있다.

> **오답 풀이**
> ❶ '누군가의 몸을 데워주'었다는 부분에서 타인을 위한 희생의 가치를 확인할 수 있지만, 그것이 당연한지 그렇지 않은지를 판단하는 내용은 나타나 있지 않다.
> ❷ 1~11행에서 화자는 '너(나무)'에게 꿈을 물어보며 나무가 품을 수 있는 다양한 꿈과 가능성을 이야기하고 있다. 꿈을 이루지 못해도 괜찮다고 말하고 있는 것을 꿈이 허상에 불과하다고 받아들이는 것은 적절하지 않다.
> ❹ 1~11행에서 화자는 나무가 품을 수 있는 다양한 꿈과 가능성을 이야기하고 있는데, 그중 한 가지에 집중해야 한다는 내용은 나타나지 않는다.
> ❺ 18~23행에서 화자는 바람의 춤을 따라 흔들리는 지금의 '너'에게 집중할 것을 청하는데, 이는 현재의 상황과 모습이 중요하다는 의미를 담은 것이다.

03 ㉠ '다락방'은 별빛이 들고 나는 창문이 있는 곳으로, 누군가 그 창문을 통해 바다를 생각할지도 모른다고 하였다. 여기서 '바다'는 '너(나무)'가 지향할 것이라고 화자가 가정한 대상이므로 ㉠이 꿈을 꾸기 어려운 현실을 의미한다고 보는 것은 적절하지 않다.

> **오답 풀이**
> ❷ ㉡의 '배'는 시적 대상이 품을 수 있는 꿈 중 하나이다.
> ❸ '어쩌면 그 무엇도 되지 못하고 / 아궁이 속 장작으로 눈을 감을지도 모르지'라고 하였으므로, ㉢은 시적 대상이 꿈을 이루지 못한 상황을 의미한다고 볼 수 있다.
> ❹ ㉣에는 그 무엇도 되지 못하고 장작으로 쓰이더라도 누군가의 몸을 데우는 데 쓰일 수 있음으로서 존재의 가치가 있다는 화자의 인식이 드러나 있다.
> ❺ ㉤은 시적 대상이 '흔들리고 있'는 현재의 모습에 집중할 수 있도록 하는 소재이다.

04 [A]에서는 '의자', '책상', '계단', '창문들', '배'와 같이 시적 대상이 품을 수 있는 꿈을 열거하고 있다. [B]에서는 미래에 꿈을 이루지 못하는 상황을 가정하면서 시적 대상이 가치 있는 존재임을 표현하고 있다. [C]에서는 현재에 주목하는 자세의 중요성을 이야기하고 있다.

> **오답 풀이**
> ❶ 화자는 [A]에서 '너'가 품을 수 있는 다양한 꿈들을 제시하였다.
> ❷ 화자는 '너'가 지닌 부족한 요소를 인식하고 있지 않으며, [B] 상황의 원인도 제시하고 있지 않다.
> ❸ [B]에서는 미래 시제를 나타내는 어미가 사용되지 않았다. '눈을 감을지도'에 사용된 '-을지'는 추측의 의미를 나타내는 어미이다. 아울러 '아궁이 속 장작으로 눈을 감을지도'나 '한 줌 재가 되었지만'은 꿈을 이루지 못한 상황을 가정한 것이지 '너'가 겪게 될 일을 나타낸 것은 아니다.
> ❹ [C]에서는 '하지만'이라고 하여 시상을 전환하고 있으므로, [B]에서의 가정을 바탕으로 전개되고 있다고 볼 수 없으며, [C]가 '너'가 주의해야 할 일을 드러내고 있는 것도 아니다.

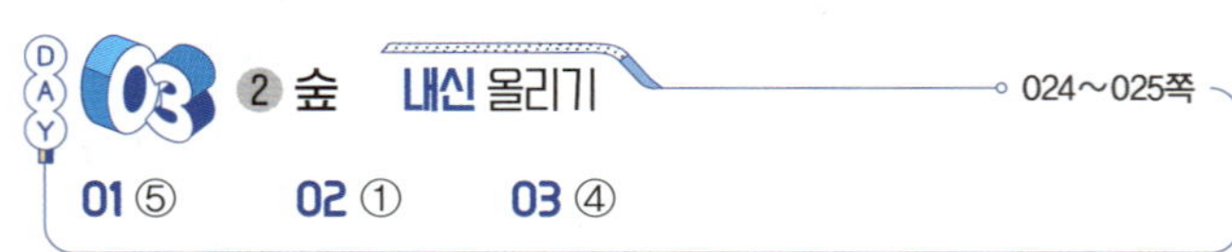

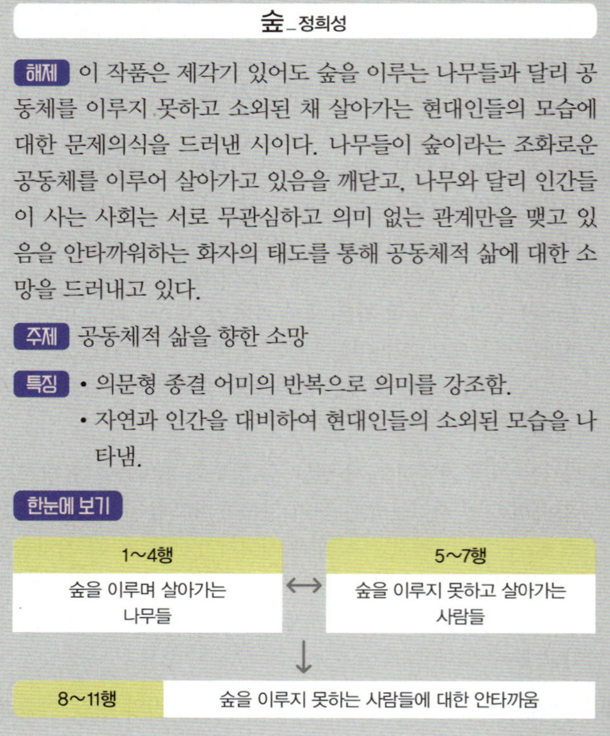

숲 _ 정희성

해제 이 작품은 제각기 있어도 숲을 이루는 나무들과 달리 공동체를 이루지 못하고 소외된 채 살아가는 현대인들의 모습에 대한 문제의식을 드러낸 시이다. 나무들이 숲이라는 조화로운 공동체를 이루어 살아가고 있음을 깨닫고, 나무와 달리 인간들이 사는 사회는 서로 무관심하고 의미 없는 관계만을 맺고 있음을 안타까워하는 화자의 태도를 통해 공동체적 삶에 대한 소망을 드러내고 있다.

주제 공동체적 삶을 향한 소망

특징 • 의문형 종결 어미의 반복으로 의미를 강조함.
　　　 • 자연과 인간을 대비하여 현대인들의 소외된 모습을 나타냄.

한눈에 보기

1~4행		5~7행
숲을 이루며 살아가는 나무들	↔	숲을 이루지 못하고 살아가는 사람들

↓

8~11행	숲을 이루지 못하는 사람들에 대한 안타까움

01 이 시에서는 계절감을 나타내는 시어를 사용하고 있지 않다. 이 시에서 '메마른 땅'이라는 표현이 나타나지만 이는 정서적으로 메마르고 각박한 현대 사회를 나타내는 것이다.

오답 풀이

❶ 이 시는 '숲 → 광화문 지하도 → 이 메마른 땅'의 공간 이동에 따라 시상이 전개되고 있다.

❷ 이 시는 '나무들 ↔ 사람들', '숲 ↔ 광화문 지하도, 메마른 땅'처럼 대조적 의미를 지닌 시어를 사용하여 제각기 있어도 숲을 이루는 나무들과 달리 공동체를 이루지 못하고 소외된 채 살아가는 현대인들의 모습에 대한 문제의식을 드러내고 있다.

❸ 이 시는 '숲이었어', '있더군' 등에 드러나는 사색적 어조를 통해 현대 사회에 대한 성찰을 나타내고 있다.

❹ 이 시는 '아닌가'와 같은 의문형 종결 어미를 반복하여 외로운 존재로 살아가는 현대인에 대한 안타까움을 드러내고 있다.

알아두기

✦ 이 시의 공간의 이동에 따른 시상 전개 방식

숲	나무들이 숲을 이룸.
↓	
광화문 지하도	숱한 사람들이 숲을 이루지 못함.
↓	
이 메마른 땅	'낯선 그대'가 '나'와 숲을 이루지 못함.

02 화자는 '숲'에 가서 제각기 서 있는 나무들이 개별적이지만 공동체를 이루는 존재임을 깨닫는다. 나무들의 개별성은 현대인들이 보여 주는 개인화 현상과는 다른 것으로, 화자가 긍정적으로 바라보는 것이다. 따라서 화자가 제각기 서 있는 숲의 나무들을 보고 존재가 지닌 근원적 고독을 깨닫고 있다는 것은 시의 내용과는 거리가 멀다.

오답 풀이

❷ 1~4행을 통해 볼 때 화자가 '숲'의 '나무'들을 개별적이지만 서로 조화로운 공동체를 이루는 존재로 생각하고 있음을 알 수 있다.

❸ 7행의 '왜 그들은 숲이 아닌가'를 통해 화자가 '숱한 사람들'로 명명된 현대인이 '나무'와 달리 공동체를 이루지 못하고 살아가고 있다고 생각하며 이에 대해 문제의식을 드러내고 있음을 알 수 있다.

❹ 8~9행에서 화자는 현대인들이 '메마른 땅'에서 외롭게 지나치며 '낯선 그대'와 만난다고 표현하였는데, 10~11행에서 이러한 '그대와 나'가 숲이 아니라고 한 것을 통해 현대 사회를 부정적으로 인식하고 있음을 알 수 있다.

❺ 7행의 '그들(그대)'에게 국한된 안타까움의 내용이 10~11행에서는 '그대와 나'로 확장되고 있다.

03 ⓐ '숲'은 서로 조화롭게 어울려 사는 공간이며, ⓑ '광화문 지하도'는 서로에 대해 무관심한 공간이다. 화자는 10~11행에서 '그대와 나는 왜 / 숲이 아닌가'라고 하였는데, 여기에는 공동체적 삶을 이루지 못하는 현대인들에 대한 안타까움과 현대인들이 함께 숲을 이루기를 바라는 소망이 드러나 있다. 따라서 ⓐ에는 화자가 지향하는 삶의 모습이 드러나 있고, ⓑ에는 화자가 지양하는 삶의 모습이 드러나 있다고 할 수 있다.

오답 풀이

❶ ⓑ에는 서로에 대한 무관심이 존재하므로, 화자의 적막한 처지가 드러난다고 볼 수 있다. 하지만 ⓐ는 인간 사회와 대비되는 화자가 지향하는 삶이 담긴 자연의 공간이므로 화자의 소박한 일상의 공간으로 보는 것은 적절하지 않다.

❷ 이 시에서 ⓐ는 긍정적 의미의 공간이고, ⓑ는 부정적 의미의 공간이므로 적절하지 않은 설명이다.

❸ ⓐ는 화자가 긍정적으로 인식하는 공간이므로 현실에 대한 화자의 회의감이 드러난다고 볼 수 없고, ⓑ는 화자가 부정적으로 인식하는 공간이므로 앞날에 대한 화자의 소망이 드러난다고 볼 수 없다.

❺ ⓑ에 삶에 대한 반성적 태도가 드러난다고 볼 수 있으나 ⓐ에 삶에 대한 화자의 절망적 태도가 드러난다고 보기 어렵다.

깊은 흙 _정현종

해제 이 작품은 인공적인 문명으로 자연 본래의 모습이 파괴되는 현실에 대한 문제의식을 드러낸 시이다. 자연을 상징하는 '흙길'은 '깊은', '사람다운 불편'으로, 도시 문명을 상징하는 '아스팔트'는 '얄팍한', '짐승스런 편리'로 표현하며 인공적인 현대 문명에 대한 비판적 인식을 드러내고 있다.

주제 자연 본래의 모습을 파괴하는 인공적인 문명에 대한 비판

특징 • 명사형으로 시행을 종결하여 시적 의미를 강조함.
• 대조되는 시어 및 시구를 병치하여 화자의 인식 차이를 드러냄.

한눈에 보기

1연~2연		3연~5연
인공적인 문명으로 인한 변화	→	자연과 문명의 대비되는 속성

01 이 시에서 흙은 본래의 자연으로, 화자가 지향하는 바람직한 삶의 방향성을 지닌 대상으로 볼 수 있다. 그러나 화자가 자신의 감정을 불어 넣은 대상은 아니다.

오답 풀이

❶ '깊은 자연 / 얕은 문명.'과 같이 명사형으로 시행을 종결하여 여운을 남김으로써 독자가 시의 주제를 성찰하도록 유도하고 있다.

❷ '깊고 깊었다'와 '사라졌다'에서 유사하거나 동일한 시어를 반복함으로써 원시 그대로의 자연이 가지는 깊이와 인공적인 문명으로 인한 변화의 의미를 강조하고 있다.

❸, ❺ '깊은 흙'과 '얄팍한 아스팔트', '사람다운 불편'과 '짐승스런 편리', '깊은 자연'과 '얕은'과 같이 대조적 의미를 지닌 유사한 통사 구조의 시구를 통해 운율감을 형성하고 두 대상 간의 차이를 강조하고 있다.

02 1연은 아스팔트로 덮인 언덕길에서 사라진 것을 나타내고 있다. 흙길이 아스팔트로 포장되면서 깊음이 사라졌다고 한 것이지 언덕길 자체가 사라졌다는 의미는 아니다.

오답 풀이

❷ 2연에서는 아스팔트 때문에 자연의 생명력을 의미하는 '숲의 정령들'이 사라졌다고 하여 아스팔트가 자연에 부정적 영향을 주었음을 드러내고 있다.
❸ 3연에서는 '흙'을 '깊은'으로, '아스팔트'를 '얄팍한'으로 표현하여 대조함으로써 '흙'과 '아스팔트'에 대한 화자의 상반된 인식을 드러내고 있다.
❹ 4연에서는 '편리'를 '짐승스런'으로, '불편'을 '사람다운'으로 수식함으로써 '편리'와 '불편'의 사전적 의미와 반대되는 이면적 의미를 드러내고 있다.
❺ 5연에서는 '흙'을 '깊은 자연', '아스팔트'를 '얕은 문명'으로 확장하여 대조함으로써 자연과 대비되는 문명의 문제를 드러내고 있다.

알아두기

✦ '자연'과 '문명'의 대비

  '자연'과 '문명'에 대한 화자의 인식은 '깊음'과 '얕음'이라는 단어에서 단적으로 드러난다. 화자는 '본래의 자연'은 '깊음'이 있지만, 그 자리를 대신한 문명의 모습은 '얕'다면서 인공적인 문명은 '깊음'을 잃어버린 공간이라고 말하고 있다.

03 〈보기〉에서 정현종 시인은 작품에서 현대 도시를 생명력이 메마른 공간으로 그렸다고 설명하고 있다. 따라서 현대 도시에 남아 있는 생명력을 찾아낸다는 설명은 적절하지 않다.

오답 풀이

❷, ❹, ❺ 4연에서 불편하더라도 자연 본래의 모습을 보존하면서 인간다움을 지켜야 한다는 의미를 전하고 있다. 이를 통해 볼 때 이 시는 인간 중심주의에서 벗어나 자연과의 조화로운 공존을 지향해야 함을 드러내는 생태 시로 볼 수 있다.
❸ '흙'과 '숲'은 '자연'을, '아스팔트'는 '문명'을 상징하는 시어라고 볼 수 있다.

DAY 04 ❷ 뿌리에게 내신 올리기 028~029쪽

01 ⑤ **02** ⑤ **03** ③ **04** ②

뿌리에게_나희덕

해제 이 작품은 생명의 탄생과 성장을 위한 모성애를 '뿌리'와 '흙'의 관계에 비유해 표현한 시이다. 흙과 뿌리를 의인화하여 모든 것을 내어 주는 헌신적 사랑을 형상화하고 있다.

주제 생명의 탄생과 성장을 위한 희생적인 사랑

특징 • 대상의 성장 과정에 따라 시상을 전개함.
• 생명의 탄생과 성장의 순환 구조를 보임.
• 자연물의 속성을 통해 대상의 특징을 드러냄.

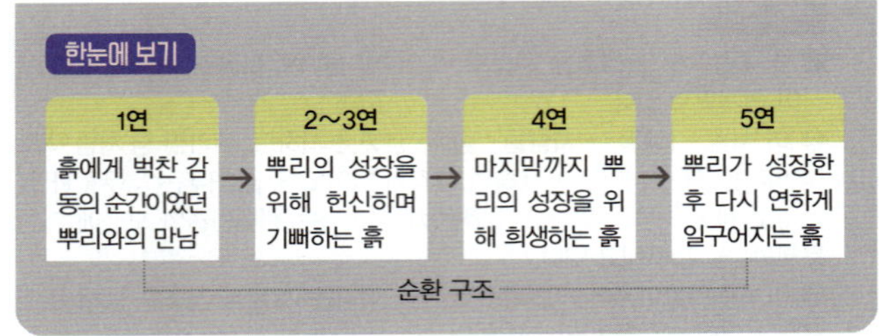

01 이 시에서 '타고 내려올수록'과 같은 하강적 이미지가 나타나지만, 이는 뿌리가 점점 성장해 가는 것을 나타내는 것으로, 이를 통해 생명의 유한함이라는 자연의 섭리를 드러내고 있지는 않다.

오답 풀이

❶ 이 시는 '너의 푸른 줄기 솟아 햇살에 반짝이면'과 같은 시각적 심상을 활용하여 성장한 뿌리의 모습을 강조하고 있다.
❷ 이 시에서는 '아, 나의 사랑을'과 같이 영탄적 어조를 사용하여 뿌리에 대한 흙의 헌신적 사랑을 드러내고 있다.
❸ 이 시에서는 '어리석고도 은밀한 기쁨'과 같은 역설적 표현을 사용하여 뿌리에게 아낌없이 사랑을 주는 흙의 희생적 사랑을 표현하고 있다.
❹ 이 시는 뿌리의 성장 과정이 시간의 흐름에 따라 전개되고 있다. 또한 시간의 흐름에 따른 흙의 순환 과정도 보여 주고 있다.

02 2연에서 화자는 '나를 뚫고 오르렴, / 눈부셔 잘 부스러지는 살이니'라고 하였는데, 이는 영양분이 많은 연한 '흙'을 통해 '뿌리'가 잘 자라기를 바라는 '흙'의 희생을 드러낸 것이다. 4연에서 '네가 타고 내려올수록 / 단단해지는 나의 살을 보아라'라고 하였으므로 '뿌리'가 타고 내려올수록 '흙'은 잘 부스러지는 것이 아니라 단단해지는 것을 알 수 있다.

오답 풀이

❶ 3연의 '불꽃 같은 바람이 가슴을 두드려 세워도 / 네 뻗어 가는 끝을 하냥 축복하는 나는'에서 '흙'은 어떠한 어려움이 있어도 '뿌리'를 지지하고 축복해 주고자 함을 알 수 있다.
❷ 1연의 '네 숨결 처음 대이던 그 자리에 더운 김이 오르고 / 밝은 피 뽑아 네게 흘려보내며 즐거움에 떨던'에서 흙이 뿌리를 처음 만났을 때 느낀 벅찬 감동과 뜨거운 사랑을 확인할 수 있다.
❸ 2연의 '나를 뚫고 오르렴'에서 '흙'은 자신을 희생해서라도 '뿌리'가 더 큰 성장을 이루기를 소망함을 알 수 있다.
❹ 2연의 '내 밝은 피에 즐겁게 발 적시며 뻗어 가려무나'와 3연의 '척추를 휘어 접고 더 넓게 뻗으면 / 그때마다 나는 착한 그릇이 되어 너를 감싸고'를 통해 '흙'은 '뿌리'가 성장할 때마다 '뿌리'가 더 크게 자랄 수 있도록 지원하려 함을 알 수 있다.

03 이 시는 생명의 탄생과 성장을 위한 희생적인 사랑을 '뿌리'와 '흙'의 자연적 관계에 빗대어 표현하고 있다. ㉠, ㉡, ㉣, ㉤은 모든 것을 다 내어 주는 '흙'을 의미하지만 ㉢은 성장하는 '뿌리'를 의미한다.

04 이 시는 흙과 뿌리를 의인화하여 모든 것을 내어 주는 헌신적 사랑을 그리고 있으나 이러한 사랑의 가치가 우리 사회에서 회복되어야 한다고 해석할 만한 내용은 드러나지 않는다.

모답 풀이

❶, ❸, ❹, ❺ 이 시에서는 '연한 흙' → '착한 그릇' → '껍데기' → '빈 그릇' → '연한 흙'으로 뿌리를 향한 희생적인 사랑의 과정을 통해 다시 재생하고 있는 순환적 삶을 그림으로써 대상에 대한 헌신적 사랑이 계속 이어짐을 표현하고 있다. 이러한 흙과 뿌리의 관계를 통해 자식을 향한 헌신적인 모성애를 연상하고 희생과 인내의 가치를 발견할 수 있다는 점에서 인간 역시 자연의 일부로서 이 순환 속에 존재하며, 우리 모두 누군가의 뿌리이고 또 누군가의 흙이라는 의미를 도출할 수 있다.

모답 풀이

❶ '쇠문'은 '담 저쪽'에 있는 잃어버린 '나'와 화자의 만남을 막고 있으므로 화자가 처한 부정적인 상황을 드러낸다고 할 수 있다.
❷ '아침에서 저녁으로 / 저녁에서 아침으로' '길'이 통한다는 것은 '길'을 걸으며 화자가 잃어버린 '나'를 찾는 과정이 계속되고 있음을 표현한 것으로 볼 수 있다.
❹ 〈보기〉와 연결하여 작품을 이해해 본다면, 부정적 상황 속에서 화자가 자기 탐색과 성찰을 하는 '길'이라는 공간과 달리 '하늘'은 막힘이 없고 자유롭게 돌아다닐 수 있는 공간이다. 결국 '하늘'을 '부끄럽게' 푸르다고 인식하는 것은 화자가 자기 성찰을 하고 있는 것이라고 볼 수 있다.
❺ 화자가 길을 걷는 이유는 6연에서 '담 저쪽에 내가 남아 있'기 때문이라 하였고, 화자가 사는 이유는 7연에서 '잃은 것을 찾는 까닭'이라 하였다. 이를 통해 화자가 '잃은 것'인 '담 저쪽'의 '나'를 찾기 위해 '길'을 걷고 있음을 확인할 수 있다.

수능으로 실력 쌓기 1회

030~031쪽

01 ①   **02** ②   **03** ③

01 ㉮의 2행과 3행에서는 각각 '바람'과 '풀꽃들'에 인격을 부여하고 있다. 또한 그 대상들이 화자 자신의 가슴을 벅차게 하는 까닭을 알고 있다고 표현하며 이들과의 교감을 드러내고 있다. ㉯에는 인격을 부여한 자연물이 등장하지 않는다.

모답 풀이

❷ ㉯는 '-ㅂ니다'라는 종결 어미가 동일하게 반복되고, ㉮에서도 '-다'라는 종결어미가 동일하게 반복되어 운율감을 높이고 있다.
❸ ㉯는 5연에서 '하늘'이라는 공간에 대한 인식을 '푸릅니다'라는 색채어로 드러내고 있다. 그러나 ㉮에는 색채어가 쓰이지 않았다.
❹ 공감각적 심상은 감각적 심상이 다른 감각적 심상으로 전이되는 것이다. ㉮와 ㉯ 모두 공감각적 심상이 나타나지 않는다.
❺ ㉮에는 계절의 변화가 나타나지 않으며, ㉯에는 화자가 '길'을 걸으며 시상이 전개되고 있다는 점에서 공간의 이동이 드러난다고 볼 수 있다.

02 [B]에서 화자는 산길을 걸으면서 가슴이 벅차오름을 느끼고 있다. 이는 긍정적인 정서로, 삶의 고달픔이라는 부정적인 정서와 연결하여 이해하는 것은 적절하지 않다.

모답 풀이

❶ 1행에서 화자는 '이 길을 만든 이들이 누구인지를' '안다'라고 명확하게 표현하고 있다.
❸ 화자는 '집을 떠나'는 일에 '신명'이 난다고 표현하였으므로 집을 떠나 산길을 찾는 것에 즐거움을 느끼고 있음을 확인할 수 있다.
❹ '무엇에 쫓기듯 살아가는 이들'과 '힘을 다하여 비칠거리는 발걸음들'은 사람을 의미한다고 볼 수 있고, 그들이 '무엇 하나씩 저마다 다져놓'는다는 표현에서는 삶의 자취를 남긴다는 의미를 확인할 수 있다.
❺ '길'을 '오르는 일'이 '힘들고 어려워도' '주저앉아서는 안' 된다는 표현에서 화자가 포기하지 않는 삶의 태도를 다짐하고 있음을 확인할 수 있다.

03 5연에서 '돌담을 더듬어 눈물짓'는 것은 잃어버린 '나'를 찾지 못한 화자의 절망감을 드러내는 행동이라고 볼 수 있으므로 절망적 상황을 극복하려는 화자의 노력은 확인할 수 없다.

수능으로 실력 쌓기 2회

031~032쪽

04 ①   **05** ④   **06** ①

04 이 시는 '흙'인 화자가 청자인 '뿌리'에게 말을 건네는 방식으로 전개되고 있다. 또한 '뿌리'에게 '밝은 피'를 '흘려보내며 즐거'워 하고, 그를 축복하는 '흙' 스스로가 '은밀한 기쁨'을 가졌다고 말하는 데에서 '흙'이 '뿌리'에게 애정과 친밀감을 느끼고 있음을 알 수 있다.

모답 풀이

❷ 자연물을 활용한 것은 맞지만 어떠한 대상이 부재한다는 내용은 확인할 수 없다.
❸ '깊은 곳'이라는 공간을 특정한 시적 공간으로 볼 수 있겠으나, 작품에서 그와 관련한 반어적인 표현은 확인할 수 없다.
❹ 화자는 대상을 향해 축복하는 태도를 드러내고 있지만, 동일한 종결 어미가 반복되는 것은 시에서 확인할 수 없다.
❺ 화자의 시선이 이동하는 것은 드러나지 않으며 시적 대상은 '뿌리' 뿐이다. 다양한 대상을 순차적으로 드러내고 있지는 않다.

05 ㉢과 그 앞뒤 맥락을 확인하면, 성장하는 '뿌리'를 축복하는 '흙'의 마음을 담은 내용임을 확인할 수 있다. 포용력의 회복을 기약한다는 내용은 확인할 수 없다.

모답 풀이

❶ '더운 김'이라는 촉각적 심상을 통해 '흙'과 '뿌리'가 처음 만났을 때의 '흙'의 따뜻함을 느낄 수 있다.
❷ 〈보기〉에서 '흙'이 희생적 사랑을 '뿌리'에게 베풀고 있다고 하였고, '흙'이 '뿌리'에게 '피'를 흘려주는 모습에서 그러한 내용을 확인할 수 있다.
❸ 〈보기〉에서 '흙'의 희생적 사랑에는 포용력과 따뜻함이 있다고 하였다. '흙'이 '뿌리'를 '감싸'는 부분에서 그러한 내용을 확인할 수 있다.
❺ ㉤은 모든 것을 '뿌리'에게 베풀고 '껍데기'가 되어 버린 '흙'이 자신의 마지막까지 '뿌리'에게 주려는 모습으로, 희생을 감내하는 '흙'의 모성을 보여 준다.

06 ⓐ는 모성을 상징하는 '흙'의 처음 모습을 의미하며, ⓑ는 '뿌리'에게 자신의 것을 베풀어 처음의 속성을 잃어버린 '흙'의 모습을 나타낸다. ⓒ는 다시 처음의 속성을 회복한 '흙'의 모습을 의미하는데, 이를 통해 '흙'이 누군가에게 다시 모성을 베풀 수 있음을 드러낸다. 이러한 '흙'의 변화 과정을 통해 모성이 지속성을 지니며 그 의미가 확장된다는 것을 확인할 수 있다.

모답 풀이
❷ 모성의 따뜻한 느낌은 '더운 김'에서 확인할 수 있으나, 모성의 차가운 느낌은 확인할 수 없다.
❸ 희생을 통해서 드러나는 모성은 〈보기〉에서 설명하는 모성 자체의 특성으로, 그 의미가 '흙'이 변화하는 과정을 통해 확장된 것이라 보기 어렵다.
❹ 2연에서 화자는 자신을 '잘 부스러지는 살'이라 표현하고 있다. '강인함'이라는 성격과 연결하기 어렵다.
❺ 연하고 단단한 성질은 외적으로 확인할 수 있는 성질이므로 내적으로 성장한다는 의미와 연결하기 어렵다.

수능으로 실력 쌓기 3회 ─────────────────○ 032~033쪽
07 ④　　**08** ①　　**09** ③

07 **가**에서는 '단풍잎 → 하늘 → 파란 물감 → 손바닥 → 맑은 강물'로 시어(구)를 연쇄·반복하여 시상을 발전시켜 나가고 있다. **나**에서도 역시 '계단 → 창문(들) → 바다'로 시어를 연쇄·반복하여 시상을 발전해 나가고 있다.

모답 풀이
❶ **가**와 **나**에서 반어적 표현을 통해 시적 긴장을 고조시키고 있는 부분은 찾아볼 수 없다.
❷ **가**는 '-ㄴ다'라는 동일한 종결 어미를 반복하여 운율감을 형성하고 있고, **나**는 '-니', '-구나' 등의 종결 어미를 반복하여 운율감을 형성하고 있다.
❸ **가**에서 대상을 의인화하여 화자의 연민을 드러내고 있는 부분은 찾아볼 수 없다. 반면 **나**는 시적 대상인 '나무'를 '너'라고 부르며 대상을 의인화하고 있다. 하지만 화자는 '너'에게 말을 건네며 뭐가 되고 싶은지 물어보고 꿈을 이루지 못한 상황에서도 '너'는 존재 가치가 있다고 말하면서 미래보다는 현재 상황과 모습에 주목하는 자세를 강조하고 있으므로 대상에 대해 연민을 드러내고 있다고 볼 수 없다.
❺ **가**에서는 '하늘 → 눈썹 → 손바닥 → 강물 → 순이'로 시선을 이동하여 시상을 전개하고 있을 뿐 장소가 지닌 의미를 다양하게 제시하고 있지는 않다. 반면 **나**에서는 시선의 이동이 나타나지 않는다.

08 '소년'은 ⊙'하늘'을 보다가 하늘의 파란 물감이 묻어난 손바닥의 손금을 보며 '사랑처럼 슬픈' '아름다운 순이'의 얼굴을 떠올리고 있다. 따라서 ⊙은 '소년'에게 '순이'에 대한 그리움의 정서를 환기하는 기능을 하고 있음을 알 수 있다.

모답 풀이
❷ '가만히 하늘을 들여다보려면 눈썹에 파란 물감이 든다'에서 소년과 자연물인 ⊙'하늘'이 동화되는 모습을 확인할 수 있으므로 ⊙은 '소년'이 거부하고자 하는 세계를 상징하고 있다는 이해는 적절하지 않다.
❸ **가**에서 '소년'이 자신의 한계를 인식하는 모습은 찾아볼 수 없으므로 ⊙'하늘'은 '소년'이 자신의 한계를 인식하는 계기가 되고 있다는 이해는 적절하지 않다.
❹ **나**에는 '너'가 현재 바람을 만나 흔들리고 있는 모습만 드러날 뿐이므로 ⓛ'바다'가 '너'가 처한 긍정적 상황을 드러내는 역할을 한다는 이해는 적절하지 않다. 화자는 '너'에게 '바다를 보는 게 꿈이라면'이라고 가정하여 말하고 있으므로 ⓛ은 '너'가 지향할 것이라고 화자가 가정한 대상이라 할 수 있다.
❺ **나**에서 '너'의 성찰이 이루어지고 있는 모습은 찾아볼 수 없으므로 ⓛ'바다'가 '너'의 성찰이 이루어진 이후의 모습을 표상하고 있다는 이해는 적절하지 않다.

09 **나**에서 화자는 '나무'인 '너'에게 '자라면 뭐가 되고 싶니'라고 묻고 '의자', '책상' 등 '나무'가 품을 수 있는 다양한 꿈들을 제시하고 있다. 그러나 '한 줌 재'는 '그 무엇도 되지 못'한 '장작'이 불에 탄 결과이므로, '나무'가 품을 수 있는 꿈이 아니라 '나무'가 꿈을 이루지 못한 상황을 의미한다.

모답 풀이
❶ **가**에서 '소년'은 '가만히 하늘을 들여다보'고 '눈썹에 파란 물감이' 드는데, 이는 시각적 이미지를 활용하여 '소년'이 자연물인 '하늘'에 동화되는 모습을 감각적으로 표현한 것이다.
❷ **가**에서 '소년'은 손금에 '맑은 강물'이 흐르고 '강물 속에는 사랑처럼 슬픈 얼굴'을 지닌 '아름다운 순이의 얼굴이 어린다'고 하였다. 이는 '순이'에 대한 그리움으로 인해 '소년'의 내면에서 '아름다운 순이의 얼굴'이 연상되는 것이므로 '맑은 강물'에 어린 얼굴에는 현재 곁에 없는 '순이'에 대한 '소년'의 그리움이 투영되어 있음을 알 수 있다.
❹ **나**의 '장작'은 '그 무엇도 되지 못'한 것으로 '장작'이 '한 줌 재가 되는' 상황은 '나무'인 '너'의 꿈이 좌절된 상황을 나타낸다. 이러한 상황에서 화자는 '누군가의 몸을 데워' 줄 수 있다는 대상의 새로운 존재 가치를 발견하고 있다. 즉 화자는 꿈이 좌절된 상황에서 새로운 존재 가치를 발견하여 대상이 존재 가치가 있다는 것을 역설적으로 보여 주고 있음을 알 수 있다.
❺ **나**에서 화자는 '너'에게 '저 바람 소리를 들어보렴'이라고 말하면서 '지금 바람을 만나' '바람의 춤을 따라 흔들리고 있'는 '지금이 바로 너'라고 현재 상황과 모습에 주목하는 자세를 강조하고 있다. 따라서 '바람 소리'는 '너'가 '지금 바람을 만나' '바람의 춤을 따라 흔들리고 있'음과 이어지므로, '너'에게 '지금'의 상황과 모습을 주목하게 하는 계기가 됨을 알 수 있다.

Ⅱ 산문 문학_소설

✦ 개념 확인하기
○ 036~039쪽

1 주제	2 배경	3 ②, ⑤	4 심리	5 태도	6 ○
7 ○	8 절정	9 ○	10 X	11 ○	12 ○
13 ⑤	14 ③	15 1인칭 주인공		16 작가 관찰자
17 1인칭 관찰자	18 전지적 작가		19 (1) ⓑ (2) ⓒ (3) ⓐ
20 ○	21 ○	22 ○	23 X	24 X

DAY 05 엇박자 D ❶   **내신 올리기**
○ 040~041쪽

01 ②   **02** ④   **03** ③   **04** ③

엇박자 D_김중혁

해제 이 작품은 합창단 단장이면서도 '음치'이자 '박치'였던 '엇박자 D'를 주인공으로 하여 남들과 다른 차이를 보이는 사람을 억압하는 현실을 비판하고, '음치'로 상징되는 소외되는 이들이 가진 가치를 긍정적으로 바라보는 내용을 그리고 있다. 고등학교 시절 합창 공연을 망친 일 때문에 깊은 상처를 입었던 '엇박자 D'가 20년이 지난 후 자신이 기획한 공연을 통해 상처를 극복하는 과정을 통해 다름과 차이에 대한 존중과 이해가 필요함을 보여 주고 있다.

주제 다름과 차이에 대한 존중과 이해의 필요성

특징 • 합창에 담긴 상징적 의미를 바탕으로 이야기가 전개됨.
• 1인칭 관찰자로 등장하는 서술자가 독자의 성찰을 유도함.

전체 줄거리

발단 〔수록 부분〕 공연 기획자로 일하는 '나'는 공연 영상 편집 과정에서 '엇박자 D'를 발견하고 고등학교 시절 합창단에서 함께 활동했던 '엇박자 D'에게 있었던 일을 회상한다.

전개 무성 영화 전문가가 된 '엇박자 D'는 공연 기획자인 '나'에게 '더블더빙' 공연의 보조 기획자로 일할 것을 제안했고, '나'는 '엇박자 D'의 부탁으로 합창단 친구들을 공연에 초대한다.

위기 '나'와 '엇박자 D'가 준비한 공연이 긴장감 속에서 진행되고, 관객들은 엇박자 연주에 호응한다.

절정 〔수록 부분〕 앙코르 공연 순서에 '엇박자 D'가 '나' 몰래 준비한 음치들의 합창에 관객 모두가 감동을 받는다.

결말 '나'와 친구들은 음치들의 노랫소리에 맞춰 립싱크를 한다.

---

01 이 작품은 1인칭 관찰자 시점으로, 이야기 내부의 서술자인 '나'가 과거 고등학교 시절 '엇박자 D'와 합창단 활동을 했던 사건을 서술하고 있다.

모답 풀이
❶ '발단-❶'에서 '아이들의 표정이 일그러지기 시작했다.'와 같은 외양 묘사를 통해 '엇박자 D'의 목소리가 합창에 영향을 미치는 것을 드러내고 있으나 이것이 중심인물의 성격을 드러내는 것은 아니다.
❸ 이 글에서는 주변 인물인 '나'가 중심인물인 '엇박자 D'를 관찰하여 서술하는 1인칭 관찰자 시점을 취하고 있으며, 이러한 시점은 일관되게 유지되고 있다.
❹ 음악 선생과 '엇박자 D'를 상반된 가치관을 지닌 인물로 볼 수 있지만, 제시된 장면에서는 두 인물 간의 갈등이 구체적으로 나타나고 있지 않다.
❺ 중심인물인 '엇박자 D'는 합창단 단장이 되어 열성적으로 합창단 활동에 참여하는 순수하고 음악에 열정이 있는 인물로, 이 글에서 성격 변화를 보이고 있는 부분은 찾을 수 없다.

02 '발단-❶'의 내용에서 알 수 있듯이 '엇박자 D'를 제외한 합창 단원들은 합창단에 들어가면 아무런 활동도 하지 않고 공부를 할 수 있다는 것을 알고 합창단에 들어와 자습에 몰두했으며, 축제 한 달 전이 되어서야 축제 때 부를 노래를 1분도 걸리지 않는 시간에 정하고, 그다음 주가 되어서야 연습을 시작했다.

모답 풀이
❶ '발단-❶'에서 '나'는 '특별한 일이 없었기 때문에 우리는 음악실에 앉아 각자의 공부를 했다.'고 하였다.
❷ '발단-❶'에서 합창단원들이 1분도 걸리지 않아 정한 축제 때 부를 노래는 단순한 멜로디로 뭐 이런 노래를 부르는 데 여러 명이 뛰어들어야 하나 싶을 정도로 부르기 쉬운 노래였다고 하였다. 또 음악 선생이 쉬운 노래니까 딱 한 번만 맞춰 보고 자습하자고 한 것을 통해서도 축제 때 부를 발라드 곡이 연습이 많이 필요한 노래가 아님을 알 수 있다.
❸ '발단-❶'의 '노래와 목소리 사이에서 뭔가 불길한 기운이 꿈틀거리고 있었다. 그 불길한 기운은 순식간에 아이들의 목소리를 집어삼켰다. 다섯 소절쯤 지나자 노래는 엉망징창이 되었다.'를 통해 합창단원들이 노래를 부를 때 '엇박자 D'의 목소리에 큰 영향을 받았음을 알 수 있다.
❺ '발단-❷'에서 '나'는 '엇박자 D'가 혼자 부르는 노래는 들어 줄 만했으며 부드러운 느낌도 잘 살아 있었고, 박자도 이상하지 않았다고 하였다.

03 '발단-❷'를 통해 음악 선생은 '엇박자 D'의 노래를 듣고 뭔가 이상하긴 한데 어느 부분이 어느 정도로 이상한지, 어떻게 고쳐야 하는지 답을 말해 주지 못한 것을 알 수 있다.

모답 풀이
❶ '발단-❷'에서 '엇박자 D'는 축제 때 합창단에서 노래를 부를 것이라는 광고를 여러 곳에 해 두었다는 이유로 음악 선생의 자진 사퇴 권유를 받아들이지 않았다고 하였다.
❷ '발단-❷'를 통해 음악 선생이 '엇박자 D'에게 축제 무대에서 합창을 할 때 소리 내지 말고 입만 벙긋벙긋하라고 지시했음을 알 수 있다.
❹ '발단-❷'에서 '나'는 '엇박자 D'의 목소리만 들리면 아이들은 갈피를 잡지 못했고 음은 뒤죽박죽이 됐으며 박자는 제멋대로 변했다고 하였다.
❺ '발단-❶'에서 '나'는 합창을 하기로 정한 발라드 곡이 합창을 하기에는 적절하지 않은 노래라고 하였다.

04 '엇박자 D'를 제외한 합창 단원들은 합창단에서 자습을 할 수 있다는 사실을 알고 합창단에 들어왔다. '나'를 포함한 합창단 아이들은 음악실에 앉아 공부를 하였고, '나'는 음악실 의자의 보조 책상에 엎드려 밀린 잠을 보충하기도 했다.

DAY 05 엇박자 D ②　　**내신 올리기**　　　○ 042~043쪽

01 ②　　　**02 ②**　　　**03 ⑤**

01 '엇박자 D'는 20년 전 합창단에서 축제 때 불렀던 노래를 22명의 음치들의 목소리로 믹싱하여 더블더빙의 앙코르 공연에서 들려주었다. 이 노래를 들은 관객들은 후렴을 따라 부르는 등 노래에 감동한 모습을 보였다.

오답 풀이
❶ '절정-❶'에서 '나'는 앙코르 공연으로 미리 준비해 둔 더블더빙의 최고 히트곡이 아닌 음악 소리가 들리자 뭔가 잘못된 게 틀림없다고 생각하며 사운드를 체크해 보라고 하였다.
❸ '결말-❶'에서 앞자리에 앉은 친구들의 얼굴에 아득하게 흐려진 어떤 것을 추억하는 듯한 표정이 서려 있었다는 내용을 통해 유추할 수 있다.
❹ '절정-❶'에서 더블더빙은 음치들의 노래 2절이 시작되자 연주를 멈췄는데 '악기를 연주하면 그들의 노랫소리가 이상하게 들릴 것이 분명했다.'라는 '나'의 서술을 통해 유추할 수 있다.
❺ '절정-❶'에서 '엇박자 D'는 다른 곡이 나와 당황해하는 '나'에게 "22명의 음치들이 부르는 20년 전 바로 그 노래야. 내가 제일 좋아하는 음치들의 목소리로만 믹싱한 거니까 즐겁게 감상해 줘."라고 말하였다.

02 ⓐ에서 '나'와 친구들이 립싱크를 하는 것은 '엇박자 D'가 준비한 공연을 보면서 받은 감동을 드러내는 것으로, 이를 노래 부르는 방식의 변화를 피력하는 것으로 보는 것은 적절하지 않다.

오답 풀이
❶ ⓐ은 '나'와 친구들이 22명의 음치들이 부르는 합창을 들으면서 받은 감동을 드러내는 것이자 과거의 상처와 음치에 대한 편견을 극복한 '엇박자 D'의 모습에 예의를 표하는 것이다.
❸ ⓐ은 합창 단원으로 활동했던 과거의 추억을 떠올리며 음치들의 합창을 방해하지 않도록 입으로만 노래를 함께 따라 부르는 장면으로 볼 수 있다.
❹ 고등학교 시절 합창단 공연에서 음악 선생의 강압에 '엇박자 D'만 립싱크를 해야 했다. ⓐ에서 '나'와 친구들이 립싱크를 하는 것은 과거 획일성을 강요당했던 '엇박자 D'에 대한 미안함이 담긴 것으로 볼 수 있다.
❺ '나'와 친구들은 '엇박자 D'가 준비한 공연을 들으며 '엇박자' 즉, 서로의 다름과 개성에 대한 이해와 공감을 드러내는 의미로 립싱크를 하고 있다.

03 '엇박자 D'의 목소리로 합창에 영향을 받은 것은 맞지만 '나'가 '엇박자 D'로 인해 실력을 뽐낼 수 없었음에 불만을 가졌다는 내용은 나타나지 않는다.

오답 풀이
❶ '나'가 노래를 따라 부른 것은 '엇박자 D'가 준비한 음치들의 합창을 듣고 서로 다른 음과 박자로 부르는 노래도 조화롭고 아름답게 들릴 수 있다는 사실을 깨달아 감동을 받았기 때문이다.
❷ '엇박자 D'는 20년 전 고등학교 시절 축제에서 음악 선생의 지시를 어기고 노래를 불렀다가 상처를 받았다. 더블더빙의 공연에서 20년 전의 그 노래를 음치들의 노래로 믹싱하여 아름답게 들려줌으로써 그때의 상처를 극복하고 있다.
❸ '엇박자 D'는 공연에서 친구들을 위해 과거 고등학교 시절 축제에서 불렀던 노래를 음치들의 목소리로 리믹스하여 들려준다. 이 음치들의 합창은 서로 다른 개인이 모여 각자의 개성을 드러내면서도 조화를 이루는 것이란 '엇박자 D'의 생각을 보여 준다.

❹ 음치들의 합창을 들으며 '나'는 서로의 음이 달랐지만 잘못 부르고 있다는 느낌은 들지 않고 마치 화음 같았고 노래가 아름다웠다고 말한다. 관객들 또한 음치들의 노래를 부르며 아무도 웃지 않고 몇몇은 후렴을 따라 부르기까지 하였다. 이처럼 음치들의 노래에 관객들이 감동을 받는 것은 차이와 다름이 아름답게 조화를 이룰 수 있음을 드러내는 것이라 할 수 있다.

DAY 06 관내 분실 ①　　**내신 올리기**　　　○ 044~045쪽

01 ⑤　　　**02 ④**　　　**03 ①**

관내 분실_김초엽

해제 이 작품은 과학 소설로, 죽은 이의 기억을 데이터로 저장한 사후 마인드 업로딩이 보편화된 사회를 배경으로 하고 있다. 주인공인 지민은 엄마의 마인드가 도서관에서 분실이 되자, 엄마의 마인드를 찾기 위해 엄마의 유품을 살펴보면서 엄마의 삶을 공감하고 이해하게 된다.

주제 세상과 단절된 채 살아갔던 엄마의 삶에 대한 공감과 이해

특징　• 특정 인물의 시각에서 사건이 전개됨.
　　　　• '마인드 업로딩'과 같은 미래의 과학 기술을 소재로 함.

전체 줄거리

수록 부분
발단 지민은 엄마 사후 처음으로 엄마의 마인드를 만나러 가지만, 엄마의 마인드가 관내 분실된 상태였다.

전개 지민은 자신을 낳은 후 산후 우울증에 시달리던 엄마와 갈등을 겪은 지난날을 떠올린다.

위기 엄마의 마인드를 찾던 지민은 엄마가 과거에 책 표지를 만드는 일을 했지만, 자신의 출생으로 일을 그만두고 세상에서 고립되어 갔다는 것을 알게 된다.

절정 지민은 엄마의 과거를 알게 되면서 엄마의 불안을 이해하게 되고, 엄마의 이름이 적힌 책을 도서관으로 가져가 엄마의 마인드를 찾는다.

수록 부분

결말 엄마의 마인드에 접속한 지민은 엄마를 이해한다고 말하며 엄마와 화해한다.

01 이 글에서 서술자는 전지적 시점에서 사건을 서술하면서도, '지민'의 관점에서 내면을 드러내고 사건을 해석하고 있다.

오답 풀이
❶ 1인칭 관찰자 시점에 대한 설명이다.
❷ 1인칭 주인공 시점에 대한 설명이다.
❸ 작가 관찰자 시점에 대한 설명이다.
❹ 편집자적 논평에 대한 설명이다.

02 '발단-❷'에서 마인드에 이식된 사람들의 데이터는 고유의 자아와 의식을 가지지 않으며, 단지 생전의 망자들을 그럴싸하게 재현해 낸 것임을 알 수 있다.

[오답 풀이]
❶ '발단-❶'에서 도서관 중 일부는 박물관이 되었고 그럴 가치가 없는 곳들은 대부분 전산화되었으며, 지금의 도서관은 사람들을 추모하기 위한 곳이라고 하였다.
❷ '발단-❷'에서 마인드 도서관은 삶과 죽음에 대한 사람들의 생각을 바꾸어 놓았다고 하였다.
❸ '발단-❶'에서 도서관에는 층층이 쌓인 마인드 접속기가 자리하고 있다고 하였다.
❺ '발단-❶'에서 도서관에서는 마인드에게 건넬 수 있는 데이터를 판다고 하였다.

03 ⓐ는 엄마의 마인드가 도서관에 등록되었다는 의미이다. 엄마의 사망 원인이 도서관과 관련이 있는지는 알 수 없다.

[오답 풀이]
❷ 지민이 죽은 엄마의 마인드를 만나고 싶다는 생각을 하지 않은 것은 지민과 엄마의 관계가 좋지 않았음을 드러낸다.
❸ 엄마의 마인드가 사라지기 전에 엄마의 마인드를 찾지 않은 지민의 후회가 드러난다.
❹ 엄마의 마인드가 사라진 것을 알게 된 지민이 엄마의 마인드를 찾기 위해 한 행동을 제시함으로써 지민의 노력을 드러내고 있다.
❺ 엄마의 마인드가 도서관 어딘가에 저장되어 있다는 것은 관내 분실 상태임을 나타내는 것이다.

06 관내 분실 ❷ **내신 올리기** ○─ 046~047쪽
01 ④ **02** ④ **03** ③

01 이 글에서 갈등하고 있는 대상은 지민과, 지민의 엄마인 은하이다. 지민은 우울증을 앓는 엄마를 이해하지 못하여 엄마와 갈등을 겪었다. 이러한 갈등은 지민이 엄마의 마인드를 찾기 위해 엄마의 유품을 살펴보면서 자신이 몰랐던 엄마 생전의 삶을 알게 되고, 엄마에게 공감하며 엄마의 삶을 이해하게 되면서 해소된다.

02 지민의 엄마인 은하가 가족들이 자신에게 용서를 구하기를 바랐다는 내용은 이 글에서 확인할 수 없다.

[오답 풀이]
❶, ❸ '중략 부분의 줄거리'에서 과거에 은하가 책 표지를 만드는 일을 했다는 것과, 지민을 출산한 후 일을 그만두었다는 내용을 확인할 수 있다.
❷ '결말-❶'에서 은하가 사랑했던 것들과 은하의 삶을 구성했던 것들로 채워진 '작은 서재'의 책상 한쪽에 지민과 유민의 사진이 놓여 있는 것을 통해 은하가 지민과 유민을 사랑했음을 알 수 있다.
❺ '결말-❶'에서 엄마와 함께 살던 집에는 엄마만의 방이 없음을 알 수 있다.

03 이 작품에서는 죽음 이후의 망자의 마음 혹은 정신 작용을 디지털 데이터로 바꾸어 컴퓨터나 인터넷 데이터로 전송하는 가상의 기술인 '마인드 업로딩'이 등장한다. 이러한 기술은 이 작품에서 현재의 지민과 죽은 엄마가 화해하는 매개체가 된다. 이로 보아 이 글은 과학 기술의 긍정성에 주목하고 있다고 볼 수 있다.

[오답 풀이]
❶ 이 글에서 도서관은 고인의 마인드를 만날 수 있는 공간으로 새롭게 재창조되고 있다.
❷, ❺ 작가는 주인공이 엄마의 삶을 이해하고 공감하는 과정을 구현하기 위해 '마인드 업로딩'이란 과학 기술을 만들어 내었다.
❹ 엄마의 마인드에 접속하여 지민이 엄마와 화해하는 모습에서 과학 기술이 인간의 삶에 어떤 변화를 줄 수 있을지 생각해 볼 수 있다.

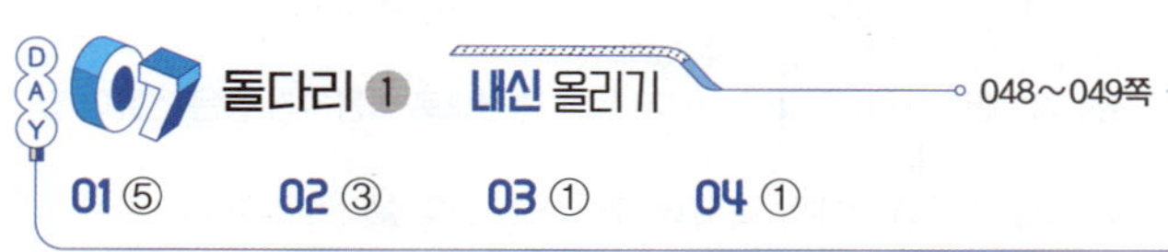

07 돌다리 ❶ **내신 올리기** ○─ 048~049쪽
01 ⑤ **02** ③ **03** ① **04** ①

돌다리 _이태준

[해제] 이 작품은 일제 강점기를 배경으로, 전통적 가치관을 가진 아버지와 근대적 가치관을 가진 창섭의 갈등을 다루면서 '돌다리'라는 상징적 소재를 통해 땅에 대한 가치 인식을 촉구하고 물질 만능주의 사회에 대해 비판하고 있다.

[주제] 땅에 대한 가치관의 차이와 물질 만능주의에 대한 비판

[특징] • 아버지와 아들이 지닌 가치관의 대립이 두드러짐.
• 상징적 소재를 통해 등장인물의 가치관을 드러냄.

[전체 줄거리]

[발단] 창섭은 누이가 병으로 죽자, 의사가 될 것을 다짐하고 서울에서 저명한 의사가 된다. 창섭은 병원을 확장하기 위해 아버지에게 땅을 팔자는 제안을 하러 고향에 온다.

[전개] 창섭은 고향으로 들어오는 길에 마을 사람들과 돌다리를 고치고 있는 아버지와 마주친다.

[위기] 창섭은 아버지에게 땅을 팔고 서울로 올라가자고 제안하고, 아버지는 창섭의 제안에 생각해 보겠다며 대답을 미룬다.

[절정] 아버지는 땅의 소중함을 이야기하며 창섭의 제안을 거절하고, 창섭은 아버지의 생각을 존중한다.

[결말] 아버지는 서로 다른 가치관을 가지고 살고 있는 창섭을 받아들이며, 돌다리에서 자연의 이치대로 살 것을 다짐한다.

01 창섭은 땅을 팔아 더 큰 이득을 낼 수 있다고 아버지를 설득하고 있으며, 어머니는 손주들과 함께 살고 싶다고 이야기했으므로 땅을 파는 것에 어머니가 반대한다고 볼 수 없다.

오답 풀이
① '한집에 모이려면 자기가 병원을 버리기보다는 부모님이 농토를 버리시고 서울로 오시는 것이 순리인 것'에서 확인할 수 있다.
② 병원에 환자가 늘어 입원실이 부족한데 큰 건물을 새로 짓기가 거의 불가능한 지금 시국(일제 강점기)에 마침 교통 편한 자리에 값이 싸고 병원으로 사용하기 용이한 건물이 나왔다고 한 데서 확인할 수 있다.
③ '병원만 확장해 놓으면 적어도 일 년에 만 원 하나씩은 이익을 뽑을 자신이 있는 것'에서 확인할 수 있다.
④ '외아들인 자기가 부모님을 진작 모시지 못한 것이 잘못인 것'을 통해 확인할 수 있다.

02 창섭은 병원 확장을 위해 땅을 팔 필요가 있다는 것을 설득하기 위해 여러 가지 이점을 늘어놓고 있는데 이 중 서울에 살면 생활이 편리하다거나, 서울에 살면서 시골의 농토 관리가 가능하다는 내용은 나타나지 않는다.

오답 풀이
① '돈만 있으면 땅은 이담에라도, 서울 가까이라도 얼마든지 좋은 것으로 살 수 있는 것'에서 확인할 수 있다.
② 교통 편한 자리에 값이 비싸지 않고 병원으로 활용하기 좋은 건물이 있다고 말하였다.
④ '시골에 땅을 둔대야 일 년에 고작 삼천 원의 실리가 떨어질지 말지 하지만 땅을 팔아다 병원만 확장해 놓으면, 적어도 일 년에 만 원 하나씩은 이익을 뽑을 자신이 있는 것'에서 확인할 수 있다.
⑤ '외아들인 자기가 부모님을 진작 모시지 못한 것이 잘못인 것, 한집에 모이려면 자기가 병원을 버리기보다는 부모님이 농토를 버리시고 서울로 오시는 것이 순리인 것'에서 확인할 수 있다.

03 나무다리가 있으니 돌다리를 고칠 필요가 없다고 생각하는 창섭에게 아버지는 돌다리에 얽힌 가족사를 이야기하며 나무다리보다 돌다리가 더 낫고, 그런 돌다리에 인정을 보여야 한다고 말하였다. 이처럼 아버지에게 돌다리는 지켜야 할 전통적 가치를 상징하며, 소중한 가족의 역사와 추억이 깃든 사물이라고 할 수 있다.

오답 풀이
②, ④ 아버지가 생각하는 '나무다리'의 의미로 볼 수 있다.
③ '돌다리'와 관련한 민족 수난의 역사는 글에서 나타나지 않는다.
⑤ 창섭이 생각할 법한 '돌다리'의 의미에 가깝다.

04 창섭이 '환자에게 치료 방법을 이르듯이' 이야기를 시작하는 이유는, 아버지에게 자신의 생각을 잘 설명하여 아버지가 땅을 팔도록 설득하기 위해서이다. 부모님을 생각하는 효심과는 거리가 멀다.

오답 풀이
② 창섭의 제안을 듣고 바로 대답을 하지 않는 모습에서 아버지가 신중한 성격을 지녔음을 알 수 있다.
③ 어렵게 돌다리를 고칠 필요 없이 쉽게 만들 수 있는 나무다리를 사용하면 된다고 생각하는 것은 편리성, 효율성을 중요시 여기는 창섭의 가치관을 보여 준다.
④ 돌다리에 담겨 있는 가족의 추억과 역사를 이야기하며 자신이 죽거든 그 다리로 건너서 묻으라고 말하는 모습은 돌다리에 대한 아버지의 애정이 깊음을 보여 준다.
⑤ 아버지는 땅을 팔아 병원 확장을 하고 싶으며, 부모님을 서울로 모시고 싶다는 창섭의 제안을 거절하며 땅을 팔지 않겠다는 의사를 드러내고 있다.

01 이 글의 등장인물은 전통적 가치관을 지닌 세대를 대표하는 아버지와, 근대적 가치관을 지닌 세대를 대표하는 창섭이다. 따라서 환경과 상황의 변화에 따라 성격이 바뀌는 인물들이 등장한다는 설명은 적절하지 않다.

오답 풀이
① 이 글은 창섭이 아버지에게 땅을 팔자는 제안을 하러 고향인 농촌 마을로 오면서 벌어지는 이야기를 들려주고 있다.
② 이 글에서는 실감 나는 방언으로 향토적 분위기를 조성하고 있다.
③ 이 글은 전지적 작가 시점에서 사건을 비롯해 인물의 심리까지 제시하고 있는데, 작가의 서술(직접적 제시)과 대화(간접적 제시)를 적절히 사용하여 인물의 성격과 가치관을 드러내고 있다.
④ 이 글은 땅을 단순히 금전적, 환전적 가치를 지닌 물질적 수단으로만 인식하는 창섭과 땅에 대한 애착과 신념이 강한 아버지의 가치관 차이가 두드러지는데 아버지의 말을 통해 드러나는 아버지의 인식과 가치관은 전통적 가치관을 옹호하려는 작가의 의식이 반영된 것으로 볼 수 있다.

02 아버지는 자신이 죽은 후에 아들이 서울에서 지주 노릇만 하는 것보다는 땅을 진정으로 아끼고 사랑하는 사람에게 파는 것이 낫다고 생각하므로, 아들이 땅을 관리해 주었으면 좋겠다고 말하는 것은 적절하지 않다.

오답 풀이
① 어머니는 서울에 가지 않겠다는 아버지의 말을 옆에서 듣고는 아버지 고집이 여간 아니라며 눈물을 흘리고 있으므로 적절한 말이다.
② 창섭은 아버지의 말을 듣고 아버지의 생각을 이해하고, 아버지를 훌륭한 인물이라고 말하며 존경을 표현하였다.
③ 창섭은 아버지와 땅에 대한 생각이 다른 것에서 아버지와 자신의 세계가 격리되는 결별의 심사를 체험했다고 하였다.
⑤ 아버지는 병원을 확장하려는 창섭의 입장을 이해하지만, 땅을 팔지 않겠다는 자신의 신념을 지키고 있다.

03 아버지는 땅을 팔게 된다면 느르지논 같은 건 한 해만 부쳐 보고 죽어도 농군으로 태어난 것을 한하지 않겠다고 한 용문이나 독시장밭을 내놓기만 한다면 길바닥에 나앉더라도 집을 팔아 밭을 사려고 할 문보나 덕길이 같은 사람에게 팔 것이라고 말하였다. 따라서 용문이나 문보, 덕길이는 땅에 대해 창섭이 아닌 아버지와 비슷한 생각을 지니고 있는 사람들이라고 볼 수 있다.

오답 풀이
① 아버지는 조상 대대로 가꾸고 지켜온 땅에 대해 강한 애정과 사랑을 보이고 있으므로 땅에 대한 토포필리아를 강하게 느끼고 있다고 볼 수 있다.
② 아버지는 자신의 논과 밭을 단순히 이익을 내는 자원이 아니라 사랑과 정성으로 가꿔야 하는 대상으로 여기고 있다.
③ 창섭은 논을 병원 확장을 위해서 팔아야 하는 대상으로 여기고 있으므로 고향 땅에 대해 정이나 사랑을 크게 느끼지 않는 것으로 볼 수 있다.
④ 작가는 이 글을 통해 근대화의 물결 속에서 농촌 공동체가 해체되고, 전통적 가치가 경시되면서 실용적인 가치만을 중시하는 세태를 비판하고 있다. 〈보기〉에서 토포필리아가 시대의 흐름에 따라 변화한다고 하였는데, 고향 땅에 대한 강한 애착을 가진 아버지와 고향 땅에 대해 애착을 거의 느끼지 못하는 창섭의 태도 차이는 시대의 흐름에 따라 토포필리아가 약화되는 양상을 보여 준다고 할 수 있다.

 미스터 방 ❶ **내신 올리기** ○─ 052~053쪽

01 ①   **02** ⑤   **03** ④   **04** ②

미스터 방 _채만식

[해제] 이 작품은 해방 직후의 혼란스러운 시대 상황을 배경으로, 방삼복이라는 기회주의적 인물이 권력에 기생하며 살아가는 모습을 통해 당대 현실을 풍자적으로 그리고 있다. 방삼복이 미군의 통역관 '미스터 방'이 된 이후 권세를 누리며 자기 과시와 허세를 부리는 모습을 통해 해방 직후 기회주의자들이 득세하는 현실이 잘 나타나 있다.

[주제] 광복 직후의 혼란한 시기를 살아가는 기회주의적 인물에 대한 풍자

[특징] • 풍자와 비판의 대상이 되는 인물의 행적을 사실적으로 드러냄.
• 판소리 사설 문체를 사용함.

[전체 줄거리]

[발단] 방삼복은 고향 사람인 백 주사를 만나 술을 마시며 자신의 달라진 위상을 과시한다. 광복 전에 백 주사는 친일파로 권력과 부를 쌓았고, 방삼복은 남의 집 머슴살이를 하다가 십여 년을 일본, 중국 상해로 떠돌고 돌아와 신기료장수를 하던 처지였다. *(수록 부분)*

[전개] 방삼복은 미군 장교 S 소위의 통역을 해 준 것을 계기로 그의 통역관이 되어 부와 권세를 누리게 된다.

[위기] 친일 행각을 하다가 해방이 되자 몰락한 백 주사가 미스터 방에게 보복을 부탁하고 방삼복은 이에 흔쾌히 응한다.

[절정·결말] 술을 마시면 양치를 하는 버릇이 있는 방삼복이 양칫물을 뱉는 순간, 공교롭게도 S 소위가 양칫물을 맞는다. S 소위는 방삼복을 욕하며 그의 턱을 때린다. *(수록 부분)*

01 방삼복은 신기료장수 일을 하다가 미군의 통역을 해 주면서 출세하게 된다. 이때 호칭이 '코삐뚤이 삼복이'에서 '미스터 방'으로 바뀌는데 이를 통해 지위가 변화했음을 알 수 있다.

[오답 풀이]
❷ 이 작품은 광복 후, 기회주의적 처세를 보인 '방삼복'이란 인물에 대한 풍자를 통해 주제를 형상화하고 있다. 작가는 방삼복을 '코삐뚤이 삼복이'라고 칭하는 등 방삼복의 모습을 희화화하며 비판적으로 바라보고 있다.
❸ 이 글은 광복 직후를 배경으로 하는데 이러한 배경은 비현실적인 상황으로 볼 수 없다.
❹ 이 글에는 서술자가 직접 방삼복의 과거를 요약하여 전달해 주고 있다. 인물 간의 대화를 중심으로 과거의 사건이 전달되고 있지는 않다.
❺ 백 주사가 방삼복의 과거를 떠올리기는 하지만, 다른 장소에서 동시에 일어나는 사건을 서술하는 것이 아니다. 또한 과거에 백 주사와 방삼복 간의 갈등이 심화된 이유는 나타나지 않는다.

02 '먹고 자고 꿍꿍 일하고, 자식새끼 만들고 할 줄밖에는 모르는 상일꾼이었다. 그러나마 삼십을 바라보도록 남의 집 머슴살이로, 이 집 저 집 살고 다니던 코삐뚤이 삼복이었다. 물론 낫 놓고 기역 자도 못 그리는 판무식이었다.'에서 방삼복이 공부와는 거리가 먼 삶을 살았다는 것을 알 수 있다.

[오답 풀이]
❶ '그 아비가 짚신 장수였다. 칠십에, 고로롱고로롱 아직도 살아 있지만, 시방도 짚신 곱게 삼기로 고을에서 첫째가는 방 첨지가 바로 그였다.'에서 방삼복의 아버지가 짚신 만드는 솜씨가 뛰어난 사람임을 알 수 있다.
❷ '불과 몇 달지간에 이렇게 훌륭히 되고, 부자가 되고, 미씨다 방인지 구리다 방인지가 되고 하여 가지고는 갖은 호강 다 하며 천하에 무서울 것이 없고'에서 방삼복이 갑작스럽게 부자가 되어 호강을 누리는 것을 알 수 있다.
❸ '일본이 싸움에 지느라고 구두를 너무 해뜨려 가죽이 동이 나서 구둣방이 너나없이 문을 닫는 바람에'를 통해 방삼복이 상해에서 돌아와 구둣방에서 구두 직공으로 일했으나 일제 강점기에 일본의 수탈로 가죽이 동이 나자 일을 그만두게 되었음을 알 수 있다.
❹ '돈벌이를 간답시고, 조석이 간데없는 부모에게다 처자식 떠맡기고는 훌쩍 일본으로 떠나 버렸다.'를 통해 돈을 벌기 위해 가족들을 두고 고국을 떠났음을 알 수 있다. 그러나 '떠난 지 칠팔 년을 일변 신통한 벌이도 못 하는지, 돈 한 푼 보내는 싹도 없더니', '별로이 때가 벗은 것도 없어 보이고, 행색은 해어진 양복 누더기에 볼 꿰어진 구두짝을 꿰고 들어서는 모양이, 군데군데 김질은 하였으나 빨아 다린 무명 고의적삼을 입고 고향을 떠날 적보다 차라리 초라한 것 같았다.'를 통해 고국을 떠나 있는 동안에 돈을 벌지 못했음을 알 수 있다.

03 백 주사는 '사람의 운수란, 참 모를 일이야.'라고 생각하며 미스터 방으로서 권세를 누리는 방삼복에 대한 복잡한 심리와 태도를 보이고 있을 뿐, 방삼복에게 서운함을 느끼고 있지는 않다.

04 작가는 인물의 이기적이고 기회주의적인 모습을 통해 광복 직후의 혼란스러운 사회상과 그 틈을 타 기회주의자나 아부하는 사람이 출세하는 세태를 비판하고 있다.

 미스터 방 ❷ **내신 올리기** ○─ 054~055쪽

01 ②   **02** ②   **03** ⑤

01 백 주사는 복수를 청탁하며 재산의 절반을 나누어 주겠다고 약속하고 있을 뿐, 수락의 대가로 방삼복에게 재산을 맡기고 있지는 않다.

[오답 풀이]
❶ 백 주사는 광복 전에 친일 행위를 해서 돈을 벌고 광복 후에는 군중들에게 빼앗긴 재산을 되찾기 위해 미스터 방이 된 방삼복에게 아첨하고 비굴하게 행동한다. 이를 통해 볼 때 백 주사는 자신의 이익만을 쫓는 인물임을 알 수 있다.
❸ 백 주사는 "그놈들을 한 놈 냉기지 말구섬 죄다 붙잡아다가 말이네. 괴수놈들일랑 목을 썰어 죽이구, 다른 놈들일랑 뼉다구가 부러지두룩 두들겨 주구, 꿇어앉히구 항복받구"라고 말하며 자신의 재산을 빼앗은 사람들에 대한 분노를 드러내고 있다.
❹ '보아하니 큰 세도를 부리는 것이 분명하였다. 잘만 하면 그 힘을 빌려 분풀이와 빼앗긴 재물을 도로 찾을 여망이 있을 듯싶었다.'에서 백 주사가 방삼복의 권세를 이용해 빼앗긴 자신의 재산을 되찾으려 하고 있음을 알 수 있다.

❺ '이 녀석이, 언제 적 저라고 무엄스럽게 굴어 심히 불쾌하였고, 그래서 엔간히 자리를 털고 일어설 생각이 몇 번이나 나지 아니한 것도 아니었다.'에서 과거와 달라진 방삼복에 대해 백 주사가 불쾌감을 느끼고 있음이 드러난다.

02 백 주사는 미스터 방에게 아첨하고 있을 뿐, 이 글에서 두 사람 사이의 갈등은 드러나지 않는다.

오답 풀이

❶ 미스터 방이 뱉은 양칫물이 S 소위의 얼굴에 정통으로 맞아 S 소위가 화가 나서 욕을 하며 미스터 방의 턱을 날리는 장면이다. 이 장면은 미스터 방의 상황이 우연으로 인해 반전됨을 보여 주는 것이다.
❸, ❹ 이 장면은 미완성의 결말이지만 부정적 인물인 미스터 방의 몰락을 예상하게 한다. 이를 통해 작가는 미스터 방이 우연한 기회에 얻게 된 부와 권세가 허망하게 사라질 수 있다는 것을 보여 준다.
❺ 이 장면은 미스터 방의 몰락을 해학적으로 그린 것으로, 미스터 방이 양칫물을 S 소위에게 뱉는 상황을 우스꽝스럽게 묘사하여 웃음을 자아내고 있다.

03 백 주사는 방삼복의 권력을 이용해 빼앗긴 재산을 되찾고 복수를 하고자 한다. 그러므로 그가 방삼복을 '미씨다 방'으로 부르는 것은 자신의 소망을 이루기 위해서 방삼복의 비위를 맞추는 행동이다.

오답 풀이

❶ 방삼복은 해방 이후 한반도에 들어온 미군인 S 소위의 통역관이 되어 별안간 부와 권력을 얻는다. '광복 이후 미군정이 새 지배 권력이 되면서 미군을 등에 업은 계층'이 등장하는데, 방삼복이란 인물이 그 계층에 해당한다고 볼 수 있다.
❷ 백 주사는 방삼복에게 자신의 재산을 빼앗은 사람들에게 분풀이를 하고 재물을 도로 찾아 달라고 부탁한다. 이에 방삼복은 "기관총 들멘 엠피가 백 명이구 천 명이구 들끓어 내려가서, 들이 쑥밭을 만들어 놉니다, 쑥밭을."이라고 말하며 허세를 부린다. 이때 '쑥밭을 만들어' 놓는다는 것은 방삼복이 미군을 등에 업고 자신의 이득을 위해 횡포를 부리는 모습으로 해석할 수 있다.
❸ 방삼복은 새 지배 권력인 미군에 기생하고, 백 주사는 그런 방삼복에게 기생하는 계층으로 볼 수 있다.
❹ 백 주사는 방삼복의 위세를 이용하여 재산을 다시 되찾으려 하는 인물로, 자신의 이익을 위해서라면 어떠한 비굴한 처신도 개의치 않는 기회주의적인 태도를 보인다.

알아두기

✦ 작품 속 시대적 배경과 인물상

채만식의 「미스터 방」은 광복 직후의 사회를 배경으로 하여 부정한 인물의 삶을 해학적이고 사실적으로 그려 내고 있다. 해방 전에는 온갖 허드렛일을 하며 근근이 생계를 유지해 가다가 S 소위와 같이 작은 권력이라도 쥐게 되면 그 권력을 등에 업고 과시하는 데 몰두하는 사람, 일제라는 과거의 권력에 붙어 있다가 시대가 바뀌자 한순간에 몰락한 사람, 능력보다는 행운이나 요행을 좇아 권력에 기생하는 사람들이 등장한다. 이 작품은 작가 특유의 냉소적, 반어적, 해학적 표현을 통해 부정한 인물들을 제시하면서 당시 사회를 살아가는 바람직한 인간상이란 무엇인가 하는 문제를 생각해 보게 한다.

눈길 _이청준

해제 이 작품은 어머니의 사랑에 대한 깨달음과 인간적인 화해라는 인간의 보편적인 삶과 정서를 다루고 있다. 이 작품은 '나'가 어머니와 아내의 대화를 엿듣고 어머니의 무한한 사랑을 깨닫고 반성을 눈물을 흘림으로써 어머니와의 갈등을 해소하는 과정이 잘 나타나 있다.

주제 어머니의 사랑에 대한 깨달음과 눈길에서의 추억을 통한 인간적 화해

특징 • 과거 회상과 현재 상황의 대화가 교차되며 사건이 진행됨.
• 상징적 의미를 지닌 소재를 활용해 주제를 드러냄.

전체 줄거리

발단 오랜만에 고향집을 찾은 '나'는 하루 만에 떠나겠다고 말한다. 이에 어머니는 섭섭함을 표현하면서도 체념하며 '나'의 고집을 꺾지 않는다. *(수록 부분)*

전개 '나'는 지붕 개량을 원하는 어머니를 매정하게 대하고 아내는 이를 질책한다.

위기 '나'는 어머니의 속마음을 안 뒤 어머니에 대한 빚이 있지 않을까 초조해한다.

절정·결말 '나'는 잠결에 옛집을 떠나던 날의 심정을 회상하는 어머니의 이야기를 듣는다. 어머니의 사연을 들은 '나'는 어머니의 사랑을 깨닫게 되고 자책감에 눈을 뜨지 못한다. *(수록 부분)*

01 이 글에서 '나'가 어머니에게 돌아가겠다고 말하는 현재의 사건 속에서 과거 회상을 하고 있기는 하나 이를 빈번한 장면 전환이라고 보기 어려우며 긴박한 분위기도 드러나 있지 않다.

오답 풀이

❶ 이 글의 서술자인 '나'는 과거를 회상하며 형의 주벽으로 가계가 파산을 겪은 일, 그 형이 세 조카아이와 아이들의 홀어머니까지 포함한 장남의 모든 책임을 자신에게 떠맡기고 세상을 떠난 일, 어머니가 자신이 고등학교, 대학교, 군영 3년을 치러 내는 동안 낳아 기르는 사람의 몫을 못한 일을 밝히고 있다.
❷ 이 글의 '나'는 어머니 곁을 빨리 떠나고 싶어 하며 불편함과 짜증을 드러내고, 어머니는 떠나겠다는 아들에게 내심 서운함을 느낀다. 이와 같은 사건은 '나'의 어머니에 대한 심리적 거리감을 중심으로 전개되고 있다.
❸ 이 글은 주인공이 고향이나 원래 살던 곳으로 돌아오는 과정을 중심으로 전개되는 귀향 소설에 해당한다.
❹ 이 글은 1인칭 주인공 시점으로, 주인공인 '나'가 서술자가 되어 자신의 내면세계를 드러내며 직접 이야기를 전개해 나가고 있다.

02 풍년초를 꾹꾹 눌러 담는 어머니의 행동에는 자신의 만류에도 불구하고 매정하게 서울로 올라가겠다고 하는 아들에 대한 서운함이 간접적으로 드러난다.

03 '나'는 물질적인 측면에서 어머니에게 도움을 받지 못했기 때문에 자신은 어머니에 대해 빚이 없다고 생각하며 스스로를 합리화하고 있다. 따라서 ㉡을 부끄러움과 관련한 자기 평가로 이해하는 것은 적절하지 않다.

모답 풀이
❶, ❹ 이 글에서 '나'는 '노인은 내게 아무것도 낳아 기르는 사람의 몫을 못 했고, 나는 또 나대로 고등학교와 대학과 군영의 의무를 치르고 나와서도 자식 놈의 도리는 엄두를 못 냈다.'고 하며 '노인과 나는 결국 그런 식으로 서로 주고받을 것이 없는 처지였다.'고 하였다.
❷ 이 글에서 '나'는 어머니의 경제적 도움 없이 자수성가했기 때문에 어머니에게 아무런 빚이 없다고 생각하며 스스로 위안을 삼고 있다.
❺ 어머니에게 받은 것이 없으므로 자신 또한 줄 의무가 없다고 생각하는 것은 모자간의 관계를 이해타산적으로 따지는 태도를 드러내는 것으로 볼 수 있다.

04 '나'는 어머니에게 심리적 거리감을 가지고 있는데, 이는 어머니를 보통 명사인 '노인'이라고 지칭하는 것에서 드러난다.

알아두기

✦ 어머니에 대한 '나'의 심리적 거리
　'나'는 어머니 곁을 빨리 떠나고 싶어하며, 어머니를 '노인'이라고 일컫는데 이를 통해 '나'가 어머니에 대해 심리적 거리감을 느끼고 있음을 알 수 있다. 자신과 어머니 사이를 물질적인 것으로만 따지며 갚아야 할 빚이 없다고 하는 '나'의 모습에서도 '나'의 어머니에 대한 심리적 거리가 드러난다.

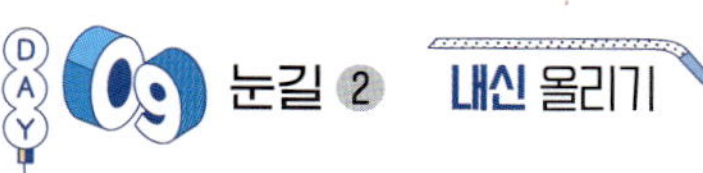

DAY 09 눈길 ❷　　내신 올리기　　○058~059쪽

01 ⑤　　**02** ④　　**03** ⑤

01 '노인을 길가에 혼자 남겨 두고 차로 올라선 순간부터 나는 차마 그 노인을 생각하기가 싫었고'에서 노인과 헤어진 순간에 '나'가 느낀 감정을 확인할 수 있다. '나'는 헤어진 순간부터 노인에게 거리를 두려는 모습을 보인다.

모답 풀이
❶ '저 아그를 훌쩍 실어 담고 가 버리는구나'에서 '나'와 '노인'이 차부에서 순식간에 헤어졌음을 알 수 있다.
❷ '그 몹쓸 발자국들에 아직도 도란도란 저 아그 목소리나 따뜻한 온기가 남아 있는 듯만 싶었제.'에서 '노인'이 '나'의 발자국을 보면서 '나'를 떠올렸음을 알 수 있다.
❸ '부디 몸이나 성히 지내거라. 부디부디 너라도 좋은 운 타서 복 받고 살거라'에서 '노인'이 '나'가 몸 건강히 잘 살기를 간절히 소망했음을 알 수 있다.

❹ '나'가 자리를 차고 일어나 다음 이야기를 가로막고 싶었다고 한 부분에서 '나'가 '노인'이 홀로 돌아온 과정을 듣고 싶지 않아 했음을 알 수 있다.

02 어머니는 아들을 보낸 후 돌아오는 길을 다양한 비유(발자국, 산비둘기, 나무들)를 통해 묘사함으로써 아들에 대한 애틋한 연민과 그리움, 사랑을 효과적으로 표현하고 있다.

03 '나'는 '눈길'이 기억의 피안으로 사라져 주기를 바라 왔다고 하였다. 이를 통해 '나'에게 '눈길'이 생각하고 싶지 않은 기억임을 알 수 있다. 하지만 '노인'에게 '눈길'은 아들을 떠나보낸 기억이 있는 사랑과 추억의 길이라고 할 수 있다.

수능으로 실력 쌓기 **1회**　　○060~061쪽

01 ⑤　　**02** ②　　**03** ②　　**04** ⑤

01 이 작품 전체의 사건을 시간의 흐름에 따라 정리하면 다음과 같다. '고향을 찾아가는 창섭의 심리와 처지(땅을 팔자고 할 수밖에 없는 창섭의 처지)를 서술함. → 고향집에 도착한 창섭이 어머니와 대화하고 이를 보고 아버지가 개울에서 집으로 들어옴. → 창섭이 아버지에게 땅을 팔아야 하는 이유를 설명함. → 아버지가 창섭의 이야기를 다 듣고 생각할 시간을 갖기 위해, 그리고 장정들이 다릿돌을 놓고 있는 현장에 가기 위해 다시 개울로 나감. → 아버지가 집으로 돌아와 창섭에게 땅을 팔 수 없는 이유와 땅에 대한 신념을 밝힘.'

모답 풀이
〈중략〉 이후 사건의 발생 순서를 정리하면 다음과 같다. '어머니가 창섭을 맞이함(④). → 창섭이 아버지에게 계획을 말함(❶). → 아버지가 다시 개울로 나감(❷). → 장정들이 다릿돌을 올려놓음(❸). → 아버지가 점심상을 받음(❺).'

02 아버지가 완고한 성격을 지녔음을 작품 후반부 창섭과의 대화를 통해 확인할 수 있고, 그 대화에서 땅에 대한 아버지의 완고한 생각도 확인할 수 있다. 따라서 아버지는 완고한 성격을 세계에 대해서도 유지하고 있는 인물이라 볼 수 있다.

모답 풀이
❶ 창섭은 자아로서의 논리를 통해 세계(아버지)와의 갈등을 드러내고 있다. 그러나 창섭이 이러한 갈등을 해소하고 있지는 않다.
❸ 창섭이 '세계의 부정적 속성을 드러내는' 역할을 간접적으로 하고 있다고 볼 수는 있다. 그러나 그가 이러한 세계를 고발한다고 볼 수는 없다.
❹ 창섭과 어머니의 대립과 갈등은 드러나 있지 않다.
❺ 손자들과 함께 살고자 하는 어머니의 바람은 드러나 있으나 이는 자신 속에 존재하는 또 다른 자아와의 갈등과는 거리가 멀다.

03 [A]는 창섭이 아버지를 설득하기 위해 땅을 팔아야 하는 이유를 열거하며 발화한 내용에 대해 서술하고 있는 장면이다. 땅을 팔아 병원을 확장하고, 부모님을 모시려고 한다는 창섭의 의도가 명확하게 드러난다고 볼 수 있다.

오답 풀이
❶ 아버지의 땅을 팔아 병원을 확장하려는 계획은 창섭이 이해관계에 얽매인 인물이라는 것을 보여 준다.
❸ 시국 탓에 건물 신축이 불가능하다고 하는 것은 땅을 팔아야 하는 근거로 든 것일 뿐이다. 이를 '현실을 대하는 태도의 원인'이라고 볼 수는 없다.
❹ 창섭이 병원을 확장하기 위해 사려고 하는 건물에 직공들의 합숙실이 있었을 뿐, 창섭이 그들을 배려한 것은 아니다.
❺ 창섭의 말투가 드러나려면 대화를 통해 장면을 직접 제시하는 것이 효과적이다. 그러나 [A]는 창섭이 한 말을 요약적으로 서술하고 있기 때문에 창섭의 말투를 짐작할 수 없다.

04 땅을 팔아 병원을 키우려는 창섭과 서울로 가 손자들과 함께 살고 싶은 어머니는 땅에 애착이 없는 인물이다. 따라서 땅을 장소애의 대상으로 여기는 의식이 두루 퍼져 있다고 보기 어렵다.

오답 풀이
❶ 창섭은 땅을 매매의 대상, 즉 자기의 목적을 달성할 도구로만 여기고 있다.
❷ '넌 그 다리서 고기를 잡던 생각두 안 나니?', '내 할아버지 산소에 상돌을 그 다리로 건네다 모셨고' 등의 아버지의 말에서 아버지에게 돌다리는 추억과 애환이 담긴 장소임을 알 수 있다.
❸ '그 나무 밑에 설 때마다 난 그 어룬들 동상이나 다름없이 경건한 마음이 솟아 우러러보군 헌다.'에서 아버지가 집에 중요한 의미를 부여하고 애착의 대상으로 삼고 있음을 알 수 있다.
❹ 아버지가 땅에 대해 '천지만물의 근거', '조상들과 그 땅의 인연'이라고 표현한 데서 땅에 대한 아버지의 애착이 드러난다.

수능으로 실력 쌓기 2회　　　　○ 062~064쪽
05 ③　　**06** ①　　**07** ③　　**08** ⑤

05 방삼복은 백 주사를 집으로 초대해 함께 있는 자리에서, 아내로부터 서 주사가 주고 갔다는 각봉투를 열어 보고는 그 안에 든 돈이 적다며 화를 낸다. 그리고 서 주사가 큰 이익을 보는 상황에서 자기한테 준 돈이 적다며 자리에 없는 그를 비난하고 자신이 미군 헌병에게 말하면 서 주사가 어떤 지경에 처할지 모른다며 위협하는 말을 한다. 방삼복이 백 주사 앞에서 이러한 말을 한 것은 미군과 가까운 자신의 위세를 드러내려는 의도로 볼 수 있다.

오답 풀이
❶ 이 글에 방삼복이 일을 꾸미며 상대방에게 자기의 일을 떠넘기는 모습은 나타나 있지 않다.
❷ 방삼복은 서 주사를 욕하다가 술을 정종으로 가져올지 묻는 아내의 말을 듣고는 "증종 따근허게 데와."라고 답하고 있다. 이 외에 방삼복과 백 주사의 대화에서도 방삼복이 질문에 대꾸하지 않아 상대가 같은 질문을 반복하도록 하는 모습은 나타나 있지 않다.
❹ 방삼복은 서양 사람과 같이 탔던 차에서 내려서 우연히 보게 된 백 주사에게 알은체를 하였다. 이때, 동승자인 서양 사람에게 자신의 인맥을 과시하는 모습은 보이지 않는다.
❺ 방삼복은 자신을 알아보고도 이름을 제대로 말하지 못하는 백 주사에게 "네, 삼복입니다."라고 하며 먼저 이름을 밝혔다. 그리고 방삼복은 출세를 해 신수가 훤해진 모습이었고 말도 의젓해진 것 같았다고 했으므로 방삼복이 이름을 먼저 말한 행동을 통해 상대에 대한 열등감을 감추고 있다고 볼 수는 없다.

06 ㉠은 자신이 미군 헌병에게 말하면 서 주사를 곤경에 빠트릴 수 있다는 의미로, 여기에서는 미군의 권력을 이용하여 자신의 이익을 챙기는 방삼복의 부정적인 모습이 나타난다. ㉡은 일제 강점기에 백선봉이 순사로 일하며 재물을 모았다는 내용으로, 여기에서는 일제의 권력에 기대어 자신의 이익을 챙기는 백선봉의 부정적 모습이 드러난다.

오답 풀이
❷ ㉠에는 미군과 방삼복, ㉡에는 일제와 백선봉의 관계가 나타나는데, ㉠과 ㉡ 모두에서 외세와 인물 간의 권력 관계가 일시적으로 뒤집힌 모습은 찾아볼 수 없다.
❸ ㉠에는 방삼복이 미군에게 부탁하여 타인을 곤경에 빠트릴 수 있다고 말하는 내용이, ㉡에는 백선봉이 순사로서 누린 이익이 나타나 있으나 타인의 권익을 침해하는 인물이 몰락하는 모습은 드러나지 않는다.
❹ ㉠에서 방삼복은 미군과 자신의 관계를 과시하고 있을 뿐 권력을 향한 조바심을 드러내고 있지는 않다. ㉡에서는 백선봉이 일제 강점기 순사로서 누린 이익이 나타날 뿐 권력에 의해 좌절감을 느끼는 모습은 드러나지 않는다.
❺ ㉠에서 방삼복이 자신이 미군에 부탁하면 서 주사를 곤경에 빠트릴 수 있다고 한 것을 통해 자신의 권위에 대한 방삼복의 확신이 드러난다고 볼 수 있다. 그러나 ㉡에는 백선봉이 순사로서 이익을 누린 모습이 나타날 뿐, 권위가 추락한 모습이나 추락한 권위를 회복할 수 있다는 자신감은 나타나 있지 않다.

07 ⓒ는 과거 신기료장수였던 방삼복이 재력이 대단해 보이고 신수가 훤히 트인 모습을 본 백 주사의 반응이다. 뒤이어 백 주사가 '이 녀석이, 언제 적 저라고 무엄스럽게 굴어, 심히 불쾌하였'다고 한 것으로 보아, ⓒ가 고향 사람에 대한 자부심을 갖게 되었음을 보여 준다고 할 수는 없다.

오답 풀이
❶ ⓐ는 군중에 의해 집과 세간이 부서지고 재물을 모두 빼앗긴 백 주사가 빼앗긴 돈과 물건을 되찾을 궁리를 했지만 아무런 방법도 없었다는 내용으로, 곤란한 처지에 놓인 백 주사가 스스로 문제를 해결할 수 없는 답답한 처지에 처해 있음을 보여 준다.
❷ ⓑ는 '신기료장수를 하던 코삐뚤이 삼복이'가 달라진 모습을 보고 놀라던 백 주사가 자신의 집에 가자는 방삼복에게 '잡아끄는 대로 끌리어' 따라갔다는 것으로, 백 주사가 얼떨떨한 상태임을 보여 주고 있다.
❹ ⓓ에서 백 주사는 출세하여 신수가 훤해진 방삼복과 반대로, 몰락하여 초라한 모습이 된 자신의 처지에 어깨가 옴츠러드는 것을 느끼고 있다. 이를 통해 주눅이 든 백 주사의 심리를 알 수 있다.

❺ ⓔ에서 백 주사는 무엄스럽게 구는 방삼복에게 반감이 들어 자리를 털고 일어설 생각을 하면서도 자리에서 일어나지 않고 참고 있는데, 이는 세도를 부리는 듯한 방삼복의 힘을 빌려 자신의 분풀이를 하고 빼앗긴 재물을 되찾을 수도 있겠다는 기대감 때문이다.

08 [E]에는 백 주사네 집이 습격을 당해 집과 세간이 부수어지고 재물을 빼앗기고 가족들이 매를 맞고 각기 피신하는 등 백 주사 가족의 몰락을 보여 주는 사건이 그려져 있다. 이는 서술자의 시선으로 상황을 제시한 부분으로, 백 주사의 시선으로 사건을 일관되게 초점화한 부분이라고 보기 어렵다. 백 주사의 시선에서 초점화된 서술은 백 주사가 방삼복을 만나게 된 상황과 백 주사의 심리를 드러낸 부분에서 찾아볼 수 있다.

[모답 풀이]
❶ [A]에서는 광에 정백미가 몇 가마니씩 쌓여 있고 끼니마다 고기와 생선이 상에 오르는 백선봉의 풍요로운 생활을, '남들'의 굶주린 생활을 대비하여 서술하고 있다. 이를 통해 독자는 일제 순사로 일하며 일제의 권력에 기대어 부를 누린 백선봉을 비판적으로 바라보게 된다.
❷ [B]에는 군중이 백선봉의 집을 습격하였을 때 쏟아져 나온 물건들이 하나씩 나열되어 있다. 이는 백선봉이 순사로 일하며 부정하게 모은 물건으로 짐작할 수 있는데, 군중이 이 물건들을 끄집어내는 현장의 들뜬 분위기를 떠올리게 함으로써 군중의 놀람과 분노를 독자에게 전하고 있다.
❸ [C]에서 '있었더란다'는 '~라고 한다'가 줄어든 '~란다'를 활용해 [B]에서 군중이 목격한 내용을 누군가에게 들은 것처럼 전하고 있다. 또한 '만 원어치 ~ 고만두고 말이었다.'를 통해 군중의 시선에서 초점화된 서술로 독자가 군중의 입장에서 상황을 바라보도록 하고 있다.
❹ [D]에서 '동네 사람한테 거만히 굴고, ~ 고리대금을 하고 하였대서'는 동네 사람들의 시선으로 백 주사의 만행을 서술한 것이다. 이를 통해 독자가 백 주사의 집이 습격당한 사건이 백 주사의 그간의 행동 때문이라고 느끼게 하고 있다.

10 ⓛ은 노인에게 아들을 생각나게 하고 있는 것임과 동시에, 제대로 아들을 뒷바라지하지 못하게 된 자신에 대한 죄책감을 표현하는 말이다. 그러므로 아들에 대한 거리감을 갖게 한다고 볼 수 없다.

[모답 풀이]
❶, ❷, ❸ 모두 아들과 노인이 함께 걸어가며 남긴 발자국이다.
❹ '몹쓸'이라는 말에는 아들에 대한 미안함과 안쓰러움, 죄책감 등의 감정이 직접 드러나 있다.

11 〈보기〉는 만물을 비추는 자연적이고 근원적인 햇살에 노인이 자신을 비추어 보고 있음을 말하고 있다. 이제는 남의 집이 된 옛집에서 아들을 하룻밤 재우고 객지로 보낼 수밖에 없었던 자신을 햇살에 비추어 보면서, 노인은 부모로서의 역할을 다하지 못하는 자신의 모습에 부끄러움과 한스러움을 느끼고 있다.

[모답 풀이]
❶ 노인이 차마 동네로 들어가지 못했던 이유에 대해 아내는 갈 곳이 없어져서 그런 것이라고 짐작했지만, 노인은 갈 데가 없어서가 아니라 부끄러움 때문이었다고 대답했다.
❷ 노인이 슬퍼한 이유는 자식을 제대로 돌보아주지 못하게 되었기 때문이다.
❸ 어머니는 자신이 사랑을 베풀었다고 생각하고 있지 않다.
❹ 아들이 가장의 역할을 감당해야 하는 상황에 대한 노인의 감정은 드러나 있지 않다.

수능으로 실력 쌓기 3회

◦ 064~065쪽

09 ②　　**10** ⑤　　**11** ⑤

09 노인('나'의 어머니)은 홀로 눈길을 되돌아오던 날의 이야기를 아내에게 들려주고 있다. 그리고 아내는 노인의 이야기를 들으며 질문을 하거나 자기의 생각을 말하고 있다.

[모답 풀이]
❶ 어머니의 이야기는 모두 관련성이 있는 이야기로 대체로 시간의 흐름에 따라 이어지고 있다.
❸ 노인이 있는 시간에 노인이 있는 장소에서 일어난 사건을 서술하고 있다.
❹ 외부 상황과 관련되어 떠오르는 노인의 심정을 서술하고 있다.
❺ 이 작품의 서술자는 '나'로 이 부분에서는 노인의 이야기를 엿듣는 '나'의 시선을 통해 사건이 서술되고 있다.

✦ 개념 확인하기　　　　　　　　　068~069쪽

| 1 ○ | 2 × | 3 ④ | 4 영화 | 5 시공간, 인물 | 6 × |
| 7 ○ | 8 × | 9 중수필 | 10 서사적 | 11 현재 | 12 관점 |

DAY 10 결혼 ❶ 내신 올리기　　　　　　　070~071쪽

01 ⑤　　02 ②　　03 ③

결혼 _이강백

해제 이 작품은 한 남녀의 결혼 이야기를 통해 소유와 사랑이라는 문제에 대해 고찰한 희곡이다. 풍자적 상황 설정을 통해 현대인의 소유 관념을 비판하고 진정한 사랑의 의미를 역설하고 있다. 또한 특별한 무대 장치 없이 관객의 소유물을 연극의 소품으로 활용하고, 이야기책 속 사건을 극의 현실로 바꾸어 관객에게 상황을 설명하는 등 실험적인 기법이 나타나고 있다.

주제 소유의 본질과 진정한 사랑의 의미

특징 • 특별한 무대 장치가 없으며 무대와 관객석의 구분이 명확하지 않음.
• 관객을 극 안으로 끌어들여 등장인물과 관객의 소통이 이루어짐.

전체 줄거리

발단 가난한 사기꾼인 남자가 결혼을 하기 위해 여러 가지 물건을 빌린 후, 맞선을 보기로 한 여자를 기다린다.

전개〔수록부분〕 초조한 기다림 끝에 남자는 여자를 만난다. 남자가 여자에게 사랑을 느끼는 가운데, 제한된 시간이 다 되자 남자는 자신이 빌린 물건을 하인에게 하나씩 빼앗긴다.

위기 남자는 여자에게 청혼을 한다. 그러나 남자가 빈털터리임을 알게 된 여자는 남자에게 작별 인사를 하고 떠나려 한다.

절정〔수록부분〕 남자는 소유의 본질과 헌신적 사랑의 중요성을 여자에게 이야기하며 자신의 진심을 전달하고, 자신과 결혼해 달라며 여자를 설득한다.

하강·대단원 여자는 남자의 청혼을 받아들여 함께 결혼을 하러 간다.

01 이 글에서 하인은 남자에게 빌려준 물건을 빼앗으며 남자와 갈등 관계를 형성한다. 이때 하인은 일반적인 하인의 행동에 어긋나는 태도를 보임으로써 이 작품에 희극적인 성격을 부여한다.

오답 풀이
❶ 하인은 남자에게 빌려준 물건들을 빼앗으며 남자와 갈등 관계를 형성하지만 이는 처음에 남자가 물건을 빌릴 때 약속한 시간에 따라 빌려준 물건을 회수하는 것이므로 상황을 왜곡하거나 남자를 혼란에 빠뜨린다고 볼 수 없다.
❷ 하인은 남자와 갈등 관계를 형성하고 있을 뿐, 남자와 여자의 갈등을 부추기지는 않는다.
❸ 하인은 남자와 여자의 화해를 유도하고 있지 않다.
❹ 남자가 하인에게 넥타이를 빼앗기는 모습을 보고 여자가 놀라기는 하지만 하인은 빌려준 물건을 회수하는 역할에 충실한 것일 뿐, 남자와 여자의 만남을 의도적으로 방해한 것은 아니다.

알아두기

✦ '남자'와 '하인'의 갈등 양상

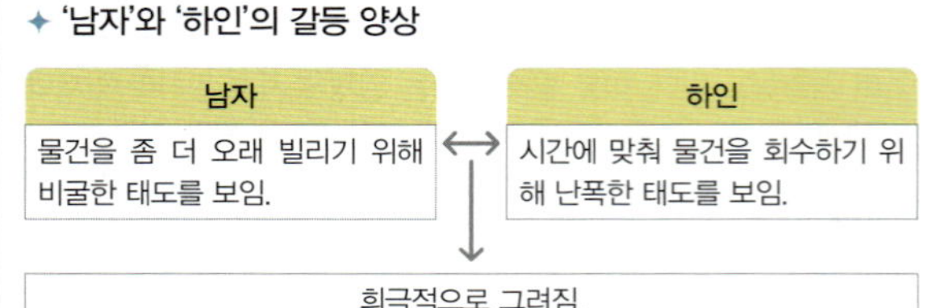

남자		하인
물건을 좀 더 오래 빌리기 위해 비굴한 태도를 보임.	↔	시간에 맞춰 물건을 회수하기 위해 난폭한 태도를 보임.

희극적으로 그려짐.

　하인은 물건을 회수할 때 난폭한 태도를 보이며 남자의 애절한 부탁에도 눈 하나 깜빡하지 않는다. 이런 모습은 하인은 순종적이라는 일반적인 생각에 어긋나기에 작품에 희극적인 성격을 부여한다.

02 이 글에서 남자는 관객에게 말을 걸며 관객의 넥타이를 빌려 소품으로 사용한다. 그 과정에서 관객의 참여와 몰입을 유도하고, 관객이 작품의 주제 의식을 실감 나게 체험할 수 있게 하고 있다.

오답 풀이
ㄴ. 관객에게 빌린 넥타이가 작품의 소품으로 사용될 뿐, 관객 때문에 갈등이 유발되는 것은 아니다.
ㄹ. 이 글에서는 남자가 방백을 통해 관객과 소통하고 있을 뿐, 별도의 해설자는 존재하지 않는다.

03〈보기〉를 통해 이 작품은 소극장에 모인 사람들(관객)에게 소도구를 빌려야 하므로 관객이 절대적으로 필요하다는 것을 알 수 있다. 즉, 관객과의 소통 장면을 효과적으로 연출하기 위해 무대와 객석의 경계를 허물고자 함을 짐작할 수 있다.

오답 풀이
❶〈보기〉에서는 '절대적으로 필요한 것은 그 장소에 모인 사람들'이라고 하였는데, 이는 소도구의 상징적 의미를 강조하기 위해서가 아니라 관객과의 소통을 위해서이다.
❷〈보기〉에서는 인물의 대사를 관객에게 정확하기 전달하고자 한다는 작가의 의도를 말하고 있지 않다.
❹〈보기〉에서는 '별다른 조명이나 효과'의 도움을 받지 않아도 된다.'라고 하였으므로 조명의 효과를 활용하여 관객의 시선을 모으기 위해 이 연극의 무대를 설정했다고 보기 어렵다.
❺〈보기〉에서는 무대 배경을 관객들에게 사실적으로 보이고자 한다는 작가의 의도를 말하고 있지 않다.

 **DAY 10 결혼 ② 내신 올리기** ──○ 072~073쪽

01 ②   **02** ⑤   **03** ②

01 이 작품에서 '덤' 이야기는 남자가 소유의 본질을 깨달아 여자를 진심으로 사랑하게 만드는 역할을 하며, 궁극적으로는 작품의 주제 의식(소유의 본질과 진정한 사랑)을 이끌어 내는 데 기여한다.

오답 풀이
❶ 여자의 '덤' 이야기 전에 나타나는 인물 간의 갈등은 남자와 하인 간의 갈등이라 할 수 있는데 '덤' 이야기를 통해 이러한 갈등이 해소되고 있지 않다.
❸ '덤' 이야기는 소유의 본질과 진정한 사랑이라는 작품의 주제 의식을 이끌어 내는 데 기여한다. 등장인물의 이중성을 풍자하는 것과는 관련이 없다.
❹ 여자가 '덤' 이야기를 하기 전에 남자와 여자가 서로 다투는 등의 내용은 확인할 수 없으므로 화해를 유도한다는 말은 적절하지 않다.
❺ '덤'은 여자의 어렸을 때 별명으로, 남자는 여자의 이야기를 통해 '덤'의 의미에 대해 새롭게 깨달아 여자를 이해하고 진심으로 사랑하게 되므로 현재에 대한 불만을 강조하는 역할을 하고 있다고 볼 수 없다.

02 남자는 자신이 갖고 있는 모든 것은 다 빌린 것이므로, 여자를 자신의 가장 소중한 덤으로 여기며 아끼고 사랑하겠다는 말로 사랑을 고백하고 있다. 여자는 이러한 남자의 말에 설득되어 청혼을 받아들였다.

오답 풀이
❶ 여자가 남자에게 신세를 진 내용은 글에서 확인할 수 없다.
❷ 여자의 어머니가 사기꾼인 아버지와 결혼했고, 여자가 어머니에게 사기꾼과 결혼하지 않겠다는 약속을 한 것을 통해 볼 때 여자가 어머니의 삶을 동경했다고 보기 어렵다.
❸ 진정한 소유란 없고, 모든 것은 빌린 것이므로 소중히 대해야 한다고 말하는 남자의 깨달음에 설득된 여자가, 남자를 소유의 관점으로 대했다고 보기 어렵다.
❹ 이 글에서 여자가 남자의 단점을 인식하고, 그 단점을 고쳐 줄 수 있겠다고 생각한 내용은 나타나지 않는다.

03 이 작품에는 남자가 빈털터리임을 알게 된 여자가 남자의 청혼에 대해 갈등하는 모습이 드러나 있으나 남자와 여자가 자신의 몫을 좀 더 챙기기 위해 갈등하는 모습은 나타나지 않는다.

오답 풀이
❶ 남자는 선을 보기 위해 여러 가지 물건을 빌렸고, 이러한 행동은 남자가 결혼의 조건으로 소유의 정도를 따지는 세속적 통념을 지녔음을 알게 한다.
❸, ❹ 남자는 자연물과 함께 여자도 잠시 빌린 것이라고 표현하고 있다. 이러한 표현은 대상을 영원히 내 것으로 소유하겠다는 소유욕에서 벗어난 생각으로 볼 수 있다.
❺ 여자가 세상에서 자신이 갖고 있는 모든 것은 다 빌린 것이고 자신을 덤으로 여기며 아끼고 사랑하겠다는 남자의 말에 설득되어 남자의 청혼을 받아들이는 것은 소유의 본질과 진정한 사랑이라는 작품의 주제 의식을 드러내는 것이라 할 수 있다.

 **DAY 11 선의를 믿는 것의 어려움 내신 올리기** ──○ 074~075쪽

01 ①   **02** ①   **03** ②

> **선의를 믿는 것의 어려움**_김금희
>
> **해제** 이 작품은 작가가 지인과의 대화, 조카와의 대화를 통해 깨달은 점을 서술한 수필이다. 작가는 지인과 한의원에 대해 나눈 대화, 사회에서 겪은 다양한 불신의 경험을 바탕으로 선의를 믿지 못하는 세태에 대한 안타까움을 표현하고, 타인의 선의를 순수하게 받아들인 조카와의 대화를 통해 선의를 신뢰하는 힘을 깨닫고 있다.
>
> **주제** 선의를 믿는 힘의 소중함
>
> **특징** 일상의 사소한 경험에서 주제 의식을 이끌어 냄.
>
> **한눈에 보기**
>
> | 경험 1 | 경험 2 |
> |---|---|
> | 글쓴이가 다니는 한의원은 여간해서는 약을 지어 주지 않는 곳인데 이에 지인들은 침이나 뜸을 전문으로 하는 곳이라고 생각함. | 조카가 유치원 통학 버스에서 선생님과 이야기를 하면서 왔다고 기뻐했지만, 사실은 선생님께 지적과 당부를 들은 것을 알게 됨. |
> | ↓ | ↓ |
> | **깨달음** | **깨달음** |
> | 타인에게 선의가 있음을 믿기 어려운 사회가 되었음. | 조카에게는 타인의 선의를 믿는 힘이 있으며, 그러한 힘을 지닌 조카의 세상이 글쓴이의 세상보다 단단함. |

01 이 글에서 글쓴이는 타인을 불신할 수밖에 없는 면이 있으나 그렇다고 해서 그것이 옳거나 정당하다는 뜻이 아님을 밝히고 있다.

오답 풀이
❷ '가운데 1'에서 글쓴이는 타인에게 선의가 있음을 선뜻 믿기에는 세상이 나쁜 게 사실이며 그와 같이 생각할 수밖에 없는 구체적 사례를 제시하고 있다.
❸ '처음'에 글쓴이는 처방을 원해서 온 사람이라도 경우에 따라서는 그냥 돌려보내기도 하는 한의원의 원칙이 한의원 운영에 현실적 도움이 되지 않을 것이라고 하였는데 이는 경제적 도움이 되지 않는다는 내용으로 이해할 수 있다.
❹ '가운데 1'에서 글쓴이는 타인을 의심하는 게 당연해진 세상에서는 음모론적 시각이 현실 판단의 기준이 되며, 불신과 불의가 모든 행동의 우선순위가 될 수 있다고 서술하였다.
❺ '끝'에서 글쓴이는 선생님께 혼이 났음에도 조카가 즐거워한 것은 조카가 선생님의 말을 지적과 당부가 아닌 선의로 받아들였기 때문이라는 깨달음을 얻고 있다.

02 글쓴이는 끝부분에서, 타인의 선의를 믿고 신뢰하는 조카가 쥐고 있는 세상이 자신의 것보다 더 크고 단단하다고 말하고 있다. 이는 선의를 믿는 것이 우리 사회를 더 단단하게 결속할 수 있는 힘이라는 글쓴이의 생각을 표현한 것으로 이해할 수 있다.

❷ '가운데 1–❷'에서 선의를 믿음으로써 손해를 볼 수 있기 때문에 불신하는 것이라 이를 그저 탓할 수만도 없다고 하였다.
❸, ❹, ❺ 이 글에서 글쓴이는 선의를 믿게 하기 위해 지녀야 하는 태도가 구체적으로 무엇인지에 대해서 설명하지 않았다.

03 수필은 특별히 정해진 형식 없이 다양한 형식으로 주제를 형상화할 수 있는 글이다. 이 글의 구성 단계를 '처음–가운데–끝'으로 나눌 수 있으나, 이를 근거로 수필이 교훈을 전달하기 위해 일정한 형식이 필요한 글이라고 보는 것은 적절하지 않다.

❶ 이 글의 글쓴이가 한의원이나 조카와 관련된 사례에서 선의의 의미를 발견하고 있는 데서 글쓴이의 개성을 드러내는 수필의 특성을 확인할 수 있다.
❸, ❹ 이 글에서 글쓴이가 조카와의 일화를 통해 우리 사회의 모습을 성찰하고 선의를 믿는 힘의 가치를 깨닫는 부분에서 경험을 바탕으로 글쓴이의 깨달음을 드러내는 수필의 특성을 확인할 수 있다.
❺ '세상이 나쁜 게 사실이다.'와 같이 선의를 믿기 어려운 사회에 대한 글쓴이의 인식을 서술한 것에서 글쓴이의 생각이나 가치관이 솔직하게 표현되는 수필의 특성을 확인할 수 있다.

DAY 12 화단 내신 올리기　　　　　　076~077쪽

01 ⑤　　**02** ④　　**03** ①

화단 _이태준

 이 작품은 화초를 끔찍이 사랑하면서도 철사로 엮고 가지를 자르면서 인공적인 화단 가꾸기에 몰두하는 노인을 비판하며, 자연은 그대로의 것이 아름답다는 글쓴이의 자연관을 드러내는 수필이다. 경험과 가치관이 잘 드러나 있으며, 예스러운 어투와 생동감 있는 의태어를 사용하는 데에서 글쓴이의 개성이 드러난다.

 자연 그대로의 아름다움 추구

 • 예스러운 어투와 의태어를 활용하여 개성적으로 표현함.
• 대상 간의 대비를 통해 삶의 태도에 대한 인식을 드러냄.

화초를 대하는 노인의 모습	
석류나무	철사로 층층이 테를 두르고 곁가지 샛가지를 자르기도 하고 휘어 붙이기도 함.
장미	홍예문같이 틀어 올림.
복숭아나무	키가 한 자도 못 되는 어린나무에 열매를 도닥도닥 맺히게 함.
봉선화	구석 응달 밑에 두고 보살피지 않음.

↓

노인을 바라보는 '나'의 태도	글쓴이의 가치관
정성스럽게 가꾸면서도 화초를 인위적으로 가공하는 노인의 태도에 불유쾌를 느낌.	자연을 있는 그대로, 그 자체의 가치로 인정해야 함.

---

01 노인은 비를 맞고 소생한 화초를 본 이후로도 인위적인 방법으로 화초를 가꾸고 있으므로, 노인이 화초를 가꾸는 방식을 바꿔야 한다고 생각하지는 않았음을 알 수 있다.

02 이 글에서 글쓴이는 자연은 그 자체로 신의 작품이며 자연을 창조하거나 개작해서는 안 된다는 인식을 분명히 드러내고 있다.

❶ 글쓴이는 인간의 인위적인 개입이 없는 자연 그대로의 아름다움을 추구하는 태도를 보이고 있다.
❷, ❸ 글쓴이는 노인이 화초를 변형하는 것에 불유쾌를 느끼고 있으며, 우리는 자연을 파괴할 수는 있으나, 그것을 창조하거나 개작할 재주는 없을 것이라고 하였다.
❺ 글쓴이는 있는 그대로의 자연을 존중하고 있을 뿐, 자연과 인간이 서로 도움을 주고받는 관계를 맺어야 한다는 생각을 드러내고 있지는 않았다.

03 이 글에 글쓴이가 스스로에게 묻고 답하는 방식으로 자신의 생각을 드러내는 내용은 나타나 있지 않다.

❷ '조석', '손아', '순조', '억조창생' 등 현재는 잘 사용하지 않는 한자어를 활용하는 고풍스러운 문체를 보여 주고 있다.
❸ '벌벌', '도닥도닥'과 같이 대상의 움직임이나 상태 등을 나타내는 의태어를 사용하여 대상을 구체적으로 형상화하고 있다.
❹ '불구', '기형', '재변'과 같은 부정적 낱말을 열거하여 노인이 인위적으로 화초를 기르는 것에 대한 비판적 인식을 강하게 드러내고 있다.
❺ 노인이 인위적으로 변형하여 가꾼 화초와 달리 글쓴이는 보살핌 없이 자란 봉선화를 더 아름답게 생각하는 모습을 제시함으로써 글쓴이가 자연적인 가치를 중요하게 여긴다는 점을 드러내고 있다.

수능으로 실력 쌓기 1회　　　　　　078~079쪽

01 ③　　**02** ⑤

01 남자의 실상을 알아차린 여자가 남자를 사기꾼이라고 하자, 남자는 수긍하면서 여자에게 자신이 소유한 모든 것은 사실은 잠시 빌린 것이었고 그래서 되돌려줘야 했다는 사실을 밝히고 있다. 이런 남자의 말을 들은 여자는 ⓒ에서 얼굴을 외면한 채 걸어 나가게 된다. 따라서 ⓒ에서 보인 여자의 행동은 남자가 아무것도 소유하지 않았음에 실망하여 보인 행동이지 남자의 말을 거짓이라 생각하여 외면한 행동은 아니다.

❶ 남자는 이 세상의 모든 것이 빌린 것이며, 정해진 시간이 되면 돌려주어야 한다고 말하고 있다. 따라서 ⓐ에서 하인이 책을 빼앗아 버리는 모습은 우리 삶의 모든 것이 빌린 것이기에 정해진 시간이 되면 되돌려줘야 함을 보여 주는 것으로 해석할 수 있다.
❷ 남자는 사람이 가진 모든 것은 잠시 빌려 가진 것이라고 생각하고 있다. 이를 바탕으로 ⓑ에서 하인이 자기의 회중시계를 내밀어 보이는 행동을 이해하면 이는 제한된 시간이 되었음을 알려 주는 것이므로, 누구도 물건을 영원히 소유할 수 없음을 떠올리게 하는 것이다.

④ ㉣에서 남자는 넥타이를 빌렸던 남성 관객에게 말을 하고 있는데, 남자는 관객에게 빌렸던 넥타이를 자신이 소중하게 아꼈다가 되돌려주었음을 언급한 뒤, 여자를 빌리는 동안에 아끼고 사랑할 것임을 약속하고 있다. 이는 남자가 관객을 증인으로 삼아 자신의 마음을 여자에게 전하고 있는 것이다.

⑤ [A]에서 남자는 자신이 빈털터리이지만 사실 세상 모든 것은 빌린 것임을 말하며 여자를 설득하고 있다. 여자가 자신을 외면한 채 떠나갈 때에도 남자는 계속해서 자신의 생각을 말하면서 여자를 소중히 여길 것임을 약속하는데, ㉤의 행동에서 여자의 남자에 대한 연민이 드러난다.

02 〈보기〉에서 인물의 등퇴장은 무대 공간에서의 사건 전개에 영향을 미친다고 하였다. 이 작품에서는 여자가 등장함으로써 소유 및 결혼의 조건과 관련한 주된 내용이 전개되므로 여자의 등장이 사건 전개에 영향을 미친다고 할 수 있다. 그러나 여자의 등장은 남자와 하인 사이에 조성된 갈등을 해소하는 게 아니라 지속시키고 있다.

모답 풀이

❶ 글에 제시된 남자의 대사로 보아, 남자가 여자에게 전보를 치는 행동이 현재의 무대 공간에서 인물(남자)의 대사를 통해 제시됨을 알 수 있다.

❷ 〈보기〉에서 인물의 등퇴장은 무대 공간에서의 사건 전개에 영향을 미친다고 하였다. 하인은 남자에게 물건을 빌리는 데에 시간의 제한이 있음을 환기하게 하고, 시간이 되면 하인은 물건을 빼앗아 가지고 퇴장했다가 다시 돌아온다. 따라서 하인의 등퇴장은 물건을 빌린 시간을 의식하면서 그 시간 안에 여자의 결혼 허락을 받아야 하는 남자의 초조함을 고조시키고, 남자가 물건을 빌린 것을 아는 관객에게도 긴장감을 유발한다.

❸ 〈보기〉에서 작가는 무대 위에서 보여 줄 수 없거나 보여 주지 않아도 되는 사건은 무대 밖의 공간에서 일어나는 것으로 처리한다고 하였다. 하인이 남자에게 물건을 빼앗은 뒤 무대 공간을 벗어났다가 잠시 후 되돌아오는데, 물건을 빼앗아 사라지는 하인의 행동은 굳이 그 이후의 상황까지 보여 주지 않아도 되는 것이다. 그러므로 하인이 무대 공간을 벗어나 무대에서 보여 주지 않는 공간에 있다가 되돌아온다고 이해할 수 있다.

❹ 남자는 대사를 하다가 관객들에게 다가가 말을 건네고 있다. 그런데 '넥타이를 빌렸었던 남성 관객에게'라는 내용으로 보아 이전 장면에서 남자가 이 남성 관객에게 말을 걸고 넥타이를 빌린 적이 있음을 알 수 있다. 이는 〈보기〉의 설명과 같이, 무대 공간과 관객석의 경계를 허물고 관객석까지 무대 공간으로 설정하여 표현하는 것으로 이해할 수 있다.

수능으로 실력 쌓기 **2회** ──────○ 079~080쪽
03 ③　　**04** ③　　**05** ③

03 촌장은 편지를 운반한 사람이 사람들에게 이리 떼가 없다는 사실을 떠벌리고 있어 사람들이 몰려올 것이라고 말한다. 이 내용은 촌장이 '파수꾼 다'를 설득하는 중요한 단서이자 무대 밖의 사건이 무대 내의 사건에 영향을 준 것으로 볼 수 있다.

모답 풀이

❶ 이 극은 시간의 흐름에 따라 자연스럽게 진행되고 있다.

❷ 망로 보는 파수꾼들이 근무하고 있는 곳을 공간적 배경으로 하고 있다. 따라서 황야라고 보기 어렵다.

❹ 파수꾼은 촌장과 대립하고 있으므로 협력하는 태도를 보인다고 할 수 없다.

⑤ 중심 갈등은 '파수꾼 다'와 촌장과의 갈등으로, 이를 통해 주제가 드러난다.

04 〈보기〉의 내용을 통해, 서사극은 무대 위의 연극은 연극일 뿐임을 강조하며 관객에게 비판적 거리를 유지하게 하는 '낯설게 하기'의 기법을 활용함을 알 수 있다. 해설자가 촌장이 되어 등장할 때 이러한 모습을 관객이 알 수 있도록 하는 것은 서사극의 특징에 해당한다.

모답 풀이

❶, ❷, ❹, ❺ 무대 위의 상황을 현실의 상황으로 보이게 하는 것이며, 극의 완성도를 높이기 위한 의견이므로 서사극의 특징과는 거리가 멀다.

05 파수꾼이 지키고 있는 망루 밖 들판에는 이리 떼를 주의하라는 '팻말'이 있다. 그런데 실제 이리 떼가 없지만 마을 사람들은 이 팻말 때문에 들판에 나가지 못한다. 하지만 이리 떼가 없다는 사실을 알고 있는 사람들은 이러한 팻말을 적절히 활용하여 팻말 뒤에 잘 익은 '딸기'를 취한다.

수능으로 실력 쌓기 **3회** ──────○ 080~081쪽
06 ④　　**07** ⑤　　**08** ②

06 글쓴이는 자신의 체험을 사실적으로 서술하고 있으므로 상징화하여 표현하였다는 것은 적절하지 않다. 체험을 상징화하여 독자의 상상력을 자극하는 것은 시의 표현 방식에 해당한다.

모답 풀이

❶ '벌벌', '도닥도닥', '가득가득' 등의 의태어를 활용하여 표현 효과를 높이고 있다.

❷ 노주인이 화단을 가꾸는 것을 소재로 하고 있다.

❸ 현대에는 잘 쓰이지 않는 어휘들을 통해 글쓴이의 개성을 드러내고 있다.

⑤ 노인이 가꾼 화단에 대해 '도리어 불유쾌를 느낄 뿐이었다.'라고 한 부분은 글쓴이가 자신의 생각을 분명히 드러낸 것이다.

07 '안손님'은 여자 손님을 이르는 말로 비슷한 말로는 내객, 내빈, 안손, 여객 등이 있다.

모답 풀이

❶ '일삼다'는 '일로 생각하고 하다.'의 의미이다.

❷ '어정거리다'는 '키가 큰 사람이나 짐승이 이리저리 천천히 걷다.'의 의미이다.

❸ '순조'는 '일이 아무 탈 없이 예정대로 잘 진행되어 가는 상태'의 의미이다.

❹ '약이 오르다'는 '고추나 담배 따위가 잘 자라 자극적인 성분이 많아지다.'의 의미이다.

08 글쓴이는 마지막 부분에서 '우리는 자연을 파괴하고 불구되게 할 수는 있다. 그러나 그것을 창조하거나 개작할 재주는 없을 것이다.'라고 하였다. 따라서 글쓴이는 '자연은 그것 자체로 최선이다.'라는 생각을 말하고자 한 것임을 알 수 있다.

✦ 개념 확인하기
○ 084~087쪽

1 사실적 읽기 **2** 재구성 **3** ④ **4** × **5** ○ **6** ×
7 ○ **8** 비판적 **9** 확장 **10** ㄴ, ㄷ **11** 읽기 방법
12 점검, 조정 **13** ○ **14** × **15** (1) ㉠, (2) ㉡, (3) ㉢
16 ④ **17** 귀납 **18** 타당성 **19** ○ **20** ○

DAY 13 투표를 안 해도 될까 ❶ **내신** 올리기
○ 088~089쪽

01 ② **02** ② **03** ④

투표를 안 해도 될까 _손혜정

해제 이 글은 투표 참여의 중요성을 주장하는 논설문이다. 글쓴이는 기권이 많아질 때 발생할 수 있는 문제점들을 제시하고, 투표 참여가 가져올 수 있는 긍정적인 변화, 투표의 가치를 서술하여 투표에 참여해야 함을 논증하고 있다.

주제 투표하지 않을 권리가 사회에 미칠 영향과 투표 참여의 중요성

특징 • 투표 참여율과 관련된 다른 나라의 사례, 투표율에 대한 연구 결과 등을 근거로 들어 주장의 신뢰성을 높임.
• 예상 반론을 제시하고 그에 대해 반박하면서 논지를 강화함.

한눈에 보기

주장	이유
투표하지 않을 권리는 없다.	투표하지 않을 권리를 인정하여 모든 사람이 기권 표를 던지거나 투표에 참여하지 않는다면 민주주의 체제를 유지할 수 없음.
투표를 하지 않으면 세상은 나아지지 않고 불평등이 심화된다.	투표에 참여한 사람들의 의견만 전달되고 반영되어 불평등이 확대될 수 있음.
한 표의 가치를 깨닫고 이를 행사해야 한다.	투표를 해야 정치인들이 나라의 주인인 국민의 말을 경청할 것임.

01 논설문을 읽을 때에는 글에 쓰인 논증 요소의 타당성을 평가하며 글쓴이의 주장이 정당한지, 글에 쓰인 논증 방법이 설득에 효과적인지 평가해야 한다. 흥미가 가는 부분 위주로 읽는 것은 논설문을 읽을 때의 태도로 적절하지 않다.

02 글쓴이는 '지지하는 후보나 정당이 없다면 투표를 안 해도 되지 않는가?'라는 반론을 예상하여 제시하고 이에 반박하고 있다. 따라서 주장과 관련하여 예상되는 반론을 제시하고 그에 대해 반박하는 방법으로 내용을 전개하고 있음을 알 수 있다.

오답 풀이

❶ 이 글의 서두에서 글쓴이의 입장과 상반되는 기권당의 홍보 문구를 제시하고 있으나 대비되는 두 이론을 함께 제시하여 논점을 부각하고 있지는 않다.
❸ 프랑스 한 정당의 주장을 인용하였고, 2022년 튀니지의 실제 투표 결과를 사례로 제시하고 있으나 전문가들의 연구 사례를 제시한 내용은 나타나지 않는다.
❹ 투표에 대한 입장이나 투표 참여율과 관련한 다른 나라의 사례를 제시하고 있을 뿐 투표 정책의 변화 과정을 제시하는 내용은 나타나지 않는다.
❺ 글쓴이는 모두가 기권을 했을 경우를 가정하며 이때 나타날 수 있는 문제 상황을 제시하고 있으므로 가정에 대해 긍정적인 결과 예측을 하고 있다고 할 수 있다.

03 글쓴이는 기권이 암묵적 동의와 같다고 하였다. 〈보기〉의 희수와 영민 모두 투표를 하지 않았으므로, 글쓴이의 입장에서는 희수와 영민이 투표 결과에 암묵적으로 동의한 것으로 볼 수 있다.

오답 풀이

❶ 글쓴이는 투표를 해야 한다고 보는 입장이므로 희수가 사회 구성원으로서 책임을 다했다고 보지 않을 것이다.
❷ 희수와 영민은 기권의 의사를 표시한 표를 던진 것이 아니라 투표 자체를 하지 않은 것이므로 프랑스 기권당의 입장에서 기권 표로 인정하자고 주장했으리라고 보기 어렵다.
❸ 글쓴이는 우리나라를 포함해 많은 나라가 투표에서 기권하는 것을 인정하고 있으나 투표에서 기권하는 것과 투표하지 않을 권리가 다르다고 하였다. 아울러 과연 투표하지 않을 권리가 있는 것인지 묻고 있으므로, 우리나라를 비롯한 많은 나라에서 희수와 영민의 행동을 투표하지 않을 권리가 인정할 것이라고 보는 것은 적절하지 않다.
❺ 프랑스 기권당의 입장에서는 선거에는 관심이 있으나, 출마 후보가 기대에 부응하지 못하는 경우 이를 기권표로 제시하는 것이므로, 선거에 관심이 없어서 투표를 하지 않은 영민의 표를 기권 표로 인정하지 않을 것이다.

DAY 13 투표를 안 해도 될까 ❷ **내신** 올리기
○ 090~091쪽

01 ② **02** ④ **03** ④

01 이 글에서는 투표하지 않을 권리를 인정하라는 목소리를 소개하고 이에 대해 반박하여 투표의 가치를 드러내고 있다. 투표하지 않을 권리를 인정하라는 목소리를 기존의 통념으로 보기 어려우며, 글쓴이가 이에 대해서 새로운 이론을 근거로 반박하고 있다고 보기도 어렵다.

오답 풀이

❶ 투표를 통해 자신의 의사를 전달하자는 의미를 '이제 투표로 세상을 향해 힘껏 소리쳐 보자.'라는 비유적인 표현을 활용하여 드러내고 있다.
❸ 글쓴이는 '그렇다면 우리는 어떻게 해야 할까? 투표를 해도 세상이 바뀌지 않는다고 기권을 선택하기보다 자신의 목소리를 적극적으로 반영하기 위해 투표를 해야 하지 않을까?'와 같은 질문을 하고 있다. 이를 통해 독자의 관심을 불러일으키고 기권하는 대신 적극적으로 투표에 참여하는 것의 중요성에 대해 독자가 생각하도록 하고 있다.
❹ 글쓴이는 투표하지 않은 유권자를 대상으로 한 설문 조사 내용을 바탕으로 이들 또한 사회가 변화하고 자신의 삶을 개선하기를 바란다는 분석을 하고 있다.
❺ 글쓴이는 선거 연령이 낮아지면서 투표율이 높아진 우리나라의 사례를 제시하며 21대 총선 투표율을 구체적인 수치로 제시하고 있다.

02 '본론 2-❷'에서 '투표 한 번으로 내가 바라는 세상을 만들 수는 없다.'고 하였으므로 '투표 한 번으로 원하는 세상을 만들 수 있기 때문에'는 ㉠의 주장을 뒷받침하는 내용으로 적절하지 않다.

[오답 풀이]
❶ '본론 2-❷'에서 투표율이 높은 국가의 정부는 다양한 계층의 의견을 받아들인다고 하였다.
❷ '결론 ❶'에서 국민들이 투표에 참여하지 않으면 민주주의 체제를 유지할 수 없다고 하였다.
❸ '본론 3-❸'에서 투표를 하면 정치인들이 국민의 말을 경청할 것이라고 하였다.
❺ '본론 2-❷'에서 투표율이 높을수록 소득 불평등이 줄어든다는 말러 교수의 연구 결과를 제시하였다.

03 ⓐ에 들어갈 말은 '귀납'이다. ④는 우리나라를 비롯한 여러 나라에서 해가 동쪽에서 뜬다는 개별적인 사실로부터 모든 나라가 동쪽에서 해가 뜰 것이라는 보편적인 주장을 이끌어 내는 귀납 논증을 사용하고 있다.

DAY 14 동물도 권리가 있을까 ❶ 내신 올리기 ─○ 092~093쪽

01 ⑤　　**02** ②　　**03** ②

동물도 권리가 있을까 _최훈

[해제] 이 글은 동물에게도 고통받지 않을 권리가 있음을 주장하는 논설문이다. 이 글에서 글쓴이는 '동물도 권리가 있다'를 전제로 하여 인간이 동물의 권리를 존중해야 하고 침해해서는 안 된다는 결론을 이끌어 내고 있다. 또한 글쓴이의 주장에 대해 예상되는 반론과 그에 대한 반박을 제시함으로써 글의 설득력을 높이고 있다.

[주제] 고통받지 않을 동물의 권리에 대한 존중의 필요성

[특징] • 문제의식을 질문의 형태로 제시하여 독자의 반성을 유도함.
• 비교, 나열 등의 방법을 통해 주장에 대한 근거를 제시함.

[한눈에 보기]

주장		
동물에게도 권리가 있다.		

↓

이유		
동물도 고통을 느낄 수 있음.	동물의 권리를 인정하지 않는 태도는 인종 차별주의의 태도와 다르지 않음.	동물의 권리를 인정하는 것은 약자를 위한 사회적 진보에 해당함.

01 이 글에서 다루고 있는 핵심은 동물과 인간의 욕구가 유사하다는 점이다.

[오답 풀이]
❶ '서론-❶'에서 질문을 통해 동물의 권리에 대한 글쓴이의 문제의식을 드러내고 있다.
❷ '서론-❶'에서 동물들이 좁은 틀에 갇히거나 동물원에서 외롭게 살아가는 모습을 사례로 들어 인간이 동물을 물건처럼 취급하고 있다는 점을 비판하고 있다.
❸ '본론 1-❶'에서 글쓴이는 일반적으로 사람들이 겪었을 만한 경험을 바탕으로 동물이 고통을 느낀다는 사실을 제시하고 있다.
❹ '본론 1-❶'에서 과학적 연구 결과를 통해 동물과 인간의 신경 체계가 같음을 언급하고 있다.

02 글쓴이는 동물의 욕구를 무시하고 동물을 물건으로 대하는 모습을 비판하고 있다. 동물 단체가 돌고래를 바다에 방생하는 것은 동물을 타고난 환경으로 돌려보내 주는 것이므로, 동물의 권리를 존중하는 행동이다.

03 이 글에서는 '동물에게도 권리가 있다.'라는 주장에 대한 첫 번째 이유로 동물도 고통을 느낀다는 것을 제시하고 있다. ②는 이유 2의 근거와 관련된 내용으로, 인종 차별을 당연시하던 것처럼 동물에게 고통을 주는 행위가 관행적으로 이루어지고 있음을 드러내기 위한 것이다.

DAY 14 동물도 권리가 있을까 ❷ 내신 올리기 ─○ 094~095쪽

01 ④　　**02** ③　　**03** ④

01 '결론-❶'에서 동물을 대하는 인간의 관행은 동물의 권리를 존중하지 않는 것이라고 하였으므로, 오래전부터 인간이 동물의 본능의 맞게 행동하도록 존중했다는 설명은 적절하지 않다.

[오답 풀이]
❶ '본론 4-❶'에서 동물의 권리를 인정하지 않는 사람들은 동물은 인간과 다르며 인간은 이성적 사고를 하고 언어를 사용한다는 것을 이유로 들었다고 하였다. 글쓴이는 이를 갓난아이의 예시를 들어 반박하고 있다.
❷ '본론 3-❶'에서 간디의 말을 통해 동물을 대하는 태도로 한 나라의 위대함과 도덕성을 판단할 수 있다고 하였다.
❸ '결론-❶'에서 공장식 축산, 동물원, 동물 실험을 모두 동물의 권리를 존중하지 않고 동물의 본능을 무시하는 사례로 보았다.
❺ '본론 3-❶'에서 동물의 권리를 인정하는 태도는 인간의 권리를 인정하는 태도와 맞닿아 있다고 보는 것을 통해 확인할 수 있다.

02 ㉠에는 연역 논증이 사용되었다. ③에서 파충류는 알을 낳는다는 일반적인 법칙에서 뱀은 알을 낳을 것이라는 구체적인 결론을 이끌어 내는 연역 논증을 사용하고 있다.

[오답 풀이]
❶ 바닷물도 파랗고 강물도 파랗다는 개별적인 사실에서 모든 물이 파란색일 것이라는 일반적인 주장을 이끌어 냈으므로 귀납 논증을 사용한 것이다.
❷ 엄마와 아빠의 눈이 나쁘다는 개별적인 사실에서 자녀인 나도 눈이 나쁠 것이라는 일반적인 주장을 이끌어 냈으므로 귀납 논증을 사용한 것이다.

❹ 지금까지 본 까마귀의 색깔이 검은 색이라는 개별적인 사실에서 까마귀가 검은 색의 새라는 일반적인 주장을 이끌어 냈으므로 귀납 논증을 사용한 것이다.
❺ '나'와 친구인 영희와 철수가 분식을 좋아한다는 개별적인 사실에서 또래 모두가 분식을 좋아한다는 일반적인 주장을 이끌어 냈으므로 귀납 논증을 사용한 것이다.

03 글쓴이는 '결론-❶'에서 화장품이나 세제 따위를 만들기 위해 동물에게 고통을 주는 동물 실험이 동물의 본능을 존중하지 않는 행위라고 하였으므로 동물 실험은 동물을 물건으로 보는 것, 즉 동물의 권리를 존중하지 않는 것이라고 생각할 것이다.

[모답 풀이]
❶ 글쓴이는 인간이 자신의 이익이나 즐거움을 위해 동물의 욕구를 돌아보지 않는 일은 비일비재하다며 비판하고 있다.
❷ 글쓴이는 인간의 고통과 동물의 고통을 구별해서는 안 된다고 하였다.
❸ 글쓴이는 과학자들이 밝혀 낸 척추동물이 고통을 느끼는 신경 체계가 인간과 근본적으로 같다는 사실을 토대로 동물도 인간과 같이 고통을 느낀다고 하였다.
❺ 글쓴이는 화장품이나 세제 따위를 만들기 위해 동물에게 고통을 주는 실험을 비판하며 동물이 본성에 맞게 행동하도록 존중해야 한다고 하였다. 실험 동물에게 더 좋은 환경을 제공해야 한다는 내용은 제시하고 있지 않다.

로봇이 우리의 일자리를 빼앗을까_장하준

[해제] 이 글은 기계화로 인한 일자리 감소에 대해 우려할 필요가 없다는 주장을 펴고 있는 논설문이다. 역사적으로 자동화가 진행되었지만 실제로 다른 일자리들이 창출되면서 일자리가 사라지지 않았음을 제시하는 한편, 반대되는 주장에 대한 반박을 통해서 로봇이 일자리를 빼앗지 않는다는 논증을 하고 있다.

[주제] 일자리를 창출하는 자동화에 대한 이해의 필요성

[특징] • 구체적 예와 전문가의 견해 등을 제시해 신뢰성, 타당성을 높임.
• 귀납 논증, 연역 논증을 사용함.

[한눈에 보기]

주장
자동화는 새로운 일자리를 창출한다.

↓

이유		
새 일자리 창출이 자동화 과정 자체에서 직접적으로 일어남.	자동화로 인해 간접적으로 일자리 창출이 일어남.	정부의 정책을 동원한 새로운 일자리 창출이 가능함.

01 자동화 과정에서 새로운 일자리가 만들어지는 예시와 같은 구체적인 사실을 바탕으로 자동화가 직접적·간접적으로 새로운 일자리를 창출한다는 일반적인 결론을 제시하고 있다.

[모답 풀이]
❶ '본론 1-❶'에서 제임스 베슨의 말을 간접 인용하고 있으나 이는 자동화 과정 자체에서 새 일자리 창출이 일어나는 사례로 어떠한 이론이라고 보기 어렵다.
❸ '본론 1-❸'에서 정부의 정책을 언급하고는 있으나, 그와 관련한 전문가의 입장은 나타나지 않는다.
❹ '본론 1-❸'에서 '코로나19 팬데믹'이 나타나지만, 이에 대한 원인을 분석하고 있지 않다.
❺ 이 글에서는 문제 상황과 관련한 원리를 분석하고 이를 하나의 이론으로 모아 제시하는 내용은 나타나지 않는다.

02 '서론-❶'에서, 현재까지 판단력과 섬세함이 요구되는 일인 딸기 수확은 자동화가 이루어지지 않았지만 딸기를 비롯해 산딸기, 토마토, 상추와 같은 따기 힘든 작물을 수확하는 로봇이 곧 상용화될 것이라고 하였다.

[모답 풀이]
❶ '서론-❷'에서 자동화로 사람들이 기계가 인간의 두뇌마저 대체할 수 있다는 두려움을 갖게 되었다고 하였다.
❸, ❹ '본론 1-❶'에서 사람들이 우려하는 것처럼 일자리가 대량으로 사라지는 일은 일어나지 않고, 자동화가 오히려 새로운 일자리를 창출한다고 하였다.
❺ '본론 1-❷'에서 자동화에 '특화된' 필요를 충족시킬 새로운 재화와 서비스에 대한 수요가 높아져 새로운 일자리가 생겨난다고 보았다.

03 '농업 기계화 최후의 장벽을 정복' 한다는 것은 판단력과 섬세함이 필요하여 아직까지 기계화 대열에 합류하지 못한 딸기 수확까지 가능한 로봇이 상용화됨을 의미한다.

01 '본론 2-❶'에서 특정 분야의 자동화가 전체 고용 규모를 감소시킬지 여부는 불투명하다고 하였다.

[모답 풀이]
❷ 자동화의 본질을 이해하면 자동화로 인해 쓸모가 없어질 수 있다는 젊은 세대의 절망감을 극복할 수 있을 것이라고 하였으므로, 젊은 세대들이 자동화로 인해 절망감을 느끼기도 한다는 것을 알 수 있다.
❸ 대부분의 사람이 직접 눈으로 볼 수 있을 때까지는 상상조차 하지 못했던 일이 현실화되는 것은 기술 발전의 특징 중 하나라고 하였다.
❹ 자동화는 새로운 일자리를 만드는 동시에 특정 일자리를 파괴하고, 그로 인해 직장을 잃는 사람들에게 엄청나게 큰 해를 끼친다고 하였다.
❺ 기계로 인해 가지고 있던 기술이 더 이상 쓸모없게 된 사람들도 이론상으로는 재훈련을 받고 다른 일자리를 찾을 수 있으나 현실에서는 일자리를 잃은 사람이 기술을 별로 필요로 하지 않는 직업을 받아들이지 않는 한 정부의 지원 없이는 다시 취업할 수 있도록 재훈련을 받기란 불가능에 가깝다고 하였다.

02 250년 동안 끊임없이 자동화가 계속되었음에도 대부분의 사람이 일을 하며 살 수 있었다는 사실은 자동화가 일자리에 미치는 전반적인 영향이 부정적이지 않을 것이라는 추측에 대한 근거이다.

03 〈보기〉는 인공 지능이 이전의 농업, 제조업의 기계화와 다르게 다른 분야의 일자리 창출로 이어지지 않을 것이라고 보고 있다. 따라서 인공 지능은 결국 인간의 일자리를 창출할 것이란 내용은 〈보기〉의 관점에 부합하지 않는다.

모답 풀이
❶ 〈보기〉의 입장을 지닌 사람은 기계가 또 다른 기계(컴퓨터)의 제어를 받는 '컴퓨터 수치 제어'는 현재 표준적인 시설의 일부로 받아들여지는데 이것이 다수가 된다면 이는 인간의 개입을 최소화하는 결과를 가져올 것이라 생각할 수 있다.
❸, ❹, ❺ 〈보기〉의 입장을 지닌 사람은 오늘날의 자동화는 과거와 다르게 일자리를 창출하지 않을 것이라고 생각할 것이다. 따라서 정부에서 자동화로 일자리를 잃은 노동자에게 재훈련 등의 기회를 준다고 해도 의미가 없다고 생각할 수 있다. 아울러 인공 지능으로 대체되는 산업의 경우 일자리 창출이 되지 않고 노동자는 실업 상태에 놓일 것이므로 정부가 실업 수당 등을 제공하게 될 것이라 생각할 수 있다.

DAY 16 고래를 춤추게 하는 것은 ❶ **내신 올리기** ──○ 100~101쪽

01 ⑤ **02** ⑤ **03** 외재 동기 **04** ⑤

고래를 춤추게 하는 것은 _장대익

해제 이 글은 내재 동기와 외재 동기의 효용성을 바탕으로 내재 동기가 있는 삶의 중요성을 주장하는 글이다. 글쓴이는 외재 동기를 유발하는 외적 보상의 단점을 제시하고, 내재 동기로 성공한 사람들의 사례를 들어 내재 동기의 중요성을 제시하고 있다.

주제 내재 동기를 따라 사는 삶의 가치

특징 • 구체적인 실험 결과를 근거로 들어 주장을 뒷받침함.
• 다양한 사례를 통해 내재 동기의 긍정적인 면을 강조함.

한눈에 보기

외재 동기	내재 동기
• 외적 보상을 받기 위해 행동을 하게 하는 힘을 말함. • 창의성을 발휘하는 문제를 해결하는 데 효과적이지 않음.	• 과정 자체에 의미를 두거나 자신의 만족감을 위해 어떤 행동을 하게 하는 힘을 말함. • 외적 보상에 연연하지 않게 하여 삶을 행복하게 함.

↓

내재 동기를 따르는 삶을 살아야 함.

01 서론에서 대립되는 두 개념인 '외재 동기'와 '내재 동기'를 설명하고 있으나, 두 개념을 소개한 후 서로 절충하고 있는 것은 아니다.

모답 풀이
❶ 동기의 개념을 소개한 후 외재 동기와 내재 동기로 나누어 설명하고 있다.
❷ '그렇다면 우리는 외재 동기와 내재 동기 중 어떤 것에 따라서 살아야 할까?'라고 질문을 던지며 독자의 관심을 유발하고 있다.
❸, ❹ 외재 동기와 관련한 실험을 사례로 제시하여 외재 동기의 특성을 드러내고 있으며, 이를 내재 동기를 따라야 한다는 주장의 근거로 삼고 있다.

02 동기에 관한 실험에 따르면, 아이들은 창의성을 발휘하는 문제를 보상이 있을 때보다 보상이 없을 때 더 빨리 풀었다. 따라서 외재 동기를 따라 사는 사람도 창의성을 발휘하는 문제를 풀 때는 시간이 더 오래 걸릴 것이라고 추측할 수 있다.

모답 풀이
❶ '서론 – ❷'에서 '칭찬'은 결국 외적 보상이라고 하였다.
❷ '본론 1 – ❸'에서 외적 보상을 쫓을 경우 보상받는 사람의 입장도 마냥 좋지만은 않다고 하였으며, 그 이유는 보상해 주는 사람과 끝없이 갈등을 빚고 남들과도 끝없이 비교하게 되어 마음이 황폐해지기 때문이라고 하였다.
❸ '본론 1 – ❷'에서 만일 어떤 회사가 성과급 규정이 있어서 잘 돌아가는 곳이라면, 역설적으로 쉬운 업무만 해결하려는 조직일 수도 있다고 하였다.
❹ '본론 1 – ❸'에서 외적 보상을 쫓는 사람들을 관리하는 것이 어려운 이유로 '작은 장난감에서 시작한 외적 보상이 게임기가 되고 자동차가 되더니 나중에는 집 한 채가 될 수도 있기 때문이다.'라고 하였다.

03 '서론 – ❷'에서 글쓴이는 '칭찬은 고래를 춤추게 한다.'라는 말에서 '칭찬'도 결국 외적 보상이라고 말한다. 이처럼 고래는 외적 보상을 위해 춤을 추었으므로 고래의 행동에는 외재 동기가 작용한 것이다.

04 '본론 1 – ❷'의 '어떤 회사'는 외재 동기를 위해 외적 보상인 성과급을 지급하고 있다. 외재 동기 또한 목표를 향해 나아가도록 밀어주는 힘인 '동기'에 해당하므로 직원들이 목표를 향해 나아가도록 밀어주는 힘을 부여하지 못한다고 볼 수 없다.

모답 풀이
❶ 외재 동기로 운영되는 회사이므로 외재 동기를 가진 직원이 많을 것이며, 이 경우 경쟁과 시기가 많은 분위기일 수 있음을 추측할 수 있다.
❷, ❹ 성과급이라는 외재 동기로 회사가 운영되므로 점점 더 많은 성과급을 직원들이 요구할 수 있으며, 동일한 성과급을 지급하거나 성과급 규정을 없앤다면 직원들의 외재 동기가 저하될 것임을 추측할 수 있다.
❸ 외재 동기로 운영되는 회사이므로 연봉이라는 외적 보상을 통해 유능한 직원을 데려오려 할 것임을 추측할 수 있다.

DAY 16 고래를 춤추게 하는 것은 ❷ **내신 올리기** ──○ 102~103쪽

01 ④ **02** ⑤ **03** ③

01 내재 동기에 따라 삶을 살아야 한다는 주장의 이유(내재 동기는 외적 보상에 연연하지 않게 하여 삶을 행복하게 함.)를 밝히고 있으며(ㄹ), 이유에 대한 근거로 필즈상, 노벨 물리학상 수상자 등 내재 동기로 성공한 사람들의 사례를 제시하고 있다(ㄴ). 또한 사례로 제시한 내용에 대한 예상 반론(큰 상을 받은 사람들

이니까 평범한 사람들과는 생각이 다르다고 할지도 모른다.)을 반박(ㄱ)하며 자신의 주장을 강화하고 있다. 이 글에서 특정한 사회 현상은 나타나지 않았으며, 따라서 그것이 일어나는 원인에 대한 설명도 확인할 수 없다(ㄷ).

02 ⓐ~ⓓ는 외재 동기를 유발하는 외적 보상이며, ⓔ는 내재 동기를 유발하는 요인이다. 따라서 의미하는 바가 나머지와 다른 것은 ⓔ이다.

03 〈보기〉에서 '팬들의 반응'은 외재 동기를 유발하는 외적 보상에 해당한다. 외적 보상을 보지 못하게 막은 행동을 통해 아버지가 외재 동기보다 내재 동기를 중요하게 여기고 있음을 알 수 있다. 따라서 손흥민이 더 큰 보상을 받기 위해 노력하기를 원했다는 내용은 적절하지 않다.

초연결성은 지역성을 강화하는가_김재영

해제 이 글은 초연결성이 지역성을 강화한다고 주장하는 논설문이다. 이 글에서 글쓴이는 초연결성이 특정 지역성을 중심으로 사람들을 모으는 연결망을 형성한다는 점과, 초연결성이 지역을 기반으로 새로운 정체성을 형성한다는 점을 근거로 들어 결론을 이끌어 내고 있다. 또한 주장에 대해 예상되는 반론과 그에 대한 반박을 제시함으로써 글의 설득력을 높이고 있다.

주제 지역성을 강화하는 초연결성

특징 • 독자에게 익숙한 사례를 제시하여 주장을 강화함.
• 예상되는 반론과 이에 대한 반박을 제시하여 설득력을 높임.

한눈에 보기

주장
초연결성은 지역성을 강화한다.

↓

이유	
초연결성은 특정 지역성을 중심으로 사람들을 모으는 연결망을 형성함.	초연결성이 사람들 간의 연결성을 높이고, 지역을 기반으로 새로운 정체성을 형성할 수 있음.

01 논증하는 글을 읽을 때는 글에 쓰인 논증 요소의 타당성을 평가하며 글쓴이의 주장이 정당한지 판단해야 한다. 글쓴이가 경험에서 얻은 정서를 진정성 있게 표현했는지 고려하며 읽는 글은 수필 갈래이다.

02 글쓴이는 초연결성이 지역성을 강화한다고 보는 자신의 주장을

뒷받침하기 위해 관련 사례를 제시하고 있을 뿐, 전문가의 견해를 인용하고 있지는 않다.

03 이 글은 초연결 사회에서 초연결성이 지역성을 강화할 것으로 보았으며, 이러한 지역성을 나타내는 동네 생활권이라는 용어가 부각되고 있음을 나타내고 있다. 인공지능은 전 세계 인류가 소통하는 지구촌 시대가 된 이유의 예로 언급된 것 뿐이다.

04 이 글의 '서론'에서는 초연결 사회가 계속 진행되면 지역의 가치가 다른 곳으로까지 더 확장되기 때문에 초연결성이 지역성을 더 강화할 것이라고 보았다.

모답 풀이
❶ '서론'의 초연결성이 '직접 만나서 소통하는 기존의 연결성을 약하게 만들어'라고 한 부분에서 알 수 있는 내용이다.
❸ '서론'에서 정보 통신 기술의 발전으로 전 세계가 하나의 거대한 네트워크로 연결된 초연결 사회에 살고 있다고 하였다.
❹ '서론'에서 초연결성은 사람과 사람뿐만 아니라 사람과 사물, 사물과 사물이 네트워크로 연결되어 정보가 생성, 수집되고 공유된다고 하였다.
❺ '본론 1-❶'에서 '초연결성의 토대가 없었다면 지리적 공간을 압축하는 세계화의 흐름 속에서 지역성이 부각되기는 어려웠을 것'이라고 한 부분에서 알 수 있는 내용이다.

01 이 글은 '초연결성이 지역성을 강화할 것이다.'라는 주장을 강화하기 위해 동네 기반 중고 거래 플랫폼이라는 지역성을 기반으로 소통하는 사례를 제시하여, 독자가 논지를 쉽게 이해할 수 있도록 하였다.

모답 풀이
❶ 이 글에는 다른 나라의 사례가 나타나지 않는다.
❷ 이 글에서 초연결성의 개념을 직접 인용한 부분은 나타나지 않는다.
❸ 이 글에는 전문가의 말을 인용한 내용은 확인할 수 없다.
❹ 이 글에는 동네 기반 중고 거래 플랫폼을 이용한 글쓴이의 경험이 나타나지 않는다.

02 [A]에서는 초연결성이 지역성을 무의미하게 만들 수 있다는 예상 반론을 제시하고, 초연결 사회에서 지역성은 능동적으로 생성되고 강화되어 간다고 반박하고 있다.

모답 풀이
❶ 글쓴이는 예상 가능한 반론을 제시하고 이를 수용하는 것이 아니라, 근거를 들어 반박하고 있다.
❷ [A]가 아닌 '결론 1'에서 확인할 수 있다.
❹ 글쓴이는 '~ 우려하는 사람들이 있다.', '이 입장에서는~' 등으로 예상 가능한 반론을 제시하고 있다. 이를 논지에 대한 일반적인 견해로 보기 어려우며, 또한 이를 일부 수용하는 내용도 나타나지 않는다.
❺ 자신의 주장에 대한 한계점을 제시하고 이를 보완할 수 있는 방안을 언급하는 것이 아니라, 글쓴이는 예상 가능한 반론을 제시하고 이에 대해 근거를 들어 반박하고 있다.

03 이 글은 논증하는 글로, 논증하는 글을 읽을 때에는 논증 요소의 타당성이나 논증 방법의 설득 효과와 관련하여 평가할 수 있다.

04 초연결성이 같은 동네 사람들끼리 지역성을 강화하는 것은 맞지만, 이러한 현상이 다른 지역 사람들 간의 초연결성을 약화하는지는 이 글을 통해 판단할 수 없다.

수능으로 실력 쌓기 1회
● 108~109쪽

01 ① **02** ④ **03** ⑤

01 1문단에서 중앙 정부는 물론, 지방 자치 단체 또한 정책 결정 과정에서 전문적인 행정 담당자를 중심으로 한 정책 결정이 빈번해지고 있다고 하였다. 따라서 지방 자치 단체의 정책 결정 과정을 중앙 정부와 대비해서 기술하고 있지는 않다.

모답 풀이
❷ 이 글에서 글쓴이는 민간화와 경영화의 한계를 해소하고, 정책 결정 과정에 지역 주민 전체의 의견을 더욱 적극적으로 반영하기 위해 지방 자치 단체가 주민 참여 제도를 활성화해야 한다고 주장하고 있다.
❸ 현재 우리나라의 지방 자치 단체가 채택하고 있는 주민 참여 제도에는 간담회, 설명회 등이 있음을 알 수 있다.
❹ 4문단에서는 직접 민주주의 제도를 활성화했을 때 나타날 수 있는 효과에 대해 설명하고 있다. 정책 결정에 대한 지속·안정적 참여, 개인들의 지역 문제에 대한 관심 제고, 공동체 의식 고양, 주민의 의사에 대한 더욱 적극적인 고려, 정책 집행에 대한 주민들의 적극적인 협조 경향 등이 이에 해당한다.
❺ 지방 자치 단체에서 행정 담당자 주도로 이루어지는 정책 결정의 문제점을 개선하기 위해 민간화와 경영화의 방식을 도입하는 등 자체적인 개선 노력을 기울였다는 내용이 설명되어 있다.

02 2문단에서 ㉠은 지방 자치 단체가 민간 기업이라는 외부 단체에 정책 결정권을 위임하는 방식임을 알 수 있다. 반면 ㉡은 지방 자치 단체가 스스로 민간 기업의 운영 방식을 도입하는 것이라 하였으므로 외부에 정책 결정권을 위임하는 방식이 아님을 알 수 있다.

모답 풀이
❶ ㉠ '민간화'는 지방 자치 단체가 담당하는 특정 업무를 민간 기업에 위탁하여 운영하게 하는 것이다. 그런데 민간 기업은 본래 이익을 추구하는 집단이기 때문에 기업의 이익을 더 중요하게 생각하여 주민의 이익이라는 공익 추구를 소홀히 할 수 있다는 한계가 있다.
❷ ㉠ '민간화'와 ㉡ '경영화'는 모두 행정 담당자 주도로 이루어지는 정책 결정의 문제점을 극복하기 위한 개선책으로 도입된 것이었다. 그런데 외부의 적극적인 견제가 없을 때, 다시 행정 담당자들이 기존의 관행에 따라 업무를 처리하는 경향이 나타난다고 하였다. 이는 ㉡을 도입한 취지에 맞지 않으므로 ㉡이 성공적으로 시행되려면 정책 결정 과정에 외부의 견제 장치가 필요함을 알 수 있다.
❸ ㉠과 ㉡은 모두 행정 담당자 주도의 정책 결정을 보완하기 위해 도입한 사례로, 시장 경제의 원리를 부분적으로 받아들였다는 공통점이 있다고 하였다.
❺ ㉠과 ㉡은 정책 결정이 행정 담당자 주도로 이루어지는 문제점을 극복하기 위해 채택한 방법으로, 지역 주민의 요구를 수용하기 위해 도입된 사례들이다.

03 4문단에서는 주민들이 정책 결정에 직접 참여하게 되면 정책 집행에 적극적으로 협조하는 경향이 커지게 될 것이라고 전망하였다. 그런데 〈보기〉에서는 주민 투표 결과 찬성이 더 많은 지지를 받는 투표 결과가 나왔음에도 반대하는 주민들이 결과에 불복하여 주민 간 갈등 심화로 행정에 대한 불신이 커지고 주민들은 다른 정책에도 협조하지 않는다고 하였다. 이를 통해 주민의 직접 참여에 의한 정책 결정인 경우에도 주민들이 비협조적인 경우가 있음을 확인할 수 있다.

모답 풀이
❶ 이 글에서는 주민들이 직접 정책 결정에 참여하게 되면 공동체 의식이 고양되는 효과를 기대할 수 있다고 하였다. 그러나 〈보기〉에서는 찬성이 반대보다 많은 투표 결과가 나왔으나 반대하는 주민들이 투표 결과에 불복함으로써 주민 간 반목이 심해졌다고 하였다. 따라서 [A]에서 언급한 것과 같이 지역 주민들의 공동체 의식이 고양되었다고 볼 수 없다.
❷ 이 글에서는 주민들의 직접적인 참여를 통해 정책에 대한 지지와 행정에 대한 신뢰도가 높아진다고 하였다. 그러나 〈보기〉의 사례에서는 찬성 측과 반대 측이 대립하여 주민 간의 갈등이 심화되면서 행정에 대한 불신이 커져 상당수의 주민들이 다른 정책에 대해서도 비협조적인 태도를 드러내는 현상이 나타났다.
❸ 이 글에서는 직접 민주주의 제도의 활성화를 통해 정책 결정에 대한 주민들의 참여가 안정적으로 이루어질 수 있다고 전망하고 있다. 그런데 〈보기〉에서는 정책의 결정이 지연되면서 행정에 대한 불신이 커져 그 결과 상당수의 주민들이 다른 정책에 대해서도 협조하지 않는 현상이 나타났다고 하였다. 따라서 해당 정책에 대한 결정 지연으로 정책 결정에 대한 주민들의 참여가 잘 이루어지지 않음을 알 수 있다.
❹ 이 글에서는 주민들의 직접적인 참여를 통해 정책에 대한 주민들의 지지가 높아진다고 하였다. 그러나 〈보기〉에는 직접 민주주의 제도인 주민 투표를 주민들이 거부하는 상황이 나타나 있다. 이는 주민 투표 제도에 회의를 느꼈기 때문으로 정책에 대한 주민들의 지지가 높아진 것이 아니라 낮아졌음을 보여 준다.

수능으로 실력 쌓기 2회
● 109~110쪽

04 ③ **05** ② **06** ③

04 이 글은 1문단에서 현대의 개체화 현상이라는 화제를 제시한 뒤, 2문단에서 개체화의 가속화 추세에 대해 벡과 바우만이 공통된 인식을 보인다는 것을 설명하였다. 이어서 현대의 위기와 관련해 두 사람이 개체화를 바라보는 시선이 다르다고 한 뒤, 3문단에서는 벡의 견해를, 4문단에서는 바우만의 견해를 설명하였다. 따라서 이 글은 개체화 현상에 대한 벡과 바우만의 견해에서 드러나는 공통점과 차이점을 설명한 글임을 알 수 있다.

모답 풀이
❶ 2문단에서 20세기 중반 이후 개체화 현상이 과거와는 질적으로 달라진 양상을 보이고 있음을 설명하고 있지만, 이 양상들이 하나의 기준에 따라 분류되어 제시되고 있지는 않다.
❷ 글쓴이는 글을 시작하면서 개체화 현상의 개념을 정의하고 이를 기반으로 내용을 전개하고 있다. 하지만 개체화 현상에 대한 통념을 제시하거나 이를 비판하며, 그 개념을 새롭게 규정한 부분은 나타나지 않는다.
❹ 이 글에서는 개체화 현상의 개념과 이에 대한 두 학자의 견해가 공통점과 차이점을 중심으로 설명되어 있을 뿐, 개체화 현상의 역사적 기원에 대한 가설들이 제시되지는 않았다.
❺ 1문단에서 개체화 현상에 대해 정의하고 있기는 하지만, 이를 바탕으로 유사한 사회적 개념들을 제시하거나 비교한 내용은 글에서 찾아볼 수 없다.

05 현대의 개체화 현상, 특히 20세기 중반 이후의 현상에 대해 설명한 2문단에서, 교통과 통신 수단이 발달함으로써 개인에 대한 국가의 통제력이 현저하게 약화되었음을 알 수 있다. 따라서 국가의 통제력 강화를 통해 개인의 자율성 약화를 초래한다는 설명은 적절하지 않다.

[오답 풀이]
❶ 현대의 개체화 현상에 따라 노동 시장이 유연화되면서 노동자들이 다양한 형태로 분절화되어 계급적으로 연대하기가 어려워졌음을 설명하고 있다. 이는 분절화된 노동자들이 계급적 동질성을 갖지 못하게 되었음을 의미하는 것이다.
❸ 핵가족화와 함께 일인 가구가 증가한다는 것은 곧 개인이 가족과 거주 공간을 공유하지 않는다는 의미이다. 따라서 현대의 개체화 현상은 개인의 거주 공간이 가족 공동의 거주 공간에서 분리되는 추세도 포함한다고 볼 수 있다.
❹ 벡은 현대인들이 개체화되어 있는 것, 즉 현대의 개체화 현상이 오히려 초계급적, 초국가적 연대라는 새로운 방식의 유대를 가능하게 할 수 있다고 생각함을 알 수 있다.
❺ 4문단에서 바우만이 개체화 현상 자체를 위험 요인으로 보고 있음을 알 수 있고, 현대인들이 개인 수준에서 위기에 대처해야 하는 상황에 있다(서로 연대하기 어렵다)고 판단하고 있음을 알 수 있다. 따라서 바우만의 관점에서 현대의 개체화 현상이 현대인들로 하여금 서로 연대하기 어렵게 하는 위험 요인이라는 추론은 적절하다.

06 ㉠의 위험 사회는 벡이 현대 사회를 정의한 개념이고, ㉡의 액체 시대는 바우만이 현대 사회를 정의한 개념이다. 벡은 현대 사회를 위험 사회로 보면서, 3문단에 제시된 것처럼 그 위험에 의한 불안에 대응하기 위해 현대인들이 계급과 국가를 초월해 연대할 수 있다고 보았다. 즉, 인간관계가 계급이나 국가라는 틀에 매이지 않고 유연하게 확장될 수 있다고 낙관적으로 본 것이다. 반면 바우만은 현대 사회를 불확실성 속에서 생존을 모색하게 된 액체 시대로 보고, 4문단에 제시된 것처럼 현대인들이 협력의 고리를 찾지 못한 채 개인 수준에서 위기에 대처해야 하는 상황에 있다고 보았다. 따라서 바우만은 연대와 같은 인간관계의 유연한 확장 가능성을 비관적으로 보고 있음을 알 수 있다.

[오답 풀이]
❶ 벡은 현대 사회를 과거와는 달리 국가와 계급을 가리지 않고 영향을 미치는 위험이 체계적·항시적으로 존재하게 된 사회로 파악하고, 이를 드러내기 위해 ㉠ '위험 사회'라는 개념을 사용하였다.
❷ 바우만은 현대 사회를 불확실성 속에서 생존을 모색해야 하는 시대로 파악하고, 이런 현대 사회의 특성이 가변적이고 유동적인 액체의 속성과 같다고 보아 현대 사회를 ㉡ '액체 시대'로 정의하였다.
❹ 3문단에서 벡이 현대 사회가 핵무기와 원전 누출 사고, 환경 재난 등의 위험이 체계적이고 항시적으로 존재한다고 보아 '위험 사회'라는 명칭을 사용하였음을 알 수 있다. 또한 4문단에서 바우만이 정의한 액체 시대라는 개념에는 예측 불가능한 전 지구적 위험 요인이 항시적으로 존재한다는 생각이 반영되어 있음을 알 수 있다. 따라서 ㉠과 ㉡은 모두 재난과 같은 위험의 현실화 가능성이 일상화되어 있다는 것을 전제한 개념임을 알 수 있다.
❺ 3문단에서 벡이 생각한 위험은 국가와 계급을 가리지 않고 파괴적으로 영향을 미치는 것임을 알 수 있는데, 이는 곧 위험의 공간적 범위가 전 지구적으로 확장되어 있음을 의미한다. 따라서 벡이 정의한 위험 국가라는 말에는 이러한 의미가 내포되어 있다. 또한 4문단에서는 바우만의 액체 시대라는 개념이 예측 불가능한 전 지구적 위험 요인이 항시적으로 존재함을 내포하는 개념임을 알 수 있다.

07 학교와 경찰서를 먼저 비교할 경우, 갑은 3순위인 경찰서 대신 2순위인 학교에 투표할 것이고, 을은 1순위인 학교, 병은 1순위인 경찰서에 투표할 것이므로, 학교가 채택될 것이다. 이후에는 학교와 병원이 최종 투표에 부쳐지는데, 갑은 1순위인 병원, 을은 1순위인 학교, 병은 3순위인 학교 대신 2순위인 병원에 투표할 것이므로 최종적인 대안으로 병원이 결정될 것이다. 따라서 이때 최종적으로 학교가 결정된다는 것은 적절하지 않다.

[오답 풀이]
❶ 병원과 학교를 먼저 비교할 경우, 갑은 1순위인 병원, 을은 1순위인 학교, 병은 3순위인 학교 대신 2순위인 병원에 투표할 것이므로, 병원이 채택될 것이다. 따라서 그 이후에는 병원과 경찰서의 다수결 승자가 최종적인 대안으로 결정된다. 참고로 이때는 갑은 병원, 을은 2순위인 경찰서, 병은 1순위인 경찰서에 투표할 것이므로, 최종적인 대안으로 경찰서가 결정될 것이다.
❸ 투표의 역설은 어떤 대안들을 먼저 비교하느냐에 따라 결과가 달라지는 것이다. 〈표〉의 상황에서는 병원과 학교를 먼저 비교할 경우에는 병원과 경찰서의 최종 투표 결과 경찰서가 최종적인 대안으로 결정되고, 학교와 경찰서를 먼저 비교할 경우에는 학교와 병원의 최종 투표 결과 병원이 최종적인 대안으로 결정되므로 투표의 역설이 나타남을 알 수 있다.
❹ 〈표〉에 따르면 갑, 을, 병의 1순위는 각각 병원, 학교, 경찰서이므로, 이 셋을 동시에 투표에 부치면 세 사람이 병원, 학교, 경찰서에 각 한 표씩 투표하게 되어 어떤 대안도 과반수가 되지 않는다.
❺ 병원, 학교, 경찰서에 대한 갑, 을, 병 세 사람의 선호 순위가 바뀌지 않아도 두 대안을 선정하여 다수결로 결정한 후 남은 한 가지 대안과 다수결로 승자를 결정하는 경우 비교하는 대안의 순서에 따라 투표 결과는 달라지게 된다.

08 안건 통과에 필요한 투표자 수가 증가할수록 의사 결정 비용은 증가하는 반면, 외부 비용은 감소한다고 했다. 따라서 안건 통과에 필요한 투표자가 많아지게 되면 외부 비용에 해당하는 ㉮는 우하향하고, 의사 결정 비용에 해당하는 ㉯는 우상향하므로 모두 이동하게 된다.

[오답 풀이]
❶ ㉮는 우하향하는 곡선이므로 외부 비용에 해당한다. 외부 비용은 어떤 안건이 통과됨에 따라 그 안건에 반대하였던 사람들이 느끼는 부담을 의미하며, 찬성표의 비율이 높아질수록 낮아진다고 했다. 따라서 반대표의 비율이 높아지면 외부 비용은 값이 커질 것이다.
❷ ㉯는 우상향하는 곡선이므로 의사 결정 비용에 해당한다. 의사 결정 비용은 투표 참가자들의 동의를 구하는 데에 드는 시간과 노력에 따른 비용을 의미하므로 투표 참가자들을 설득하는 데에 드는 시간과 노력이 적을수록 그 값이 작아질 것이다.
❸ ㉰는 U자 형태의 곡선으로 총비용에 해당하는데, 총비용은 의사 결정 비용과 외부 비용의 합이다. 〈보기〉에서 n은 ㉮와 ㉯를 합한 값이 최소화되는 지점, 즉 총비용이 최소화되는 곳으로, 안건 통과의 기준이 되는 최적 다수 지점이 된다.
❹ 외부 비용은 투표에 참가하는 모든 사람이 찬성하는 경우 0이 된다고 했으므로, 이때 ㉮의 값은 0이 된다.

Ⅴ 듣기·말하기

✚ 개념 확인하기
⟶ 114~115쪽

1 공손성	**2** 협력	**3** 비난, 칭찬	**4** ㄱ, ㄷ	**5** ○
6 ×	**7** 주장	**8** 논제	**9** ○	**10** ×
11 중대하며, 조치가 시급함		**12** 크다는		

DAY 18 대화의 원리와 공동체의 담화 관습 내신 올리기
⟶ 116~117쪽

01 ② **02** ④ **03** ④ **04** ② **05** ① **06** ③

01 〈보기 2〉의 하영은 회의에 늦은 채빈의 사과에 괜찮다고 말하며 오히려 회의 전에 친구들과 이야기를 나눌 수 있어 좋았다고 말하고 있다. 이는 상대방에게 부담이 되는 표현은 최소화하고 이익이 되는 표현은 최대화하는 요령의 격률을 사용하여 말한 것으로 볼 수 있다.

> **오답 풀이**
> ❶ ㉠의 채빈은 자신이 제안한 회의에 늦어 미안하다고 말하고 있다. 이는 자신에게 부담이 되는 표현을 최대화한 관용의 격률을 사용하여 말하고 있는 것으로 볼 수 있다.
> ❸ ㉢의 승민은 담화의 목적을 밝혀 회의의 시작을 유도하고 있다. 이는 협력의 원리 중 관련성의 격률을 사용한 것으로 볼 수 있다.
> ❹ ㉣의 정석은 승민이 좋다고 한 의견에 공감한 후에 자신의 의견을 밝히고 있다. 이는 상대방과의 의견 차이를 최소화하는 동의의 격률을 사용하여 말하고 있는 것으로 볼 수 있다.
> ❺ ㉤의 민주는 맥락에 맞게 정석의 의견을 듣고 다른 디자인을 제시하고 있으므로 이는 협력의 원리 중 관련성의 격률을 사용한 것으로 볼 수 있다.

02 동희는 축구 잘해?'라는 '화성'의 질문에 '전학 오기 전에', '학교에 유소년 축구 선수가 있었는데'와 같은 불필요한 말까지 하고 있으므로 ㉠의 발화에는 질문의 주제와 관련이 없는 말을 하고 있다는 문제점이 드러난다.

> **오답 풀이**
> ❶ 동희는 화성의 말이 끝난 후 대답하였으므로 대화 순서를 무시했다고 보기 어렵다.
> ❷, ❸ 동희는 자신에 대한 정보만을 말하고 있다.
> ❺ 동희는 여러 의미로 해석될 만한 중의적 표현을 사용하고 있지 않다.

03 대화의 맥락으로 보아 ㉡은 화성이 축구부 입단 시험을 잘 보지 못했음을 간접적으로 표현하는 것(ⓐ)이라고 할 수 있다. 이는 협력의 원리 중에서 대화의 목적이나 주제에 관련된 내용을 말해야 한다는 관련성의 격률(ⓑ)을 지키지 않은 것이다.

> **오답 풀이**
> ❶, ❷ 화성이 축구화를 찾는 것은 의도적으로 대답을 회피하는 것으로 상대방이 불필요한 말을 너무 많이 하는 것에 대해 불편하거나 상대의 말을 제대로 알아듣지 못해 하는 행동이 아니다.
> ❸ 축구부 입단 시험에 대한 결과가 아직 나오지 않은 것인지는 이 글을 통해 추론할 수 없다.
> ❺ 화성의 행동에 대해 설명하는 '일부러 못 들은 척하며'라는 지시문의

내용과 화성의 말을 듣고 '다음에 기회가 또 있을 거야.'라고 위로하는 동희를 볼 때, 화성이 정말로 축구화를 가지고 오지 않아 당황스러워서 ㉡처럼 말했다고 보기 어렵다.

04 ①, ③, ④, ⑤에는 불필요한 말을 삼가고, 대화 상대나 상황을 고려하여 필요한 말만 조심히 하는 '신중하게 말하기'의 담화 관습이 반영되어 있다. 그러나 ②는 마음속으로만 애태울 것이 아니라 시원스럽게 말을 하여야 한다는 의미로 말을 하는 것의 중요성을 강조한 속담이다.

> **오답 풀이**
> ❶ 늘 말하던 것이 마침내 사실대로 되었을 때를 이르는 말로, 말하는 것이 사실이 될 수 있으니 말을 중요하게 여기고 조심히 말해야 한다는 '신중하게 말하기'의 담화 관습이 반영되어 있다.
> ❸ 아무도 안 듣는 데서라도 말조심을 해야 한다는 말로 조심히 말해야 한다는 '신중하게 말하기'의 담화 관습이 반영되어 있다.
> ❹ 화살은 쏘아도 찾을 수 있으나 말은 다시 수습할 수 없으니 말을 삼가야 한다는 말로 불필요한 말을 하지 않고 조심히 말해야 한다는 '신중하게 말하기'의 담화 관습이 반영되어 있다.
> ❺ 가루는 체에 칠수록 고와지만 말은 길어질수록 거칠어져 시비가 붙을 수 있고 마침내는 말다툼까지 가게 되니 말을 삼가야 한다는 말로 불필요한 말을 하지 않고 조심히 말해야 한다는 '신중하게 말하기'의 담화 관습이 반영되어 있다.

05 김 선생이 담소를 나누기 위해 벗의 집에 찾아 갔을 때, 벗은 술상 위에 채소만 내오며 김 선생을 인색하게 대접한다. 김 선생은 마침 마당에서 모이를 쪼는 닭들을 보고 '닭을 요리하여 대접해 달라.'는 말 대신 자신이 타고 온 말을 잡은 후 자신은 닭을 빌려 타고 가겠다는 재치와 익살이 담긴 말로 자신의 생각을 돌려 말하고 있다.

> **오답 풀이**
> ❷ 상대방의 말을 경청하지 않는 것과 같은 상황은 이 글에 나타나지 않는다. 벗이 김 선생에게 "하나뿐인 말을 잡으라니, 무엇을 타고 돌아가겠다는 말인가?"라고 한 것은 김 선생의 말의 의도를 이해하지 못하였기 때문이지 경청하지 않아서가 아니다.
> ❸ 이 글에서 벗이나 김 선생의 목소리의 높낮이나 장단과 관련하여 문제가 되는 상황은 드러나지 않는다.
> ❹ 김 선생과 벗은 친구 사이이므로 윗사람이 가르침을 주는 상황에 해당하지 않는다.
> ❺ 김 선생이 재치와 익살이 담긴 말로 벗의 잘못을 일깨워 주고 있다고 볼 수 있으나 김 선생이 벗에게 꾸짖음을 듣는 상황은 나타나지 않는다.

06 나 에서 유모가 전한 부인의 말씀을 보면 상대방을 높이 이르는 말인 '노야' 등을 사용하여 상대방을 높이고 있으며, 자신이 거처하는 방을 겸손하게 이르는 말인 '누실' 등을 사용하여 자신을 낮추고 있다. 즉 나 에는 겸손하게 말하는 담화 관습이 드러난다. ③의 주인 역시 손님들에게 대접하는 음식을 풍성하게 차렸지만 '차린 것이 없'다고 하며 겸손하게 말하고 있다.

> **오답 풀이**
> ❶ 딸은 어머니에게 용돈을 더 달라고 직접적으로 말하지 않고 '요즘 책값이 많이 올랐'다고 돌려 말하고 있으므로 돌려 말하기(완곡어법)라는 우리말의 담화 관습이 드러나 있다고 할 수 있다.
> ❷ 아들은 아버지가 한 음식이 짜다는 것을 직설적으로 표현하고 있으며 이는 우리말의 담화 관습 중 돌려 말하기와 반대되는 것이라 할 수 있다.

❹ 옷 가게 점원은 손님에게 피부 색조를 근거로 들어 원색을 권하고 있는데 이는 우리말의 담화 관습과는 무관한 것이다.
❺ 정부 관료는 확정되지 않은 정책에 관해 받은 질문에 대해 '아직 정책이 확정되지 않아 지금은 말씀드리기 곤란'하여 '시간이 지나면 상세히' 말하겠다고 하고 있으므로 신중하게 말하기의 담화 관습이 나타난다고 할 수 있다.

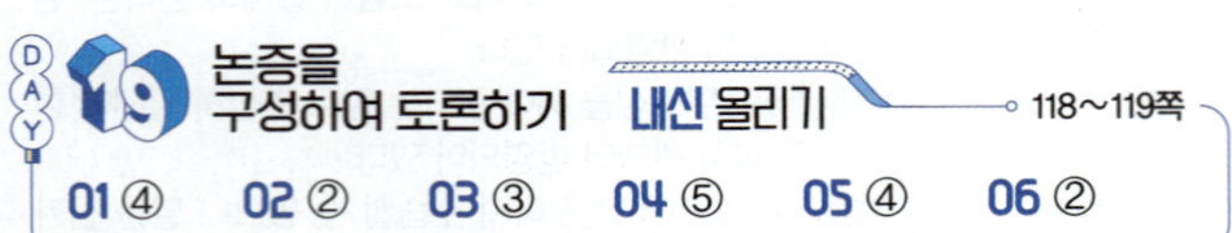

01 토론은 규칙에 따라 순서가 정해진 말하기이다. 따라서 상대측의 질문과 반박에 따라 토론자의 순서를 바꿔서는 안 된다.

모답 풀이
❶ 토론은 시간과 순서가 정해진 말하기이므로 토론을 할 때는 발언 순서와 시간을 준수해야 한다.
❷, ❺ 토론은 자신의 주장을 논리적으로 증명하는 것이므로 주장할 때나 상대측의 주장을 반박할 때 모두 타당한 근거를 바탕으로 해야 한다.
❸ 이 토론은 반대 신문식 토론으로 반대 신문이나 반론 과정에서 상대측 토론자가 논제에서 벗어난 부분이나 모순된 내용, 논리적 오류 등을 지적하면서 자신들의 주장이 지닌 강점을 강화한다. 따라서 토론 과정에서 상대측 주장에 논리적 허점이 있는지를 파악하는 것이 중요하다.

02 이 토론에서 사회자는 논제의 배경을 설명하며 '인공 강우를 실용화해야 한다.'는 토론의 논제를 제시하고 있다. 또한 각 토론자의 발언 순서를 안내하며 토론을 진행하고 있다.

모답 풀이
ㄱ. 이 토론에서 사회자가 토론의 규칙을 설명하는 내용은 찾을 수 없다.
ㄹ. 이 토론에서는 참여자가 발언 순서를 지키지 않는 등의 문제가 발생하지 않았다.
ㅁ. 이 토론에서 사회자가 참여자의 발언을 요약하거나 정리하는 내용은 찾을 수 없다.

알아두기

✦ **토론에서 사회자의 역할**
• 토론의 논제를 제시함.
• 토론의 시작과 끝을 알림.
• 토론의 규칙과 순서를 제시함.
• 토론자들이 토론 시간 및 규칙을 준수하게 함.

03 '찬성 1'의 입론에는 논제와 관련하여 새롭게 부각되는 사회적 관심을 언급한 부분은 나타나 있지 않다.

모답 풀이
❶ 우리나라 봄철과 겨울철의 가뭄과 산불이 심각한 수준이라는 주장을 뒷받침하는 구체적인 통계 수치를 제시하고 있다.
❷ '인공 강우'와 '실용화'의 개념을 정의하며 토론의 주제에 대한 이해를 돕고 있다.

❹ '실험 단계에서 성공한 강우량으로는 가뭄과 산불을 예방하거나 해결하기 미흡하다고 비판할 수 있습니다.'로 예상되는 반론을 제시하고 있다. 또한 '그러나 앞서 언급한 실험의 성과는 우리나라에 한 대뿐인 인공 강우 전용 항공기로 이뤄 낸 것입니다. 전용 항공기를 더 확보하고 전문 인력과 예산을 늘려 인공 강우를 시행한다면, 인공 강우로 가뭄과 산불을 충분히 예방할 수 있습니다.'로 예상되는 반론을 반박함으로써 주장을 강화하고 있다.
❺ 논제와 관련하여 2018년부터 2021년까지 70여 차례 수행한 인공 강우 실험 성과를 근거 자료로 제시하고 있다.

04 '찬성 1'은 입론에서 제시한 내용에 대해 근거가 있느냐는 '반대 2'의 반대 신문에 ㉠과 같이 구체적인 통계 수치가 드러나는 산림청의 그래프 자료를 제시하여 내용에 대한 신뢰성을 확보하고자 한다.

모답 풀이
❶ '반대 2'는 '찬성 1'이 제시한 내용에 대한 근거를 요구하였을 뿐, 어떠한 논리를 펴고 있지는 않다. 따라서 '찬성 1'이 상대방의 논리를 반박하기 위해서 ㉠ 자료를 제시하고 있다고 보는 것은 적절하지 않다.
❷ '찬성 1'이 ㉠을 제시한 목적은 입론 내용에 대한 신뢰성을 확보하고자 함이지 어려운 용어를 쉽게 설명하기 위해서가 아니다.
❸ '찬성 1'은 ㉠을 제시하여 가뭄 발생과 산불 발생의 상관관계를 바탕으로 최근 가뭄 발생 일수가 늘어나며 산불 발생 빈도도 크게 증가하고 있다는 점을 밝힘으로써 우리나라 봄철과 겨울철의 가뭄과 산불이 심각한 수준이라는 문제의 심각성을 드러내고자 한 것이다. 따라서 ㉠을 문제의 심각성에 대한 우려를 없애기 위해 제시한 자료로 보는 것은 적절하지 않다.
❹ '찬성 1'은 ㉠을 제시하여 산불이 잦은 우리나라에 인공 강우의 실용화가 필요하다는 점을 증명하려고 하고 있다. 따라서 ㉠을 해결 방안의 실현 가능성이 낮음을 증명하기 위해 제시한 자료로 보는 것은 적절하지 않다.

05 '반대 2'는 '찬성 1'이 '2022 월별 건조 일수와 산불 발생 건수 그래프'를 제시하며 건조 일수와 산불 발생 건수가 상관관계가 있다고 해석한 것의 적절성에 대한 문제를 제기하고 있다.

모답 풀이
❶ [A]의 마지막 부분에서는 찬성 측 주장의 현실성이 높은지를 따지고 있다고 볼 수 있으나, 실수로 낸 산불을 막는 게 더 현실적인 산불 예방책이 아니겠냐고 한 것은 상대측 주장의 근거가 부족함을 지적하는 측면에서 한 말이지 상대측 주장을 보완할 방법으로 제시했다고 보기 어렵다.
❷ '건조 일수와 산불 발생 건수가 상관관계가 있다'고 해석한 상대측 주장을 확인하고 있지만, 그에 대한 논거를 제시하고 있지는 않다.
❸ 건조 일수와 산불 발생 건수의 상관관계에 대한 해석이 적절하지 않음을 이야기하고 있을 뿐 상대측 주장의 일관성이나 제시한 자료의 출처에 대한 요구를 하고 있지는 않다. 찬성 측에서 제시한 '2022년 월별 건조 일수와 산불 발생 건수'는 자료의 우측 하단에 산림청이라는 자료의 출처가 기재되어 있다.
❺ 공공기관인 산림청의 자료는 공정성이 없다고 보기 어려우며, 반대측이 이에 대해 의문을 제기하고 있지도 않다.

알아두기

✦ **상대방의 주장과 근거를 비판적으로 분석할 때의 판단 기준**
• 신뢰성: 인정이나 권위에 호소하지 않고, 믿을 만한 자료를 바탕으로 주장하고 있는가?
• 타당성: 주장과 근거가 연관되어 있으며, 근거가 주장을 논리적으로 뒷받침하고 있는가?
• 공정성: 어느 한쪽의 이념이나 가치관에 치우치지 않으며, 정의롭고 공평한 주장을 펼치고 있는가?

06 '인공 강우의 실용화로 가뭄과 산불을 예방할 수 있다.'는 것은 두 번째 쟁점인 '인공 강우의 실용화는 문제 해결 및 실행에 적절한가?(해결 방안의 실행 및 문제 해결 가능성)'에 대한 주장이다. ⑦ 에 나타나는 첫 번째 쟁점에 대한 주장으로는 '봄철과 겨울철의 가뭄, 산불 문제가 심각하다.'가 적절하다.

가를 할 수 있습니다.'라고 하며 상대 측의 문제 제기를 일부 인정했지만 이를 자신의 의견과 절충하고 있지는 않다.
❺ [A]의 '찬성 1'과 [B]의 '반대 1'은 모두 상대 측이 사용한 용어의 모호성을 언급하고 있지도, 상대 측의 질문이 논제에서 벗어난다고 지적하고 있지도 않다.

수능으로 실력 쌓기 1회 ··········○ 120쪽

01 ④ **02** ②

01 반대 측은 입론에서 직관적으로 표현된 별점 평가를 통해 소비자들이 구매에 필요한 정보를 쉽고 빠르게 얻을 수 있으며, 별점 평가의 결과는 많은 사람의 평가가 누적된 것이므로 신뢰할 수 있다고 하였다. 별점 평가의 결과가 직관적으로 확인될 수 있으므로 신뢰할 수 있다고 한 것이 아니다.

〔오답 풀이〕
❶ 찬성 측은 입론에서 별점을 매길 때 만족도에 대한 개인의 주관이 강하게 개입되어 객관적이지 못해 별점 평가의 신뢰성이 떨어진다고 주장하였다.
❷ 찬성 측은 입론에서 별점 평가의 단계별 척도인 별 한 개에 부여하는 가치가 사람마다 다르기 때문에 별점 평가의 신뢰성이 떨어진다고 주장하였다.
❸ 찬성 측은 입론에서 몇몇 소비자들이 악의적으로 매긴 허위 별점이 다른 소비자들에게 영향을 미쳐 판매가 급감한 사례를 들어, 별점 평가제가 판매자에게 큰 피해를 줄 수 있다고 주장하였다.
❺ 반대 측은 입론에서 소비자들이 자유로운 의사 표현을 할 수 있는 통로로 자리 잡은 별점 평가제가 폐지되면 소비자의 표현의 자유가 침해된다고 하였다.

02 [A]에서 '반대 2'는 '악의적으로 매긴 허위 별점으로 ~ 들을 수 있다고 하셨는데요'라고 '찬성 1'의 발언 일부를 재진술한 후에 '그렇게 말씀하신 근거를 구체적으로 제시해 주시겠습니까?'라고 하며 질문에 대한 응답을 요청하고 있다. 또한 [B]에서 '찬성 2'는 '별점 평가제가 ~ 자리 잡았다고 하셨는데요'라고 '반대 1'의 발언 일부를 재진술한 후에 '이에 대한 의견을 말씀해 주시겠습니까?'라고 하며 질문에 대한 응답을 요청하고 있다.

〔오답 풀이〕
❶ [A]에서 '반대 2'는 '그렇게 말씀하신 근거를 구체적으로 제시해 주시겠습니까?'라고 하며 근거 자료를 요구하고 있지만, 이는 상대 측 근거의 적절성에 의문을 제기한 후 추가 자료를 요구한 것이 아니라 주장에 대한 구체적인 근거를 요구한 것이다. 또한 [B]에서 '찬성 2'는 '이에 대한 의견을 말씀해 주시겠습니까?'라고 하며 자신의 생각에 대한 상대 측의 의견을 요구할 뿐, 주장에 대한 추가 근거 자료를 요구하고 있지는 않다.
❸ [A]의 '반대 2'와 [B]의 '찬성 2'는 모두 상대 측의 발언 내용에 대해 질문하고 있을 뿐, 상대 측의 주장이 실현되었을 때를 가정하고 있지는 않다.
❹ [A]에서 '찬성 1'은 상대 측의 문제 제기를 일부 인정하고 있지도, 자신의 의견과 절충하고 있지도 않다. [B]의 '반대 1'은 '물론 다른 방식으로 평

수능으로 실력 쌓기 2회 ··········○ 121쪽

03 ② **04** ①

03 '학생 3'은 '학생 2'의 '자신의 목숨을 위해 ~ 부정적이라고 생각해.'라는 의견에 대해, [A]에서 '타인의 생명을 ~ 문제라는 거지?'라며 자신이 이해한 바가 맞는지 확인하고 있다. 그 후 '학생 2'의 반응을 보고, 고개를 끄덕이며 '나도 그렇게 생각했어.'라고 말하고 있다. 또한 '학생 3'은 자라가 '용왕을 살려야 한다는 대의를 위한 선의의 거짓말'을 했다는 '학생 1'의 의견에 대해, [B]에서 자라의 거짓말로 '피해는 토끼가 보고' 있으며, 결국 자라의 거짓말은 '다른 이를 위기로 몰아넣는 나쁜 거짓말'이었음을 근거로 들어 반박하고 있다.

〔오답 풀이〕
❶ [A]에서 '학생 3'은 '학생 2'의 의견을 요약하여 자신의 말로 재진술하고 있으나, [B]에서는 '학생 1'의 의견에 대해 반박하고 있다.
❸ [A]에서 '학생 3'은 '학생 2'의 의견에 동조하면서 토끼에 대한 자신의 생각을 말하고 있을 뿐, 추가적인 정보를 요청하고 있지 않다. 그리고 [B]에서 '학생 3'은 '학생 1'의 의견을 반박하고 있다.
❹ [A]에서 '학생 3'은 '학생 2'의 의견을 확인하는 질문을 던진 후 그 반응을 보고, 고개를 끄덕이는 비언어적 표현을 사용해 자신이 상대의 의견에 공감하고 있음을 드러냈다. 그러나 '학생 3'이 [B]에서 사용한 '핑계 없는 무덤'이라는 관용적 표현은 '학생 1'의 의견을 반박하고자 활용한 것이다.
❺ [A]에서 '학생 3'은 '학생 2'의 의견에 동조하면서 「토끼전」의 다른 등장인물인 '토끼'에 대한 평가로 화제를 전환하고 있다. 그러나 [B]에서는 '학생 1'의 의견을 수용하지 않고 근거를 들어 반박하고 있다.

04 '네가 공책을 다 보고 나서 시간이 괜찮다면' 공책을 빌릴 수 있는지를 물음으로써 상대방에게 부담을 주는 표현을 최소화하고 있고, '너는 정말 필기를 꼼꼼하게 잘'한다고 상대방에 대한 칭찬을 극대화하고 있으므로 적절하다.

〔오답 풀이〕
❷ '네가 불편하지 않다면'이라고 말함으로써 상대방에게 부담이 되지 않도록 말하고 있지만, '지금 말고는 볼 시간이 없다'는 자신의 사정만 강조할 뿐 상대방에 대한 칭찬은 하고 있지 않다.
❸ '네가 (자료를) 빌려주는 것이 당연'하다고 한 것은 상대방에게 부담을 주는 표현이며, 상대방에 대한 칭찬도 나타나 있지 않다.
❹ '(너의) 필기 내용은 부족할 거야.'는 상대방에 대한 부정적인 표현이므로 상대방의 부담을 최소화한 것이 아니다. 또한 상대방에 대한 칭찬도 나타나 있지 않다.
❺ '너는 평소에도 글쓰기를 참 잘'한다고 하며 상대방에 대한 칭찬을 극대화하였으나, '너의 공책이 없으면 난 평가를 망칠' 것이라고 말한 것은 상대방에게 매우 큰 부담을 주는 표현이다.

개념 확인하기 ──○ 124~125쪽

1 ✕ 2 ○ 3 견해, 쓰기, 개요, 쟁점 4 시간적 5 연역
6 ✕ 7 ✕ 8 ㄴ

DAY 20 사회적 쟁점에 대한 글 쓰기 — 내신 올리기 ──○ 126~127쪽

01 ④ 02 ③ 03 ⑤ 04 ③ 05 ① 06 ⑤

01 **가** 에서 지수는 공원의 운동 시설은 공공시설이며 누구나 언제든지 이용할 수 있어야 하기 때문에 이용 시간을 제한하는 것은 불공평하다고 하였다. 이러한 내용으로 보아 지수는 공원의 이용 시간을 제한하는 것에 반대하고 있음을 알 수 있다.

02 **나** 는 은호가 사회적 쟁점에 대해 쓴 글이다. 사회적 쟁점에 대한 글 쓰기를 통해 여러 사람과 사회적 쟁점에 대한 의견을 공유하며 공동체의 문제를 민주적으로 해결할 수 있다.

03 내용 전개 원리는 크게 시간적 순서의 원리, 공간적 순서의 원리, 논리적 순서의 원리가 있다. **나** 는 푸름 공원의 실외 체육 시설을 야간에 이용하면서 생긴 문제들을 바탕으로 푸름 공원에 있는 실외 체육 시설의 야간 이용 시간을 제한해야 한다는 주장을 내세우고 있다. 이는 논리적 순서의 원리를 활용하여 내용을 전개하는 것이라고 할 수 있다.

04 푸름 공원의 실외 체육 시설에서 발생하는 불빛과 소음으로 주민들이 야간에 피해를 입고 있음을 2문단에서 언급하고 있다. 하지만 주민들을 인터뷰한 내용을 그대로 인용하고 있지는 않다.

오답 풀이
❶ **나** 의 1문단의 '저는 실외 체육 시설의 야간 이용 시간을 제한하여 공원 근처 거주민들을 배려해야 한다고 생각합니다.'를 통해 자신의 견해를 밝히고 있음을 확인할 수 있다.
❷ **나** 의 2문단에는 공원 근처 거주민들이 공원에서 활동하는 사람들로 발생하는 소음과 밝은 조명 때문에 휴식을 취하기 어려우며, 야간에 공원 체육 시설을 이용하는 사람들이 늘어나면서 안전사고가 늘고 있는 등 실외 체육 시설을 야간에 사용하면서 생긴 문제들이 제시되어 있다.
❹ **나** 의 3문단에는 야간에만 체육 시설을 이용하는 사람은 어떻게 해야 하느냐는 예상되는 반론을 제시하고 있으며 이러한 반론에 대한 반박으로 밤늦게까지 운영하는 실내 체육 시설을 이용하면 된다는 내용도 제시되어 있다.
❺ **나** 의 4문단의 '공원 근처 거주민들의 생활 환경을 개선할 수 있습니다.'를 통해 실외 체육 시설의 야간 이용 시간을 제한했을 얻을 수 있는 효과를 언급하고 있고, '다른 분들도 의견을 주신다면 이 문제를 해결하는 데에 큰 도움이 될 것입니다.'를 통해 다양한 의견을 요청하며 마무리하고 있음을 확인할 수 있다.

05 이 글에서 은호는 푸름 공원에 있는 실외 체육 시설의 야간 이용 시간을 제한할 것을 주장하고 있으므로, 이와 같은 내용을 제목으로 삼는 것이 적절하다.

06 ⟨보기⟩의 ⓒ 자료는 녹색구 실내 체육 시설의 운영 시간을 나타낸 것으로, 이를 통해 녹색구에는 밤늦게까지 운영하는 실내 체육 시설이 여러 개 있음을 알 수 있다. 그러나 이 자료로는 야간에 체육 시설을 이용하는 주민이 늘어나고 있음을 판단할 수 없다.

오답 풀이
❶ 2문단에서 '야간에 체육 시설을 이용하는 사람들이 늘어나면서 공원에서 발생하는 안전사고가 늘고 있다.'라고 하였는데, 이는 ⟨보기⟩의 ⓐ '안전사고 발생 비율도 증가하고 있다.'를 활용한 것으로 볼 수 있다.
❷ 2문단에서 '야간 관리 인원을 확충하기도 어려워'라고 하였는데, 이는 ⟨보기⟩의 ⓐ '야간 관리 인원을 늘릴 수도 없어 어려움을 겪고 있다고 밝혔다.'를 활용한 것으로 볼 수 있다.
❸ 2문단에서 '야간에 푸름 공원의 실외 체육 시설에서 발생하는 불빛과 소음이 근처 거주민들의 삶의 질을 떨어뜨리고 있습니다.'라고 하였는데, 이는 ⟨보기⟩의 ⓑ에서 소음과 불빛으로 인한 불편함을 드러내는 인터뷰 내용을 활용한 것으로 볼 수 있다.
❹ 3문단에서 '우리 녹색구에는 밤늦게까지 운영하는 실내 체육 시설이 여러 개 있습니다.'라고 하였는데, 이는 ⟨보기⟩의 ⓒ 자료의 밤늦게까지 운영하는 녹색구 실내 체육 시설의 운영 시간을 활용한 것으로 볼 수 있다.

DAY 21 언어 공동체를 고려한 개성이 드러나는 글 쓰기 — 내신 올리기 ──○ 128~129쪽

01 ④ 02 ② 03 ⑤ 04 ①

01 글쓴이는 시골 마을에서 소통하며 나누는 경험을 하며 '옛날에 우리 고향 마을도 그랬던 것 같다.'고 밝히고 있다.

오답 풀이
❶ '나'는 '나를 부르는 그 눈빛은 무구하다.'라고 하며 시골 사람들의 반응을 긍정적으로 받아들이고 있다.
❷, ❸ '나'는 옛날 고향 마을에서 이루어졌던 소통 문화를 그리워하고 있다.
❺ '나'는 산다는 것은 나하고 남하고 끊임없이 소통하는 것이며 남과 소통하지 못하고 사는 것은 살아도 진정으로 사는 것이 아닌 것이라고 하였다.

02 이 글의 글쓴이는 도시와 시골 마을에서 겪은 일화를 밝히며 주변 사람들과 소통하고 상호 존중하며 나누는 삶의 가치를 이야기하고 있다. 이는 도시와 시골 간의 문화적 차이를 잘 알지 못하는 사람들을 예상 독자로 한 것이라 볼 수 있다.

03 글쓴이는 자신이 나고 자란 경상도 남부 지역의 사투리를 이용하여 자연에 순응하는 지혜를 얻은 경험을 드러내고 있다. 이 글에서 계절 변화에 대한 내용이 언급되기는 하지만 이는 자연에 순응하는 지혜를 얻기까지의 글쓴이의 경험과 성찰을 전달하기 위한 것일 뿐, 노력하는 삶과는 관련이 없다.

04 개성이 드러나는 글을 쓴다는 것은 일상적인 경험에서 새로운 가치를 찾는 것이다. 이 글의 글쓴이는 더위에 대한 할머니의 말에서 자연에 순응하는 지혜라는 깨달음을 이끌어 내는데 이는 글쓴이만의 개성적인 발상을 담고 있는 것이라 할 수 있다.

오답 풀이
❷ '먹다 떨군 하드같이 길바닥에서 녹는 한여름'에서 한여름의 더위에 대한 글쓴이의 개성 있는 비유적 표현이 드러난다.
❸ 글쓴이는 혼비 씨에게 직접 이야기하는 듯한 친근한 어조를 사용하여 자신의 경험을 개성 있게 드러내고 있다.
❹ 글쓴이는 할머니가 하셨던 "가마~~~ 있으므 마, 한 개도 안 듭다."라는 할머니의 말을 인용해 여름의 더위에 대한 성찰을 위트 있게 드러내고 있다.
❺ 글쓴이는 **1**에서 여름의 특징에 대해 생생하게 묘사한 후, **2**에서 할머니가 했던 말과 함께 자신의 경험을 제시하고 **3**에서 이러한 경험을 바탕으로 한 성찰을 드러내고 있다.

수능으로 실력 쌓기 1회　　　130~131쪽
01 ②　　　**02** ②

01 ㉡의 로봇세를 도입하려는 목적을 궁금해하는 학생들을 고려하여, **다**에서는 로봇으로 인해 일자리를 잃은 사람들을 지원하거나 사회 안전망을 구축하기 위해 예산을 마련하자는 것이 로봇세 도입의 목적임을 설명하고 있다. 하지만 로봇 사용으로 얻을 수 있는 편안한 삶에 로봇세 도입이 미치는 영향을 언급하고 있지는 않다.

오답 풀이
❶ ㉠의 로봇세가 무엇인지 잘 모르는 일부 학생들을 고려하여, **다**에서는 '로봇을 사용해 이익을 얻는 기업이나 개인에 부과하는 세금이다.'라고 하며 로봇세의 납부 주체를 포함한 로봇세의 개념을 설명하고 있다.
❸ ㉡의 로봇세 도입의 목적을 궁금해하는 학생들을 고려하여, **다**에서는 로봇으로 인해 일자리를 잃은 사람들을 지원하려고 로봇세를 도입하는 것이라고 설명하고 있다.
❹ ㉢의 글 쓰는 학생과 상반되는 견해를 가진 학생들을 고려해, **다**에서는 로봇세를 도입하면 기술 개발에 악영향을 끼칠 수 있다는 전문가의 말을 인용하고 있다. 이것은 로봇세 도입과 로봇 기술 개발의 관계를 제시하여 로봇세의 부정적인 측면을 드러내는 것이다.
❺ ㉢의 글 쓰는 학생과 상반되는 견해를 가진 학생들을 고려해, **다**에서는 산업 혁명을 거치면서 새로운 기술이 도입되었지만 일자리는 오히려 증가했던 역사적 사실을 언급하며 로봇세 도입이 필요하지 않음을 드러내고 있다.

02 **다**에서는 '모바일 뱅킹이나 티켓 자동 발매기도 일자리를 줄였음에도 세금을 부과하지 않았는데 로봇에만 세금을 부과하는 것은 그 기준이 일관되지 않는다는 문제가 있다.'라고 하였다. 그런데 이는 ⓑ '새로운 기계가 도입되면서 일부 분야에서 일자리가 줄어든 경우'에 해당하는 사례(모바일 뱅킹이나 티켓 자동 발매기)를 찾아 과세 기준이 일관되지 않다는 문제를 지적한 것일 뿐, 로봇세가 중복 부과되는 세금이라는 점을 제시한 것이 아니다.

오답 풀이
❶ **다**에서는 로봇의 발달로 일자리가 줄어들 것이라는 사람들의 불안이 커지면서 로봇세 도입에 대한 논의가 활발하다고 하였고, 로봇의 사용으로 일자리가 감소할 것이라는 이유로 로봇세의 필요성이 제기되었다고 하였다. 이는 로봇으로 인해 일자리가 감소할 것이라고 생각하는 응답자가 많다는 ⓐ의 해석을 배경으로 한 설명이다.
❸ **다**에서는 로봇 기술 중 상당수가 특허권이 인정되는 고부가 가치 기술이기 때문에 로봇 시장의 우위를 선점하기 위한 로봇 기술 개발의 경쟁이 더욱 뜨거워질 것이라고 하였다. 이는 ⓒ의 '로봇 기술 중 상당수는 특허권 등록 대상'이라는 내용을 토대로 로봇 시장을 선점하기 위해 벌어질 경쟁의 양상을 예측하여 제시한 것이다.
❹ **다**에서는 로봇세를 도입하면 기술 개발에 악영향을 끼쳐 결국에는 외국에서 로봇을 수입해야 하므로 국가적 손해라고 설명하였다. 이는 ⓓ의 '로봇 기술 개발 경쟁에서 뒤처지면 문제가 발생할 수 있다.'라는 내용을 구체화하여, 로봇세를 도입하는 경우 국가에 손실이 발생할 수 있음을 제시한 것이다.
❺ **다**에서는 전문가들이 로봇세를 도입하면 기술 개발에 악영향을 끼칠 수 있다고 말한다며, 로봇세를 도입하면 로봇에 대한 수요가 감소하여 로봇 기술의 특허권으로 이익을 창출할 수 있는 기회가 줄어들게 된다고 설명하였다. 이는 ⓔ에서 '로봇세가 로봇 기술 개발에 악영향을 준다'고 생각하는 전문가의 의견만을 선택하여, 로봇세 부과가 로봇 관련 특허 기술 개발에 걸림돌이 될 수 있음을 제시한 것이다.

수능으로 실력 쌓기 2회　　　131쪽
03 ⑤

03 '성격 때문에 속상해하던 나는 나무와 대화를 나누고 나서, 속상했던 마음이 풀리고 내 성격을 인정하게 되었다.'에서 '체험의 의미가 부각되도록 '쉼숲' 프로그램에 참여하기 전과 후의 내 마음 상태를 모두 표현'하였고, '이제 내 모습을 아끼며 살아갈 것이다.'에서 '삶의 자세에 대한 다짐을 표현'하고 있다.

오답 풀이
❶ '주말에 집에만 틀어박혀 지내던 나는 이제 주말이 오면 종종 숲으로 향한다.'에서 '쉼숲' 프로그램에 참여하기 전과 후의 나의 행동 변화를 표현하고 있다. 이를 통해 프로그램 참여로 인한 마음 상태의 변화도 짐작할 수 있다. 하지만 삶의 자세에 대한 다짐을 나타낸 표현을 찾을 수 없다.
❷ '고민거리를 지니고 있던 나는 나무와 대화를 나눈 후 마음의 짐을 덜어낼 수 있었다.'에서 체험의 의미가 부각되도록 '쉼숲' 프로그램에 참여하기 전과 후의 내 마음 상태를 모두 표현하고 있다. 하지만 삶의 자세에 대한 다짐을 나타낸 표현을 찾을 수 없다.
❸ '앞으로 힘든 일이 생길 때마다 숲을 찾아가 숲의 응원을 받고 와야겠다.'에서 삶의 자세에 대한 다짐을 표현하고 있다. 하지만 '만족스러웠다'를 통해 프로그램에 대한 평가를 제시했을 뿐 체험의 의미가 부각되도록 '쉼숲' 프로그램에 참여하기 전과 후의 내 마음 상태를 모두 표현한 부분은 찾을 수 없다.
❹ '나를 따뜻하게 맞아 주던 숲을 기억하면서 나도 다른 사람들에게 향기로운 사람이 되려고 노력할 것이다.'에서 삶의 자세에 대한 다짐을 표현하고 있다. 하지만 체험의 의미가 부각되도록 '쉼숲' 프로그램에 참여하기 전과 후의 내 마음 상태를 모두 표현한 부분은 찾을 수 없다.

✦ 개념 확인하기
○ 134~141쪽

1 ×   **2** ○   **3** ×   **4** (1) ㉠ (2) ㉢ (3) ㉡   **5** 유음화
6 비음화   **7** ㅈ, ㅊ   **8** 된소리되기   **9** ○   **10** ×
11 ①   **12** ×   **13** ×   **14** 널따   **15** 할른다   **16** 아느냐
17 커, 잠가, 따라   **18** ㅎ   **19** ㄴ   **20** 반모음   **21** 맨입, 한여름
22 학꾜에   **23** 개언따   **24** ×   **25** ×   **26** ○
27 (1) ㉠ (2) ㉢ (3) ㉡ (4) ㉣ (5) ㉤ (6) ㉥   **28** 종결 어미
29 예사 낮춤   **30** 께서   **31** ○   **32** ×   **33** 시제
34 과거   **35** –는–   **36** 장차   **37** 미래 시제   **38** 동작상
39 완료상   **40** ○   **41** ×   **42** 간접 인용   **43** 간접 인용
44 직접 인용   **45** 직접 인용   **46** (1) ㉠ (2) ㉡   **47** ○
48 ○   **49** ㉡, ㉢

DAY 22 음운의 변동 — 내신 올리기
○ 142~144쪽

01 ⑤   **02** ②   **03** ①   **04** ㉠: ⓑ,ⓒ,ⓔ,ⓕ,ⓖ,ⓘ / ㉡: ⓐ,ⓓ,ⓗ,ⓙ   **05** ④   **06** ①   **07** ③   **08** ③
09 ④   **10** ②   **11** ④   **12** ④   **13** ②   **14** ①
15 ②   **16** ②   **17** ②

01 〈보기〉의 단어들은 [빋깔], [바깐], [부억], [풀숩]으로 발음된다. 이는 'ㄱ, ㄴ, ㄷ, ㄹ, ㅁ, ㅂ, ㅇ' 일곱 개의 자음만이 음절의 끝에서 발음되는 음절의 끝소리 규칙이 반영된 것이다.

［오답 풀이］
❶ 모음 탈락이나 'ㅎ' 탈락, 'ㄹ' 탈락에 대한 설명이다.
❷ 첨가 현상에 대한 설명으로, 'ㄴ' 첨가나 반모음 첨가가 이에 해당한다.
❸ 축약 현상에 대한 설명으로, 거센소리되기가 해당된다.
❹ 교체 현상 중 된소리되기에 해당하는 설명이다.

02 음절의 끝소리 규칙이 적용되어 '밥[밥]'은 끝소리가 'ㅂ'이고, ①은 '덫[덛]', ③은 '빗[빋]', ④는 '히읗[히읃]', ⑤는 '같다[갇따]'로, 끝소리가 모두 'ㄷ'이다.

03 ㉮는 음절의 끝소리 규칙에 대한 설명이고, ㉯는 비음화에 대한 설명이다. '독립'은 받침 'ㄱ, ㅂ' 뒤에 연결되는 'ㄹ'이 [ㄴ]으로 발음되어 [독닙]이 되고, 이후 ㉯가 적용되어 [동닙]으로 발음된다.

04 ⓑ, ⓒ, ⓔ, ⓕ, ⓖ, ⓘ는 비음 'ㄴ'이 유음 'ㄹ' 앞에서 유음 'ㄹ'로 교체되어 발음되고, ⓐ, ⓓ, ⓗ, ⓙ는 비음 'ㄴ'이 유음 'ㄹ' 뒤에서 유음 'ㄹ'로 교체되어 발음된다.

05 '염려'는 유음 'ㄹ'이 비음 'ㅁ'과 만나면서 비음 'ㄴ'으로 바뀌어 발음되는 비음화 현상이 나타나 [염:녀]로 발음된다.

06 ㉠에서 설명하는 음운 변동 현상은 구개음화이다. ② 굳이[구지], ③ 피붙이[피부치], ④ 닫히다[다치다], ⑤ 낱낱이[난나치]는 모두 받침 'ㄷ, ㅌ'이 모음 'ㅣ'로 시작하는 형식 형태소를 만나 [ㅈ, ㅊ]으로 바뀌어 발음되는 구개음화 현상이 나타난다. 그러나 ① 꽃이[꼬치]는 받침 'ㅊ'이 그대로 연음된 것이다.

07 '밭이랑'과 '끝인사'는 각각 '밭+이랑', '끝+인사'로 구성되어 있으며, 실질 형태소끼리 결합한 단어이다. 따라서 'ㅣ'로 시작하는 형식 형태소와 결합한다는 구개음화 현상의 요건을 충족하지 못하므로 [ㅈ, ㅊ]으로 바뀌어 소리 나지 않는다.

［오답 풀이］
❶ '밭이랑'은 고유어 '밭'과 '이랑'이 결합한 합성어이고, '끝인사'는 고유어 '끝'과 한자어 '인사'가 결합한 합성어이다.
❷ '밭이랑'의 '이랑'은 논이나 밭을 갈아 골을 타서 두두룩하게 흙을 쌓아 만든 곳을 의미하는 명사로, 실질 형태소이다. 그리고 '끝인사'의 '인사'는 마주 대하거나 헤어질 때에 예를 표함을 뜻하는 명사로, 실질 형태소이다.
❹ 구개음화에 대한 설명으로, ㉡에 들어가기에 적절하지 않다.
❺ 두 단어 모두 'ㄷ, ㅌ' 뒤에 실질 형태소가 결합했다.

08 '앉자'는 자음군 단순화가 일어나 [안자]가 된 후, 된소리되기에 따라 [안짜]로 발음된다.

09 ㉠ '고파서'와 ㉣ '커'는 각각 '고프–+–아서 → 고파서', '크–+–어 → 커'의 과정을 거치면서 모음 'ㅡ'가 탈락하였다. ㉡ '갔다'와 ㉢ '샀다'는 각각 '가–+–았–+–다 → 갔다', '사–+–았–+–다 → 샀다'의 과정을 거치면서 모음 'ㅏ'가 탈락하였다.

10 〈보기〉는 구개음화에 대한 설명이다. ②의 '홑이불'은 앞말의 끝소리 'ㅌ'에 형식 형태소가 아닌 실질 형태소 '이불'이 결합된 것이므로 구개음화가 일어나지 않는다. '홑이불'은 음절의 끝소리 규칙이 적용되어 [혿이불]이 되고, 'ㄴ' 첨가가 적용되어 [혿니불]이 되었다가 비음화로 인해 [혼니불]로 발음된다. 나머지는 모두 구개음화가 적용된다.

11 〈보기〉의 '학교[학꾜]'는 'ㄱ' 받침 뒤에 오는 'ㄱ'이 된소리로 바뀌는 된소리되기가 나타난다. ④ [너는 모름지기 하거베 힘써야 한다]에는 아무런 음운 변동도 일어나지 않는다.

［오답 풀이］
❶ '갈 데가[갈떼가]'에서 된소리되기가 나타난다.
❷ '입고[입꼬]'와 '있대[읻때]'에서 된소리되기가 나타난다.
❸ '갈등[갈뜽]'에서 된소리되기가 나타난다.
❺ '신고[신:꼬]'와 '갑자기[갑짜기]'에서 된소리되기가 나타난다.

12 〈보기〉는 'ㅎ' 탈락에 대한 설명이다. '지어서[지어서]'의 어간은 '짓–'으로, 끝소리가 'ㅎ'이 아니다. 나머지는 어간 끝소리 'ㅎ'이 모음으로 시작하는 어미와 결합하여 발음할 때 'ㅎ'이 탈락하였다.

13 '엽서[엽써]'는 'ㅂ' 받침 뒤에 오는 'ㅅ'이 된소리로 바뀌는 된소리되기가 나타난다. 나머지는 거센소리되기에 따라 ① 축하[추카], ③ 좋다[조:타], ④ 덥히면[더피면], ⑤ 앉히다[안치다]로 발음된다.

14 ① '독립문[동님문]'은 비음화(㉠)만 일어난 말이다. '독'의 받침 'ㄱ' 뒤에 연결되는 'ㄹ'이 [ㄴ]으로 발음되고, '립'의 받침 'ㅂ'이 'ㅁ' 앞에서 'ㅁ'으로 발음되는 비음화가 먼저 일어난 후[독님문], '독'의 받침 'ㄱ'이 'ㄴ' 앞에서 'ㅇ'으로 발음되는[동님문] 비음화가 한 번 더 일어났다.

오답 풀이
❷ '꽂힌[꼬친]'은 예사소리 'ㅈ'이 'ㅎ'과 만나 거센소리인 'ㅊ'으로 축약되어 발음되는 거센소리되기(㉡)가 일어난 말이다.
❸ '있다[읻따]'는 음운의 교체 현상인 음절의 끝소리 규칙(㉠)과 된소리되기(㉠)가 일어난 말이다.
❹ '홑이불[홑이불 → 홑니불 → 혼니불]'은 음절의 끝소리 규칙(㉠), 'ㄴ' 첨가(㉢), 비음화(㉠)가 일어난 말이다.
❺ '넓히다[널피다]'는 '넓'의 받침 중 'ㅂ'이 뒤에 오는 'ㅎ'과 만나 거센소리인 'ㅍ'으로 발음되는 거센소리되기(㉡)가 일어난 말이다. 참고로, '넓히다'는 거센소리되기 현상이 먼저 일어나서 자음군 단순화는 일어나지 않았다.

15 '습득하고'는 된소리되기와 거센소리되기가 일어나 [습뜨카고]로 발음된다.

오답 풀이
❶ '물난리[물랄리]'는 'ㄴ'이 앞이나 뒤에 오는 'ㄹ'의 영향을 받아 유음 'ㄹ'로 바뀌어 발음되는 유음화만 두 번 일어났다.
❸ '높다랗고[놉따라코]'는 음절의 끝소리 규칙, 된소리되기, 거센소리되기가 일어났다.
❹ '부엌만[부엉만]'은 음절의 끝소리 규칙과 비음화가 일어났다.
❺ '붙이다[부치다]'는 구개음화만 일어났다.

16 '났다'는 음절의 끝소리 규칙과 된소리되기가 적용되어 [낟따]로 발음된다. 나머지는 자음군 단순화에 따라 ① [업따], ③ [익따], ④ [할따], ⑤ [안따]로 발음된다.

17 '열 – + – 니 → 여니'는 용언의 어간 끝소리인 'ㄹ'이 몇몇 어미 ('ㄴ'으로 시작하는 어미, 'ㅅ'으로 시작하는 어미)와 결합하면서 탈락하는 현상인 'ㄹ' 탈락의 예로 적절하다.

오답 풀이
❶ '좋고[조코]', '놓대[노타]', '쌓지[싸치]'는 모두 거센소리되기가 나타난다.
❸ '아파서', '아팠다'는 용언의 어간 끝소리인 'ㅡ'가 자음이 아니라 모음으로 시작하는 어미 앞에서 탈락한 예이다.
❹ 'ㅎ' 탈락은 용언의 어간 끝소리인 'ㅎ'이 모음으로 시작하는 형식 형태소를 만나면 탈락하는 현상이다.
❺ '흙'과 '값이'에 자음군 단순화가 나타난다는 설명은 적절하지만, '흙'과 '값이'의 올바른 발음은 각각 [흑], [갑씨]이다.

DAY 23 문법 요소 내신 올리기 ○──── 145~147쪽

01 ④	**02** ①	**03** ④	**04** ②	**05** ⑤

06 최신 유행 상품인 이 모자의 가격은 삼만 원입니다. **07** ⑤

08 ④	**09** ①	**10** ③	**11** 장차, 만날, 이루리라 **12** ①

13 ④ **14** ③ **15** ③ **16** ㉠: 세상이 눈으로 덮였다. /
㉡: 영희가 철수에게 번쩍 들렸다. **17** ① **18** ③

---

01 ④는 주격 조사 '께서'와 특수 어휘인 '잡수시다'를 통해 서술의 주체를 높이는 주체 높임 표현의 예이다.

02 ①은 종결 어미 '–어'가 쓰인 '해체'로, 비격식체에 해당한다. 나머지는 모두 격식체에 해당한다.

03 '오시래'는 '오시라고 해'를 줄인 말로 선생님을 낮추고 철수를 높이는 표현이므로 적절하지 않다. 마찬가지로 '가시라고 하셔'도 철수를 높인 것으로, 올바른 높임 표현이 아니다. 또한 의미상으로도 내용(인물의 이동 방향)이 달라지므로, ④와 같이 바꾸는 것은 적절하지 않다.

04 '모시고'는 동작이 미치는 대상, 즉 문장의 목적어인 할머니(객체)를 높이는 어휘이다. 참고로 ②는 객체 높임에 해당한다.

05 ⑤의 '연세'는 명사 '나이'의 높임말로 〈보기〉의 ㉡에 해당하고, '드리다'는 동사 '주다'의 높임말로 〈보기〉의 ㉠에 해당한다.

06 상품은 높임의 대상이 아니므로 높여 표현하지 않아야 한다. 따라서 '상품이신' → '상품인', '가격께서는' → '가격은', '삼만 원 되시겠습니다' → '삼만 원입니다'로 고쳐 써야 한다.

07 시제는 화자가 말하는 시점(발화시)을 기준으로 사건이 일어난 시점(사건시)을 나타내는 문법 범주를 말한다.

08 ④는 선어말 어미 '–겠–'이 쓰인 미래 시제에 해당한다. 나머지는 모두 현재 시제에 해당한다.

09 사건시가 발화시보다 나중인 시제는 미래 시제이다. ①은 관형사형 어미 '–(으)ㄹ'이 붙어 미래 시제를 나타낸다.

10 〈보기〉의 ㉠에서 설명한 진행상을 표현할 때에는 주로 보조 용언 '–고 있다' 또는 '–아/–어 가다'를 사용하거나 연결 어미 '–(으)면서'를 쓰는데, ③의 '마르고 있다'는 '–고 있다'가 쓰인 진행상에 해당한다. 나머지는 완료상에 해당한다.

11 〈보기〉에서는 부사어 '장차', 관형사형 어미 '–ㄹ', 선어말 어미 '–리–'를 사용하여 미래 시제를 나타내고 있다.

12 간접 인용 표현은 인용을 하는 화자가 자신의 관점에서 말하는 것이므로 지시 표현이 직접 인용 표현과 다르다. 인용을 하는 화자의 관점에서 '미국'은 '이곳'이 아닌 '그곳'에 해당하므로, ①은 '미국에 간 영미는 그곳이 좋다고 말했다.'라고 바꾸는 것이 적절하다.

13 ㉠은 직접 인용 표현이 사용되었고, ㉡은 간접 인용 표현이 사용되었다. ㉠과 같은 직접 인용 표현은 대화를 직접 전하는 듯한 생생한 느낌을 준다. 이를 ㉡과 같은 간접 인용 표현으로 바꾸면 생생한 느낌은 덜하지만 직접 인용 표현보다 매끄럽고 간결한 느낌을 준다.

14 '오늘은 글씨가 잘 써진다.'를 능동 표현으로 바꾸면 '오늘은 글씨를 잘 쓴다.'이다. 따라서 ⓛ을 능동문으로 바꾸면 목적어는 '글씨를'이 된다.

15 ③의 '입히다'는 '입다'의 사동 표현으로, 주어가 남에게 동작을 하도록 시키는 사동의 의미를 지닌다. 나머지 문장에는 주어가 다른 주체에 의해서 어떤 동작을 당하거나 영향을 받는 피동 표현이 쓰였다.

16 능동문의 주어는 피동문에서 부사어로, 능동문의 목적어는 피동문에서 주어로 바뀐다. 또한 피동 접미사를 사용할 경우 ⓞ의 '덮었다'에는 '-이-', ⓛ의 '들었다'에는 '-리-'를 붙이면 된다.

17 '찢겨지는'은 '찢-+-기-+-어지-+-는'으로, 능동사 어근에 피동 접미사 '-기-'가 붙어 피동사가 된 것에, 다시 피동문을 만드는 '-어지다'가 붙어 만들어진 이중 피동 표현이다. '찢기는' 또는 '찢어지는'으로 써야 한다.

18 '만지다'는 피동 접미사 '-이-, -히-, -리-, -기-'를 붙일 수 없어 짧은 피동 표현을 만들 수 없는 경우에 해당한다. '만지다'는 '-어지다'를 사용하여 '만져졌다'로 표현한다.

수능으로 실력 쌓기 ──────── ○148~149쪽

01 ④	**02** ②	**03** ④	**04** ⑤	**05** ②	**06** ①
07 ②					

01 '들녘을'의 '을'은 형식 형태소이기 때문에 음절의 끝소리 규칙(ⓔ)을 적용하지 않고 [들려클]로 연음하여 발음한다. [들려글]로 잘못 발음하는 것은 음절의 끝소리 규칙을 먼저 적용하고 연음하였기 때문이다.

02 ⓞ '흙일'은 [흑일] → [흑닐] → [흥닐]로, 자음군 단순화(탈락), 'ㄴ' 첨가(첨가), 비음화(교체)가 일어난다. ⓛ '닳는'은 [달는] → [달른]으로, 자음군 단순화(탈락)와 유음화(교체)가 일어난다. ⓒ '발야구'는 [발냐구] → [발랴구]로, 'ㄴ' 첨가(첨가)와 유음화(교체)가 일어난다. 따라서 공통적으로 일어난 음운 변동 현상은 '교체'이다.

03 ⓞ은 첨가, ⓛ은 교체, ⓒ은 탈락, ⓔ은 축약에 대한 설명이다. '구급약[구:급냑]'은 'ㄴ'이 첨가되어 [구:급냑]이 되었다가 다시 파열음 'ㅂ'이 비음 'ㄴ'과 만나 비음 'ㅁ'으로 교체되어 [구:금냑]으로 발음된다. '물엿[물렫]'은 'ㄴ'이 첨가되어 [물녇]이 되었다가 'ㄹ'의 영향으로 'ㄴ'이 'ㄹ'로 교체되었으며, 'ㅅ'은 음절의 끝소리 규칙에 따라 'ㄷ'으로 교체되었다.

❶ '설날[설:랄]'은 유음화(ⓛ)가, '한여름[한녀름]'에는 'ㄴ' 첨가(ⓔ)가 나타난다.
❷ '놓아[노아]'는 'ㅎ' 탈락(ⓒ)이, '없을[업쓸]'은 된소리되기(ⓛ)가 나타난다.
❸ '앉히다[안치다]'는 거센소리되기(ⓔ)가, '끓이다[끄리다]'는 자음군 단순화(ⓒ)가 나타난다.
❺ '읊조리다[읍쪼리다]'는 자음군 단순화(ⓒ), 음절의 끝소리 규칙(ⓛ), 된소리되기(ⓛ)가, '꿋꿋하다[꾿꾸타다]'는 음절의 끝소리 규칙(ⓛ), 거센소리되기(ⓔ)가 나타난다.

04 '읊고'는 (나)의 자음군 단순화가 적용되어 'ㄹ'이 탈락된 [읖고]가 된다. 그리고 [읖고]에서 (가)의 음절의 끝소리 규칙이 적용되어 'ㅍ'이 'ㅂ'으로 교체된 [읍고]가 된다. 또한 [읍고]는 예사소리가 된소리로 바뀌는 된소리되기에 의해 [읍꼬]가 된다.

❶ '꽂힌[꼬친]'은 거센소리되기가 나타난다.
❷ '몫이[목씨]'는 '몫'의 'ㅅ'이 연음된 후 된소리되기가 나타난다.
❸ '비옷[비옫]'은 (가)의 음절의 끝소리 규칙이 나타난다.
❹ '않고[안코]'는 거센소리되기가 나타난다.

05 '형은 어머니께 그 책을 드렸다.'는 특수 어휘 '드리다'와 부사격 조사 '께'를 활용하여 객체인 '어머니'를 높이는 객체 높임을 실현하고 있다. 그리고 상대 높임 표현 중 격식체인 '해라체'가 사용되었다.

06 '거기에는 눈이 왔겠다.'의 '왔겠다'는 과거 시제를 나타내는 '-았-'과 추측을 나타내는 '-겠-'이 쓰여 과거의 사건을 추측하고 있다. '지금 거기에는 눈이 오겠지.'는 현재 시간을 나타내는 '지금'과 추측을 나타내는 '-겠-'이 쓰여 현재의 사건을 추측하고 있다.

❷ '그가 집에 갔다.'에서 '갔다'에 쓰인 '-았-'은 과거 시제를 나타낸다. 그러나 '막차를 놓쳤으니 나는 집에 다 갔다.'에서 '갔다'에 쓰인 '-았-'은 아직 이루어지지 않은 일에 대해 정해진 사실인 양 확신을 나타내므로 과거 시제를 나타낸다고 볼 수 없다.
❸ '내가 떠날 때 비가 올 것이다.'에서 '떠날'에 붙은 관형사형 어미 '-ㄹ'은 '올 것이다'와 함께 쓰여 미래의 사건을 나타낸다. 그러나 '내가 떠날 때 비가 왔다.'는 내가 떠난 과거의 시간에 비가 온 것이므로, 이때의 관형사형 어미 '-ㄹ'은 미래의 사건을 나타낸다고 볼 수 없다.
❹ '그는 지금 학교에 간다.'에서 '간다'에 붙은 선어말 어미 '-ㄴ-'은 '지금'과 함께 쓰여 현재의 사건을 나타낸다. 그러나 '그는 내년에 진학한다고 한다.'에서 '진학한다고'에 쓰인 선어말 어미 '-ㄴ-'은 '내년에'와 함께 쓰여 미래의 사건을 나타낸다.
❺ '작년에 그는 키가 작았다.'에서 '작았다'는 선어말 어미 '-았-'이 쓰여 과거 시제를 나타낸다. 그러나 '오늘 보니 그는 키가 작다.'에서 형용사 '작다'는 '오늘'과 함께 쓰여 현재 시제를 나타낸다. 이로 보아 형용사에서 현재 시제를 나타낼 때 시제 선어말 어미가 나타나지 않음을 알 수 있다.

07 ⓒ에서 '동생'을 '할머니'로 바꾸면 '나는 할머니께 책을 읽혔다.'가 된다. 책을 '읽히는' 주체가 '나'이기 때문에 '읽혔다'에 '-시-'를 넣는 것은 적절하지 않다.

Ⅷ 매체

✦ 개념 확인하기
152~153쪽

1 ○   2 ○   3 ○   4 맥락   5 관점   6 ③
7 인쇄 매체   8 영상 매체   9 인터넷 매체   10 ②
11 ×   12 ○

DAY 24 사회적 의제를 다룬 매체 자료의 비판적 수용 내신 올리기
154~155쪽

01 ④   02 ②   03 ②   04 ①   05 ⑤

01 사회적 의제를 다룬 매체 자료를 주체적으로 수용하려면 사회적 의제에 대한 다양한 관점의 매체 자료를 찾아보는 것이 필요하다.

02 가 는 영상 매체로, 다양한 시청각 이미지로 생생하게 정보를 전달하며 대량의 정보를 빠르게 전달할 수 있다는 특징이 있다.
> **오답 풀이**
> ❶, ❹ 인터넷 매체의 특성에 대한 설명이다.
> ❸ 모든 매체는 제작자의 의도적인 편집이 가능하며, 편지와 같은 인쇄 매체에서 특정 소수의 사람에게 전달하는 특징을 찾을 수 있다.
> ❺ 인쇄 매체의 특성에 대한 설명이다.

03 가 의 2 는 산업의 빠른 성장을 위해 기계적으로 반복되는 노동자의 고된 삶이 강요받고 있음을 표현한 것이다. 자본가가 노력하지 않는 문제와 관련한 내용으로 보기 어렵다.

04 가 에서 "요즘에는 기업들도 환경을 생각하고, 사회적 책임을 다한다는 뜻에서 이른바 이에스지(ESG) 경영을 내세우고 있죠."라고 진행자가 뉴스에서 다룰 사회적 의제의 개념을 정의하고 있음을 확인할 수 있다.
> **오답 풀이**
> ❷ 뉴스에서는 우리나라의 이에스지(ESG) 경영에 대해 언급하고 있을 뿐, 이와 관련한 다른 나라의 사례를 제시하고 있지는 않다.
> ❸ 다 에서 '교수'와의 인터뷰 내용을 제시하였으나 사회적 의제에 대한 상반된 견해를 제공하고 있지는 않다.
> ❹ 가 에서 '진행자'는 '환경의 날'과 이에스지(ESG) 경영과 관련한 최근의 기업 동향을 언급하며 사회적 의제에 대한 시청자의 관심을 유도하고 있을 뿐 질문의 방식을 활용하지는 않았다.
> ❺ 공신력 있는 기관인 유엔(UN)의 보고서를 언급하는 부분과 전문가인 '교수'와의 인터뷰 내용을 제시하는 부분에서 신뢰성을 확보하고 있다고 볼 수 있으나, 여러 기관에서 조사한 설문 조사 결과를 제시하고 있지는 않다.

05 다 의 끝부분에서, 이에스지(ESG) 활동 내용을 투자자들에게 의무적으로 알리는 제도는 기업이 사회적 역할을 올바르게 하고 있는지 감시하는 장치임을 확인할 수 있다. 친환경성의 강화와는 관련이 없다.
> **오답 풀이**
> ❶ 〈보기〉는 다회용 컵 사용의 친환경성이 과장되어 있다는 전문가들의 의견을 밝히고 있다.
> ❷, ❹ 이 뉴스는 환경을 생각하고 사회적 책임을 다한다는 의미인 이에스지(EGS) 경영을 소개하면서 이에스지(ESG) 경영을 부정적으로 바라보는 시각을 함께 언급하고 있다. 〈보기〉의 관점에서 이 매체 자료를 이해할 때에는 이에스지(ESG) 경영의 부정적 측면에 초점을 두어 수용할 수 있으므로 이에스지(ESG) 경영 실천이 긍정적인 효과만 있는 것이 아니며 이에지(ESG) 경영의 친환경성이 기업 이미지를 포장하는 마케팅 수단에 불과할 수 있다고 판단할 수 있다.
> ❸ 〈보기〉의 관점에서 보았을 때 어느 기업이 더 지속 가능성이 높을 것인가를 객관적으로 판단하려는 이에스지(ESG) 성과 지표는 이에스지(ESG)의 효과성이 없는 상태에서는 의미가 없을 것이라 판단할 수 있다.

DAY 25 소통 맥락과 매체 특성을 고려한 매체 자료 제작 내신 올리기
156쪽

01 ①   02 ③   03 ⑤   04 ②

01 매체 자료 제작 시 내용을 효과적으로 전달하려면 정한 목적과 주제에 적합한 관점의 자료를 제시해야 한다. 공정성을 확보하기 위해 여러 관점을 자료를 제시해야 하는 것은 아니다.

02 제시된 매체 자료는 지속 가능한 삶이 어떤 의미를 지니며, 그것을 실천하려면 어떤 방법이 있는지 안내하고 있다. 지속 가능한 삶을 반대하는 내용은 매체 자료의 주제와 어긋나며 이 매체 자료에 담겨 있지 않다.

03 제시된 매체 자료에서는 비유적 표현을 사용하고 있지 않으며, 매체 자료 제작 시 비유적 표현을 꼭 사용해야 하는 것도 아니다.

04 제시된 매체 자료에는 지속 가능한 삶을 실천하지 않는 문제와 관련한 우리나라의 사례는 나타나지 않는다.

✧ 수능으로 실력 쌓기
157~158쪽

01 ②   02 ②   03 ②

01 ㉠~㉢은 화면 오른쪽 상단에 미세 먼지 관련 정보를 제시하고 있으며, 복합 양식의 특성을 드러낸다는 점이 공통적이다. ㉠은 독도 바다사자의 이미지와 자막을, ㉡은 취재 현장에서 보도하는 영상과 자막을, ㉢은 인터뷰 영상과 지도 이미지, 자막을 함께 사용하고 있다.

02 '행복이'는 뉴스에서 독도 바다사자 복원에 적극 협조하겠다고 '지역 어민 대표'가 말한 것에 대해 고맙다고 말하고 있다. 그러나 자신이 이해한 정보가 맞는지 확인하고 있지는 않다.

03 행사 내용과 관련한 정보가 담긴 글에서는 크기와 굵기가 다른 글자들을 확인할 수 없다.

MEMO

개념
루트

고등 수학 개념의 다각화로 필수 개념 완성!

- 친절하고 자세한 개념 설명으로 **개념 완벽 이해**
- '개념 키워드+예제' 문제 구성으로 **개념의 다각도 적용**
- 다양하고 풍부한 수준별 문제로 **수학 실력 향상**
- 개념루트와 **유형만렙**의 **연계**를 통한 **학습 효율 극대화**

공통수학1, 공통수학2, 대수, 미적분Ⅰ, 확률과 통계
※대수, 미적분Ⅰ, 확률과 통계는 2024년 하반기부터 순차 발간 예정